# Gesellschaftsrecht

# 2015

Josef Alpmann
Rechtsanwalt

Dr. Timm Nissen
Rechtsanwalt und
Fachanwalt für Handels- und Gesellschaftsrecht

ALPMANN UND SCHMIDT Juristische Lehrgänge Verlagsges. mbH & Co. KG
48143 Münster, Alter Fischmarkt 8, 48001 Postfach 1169, Telefon (0251) 98109-0
AS-Online: www.alpmann-schmidt.de

*Zitiervorschlag: Alpmann/Nissen, Gesellschaftsrecht, Rn.*

**Alpmann, Josef**
**Dr. Nissen, Timm**
Gesellschaftsrecht
17., überarbeitete Auflage 2015
ISBN: 978-3-86752-426-1

Verlag Alpmann und Schmidt Juristische Lehrgänge
Verlagsgesellschaft mbH & Co. KG, Münster

Unterstützen Sie uns bei der Weiterentwicklung unserer Produkte.
Wir freuen uns über Anregungen, Wünsche, Lob oder Kritik an:
**feedback@alpmann-schmidt.de**.

## INHALTSVERZEICHNIS

# LITERATURVERZEICHNIS

| | |
|---|---|
| Bamberger/Roth | Beck'scher Online-Kommentar BGB<br>Stand: 01.02.2015<br>(zitiert: BeckOK-BGB/Bearbeiter) |
| Baumbach/Hopt | Handelsgesetzbuch<br>36. Auflage 2014<br>(zitiert: Baumbach/Bearbeiter) |
| Baumbach/Hueck | GmbH-Gesetz<br>20. Auflage 2013<br>(zitiert: Baumbach/Hueck/Bearbeiter) |
| Ensthaler | Gemeinschaftskommentar zum HGB<br>8. Auflage 2015<br>(zitiert: GK/Bearbeiter) |
| Erman | Handkommentar zum Bürgerlichen Gesetzbuch<br>14. Auflage 2014<br>(zitiert: Erman/Bearbeiter) |
| Gehrlein/Ekkenga/Simon | GmbHG<br>2. Aufl. 2015<br>(zit.: G/E/S-Bearbeiter) |
| Gehrlein/Witt | GmbH-Recht in der Praxis<br>3. Auflage 2015 |
| Grunewald | Gesellschaftsrecht<br>9. Auflage 2014 |
| Heidelberger Kommentar | Handelsgesetzbuch<br>7. Auflage 2007<br>(zitiert: HK/Bearbeiter) |
| Herberger/Martinek/<br>Rüßmann/Weth | juris Praxiskommentar<br>BGB Allgemeiner Teil und Schuldrecht<br>7. Auflage 2014<br>(zitiert: jurisPK/Bearbeiter) |
| Hüffer | Aktiengesetz<br>11. Auflage 2014 |
| Jauernig | Bürgerliches Gesetzbuch<br>15. Auflage 2014<br>(zitiert: Jauernig/Bearbeiter) |
| Koch | Gesellschaftsrecht<br>9. Auflage 2015 |
| Koller/Roth/Morck | Handelsgesetzbuch<br>8. Auflage 2015 |

| | |
|---|---|
| Lutter/Hommelhoff | GmbH-Gesetz<br>18. Auflage 2012 |
| Münchener Kommentar | zum Bürgerlichen Gesetzbuch |
| | Band 1: Allgemeiner Teil (§§ 1–240)<br>6. Auflage 2011 |
| | Band 5: Schuldrecht Besonderer Teil III<br>(§§ 705–853)<br>6. Auflage 2013<br>(zitiert: MünchKomm-BGB/Bearbeiter) |
| Münchener Kommentar | zum GmbHG |
| | Band 1: §§ 1–34<br>2. Auflage 2015 |
| | Band 2: §§ 35–52<br>1. Auflage 2012 |
| | Band 3: §§ 53–85<br>1. Auflage 2011 |
| Münchener Kommentar | zum Handelsgesetzbuch |
| | Band 2: §§ 105–160<br>3. Auflage 2011 |
| | Band 3: §§ 161–237<br>3. Auflage 2012<br>(zitiert: MünchKomm-HGB/Bearbeiter) |
| Palandt | Bürgerliches Gesetzbuch<br>74. Auflage 2015<br>(zitiert: Palandt/Bearbeiter) |
| Roth/Altmeppen | GmbH-Gesetz<br>7. Auflage 2012 |
| Rowedder/Schmidt-Leithoff | GmbH-Gesetz<br>5. Auflage 2013 |
| Saenger | Gesellschaftsrecht<br>2. Auflage 2013 |
| Schmidt, Karsten | Gesellschaftsrecht<br>4. Auflage 2002 |
| | Handelsrecht<br>6. Auflage 2013 |
| | (soweit nicht anders angegeben, ist das Gesellschaftsrecht zitiert) |

| | |
|---|---|
| Scholz | GmbH-Gesetz |
| | Band I (§§ 1–34)<br>11. Auflage 2012 |
| | Band II (§§ 35–52)<br>11. Auflage 2013<br>(zitiert: Scholz/Bearbeiter) |
| Staub | HGB-Großkommentar<br>§§ 105–160, 5. Auflage 2009<br>(zitiert: Staub/Bearbeiter) |
| v. Staudinger | Kommentar zum Bürgerlichen Gesetzbuch |
| | Erstes Buch, Allgemeiner Teil<br>§§ 21–79 (2005) |
| | Zweites Buch, Recht der Schuldverhältnisse<br>§§ 705–740 (2003)<br>(zitiert: Staudinger/Bearbeiter) |
| Sudhoff | Personengesellschaften<br>8. Auflage 2005 |
| Thomas/Putzo | ZPO<br>35. Auflage 2014<br>(zitiert: Thomas/Putzo/Bearbeiter) |
| Ulmer/Habersack/Löbbe | GmbHG Großkommentar<br>Band 1: Einleitung §§ 1–28<br>2. Auflage 2013<br>(zit.: U/H/L-Bearbeiter) |
| Wicke | Gesetz betreffend die Gesellschaften mit<br>beschränkter Haftung (GmbHG)<br>2. Auflage 2011 |
| Windbichler | Gesellschaftsrecht<br>23. Auflage 2013 |
| Ziemons/Jaeger | Beck'scher Online-Kommentar GmbHG<br>Stand: 01.06.2013 |
| Zöller | Zivilprozessordnung<br>30. Auflage 2014<br>(zitiert: Zöller/Bearbeiter) |

# 1. Teil: Einleitung

## A. Der Begriff des Gesellschaftsrechts

Das Gesellschaftsrecht ist das Recht der privatrechtlichen Personenvereinigungen, die **1** zur Erreichung eines bestimmten gemeinsamen Zwecks durch Rechtsgeschäft begründet werden.[1]

## B. Die Gesellschaftsarten

Die Gesellschaften lassen sich einteilen in die Personengesellschaften und die Körper- **2** schaften.

**I.** Die wichtigsten **Personengesellschaften** sind die Gesellschaft bürgerlichen Rechts (GbR), die Offene Handelsgesellschaft (OHG) und die Kommanditgesellschaft (KG). Weitere Personengesellschaften sind die Stille Gesellschaft, die EWIV (europäische wirtschaftliche Interessenvereinigung), die Partnerschaft und die Reederei. Die GmbH & Co. KG und die meisten Publikumsgesellschaften sind Sonderformen der KG.

**II.** Die wichtigsten **Körperschaften** sind der Verein als Grundform der Körperschaften, die GmbH und die Aktiengesellschaft.

Weitere Körperschaften: die Kommanditgesellschaft auf Aktien (KGaA; §§ 278–290 AktG); die Genossenschaft (eG; GenG); der Versicherungsverein auf Gegenseitigkeit (VVaG; §§ 15–53b VAG).

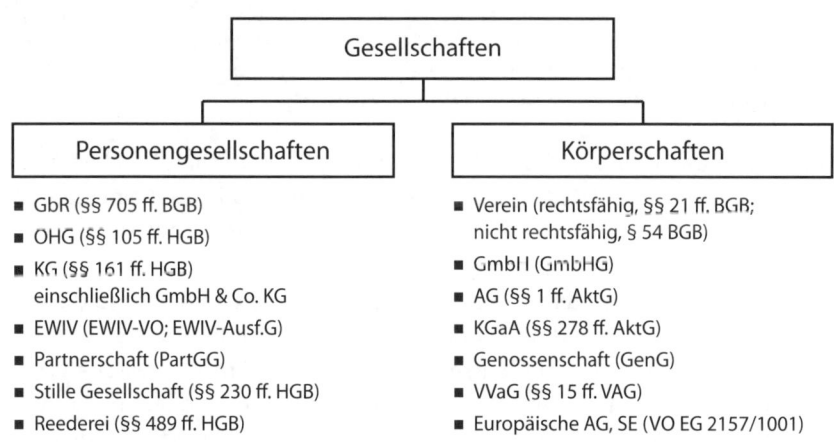

| Gesellschaften | |
| --- | --- |
| **Personengesellschaften** | **Körperschaften** |
| ■ GbR (§§ 705 ff. BGB)<br>■ OHG (§§ 105 ff. HGB)<br>■ KG (§§ 161 ff. HGB)<br>  einschließlich GmbH & Co. KG<br>■ EWIV (EWIV-VO; EWIV-Ausf.G)<br>■ Partnerschaft (PartGG)<br>■ Stille Gesellschaft (§§ 230 ff. HGB)<br>■ Reederei (§§ 489 ff. HGB) | ■ Verein (rechtsfähig, §§ 21 ff. BGB;<br>  nicht rechtsfähig, § 54 BGB)<br>■ GmbH (GmbHG)<br>■ AG (§§ 1 ff. AktG)<br>■ KGaA (§§ 278 ff. AktG)<br>■ Genossenschaft (GenG)<br>■ VVaG (§§ 15 ff. VAG)<br>■ Europäische AG, SE (VO EG 2157/1001) |

Die AG, die KGaA und die GmbH sind **Kapitalgesellschaften** i.S.d. §§ 264 ff. HGB. Der **3** Gegenbegriff zur Personengesellschaft ist nicht der Begriff der Kapitalgesellschaft, weil dieser nicht umfassend genug ist. Das Gegensatzpaar lautet vielmehr: Personengesellschaften – Körperschaften.

---

1 Windbichler § 1 Rn. 1; K. Schmidt § 1 I 1.

4 Die Körperschaften sind mit Ausnahme des nicht rechtsfähigen Vereins **juristische Personen**. Eine juristische Person ist eine „zweckgebundene Organisation, der die Rechtsordnung die Rechtsfähigkeit verliehen hat".[2] Juristische Personen sind selbst Träger von Rechten und Pflichten (vgl. z.B. § 13 Abs. 1 GmbHG). Als Gesellschaftsform sind sie vor allem deshalb attraktiv, weil grundsätzlich nur die juristische Person haftet und nicht die Gesellschafter (vgl. z.B. § 13 Abs. 2 GmbHG).

5 Ein Unterschied zwischen Personengesellschaften und den als juristische Personen organisierten Kapitalgesellschaften wird darin gesehen, dass die Personengesellschaften lediglich Teilrechtsfähigkeit besitzen (vgl. § 124 Abs. 1 HGB). Eine entsprechende Teilrechtsfähigkeit wird auch bei der GbR bejaht.[3] Aufgrund der Regelung des § 124 Abs. 1 HGB ist der Unterschied in der Ausgestaltung der Rechtsfähigkeit zwischen Personengesellschaften und Kapitalgesellschaften im Ergebnis gering. Personengesellschaften und juristische Personen unterscheiden sich vor allem dadurch, dass es Personengesellschaften mit nur einem Gesellschafter nicht gibt (aber eine Ein-Personen-GmbH oder eine Ein-Personen-AG) und dass die Gesellschaftsanteile bei Personengesellschaften grundsätzlich nicht frei übertragbar sind (vgl. § 719 BGB im Gegensatz zu § 15 Abs. 1 GmbHG).[4]

6 **III.** Die Zahl der nach dem deutschen Recht zulässigen Gesellschaftsformen ist abschließend. Der **numerus clausus der Gesellschaftsformen** schließt allerdings die Bildung von Mischformen nicht aus.

So ist z.B. die GmbH & Co. KG eine zulässige Mischform, nämlich eine Kommanditgesellschaft, bei der der persönlich haftende Gesellschafter eine GmbH ist. Zulässig ist ebenfalls eine Kommanditgesellschaft auf Aktien, deren persönlich haftender Gesellschafter eine GmbH ist (GmbH & Co. KGaA[5]). Dagegen wird es als unzulässig angesehen, bei einer BGB-Gesellschaft die Haftung auf das Gesellschaftsvermögen allein dadurch zu beschränken, dass die Gesellschaft als „GbRmbH" auftritt. Denn dadurch würde jedenfalls im Ergebnis eine neue Gesellschaftsform geschaffen.[6]

7 **IV.** Die SE (Societas Europeae) und die EWiV (Europäische Wirtschaftliche Interessenvereinigung) sind europäische Gesellschaftsformen. Die SE ist praktisch eine europäische Aktiengesellschaft, die EWiV eine Personengesellschaft. Rechtsgrundlage dieser Gesellschaften sind Verordnungen,[7] die durch Ausführungsgesetze der einzelnen Mitgliedstaaten ergänzt werden. Weitere supranationale Gesellschaftsformen sind die Europäische Genossenschaft (SCE) und der Europäische Verbund für territoriale Zusammenarbeit (EVTZ).[8] Geplant war die Schaffung einer Europäischen Privatgesellschaft (SPE), die ein europäisches Pendant zur GmbH darstellen würde.[9] Die Europäische Kommission hat ihren Vorschlag zur Schaffung der Europäischen Privatgesellschaft allerdings im Mai 2014 offiziell zurückgezogen.

---

2 MünchKomm-BGB/Reuter Vor § 21 Rn. 2; Raiser AcP 199 (1999), 104, 105.

3 BGH, Urt. v. 29.01.2001 – II ZR 331/00, BGHZ 146, 341.

4 Zum Unterschied Personengesellschaft – juristische Person: Ulmer ZIP 2001, 585, 588.

5 BGHZ 134, 392.

6 BGHZ 142, 315.

7 Die EWIV basiert auf der VO (EWG) Nr. 2137/85 und die SE auf der VO (EG) Nr. 2157/2001.

8 Frenz Jura 2012, 120 ff.

9 Roesener NZG 2013, 241.

**V.** Für eine Geschäftstätigkeit in Deutschland kommt außer der Gründung einer deutschen oder europäischen Gesellschaft auch die Gründung einer ausländischen Gesellschaft mit einer Zweigniederlassung in Deutschland in Betracht. Der EuGH hat entschieden, dass die Niederlassungsfreiheit gewährleistet, dass eine Gesellschaft in einem Mitgliedstaat nur errichtet wird, um sich in einem zweiten Mitgliedstaat niederzulassen, in dem die Geschäftstätigkeit im Wesentlichen oder ausschließlich ausgeübt wird.[10] Nach diesen Urteilen wurden von deutschen Unternehmern viele private Limited Companies in England gegründet. Es werden auch deutsche und ausländische Rechtsformen miteinander vermischt, wie etwa bei der Ltd. & Co. KG, einer deutschen Kommanditgesellschaft, bei der der persönlich haftende Gesellschafter eine englische Limited ist.

Nach der Einführung der Unternehmergesellschaft (UG) haben die Gründungen von Limited Companies in Deutschland nachgelassen. Die UG ist keine eigenständige Gesellschaftsform, sondern eine Sonderform der GmbH. Sie ist für Firmengründer vor allem deswegen attraktiv, weil sie mit einem geringeren Stammkapital als dem in § 5 Abs. 1 GmbHG vorgesehenen Mindestkapital von 25.000 € gegründet werden kann.[11]

8

---

10 EuGH, Rs. C-212/97, BB 1999, 809 ff. (Centros); EuGH, Rs. C-208/00, BB 2002, 2402 ff. (Überseering); EuGH, Rs. C-167/01, BB 2003, 2195 ff. (Inspire Art).
11 Vgl. unten Rn. 313 ff.

## 2. Teil: BGB-Gesellschaft, OHG und KG

**9** Das Recht der BGB-Gesellschaft (Gesellschaft bürgerlichen Rechts, GbR), der OHG und der KG ist nicht in voneinander unabhängigen, selbstständigen Abschnitten des BGB oder des HGB geregelt. Vielmehr sind auch die OHG und die KG Gesellschaften i.S.d. §§ 705 ff. BGB, sodass auch für die OHG und die KG neben den §§ 105 ff. HGB bzw. 161 ff. HGB ergänzend die §§ 705 ff. BGB eingreifen:

- Für die GbR gelten die §§ 705 ff. BGB. Daneben finden nach heute h.M. einige Regelungen über die Personenhandelsgesellschaften des HGB (insbesondere die §§ 128 ff. HGB) entsprechende Anwendung.

- Für die OHG gelten die §§ 105 ff. HGB als Sondervorschriften. Da die OHG aber auch eine „Gesellschaft" i.S.d. §§ 705 ff. BGB ist, greifen die BGB-Vorschriften ein, soweit das OHG-Recht keine spezielle Regelung enthält (§ 105 Abs. 3 HGB).

- Für die KG gelten vorrangig die §§ 161 ff. HGB. Soweit diese keine spezielle Regelung enthalten, greifen die §§ 105 ff. HGB ein (§ 161 Abs. 2 HGB); ist auch in den §§ 105 ff. HGB nichts geregelt, gelten die §§ 705 ff. BGB (§ 105 Abs. 3 HGB).

Dieser rechtliche Aufbau führt dazu, dass einzelne Rechtsfragen für alle drei Gesellschaften gleich geregelt sind, während in anderen Bereichen völlig unterschiedliche Regelungen bestehen.

**Anwendbare Vorschriften**

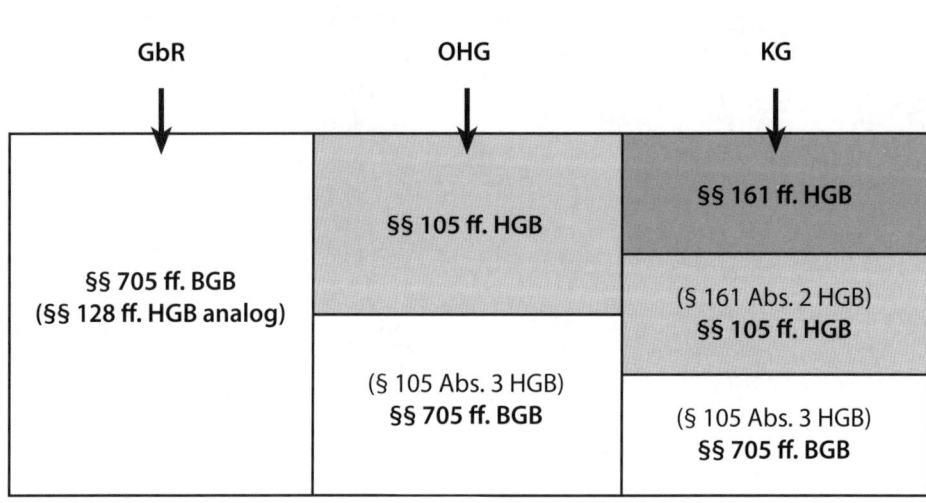

**Beispiele:**

1. Für den Abschluss des Gesellschaftsvertrages gilt für alle drei Gesellschaften § 705 BGB. Die Gesellschafter müssen sich zur Verfolgung eines gemeinsamen Zwecks i.S.d. § 705 BGB zusammenschließen. Unterschiede bestehen nur insoweit, als dass bei der OHG und KG der gemeinsame Zweck auf den Betrieb eines Handelsgewerbes unter einer gemeinsamen Firma gerichtet ist (vgl. § 105 Abs. 1 HGB).

2. Die Vertretung der Gesellschaft bzw. der Gesellschafter ist unterschiedlich geregelt. In der GbR gelten die §§ 714, 709 BGB; für die OHG und KG gelten die §§ 125 ff. HGB; gemäß § 170 HGB ist der Kommanditist einer KG nicht zur organschaftlichen Vertretung berechtigt (er kann aber gemäß § 167 BGB bevollmächtigt werden).

Im Einzelnen stellen sich bei der Personengesellschaft folgende Rechtsfragen:

- Wie entsteht eine Personengesellschaft?

- Wie sind das Verhältnis der Gesellschaft und der Gesellschafter zu Dritten geregelt (Außenverhältnis)?

- Wie sind das Verhältnis der Gesellschafter zur Gesellschaft und die Rechtsbeziehungen der Gesellschafter zueinander geregelt (Innenverhältnis)?

- Welche rechtlichen Folgen ergeben sich bei Veränderungen im Personenbestand durch Eintritt, Ausscheiden und Nachfolge?

- Wie vollzieht sich die Auflösung der Gesellschaft und die Beendigung durch Liquidation?

## 1. Abschnitt: Entstehen der Personengesellschaften durch Vertrag

Die Personengesellschaften entstehen mit dem Abschluss des Gesellschaftsvertrages. Die Gesellschafter müssen sich darüber einigen, dass sie sich zur Verfolgung eines gemeinsamen Zwecks zusammenschließen und diesen durch vermögenswerte Leistungen fördern.    **10**

Die so entstandenen Gesellschaften sind keine juristischen Personen. Sie nehmen aber (mit Ausnahme der Innengesellschaften) als Gesellschaften – d.h. als Zusammenschluss und nicht nur als Summe der beteiligten Einzelpersonen – am Rechtsverkehr teil. Es stellt sich daher die Frage, ob und inwieweit auch Personengesellschaften Rechte und Pflichten zustehen können.

## A. Der Gesellschaftsvertrag

Der Gesellschaftsvertrag kommt durch eine wirksame Einigung der Gesellschafter über die Vertragsbestandteile zustande. Es gelten die allgemeinen Regeln der Rechtsgeschäftslehre. Die Parteien müssen sich darüber einigen, dass sie sich **zur Förderung eines gemeinsamen Zwecks** zusammenschließen und diesen durch vermögenswerte Leistungen fördern.[12] (Rn. 12 ff.)    **11**

An den Inhalt des gemeinsamen Zwecks sind bei der Gesellschaft bürgerlichen Rechts (GbR) keine hohen Anforderungen zu stellen. Ist der gemeinsame Zweck auf den Betrieb eines Handelsgewerbes unter einer gemeinsamen Firma gerichtet, entsteht gemäß § 105 Abs. 1 HGB eine OHG oder KG (§ 161 Abs. 1 HGB). (Rn. 22 ff.)

Bei Mängeln des Gesellschaftsvertrages können die Sonderregeln über die fehlerhafte Gesellschaft eingreifen. (Rn. 25 ff.)

---

12  BGH, Beschl. v. 20.10.2008 – II ZR 207/07, Rn. 5, ZIP 2008, 2311; Palandt/Sprau § 705 Rn. 20.

## I. Einigung über den gemeinsamen Zweck

**12**  Die Gesellschafter müssen sich darüber einigen, dass sie einen gemeinsamen Zweck fördern wollen. Der gemeinsame Zweck ist die Grundvoraussetzung der Gesellschaft und grenzt den Gesellschaftsvertrag von sonstigen vertraglichen Schuldverhältnissen – namentlich den Austauschverträgen – ab.[13]

Jeder erlaubte Zweck kann Gegenstand eines Gesellschaftsvertrages sein. Gemeinsamer Zweck i.S.d. § 705 BGB kann ein dauernder oder vorübergehender sein; er kann vermögensrechtlicher oder ideeller Natur sein; er braucht nicht notwendig ein eigennütziger der Gesellschafter zu sein, vielmehr ist auch die gemeinsame Förderung der Interessen anderer möglich.[14]

Der Zweck muss von allen Gesellschaftern **gemeinsam verfolgt** werden. Die Gemeinsamkeit des Zwecks ist gegeben, wenn jeder Vertragspartner vom anderen seine Förderung verlangen kann und die fördernde Tätigkeit des einen dem anderen zugute kommen soll. Ein bloß gleichgerichtetes Interesse der Beteiligten genügt nicht.

**13**  In der Regel wird die Gesellschaft zur Erreichung des gemeinsamen Zwecks nach außen hin auftreten **(Außengesellschaft)**. Ein gemeinsamer Zweck kann aber auch in der Weise verfolgt werden, dass die Gesellschafter lediglich im Innenverhältnis, d.h. im Verhältnis untereinander, eine Gesellschaft bilden, die nach außen im Rechtsverkehr nicht in Erscheinung tritt **(Innengesellschaft)**.

Innengesellschaften sind die BGB-Innengesellschaft und die Stille Gesellschaft (§§ 230–236 HGB). Zu den Innengesellschaften im Einzelnen im 3. Teil, 5. Abschnitt.

**14**  Wenn die Parteien **ausdrücklich** und eindeutig einen gemeinsamen Zweck verfolgen wollen, so ist die Vereinbarung ohne Weiteres als Gesellschaftsvertrag anzusehen.

Bei nicht eindeutigen Abreden – insbesondere bei **konkludenten** Vereinbarungen – ist im Einzelfall durch Auslegung zu ermitteln, ob eine gemeinsame Zweckverfolgung und damit ein Gesellschaftsvertrag vorliegt:

- Halten die Parteien gemeinsam eine Sache, kann eine Gesellschaft oder eine Bruchteilsgemeinschaft (§§ 741 ff. BGB) gegeben sein.

- Liegt das gemeinsame Interesse in einer Gewinnbeteiligung, ist abzugrenzen, ob eine Gesellschaft oder ein partiarisches Rechtsverhältnis vorliegt.

- Die Vermögensverhältnisse zwischen Ehegatten sind im ehelichen Güterrecht geregelt. Es kann im Einzelfall zweifelhaft sein, ob die Eheleute es bei dieser Regelung belassen oder einen Gesellschaftsvertrag abschließen wollen.

- Innerhalb einer nichtehelichen Lebensgemeinschaft wollen die Partner häufig überhaupt keine rechtlich verbindlichen Regelungen treffen. Sie können aber auch einen Gesellschaftsvertrag abschließen.

---

13  MünchKomm-BGB/Ulmer/Schäfer § 705 Rn. 128; K. Schmidt § 4 I 2.
14  Palandt/Sprau § 705 Rn. 20.

## 1. Das gemeinsame Halten einer Sache

### Fall 1: Ein Trecker für zwei

Die Holzhändler A und B benötigen zur Holzabfuhr aus versumpften Gebieten hin und wieder einen besonders schweren Trecker. Sie erwerben zusammen ein ihnen zusagendes Fahrzeug; jeder zahlt die Hälfte des Kaufpreises. Die Unterhaltungskosten sollen geteilt werden; außerdem wird bestimmt, zu welchen Zeiten jeder den Trecker in seinem Betrieb benutzen darf. Später kommt es zu Unstimmigkeiten. A möchte seinen Anteil an dem Trecker auf den Landwirt L übertragen.

A kann seinen Anteil an dem Trecker gemäß § 747 i.V.m. § 929 BGB auf L übertragen, wenn der Trecker i.S.d. §§ 741 ff. BGB im gemeinschaftlichen Eigentum (Miteigentum) von A und B steht. **15**

Das Miteigentum ist ein Sonderfall der Bruchteilsgemeinschaft. Für das Miteigentum gelten die §§ 1008-1011 BGB neben den §§ 741 ff. BGB.[15]

I. Da A und B den Trecker gemeinsam erworben haben, könnten sie dessen Bruchteilseigentümer i.S.d. §§ 741 ff. BGB geworden sein. Das Recht der Bruchteilsgemeinschaft (§§ 741 ff. BGB) findet nach § 741 BGB indes nur Anwendung, „sofern sich nicht aus dem Gesetz ein anderes ergibt"; die §§ 741 ff. BGB sind subsidiär gegenüber den Einzelregelungen anderer Gemeinschaften, insbesondere gegenüber denen der Gesamthandsberechtigungen (Gesellschaft, §§ 705 ff. BGB; eheliche Gütergemeinschaft, §§ 1415 ff. BGB; Erbengemeinschaft, §§ 2032 ff. BGB).

Nicht § 747 BGB, sondern § 719 BGB fände somit Anwendung, wenn zwischen A und B mit der Anschaffung des Treckers eine Gesellschaft i.S.d. §§ 705 ff. BGB begründet worden wäre. In diesem Fall könnte A seinen Anteil an dem Trecker nicht auf L übertragen (§ 719 Abs. 1 BGB).

A wäre gemäß § 719 Abs. 1 Hs. 2 BGB nicht einmal berechtigt, von B Teilung zu verlangen, sondern könnte lediglich die Gesellschaft unter den Voraussetzungen der §§ 723 ff. BGB kündigen und versuchen, den Trecker bei der Auseinandersetzung gemäß §§ 730 ff. BGB zu erwerben.

Sinn und Zweck des § 719 BGB ist es, bei einer Gesellschaft das Erreichen des gemeinsamen Zwecks nicht dadurch zu gefährden, dass das für die Zweckerreichung erforderliche Gesellschaftsvermögen in fremde Hände gelangt.[16] Gesellschafterstellung und Vermögensbeteiligung sind untrennbar.[17]

Mit der Einigung über den gemeinsamen Erwerb, die Benutzung und die Unterhaltung des Treckers ist ein Gesellschaftsvertrag i.S.d. §§ 705 ff. BGB zustande gekommen, wenn A und B damit einen gemeinsamen Zweck verfolgten.

1. Die Parteien können durch ausdrückliche Abrede auch das Anschaffen, Halten und Verwalten einer Sache als gemeinsamen Zweck vereinbaren.[18] **16**

---

15 Palandt/Sprau § 741 Rn. 3.

16 MünchKomm-BGB/Schäfer § 719 Rn. 2; K. Schmidt § 45 III 2 a.

17 BeckOK-BGB/Schöne § 719 Rn. 3.

18 BGH NJW 1982, 170 (für das Halten eines Einfamilienheims); MünchKomm-BGB/Ulmer/Schäfer § 705 Rn. 145; K. Schmidt § 59 I 3 a.

Nach h.M. liegt auch dann eine GbR vor, wenn mehrere Mieter gemeinsam eine Wohnung mieten.[19] Nicht aber, wenn mehrere Mieter eine Garage anmieten und damit ausschließlich eigene Zwecke verfolgen.[20]

Hier fehlt eine ausdrückliche Vereinbarung, die eindeutig als Gesellschaftsvertrag anzusehen wäre.

**17**   2. Es ist durch Auslegung zu ermitteln, ob A und B einen gemeinsamen Zweck i.S.d. § 705 BGB verfolgen wollten. Da die Zielsetzungen der Parteien – das Anschaffen, Halten und Verwalten – gemäß §§ 744, 748 BGB für die Gemeinschaft charakteristisch sind, ist zwischen Gesellschaft (§§ 705 ff. BGB) und Bruchteilsgemeinschaft (§§ 741 ff. BGB) eine Abgrenzung erforderlich.

Erschöpft sich die „Gemeinsamkeit" im Anschaffen, Halten und Verwalten, und will jede Partei die Sache ansonsten für eigene Zwecke verwenden, sodass sie nur Mittel zur Verwirklichung jeweils eigener Zwecke ist, so liegt ohne ausdrückliche Vereinbarung keine Gesellschaft i.S.d. §§ 705 ff. BGB vor. Die bloße gleichartige Beteiligung mehrerer an einem Gegenstand ohne verabredete Förderung eines weiteren Zwecks stellt dann eine bloße Bruchteilsgemeinschaft i.S.d. §§ 741 ff. BGB dar. Ohne ausdrückliche Vereinbarung ist im Falle des gemeinsamen Haltens, Verwaltens und Instandhaltens eines Gegenstandes eine Gesellschaft i.S.d. §§ 705 ff. BGB nur dann anzunehmen, wenn ein darüber hinausgehender Zweck verfolgt werden soll.[21]

Auf den Fall bezogen bedeutet dies: Jede Partei wollte den Trecker im eigenen Betrieb verwenden. Sein zweckentsprechender Einsatz sollte nur dem jeweiligen Betriebsinhaber zugute kommen. Die Vertragspartner wollten also mit der ihnen gemeinsam gehörenden Sache keinen weitergehenden gemeinsamen Zweck fördern, vielmehr wollte jeder für sich die Vorteile des Treckers erlangen. Es besteht daher zwischen A und B keine Gesellschaft i.S.d. §§ 705 ff. BGB, sondern nur eine Bruchteilsgemeinschaft gemäß §§ 741 ff. BGB. Nicht § 719 BGB, sondern § 747 BGB findet Anwendung. A kann seinen Anteil an dem Trecker auf L übertragen.

II. Die Übertragung vollzieht sich nach den Bestimmungen, die für die Übertragung des Vollrechts gelten, hier also nach §§ 929 ff. BGB. A kann sich beispielsweise mit L darüber einigen, dass sein Miteigentumsanteil am Trecker auf L übergehen soll und in Vollziehung dieser Einigung dem L den Mitbesitz daran verschaffen.

§ 929 BGB erfordert grundsätzlich zwar Alleinbesitzverschaffung, doch genügt im Rahmen von § 747 BGB die Verschaffung von Mitbesitz.[22]

Sollte B nicht damit einverstanden sein, dass anstelle von A nunmehr der L Miteigentümer des Treckers wird, so kann er gemäß § 749 Abs. 1 BGB jederzeit Aufhebung der Gemeinschaft verlangen.

---

19  BGHZ 136, 314, 323; Sonnenschein NZM 1999, 977, 979.
20  OLG Rostock, Urt. v. 25.01.2001 – 1 U 111/99, OLG-Report 2001, 386.
21  K. Schmidt § 59 I 3 a.
22  Palandt/Bassenge § 1008 Rn. 5.

## 2. Partiarische Rechtsverhältnisse

Der Zweck muss von allen Gesellschaftern gemeinsam verfolgt werden. Ein bloß gleichgerichtetes Interesse der Beteiligten genügt nicht. Liegt das gemeinsame Interesse in einer Gewinnbeteiligung, so kann eine Gesellschaft, aber auch ein partiarisches Rechtsverhältnis vorliegen.

**18**

Partiarische Rechtsverhältnisse sind Austauschverträge, die dadurch gekennzeichnet sind, dass das Entgelt einer Partei ganz oder zum Teil in einer Gewinnbeteiligung liegt. Zwar hat der am Gewinn Beteiligte dann ein eigenes Interesse am Gewinn des anderen. Die Erzielung dieses Gewinns durch den anderen wird aber nicht als gemeinsamer Zweck des Vertrages gemeinsam verfolgt. Vielmehr wird jeder in eigener Verantwortung und auf eigene Rechnung tätig. Der Gewinn stellt vertraglich nur eine Berechnungsgröße dar.[23]

**Beispiele:** Darlehen mit Gewinnbeteiligung, Dienstvertrag mit Umsatzbeteiligung.

Bei Vereinbarungen über Gewinnbeteiligungen in der Form einer Gesellschaft wird es sich in aller Regel um Innengesellschaften (bei der Beteiligung an einem Handelsgewerbe um stille Gesellschaften) handeln. Derjenige, der sich beteiligt, hat häufig kein Interesse daran, nach außen in Erscheinung zu treten.

Partiarische Rechtsverhältnisse und Gesellschaften unterscheiden sich dadurch, dass bei den Gesellschaften die Verfolgung eines gemeinsamen Zwecks vereinbart wird, wohingegen bei den partiarischen Rechtsverhältnissen die Parteien ausschließlich unterschiedliche eigene Interessen verfolgen. Die Abgrenzung hat durch Auslegung unter Berücksichtigung des Vertragszwecks und der wirtschaftlichen Interessenlage zu erfolgen. Dabei können folgende Indizien zu berücksichtigen sein:

■ Ist eine Verlustbeteiligung vereinbart, liegt regelmäßig eine Gesellschaft vor.[24]

   Das Fehlen einer Verlustbeteiligung spricht allerdings nicht notwendig für ein partiarisches Rechtsverhältnis, da auch bei einer stillen Gesellschaft der Ausschluss der Verlustbeteiligung vereinbart werden kann (§ 231 Abs. 2 HGB).

■ Auch die Vereinbarung von Kontroll- und Mitwirkungsrechten spricht für ein Gesellschaftsverhältnis.[25]

## 3. Die Ehegattengesellschaft

Ehegatten können miteinander eine Gesellschaft gründen; dies wird weder durch die Natur der Ehegemeinschaft noch durch die Vorschriften über den ehelichen Güterstand ausgeschlossen. Gesellschaften unter Ehegatten sind häufig Innengesellschaften, die nach außen hin nicht in Erscheinung treten.

**19**

Voraussetzung für eine Gesellschaft unter Ehegatten ist eine Zweckvereinbarung i.S.d. § 705 BGB.

---

23  K. Schmidt § 62 II 1 c bb; MünchKomm-BGB/Ulmer/Schäfer Vor § 705 Rn. 149–151.

24  OLG Hamm NJW-RR 1994, 1382; OLG Schleswig NZG 2000, 1176; BeckOK-BGB/Schöne § 705 Rn. 34.

25  BGH NJW 1992, 2696; 1995, 192; OLG Dresden NZG 2000, 302.

- Ehegatten können **ausdrücklich** einen Gesellschaftsvertrag schließen. Als Gesellschaftszweck kann jeder erlaubte wirtschaftliche oder ideelle Zweck in Betracht kommen. Es spielt keine Rolle, „ob dadurch gleichzeitig Verpflichtungen berührt werden, die sich im Prinzip bereits aus den Vorschriften des Familienrechts (§§ 1353, 1360 BGB) ergeben".[26]

  Ehegatten können z.B. durch ausdrückliche Vereinbarung eine Gesellschaft bilden, die den Zweck hat, ein Familienheim zu schaffen und zu erhalten.[27]

**20**  - Fehlt eine ausdrückliche Vereinbarung, so kann der Abschluss eines Gesellschaftsvertrages durch schlüssiges Verhalten in Betracht kommen. Leben die Ehegatten im gesetzlichen Güterstand der Zugewinngemeinschaft, ist dies ein Indiz gegen das Zustandekommen einer Innengesellschaft, da der im Fall einer Scheidung gebotene Vermögensausgleich regelmäßig bereits durch die Vorschriften über den Zugewinnausgleich gesichert ist.[28]

  - Für einen konkludent abgeschlossenen Gesellschaftsvertrag muss sich feststellen lassen, dass die Eheleute einen **über den typischen Rahmen der ehelichen Lebensgemeinschaft hinausgehenden Zweck** verfolgen. Dieser weitergehende Zweck kann vor allem darin bestehen, dass die Ehegatten gemeinsam ein Unternehmen aufbauen oder gemeinsam gleichberechtigt eine berufliche oder gewerbliche Tätigkeit ausüben.[29]

    Ohne ausdrückliche Vereinbarung kommt durch den Erwerb und Ausbau eines Familienheims keine Gesellschaft zustande.[30] Ein weitergehender Zweck wurde aber bejaht beim gemeinsamen Bau und der Vermietung von Apartmentwohnungen.[31] Ein konkludent abgeschlossener Gesellschaftsvertrag wurde auch angenommen in einem Fall, in dem die Eheleute gemeinsam eine Gaststätte betrieben, als Mitpächter den Pachtvertrag schlossen, als Gesamtschuldner Darlehen aufnahmen und beide ihre Arbeitskraft im Betrieb einsetzten.[32]

  - Die Ehegatten müssen überdies den – über die Verwirklichung der Lebensgemeinschaft hinausgehenden – Zweck **gemeinsam verfolgen**. Die Tätigkeit des mitarbeitenden Ehegatten muss von ihrer Funktion her als **gleichberechtigte Mitarbeit** anzusehen sein.[33]

    Eine Gesellschaft ist daher z.B. zu verneinen, wenn ein Ehegatte als Arzt, der andere als Sprechstundenhilfe tätig wird[34] oder wenn ein Ehegatte einen Großmarkt betreibt, in dem der andere nur gelegentlich Aushilfstätigkeiten verrichtet.[35]

  - Ein konkludent zustande gekommener Gesellschaftsvertrag ist zu verneinen, wenn dies zu ausdrücklich getroffenen Vereinbarungen im Widerspruch steht.

---

26  BGH NJW 1982, 170, 171.
27  BGH NJW 1982, 170.
28  BGH, Urt. v. 28.09.2005 – XII ZR 189/02, Rn. 12, BGHZ 165, 1, 6.
29  BGH NJW 1995, 3383; BGHZ 142, 137, 144; BGH, Urt. v. 25.06.2003 – XII ZR 161/01, BGHZ 155, 249; BGH, Urt. v. 28.09.2005 – XII ZR 189/02, BGHZ 165, 1, 6; Hoppenz FamRZ 2006, 610.
30  BGH NJW 1982, 2236; NJW-RR 1989, 66; 1990, 736.
31  BGH FamRZ 1975, 35.
32  BGH NJW-RR 1990, 736.
33  BGHZ 142, 137, 144; BGH, Urt. v. 28.09.2005 – XII ZR 189/02, BGHZ 165, 1, 6.
34  BGH NJW 1974, 2045.
35  BGH NJW-RR 1988, 260.

Ausdrückliche Erklärungen gehen einem lediglich konkludent zum Ausdruck gekommenen Parteiwillen vor.[36]

## 4. Gesellschaftsrechtliche Ansprüche unter den Partnern einer nichtehelichen Lebensgemeinschaft

In einer nichtehelichen Lebensgemeinschaft wollen die Partner grundsätzlich keine **21** rechtlich verbindlichen Regelungen treffen, weder in persönlicher noch in wirtschaftlicher Hinsicht. Sie können aber ausdrücklich oder stillschweigend einen Gesellschaftsvertrag schließen.

■ Anders als in einer Ehe ist bei einer nichtehelichen Lebensgemeinschaft für die Annahme einer Gesellschaft nicht zwingend erforderlich, dass ein über die Verwirklichung der Lebensgemeinschaft hinausgehender Zweck verfolgt wird. Im Unterschied zu Ehegatten sind die Partner einer nichtehelichen Lebensgemeinschaft nämlich nicht gesetzlich zur Lebensgemeinschaft und zum Unterhalt der Familie verpflichtet. Allerdings wird **ohne einen über die Verwirklichung der Lebensgemeinschaft hinausgehenden Zweck regelmäßig kein Gesellschaftsvertrag** anzunehmen sein.[37] Denn die Partner haben im Regelfall keine über die Ausgestaltung ihrer Gemeinschaft hinausgehenden rechtlichen Vorstellungen.

■ Der Abschluss eines Gesellschaftsvertrages durch schlüssiges Verhalten „kann in Betracht kommen"[38], wenn die Parteien mit dem Erwerb eines Vermögensgegenstandes die **Absicht gemeinschaftlicher Wertschöpfung** gehabt haben. Diese liegt vor, wenn die Partner die Absicht verfolgt haben, mit dem Erwerb bestimmter Vermögensgegenstände einen – wenn auch nur wirtschaftlich – gemeinschaftlichen Wert zu schaffen, der von ihnen für die Dauer der Partnerschaft nicht nur gemeinsam benutzt werden, sondern ihnen nach ihrer Vorstellung auch gemeinsam gehören sollte. Indizien dafür können sich aus Planung, Umfang und Dauer des Zusammenwirkens ergeben. Das formale Alleineigentum eines Partners schließt die Absicht gemeinschaftlicher Wertschöpfung nicht notwendig aus.[39]

*Nach der Rechtsprechung des BGH kommen nach Beendigung einer nichtehelichen Lebensgemeinschaft nicht nur gesellschaftsrechtliche Ausgleichsansprüche, sondern auch Ansprüche aus ungerechtfertigter Bereicherung (§ 812 Abs. 1 S. 2 Alt. 2 BGB) sowie nach den Grundsätzen über die Störung der Geschäftsgrundlage (§ 313 BGB) in Betracht.[40]*

## II. Der Inhalt des gemeinsamen Zwecks – Abgrenzung der GbR von den Handelsgesellschaften

In § 705 BGB werden keine positiven inhaltlichen Anforderungen an den gemeinsamen **22** Zweck gestellt. Wenn sich also mehrere Personen vertraglich zur Förderung eines ge-

---

36  BGH, Urt. v. 28.09.2005 – XII ZR 189/02, Rn. 15, BGHZ 165, 1, 6.

37  BGH, Urt. v. 09.07.2008 – XII ZR 179/05, Rn. 20, BGHZ 177, 193, RÜ 2008, 630; BGH, Urt. v. 06.07.2011 – XII ZR 190/08, Rn. 16, NJW 2011, 2880, RÜ 2011, 621; BGH, Urt. v. 19.09.2012 – XII ZR 136/10, Rn. 16 ff., NJW 2012, 342.

38  BGH, Urt. v. 09.07.2008 – XII ZR 179/05, Rn. 18, BGHZ 177, 193, RÜ 2008, 630.

39  BGH, Urt. v. 21.07.2003 – II ZR 249/01, BB 2003, 2139.

40  BGH, Urt. v. 09.07.2008 – XII ZR 179/05, BGHZ 177, 193, RÜ 2008, 630; BGH, Urt. v. 06.07.2011 – XII ZR 190/08, Rn. 18 ff., NJW 2011, 2880, RÜ 2011, 621; BGH, Urt. v. 19.09.2012 – XII ZR 136/10, Rn. 23, NJW 2012, 3374.

meinsamen Zwecks zusammenschließen, entsteht zumindest eine BGB-Gesellschaft. Die **GbR** ist die Grundform der Personengesellschaften. Die Gründung einer GbR scheidet allerdings aus, wenn der gemeinsame Zweck auf den Betrieb eines Handelsgewerbes gerichtet ist.

**23**  Ist der gemeinsame Zweck auf den Betrieb eines Handelsgewerbes gerichtet, entsteht gemäß § 105 Abs. 1 HGB eine **OHG**. Handelsgewerbe ist gemäß § 1 Abs. 2 HGB jeder Gewerbebetrieb, es sei denn, Art oder Umfang des Unternehmens erfordern keinen in kaufmännischer Weise eingerichteten Gewerbebetrieb (Kleingewerbe). Wird ein Kleingewerbe betrieben, entsteht mit Abschluss des Gesellschaftsvertrages eine BGB-Gesellschaft. Diese kann sich aber gemäß § 105 Abs. 2 HGB in das Handelsregister eintragen lassen und ist dann OHG.

Eine Eintragungsmöglichkeit besteht gemäß § 105 Abs. 2 S. 1 HGB auch für Gesellschaften, die „nur eigenes Vermögen verwalten".

Damit haben Vermögensverwaltungsgesellschaften die Möglichkeit einer Handelsregistereintragung. Beispiele sind die Besitzgesellschaften nach einer Betriebsaufspaltung oder Immobilienverwaltungsgesellschaften. Diese Gesellschaften betreiben nach h.M. kein Gewerbe, da sie nicht nach außen hin auftreten.[41]

Nach K. Schmidt[42] ist § 105 Abs. 2 S. 1 HGB so auszulegen, dass alle Gesellschaften, die ein Vermögen haben, eintragungsfähig sind. Danach könnten alle Außengesellschaften bürgerlichen Rechts auch ohne den Betrieb eines Gewerbes in das Handelsregister eingetragen werden.

**24**  Der gemeinsame Zweck einer **KG** entspricht dem der OHG. Aufgrund der Verweisung des § 161 Abs. 2 HGB ist § 105 HGB anwendbar. Die KG unterscheidet sich von der OHG nicht durch den mit der Gesellschaft verfolgten Zweck, sondern durch die beschränkte Haftung der Kommanditisten.

### III. Mängel des Gesellschaftsvertrages

**25**  Nach den allgemeinen Regeln der §§ 104 ff. BGB besteht grundsätzlich keine Bindung an nichtige Willenserklärungen. Soweit aufgrund eines nichtigen Vertrages Leistungen erbracht werden, können diese gemäß §§ 812 ff. BGB zurückgefordert werden. Ist eine Gesellschaft in Vollzug gesetzt worden, so ist die uneingeschränkte Anwendung der §§ 104 ff. BGB – und die damit verbundene Rückabwicklung nach den §§ 812 ff. BGB – jedoch nicht sachgerecht:

- Die Gesellschafter, die über eine längere Zeit ausschließlich für die Gesellschaft tätig geworden sind und über keine andere Einkommensquelle verfügen, dürfen untereinander darauf vertrauen, dass sich ihre gegenseitigen Rechte und Pflichten nach dem fehlerhaften Gesellschaftsvertrag richten, der ihre Absichten im Zweifel auch für den Fall ausdrückt, dass sich ihr Vertrag als ungültig erweist.

- Für die Verteilung des im Vertrauen auf das Bestehen der Gesellschaft gebildeten Gesellschaftsvermögens enthalten die Vorschriften über die Auseinandersetzung (§§ 730 ff.) die interessengerechteren Regelungen.

---

41  OLG Hamm ZIP 1993, 1310; K. Schmidt ZIP 1997, 909, 914; Schön DB 1998, 116.

42  Handelsrecht § 10 VII 1; K. Schmidt DB 1998, 61; ders. JZ 2009, 10, 19.

■ Dritte, mit denen im Namen der Gesellschaft Rechtsgeschäfte getätigt werden, müssen auf den Bestand der Gesellschaft unabhängig davon vertrauen dürfen, ob sie von der Unwirksamkeit des Gesellschaftsvertrages Kenntnis hatten oder hätten haben können.

Mit Rücksicht auf diese Interessenlage ist allgemein anerkannt, dass die §§ 104 ff. BGB    **26**
mit den sich daran anknüpfenden Rechtsfolgen aus §§ 812 ff. BGB nicht uneingeschränkt auf gesellschaftsvertragliche Erklärungen angewandt werden dürfen. Bei Mängeln des Gesellschaftsvertrags finden die **Grundsätze über die fehlerhafte Gesellschaft** Anwendung. Danach löst die Nichtigkeit gesellschaftsvertraglicher Erklärungen gemäß §§ 104 ff. BGB regelmäßig nur die Rechtsfolge aus, dass ein Auflösungs- bzw. Kündigungsgrund besteht. Die allgemeine Nichtigkeitsfolge der §§ 104 ff. BGB wird also mit der Folge beschränkt, dass die fehlerhafte Gesellschaft bis zu ihrer Auflösung bzw. Kündigung grundsätzlich wie eine fehlerfreie behandelt wird.[43]

Begründet wird die Lehre von der fehlerhaften Gesellschaft vor allem mit dem **Bestandsschutz** der Gesellschaft und mit dem **Verkehrsschutz**. Nichtigkeits- und Anfechtungsfolgen würden wegen ihrer Rückwirkung auf den Abschluss des Rechtgeschäfts für Gesellschaftsverhältnisse im Allgemeinen nicht passen und eine Rückabwicklung nach den §§ 812 ff. BGB sei i.d.R. nicht möglich oder zumindest nicht interessengerecht.[44]

Das Institut der fehlerhaften Gesellschaft galt ursprünglich nur für Kapitalgesellschaften. Später wurden diese Grundsätze auch auf die Personengesellschaften übertragen. Heute sind für die Kapitalgesellschaften die Grundsätze gesetzlich normiert, §§ 275 ff. AktG, §§ 75 ff. GmbHG und §§ 94 ff. GenG.[45]

## 1. Voraussetzungen und Rechtsfolgen der fehlerhaften Gesellschaft (Grundsätze)

### a) Voraussetzungen

**aa)** Es muss ein **Gesellschaftsvertrag** vorliegen. Die Beteiligten müssen auf den Ab-    **27**
schluss eines Gesellschaftsvertrages gerichtete Erklärungen abgegeben haben, auch wenn diese fehlerhaft sind. Erforderlich und ausreichend ist der **übereinstimmende Wille der Parteien, ihre Rechtsbeziehungen nach gesellschaftsrechtlichen Grundsätzen zu regeln.**[46]

Ein übereinstimmender Wille fehlt regelmäßig, wenn bei dem Eintritt in eine Gesellschaft ein Vertreter ohne Vertretungsmacht für den Eintretenden handelt.[47]

■ Die Grundsätze über die fehlerhafte Gesellschaft sind auch auf **Innengesellschaften** anwendbar.

■ Sie gelten bei einer mangelhaften **Vertragsänderung** ebenso wie

---

43  BGH, Urt. v. 02.04.2001 – II ZR 331/99, NJW-RR 2001, 1450, K. Schmidt § 6 I 1; Windbichler § 6 Rn. 8; § 13 Rn. 11 ff.; Palandt/Sprau § 705 Rn. 18; jurisPK/Bergmann § 705 Rn. 14 f.

44  BGHZ 55, 5, 8; BGH, Urt. v. 25.04.2006 – XI ZR 193/04, Rn. 19, NJW 2006, 1788.

45  Kummer Jura 2006, 331; jurisPK/Bergmann § 705 Rn. 15.

46  BGH NJW 1992, 1501, 1502.

47  BGH, Urt. v. 01.06.2010 – XI ZR 389/09, Rn. 20, NJW 2011, 66, RÜ 2010, 491; BGH, Urt. v. 13.09.2011 – VI ZR 229/09, Rn. 12, NZG 2011, 1225, RÜ 2011, 760.

- beim **Beitritt** in eine Gesellschaft,

- beim **Austritt** aus einer Gesellschaft

- und bei der **Abtretung** eines Gesellschaftsanteils.

**bb)** Der Gesellschaftsvertrag muss **in Vollzug gesetzt** sein. Vorher greifen die Folgen der Nichtigkeit und Anfechtung voll durch. Da die Rückabwicklung von Leistungen und Beiträgen nach den allgemeinen Regeln bis zur Invollzugsetzung noch leicht durchführbar ist und auch noch kein besonderer Verkehrsschutz notwendig ist, besteht kein Anlass, die Grundsätze über die fehlerhafte Gesellschaft anzuwenden. Der Vertrag ist in Vollzug gesetzt, wenn mit seiner Ausführung begonnen worden ist:

- Ein Invollzugsetzen liegt jedenfalls dann vor, wenn die Gesellschaft ihre Tätigkeit im Rechtsverkehr nach außen aufgenommen hat, sei es auch nur im Rahmen von Vorbereitungsgeschäften.[48]

- Nach h.M. reicht es auch aus, wenn im Innenverhältnis ein Gesellschaftsvermögen gebildet worden ist.[49]

**cc)** Der Gesellschaftsvertrag (bzw. die Vertragsänderung, Beitrittserklärung, Austrittserklärung oder Abtretung) muss an einem **Fehler** leiden, der grundsätzlich die Nichtigkeit zur Folge hätte.

**dd)** Der Annahme einer fehlerhaften, aber wirksamen Gesellschaft dürfen **keine überwiegenden Interessen Einzelner oder der Allgemeinheit** entgegenstehen.

- Überwiegende Einzelinteressen stehen nach h.M. der fehlerhaften Gesellschaft entgegen, wenn eine nicht voll geschäftsfähige Person ohne die erforderliche gesetzliche Vertretung am Vertragsschluss mitgewirkt hat.[50]

- Interessen der Allgemeinheit stehen entgegen, wenn der Gesellschaftsvertrag gesetzlich verbotene oder sittenwidrige Zwecke verfolgt.

### b) Rechtsfolgen

28 Die fehlerhafte Gesellschaft wird wie eine fehlerfreie behandelt, doch stellt der Nichtigkeitsgrund einen Kündigungs- oder Auflösungsgrund mit Wirkung für die Zukunft dar. Das Rechtsverhältnis kann also bei der GbR durch außerordentliche Kündigung (§ 723 Abs. 1 S. 2, 3 BGB), im Übrigen durch Auflösungsklage (§ 133 HGB für die OHG und KG) aus wichtigem Grund gelöst werden. Nach ganz h.M. ist der jeweilige Grund für die Nichtigkeit des Gesellschaftsvertrages immer als wichtiger Grund für die Kündigung oder die Auflösung anzusehen. Eines weiteren wichtigen Grundes bedarf es daher nicht.

---

48 BGHZ 3, 285, 288; 13, 320, 321; MünchKomm-BGB/Ulmer/Schäfer § 705 Rn. 331; MünchKomm-HGB/K. Schmidt § 105 Rn. 236.

49 BGHZ 13, 320, 321; MünchKomm-BGB/Ulmer/Schäfer § 705 Rn. 331; MünchKomm-HGB/K. Schmidt § 105 Rn. 236; K. Schmidt § 6 III 1 b.

50 jurisPK/Bergmann § 705 Rn. 22.

Es genügt der Nachweis des noch fortbestehenden Vertragsmangels, soweit die Berufung hierauf sich nicht ausnahmsweise als treuwidrig erweisen sollte.[51]

Nach der Kündigung oder Auflösung hat eine Auseinandersetzung nach gesellschaftsrechtlichen Grundsätzen zu erfolgen. Hat die Gesellschaft Verluste gemacht, steht der Gesellschafter bei einer Auseinandersetzung schlechter als bei Rückabwicklung nach Rücktritts- oder Bereicherungsrecht, denn er hat lediglich einen Anspruch auf Auszahlung eines etwaigen Auseinandersetzungsguthabens und nicht auf Rückgewähr der Einlage.[52]

Die Grundsätze über die fehlerhafte Gesellschaft schließen allerdings nicht aus, dass ein Schadensersatzanspruch des Gesellschafters besteht, der auf Naturalrestitution und damit auf Rückgewähr der Einlage gerichtet ist.[53]

## 2. Einzelheiten zur Voraussetzung „Gesellschaftsvertrag"

**a)** Entwickelt hat die Rechtsprechung die Regeln über die fehlerhafte Gesellschaft zunächst für Außengesellschaften.[54] Bei der stillen Gesellschaft als einer Innengesellschaft greifen die für Außengesellschaften zur Begründung der Regeln über die fehlerhafte Gesellschaft angeführten Aspekte – Gläubigerschutz, Schutz von Mitgesellschaftern, Vermeidung von Abwicklungsschwierigkeiten insbesondere bei bestehendem Gesellschaftsvermögen – nicht alle ohne Weiteres ein. Daher ist es umstritten, ob die Regeln auch für solche Gesellschaften herangezogen werden können.

**29**

Nach der h.M. und der ständigen Rechtsprechung des BGH gelten die Regeln über die fehlerhafte Gesellschaft auch für **Innengesellschaften**,[55] insbesondere für **stille Gesellschaften**.[56] Zur Begründung wird auf den Charakter des Gesellschaftsverbundes als Leistungs- und Risikogemeinschaft abgestellt. Die Abwicklung nach allgemeinen Regeln würde je nach Geschäftslage in schlechten Zeiten zu einer übermäßigen Belastung des Geschäftsinhabers, der das alleinige Verlustrisiko trage, führen oder in guten Zeiten dem stillen Gesellschafter die Teilnahme an den auch mit seiner Einlage erwirtschafteten Gewinnen vorenthalten.[57]

Diese Ansicht wird in der Literatur mit verschiedenen Argumenten kritisiert:
K. Schmidt[58] hält die Regeln der fehlerhaften Gesellschaft auf die Innengesellschaft nur dann für anwendbar, wenn die Gesellschaft – ausnahmsweise – verbandsrechtlich verfasst ist. Auf den Normalfall der rein schuldrechtlichen Innengesellschaft seien die Grundsätze unanwendbar. Westermann[59] will die Regeln über die fehlerhafte Gesellschaft nicht anwenden, wenn die Rückabwicklung nach dem Bereicherungsrecht ohne Schwierigkeiten möglich ist. Andere[60] stellen darauf ab, dass die stille Gesell-

---

51 BGHZ 3, 285, 290; 47, 293, 300; BGH WM 1974, 318, 319; NJW 1983, 748; Erman/Westermann § 705 Rn. 83; MünchKomm-BGB/Ulmer/Schäfer § 705 Rn. 345.

52 BGH, Urt. v. 31.01.2005 – II ZR 200/03, BB 2005, 624.

53 BGH, Urt. v. 21.05.2005 – II ZR 140/03, BB 2005, 1018; BGH, Urt. v. 21.05.2005 – II ZR 149/03, BB 2005, 1023; BGH, Urt. v. 26.09.2005 – II ZR 314/03, BB 2005, 2595.

54 Armbrüster/Joos ZIP 2004, 190.

55 BGH NJW-RR 1991, 613; NJW 1992, 2696, 2697.

56 BGH, Urt. v. 26.09.2005 – II ZR 314/03, NJW-RR 2006, 178; BGH, Urt. v. 23.07.2013 – II ZR 143/12, Rn. 17, WM 2013, 1742; Gehrlein WM 2005, 1489 ff.; Baumbach/Hopt § 230 Rn. 11.

57 BGHZ 55, 5, 8 f.

58 § 6 II 3.

59 Erman/Westermann § 705 Rn. 88.

60 Koller/Roth/Morck § 230 Rn. 15; MünchKomm-BGB/Ulmer/Schäfer § 705 Rn. 358–359.

schaft kein Gesellschaftsvermögen bildet, während ein solches zwingende Voraussetzung für die Anwendbarkeit der Regeln über die fehlerhafte Gesellschaft sei.

Eine stille Gesellschaft ist in Vollzug gesetzt, wenn der stille Gesellschafter Einlagezahlungen leistet.[61]

**30** **b)** Auch fehlerhafte **Vertragsänderungen** unterliegen den Grundsätzen über fehlerhafte Gesellschaftsverhältnisse.[62]

**31** **c)** Die zur fehlerhaften Gesellschaft entwickelten Grundsätze gelten auch für den fehlerhaften **Beitritt** zu einer Gesellschaft.[63] Es muss eine fehlerhafte Beitrittsvereinbarung vorliegen und die fehlerhafte Gesellschaft muss in Vollzug gesetzt sein.[64] Die Grundsätze gelten insbesondere auch für den fehlerhaften Beitritt zu einer Publikums-GbR.[65]

Für Mängel der Beitrittsvereinbarung gelten grundsätzlich die gleichen Regeln wie für die Mängel bei Vertragsschluss.[66] Hier ist aber zu beachten, dass die Regeln der fehlerhaften Gesellschaft grundsätzlich keine Anwendung finden, wenn die Gesellschafter nicht ordnungsgemäß vertreten wurden. Sie greifen in diesem Fall nur ausnahmsweise dann ein, wenn der Beitretende und die für den Beitritt stimmenden Gesellschafter diesen für wirksam gehalten haben, weil sie davon ausgingen, die vorhandenen Gesellschafter seien wirksam vertreten worden und deren Zustimmung liege damit vor.[67]

Umstritten ist, durch welche Vorgänge ein fehlerhafter Beitritt vollzogen wird. Ein Teil der Lehre begnügt sich damit, dass die Gesellschaft selbst – vor oder nach dem Beitritt – in Vollzug gesetzt worden ist.[68] Ein anderer Teil des Schrifttums differenziert: Bei einem nichtigen oder schwebend unwirksamen Beitrittsvertrag soll der Beitritt erst mit der Leistung der Einlage oder mit der Teilnahme des Beitretenden an Geschäftsführungsmaßnahmen vollzogen sein; bei anfechtbaren Beitrittserklärungen soll dagegen wegen ihrer vorläufigen Wirksamkeit schon der Beitritt als Vollzug anzusehen sein.[69] Der BGH hat diese Frage offengelassen.[70] Der Beitritt ist jedenfalls mit dem Erbringen von Beitragszahlungen vollzogen.[71]

**32** **d)** Auch auf den fehlerhaften **Austritt** aus einer Personengesellschaft sind die Grundsätze über die fehlerhafte Gesellschaft anzuwenden.[72] Ein fehlerhaft vollzogenes Ausscheiden setzt ein – wenn auch fehlerhaftes – rechtsgeschäftliches Handeln aller Gesellschafter voraus. Daran fehlt es, wenn der Mangel gerade darauf beruht, dass ein Teil der Gesellschafter an der Vereinbarung nicht mitgewirkt oder ein Mitgesellschafter die von ihnen erteilte Vollmacht zum Abschluss der Vereinbarung überschritten hat.[73]

Die Regeln über die fehlerhafte Gesellschaft gelten nicht, wenn gewichtige Interessen der Allgemeinheit oder einzelner schutzwürdiger Personen – insbesondere nicht voll

---

61 BGH, Urt. v. 18.04.2005 – II ZR 224/04, NJW-RR 2005, 1217.

62 BGHZ 62, 20, 26 f.; MünchKomm-HGB/K. Schmidt § 105 Rn. 252; K. Schmidt § 6 IV 2.

63 Röhricht/v.Westphalen/v.Gerkan § 105 Rn. 48; HK/Stuhlfelner § 109 Rn. 14.

64 BGHZ 26, 330, 334 ff.; 63, 338, 344; BGH NJW 1988, 1321, 1323; 1992, 1501, 1502; MünchKomm-HGB/K. Schmidt § 105 Rn. 248; K. Schmidt § 6 V 1 a.

65 BGH, Urt. v. 16.12.2002 – II ZR 109/01, NJW 2003, 1252; BGH, Urt. v. 21.07.2003 – II ZR 387/02, BGHZ 156, 46.

66 BGHZ 44, 235; BGH NJW 1992, 1501; K. Schmidt § 6 V 1 a.

67 BGH NJW 1988, 1321, 1323; 1992, 1501, 1502; MünchKomm-BGB/Ulmer/Schäfer § 705 Rn. 366.

68 MünchKomm-BGB/Ulmer/Schäfer § 705 Rn. 367.

69 Röhricht/v. Westphalen/v. Gerkan § 105 Rn. 48.

70 BGH NJW 1992, 1501, 1502.

71 BGH, Urt. v. 18.04.2005 – II ZR 224/04, ZIP 2005, 1124.

72 BGH NJW 1992, 1503, 1504; BGH, Urt. v. 13.01.2003 – II ZR 58/00, NZG 2003, 276; K. Schmidt § 6 V 1 b.

73 BGH, Urt. v. 13.01.2003 – II ZR 58/00, NZG 2003, 276.

Geschäftsfähiger – entgegenstehen. Fraglich ist, wie der Schutz des **beschränkt Geschäftsfähigen** zu gewährleisten ist, wenn er aus der Gesellschaft austritt.

Teilweise werden beim fehlerhaften Austritt eines beschränkt Geschäftsfähigen die Grundsätze der fehlerhaften Gesellschaft für anwendbar gehalten. Der Austritt ist danach bis zur Entscheidung des gesetzlichen Vertreters über den Wiedereintritt als wirksam zu behandeln; dadurch werde der nicht voll Geschäftsfähige davor bewahrt, für die während seiner Abwesenheit begründeten Gesellschaftsschulden haften zu müssen.[74]

**33**

Der **BGH** hat auch beim fehlerhaften Austritt des nicht voll Geschäftsfähigen zu seinem Schutz die Grundsätze der fehlerhaften Gesellschaft nicht angewandt und den **Austritt** für **nichtig** gehalten.[75]

**34**

BGH NJW 1992, 1503, 1504 f.: „Der nicht voll Geschäftsfähige wird vor den Folgen seiner Willenserklärung, nicht dagegen vor solchen Nachteilen geschützt, die ihn aufgrund des ohne die Erklärung bestehenden Rechtszustands treffen. Die Haftungsgefahr kann für sich allein genommen auch nicht als ein solcher Nachteil anerkannt werden. ... Es geht nicht an, dem infolge Geschäftsunfähigkeit oder beschränkter Geschäftsfähigkeit nach allgemeinen Regeln unwirksam ausgeschiedenen Gesellschafter die Teilnahme an unter Umständen erheblichen Gewinnen mit der Begründung vorzuenthalten, in anderen Fallgestaltungen könnten sich Haftungsgefahren für ihn ergeben. ... Die Anwendung der Schutzvorschriften kann sich indessen nicht danach richten, was für den einzelnen Betroffenen günstiger ist; denn das würde zu unerträglicher Rechtsunsicherheit führen."

**e)** Ebenso wie für den fehlerhaften Aus- und Beitritt gelten die Regeln über die fehlerhafte Gesellschaft auch für die fehlerhafte **Abtretung** eines Gesellschaftsanteils einer Personengesellschaft.[76]

**35**

Nicht anwendbar sind die Regeln über die fehlerhafte Gesellschaft bei der fehlerhaften Abtretung des Geschäftsanteils einer GmbH. Gemäß § 16 GmbHG ist die Fehlerhaftigkeit des Anteilserwerbs auf die Rechtsbeziehungen zwischen Gesellschaft und Gesellschafter ohne Einfluss. Eine anfängliche oder rückwirkende Nichtigkeit ist damit lediglich für die Rechtsbeziehungen zwischen Erwerber und Veräußerer von Bedeutung. Eventuelle Schwierigkeiten bei der Rückabwicklung in diesem Verhältnis erfordern aber die Anwendung der Grundsätze über die fehlerhafte Gesellschaft nicht.[77] Auch auf einen fehlerhaften Gesellschafterwechsel in einer Vor-GmbH sind die Grundsätze über die fehlerhafte Gesellschaft nicht anzuwenden, da für die Vor-GmbH die Vorschriften über die GmbH gelten und damit auch § 16 GmbHG.[78]

## 3. Einzelne Unwirksamkeitsgründe

### a) Unwirksamkeit des Gesellschaftsvertrages als Scheingeschäft (§ 117 BGB)

Bei Scheingeschäften fehlt es bereits am äußeren Tatbestand einer Willenserklärung. Erklärungen, die mit dem Einverständnis des Erklärungsempfängers nur zum Schein abgegeben werden, lassen nicht auf einen Rechtsbindungswillen schließen. Ist der Gesellschaftsvertrag nur zum Schein abgeschlossen worden, liegt kein Vertrag, nicht einmal ein fehlerhafter Gesellschaftsvertrag vor, weil dann die Gesellschafter ihre Rechtsbeziehungen zueinander gerade nicht dem Gesellschaftsrecht unterstellen wollten.[79]

**36**

---

74  MünchKomm-BGB/Ulmer/Schäfer § 705 Rn. 370.
75  BGH NJW 1992, 1503; ebenso Baumbach/Hopt § 105 Rn. 95.
76  BGH, Urt. v. 20.07.2010 – XI ZR 465/07, Rn. 37, BGHZ 186, 253; RÜ 2010, 565.
77  BGH NJW 1990, 1915, 1916; K. Schmidt § 6 V 2; ders. BB 1988, 1053.
78  BGH, Urt. v. 13.12.2004 – II ZR 409/02, BB 2005, 400.

In diesem Fall entsteht keine fehlerhafte Gesellschaft. Im Innenverhältnis gilt nach § 117 Abs. 2 BGB das Gewollte. Die Abwicklung richtet sich nach den allgemeinen Grundsätzen. Gutgläubige Dritte, etwa Gläubiger, werden in solchen Fällen nur durch die Rechtsscheinshaftung der „Gesellschafter" geschützt, die zurechenbar den Rechtsschein einer wirksamen Gesellschaft geschaffen haben. Ein Anspruch gegen die Scheingesellschaft selbst kann nicht bestehen.

### b) Der Gesellschaftsvertrag ist nach §§ 154, 155 BGB nicht zustande gekommen

**37** Auch wenn der Gesellschaftsvertrag wegen Dissenses nicht zustande gekommen ist, können die Regeln über die fehlerhafte Gesellschaft eingreifen.

Beim offenen Dissens ist der Vertrag „im Zweifel" nicht geschlossen, solange sich die Parteien nicht über alle Punkte geeinigt haben, über die eine Vereinbarung getroffen werden soll (§ 154 Abs. 1 S. 1 BGB). Die Zweifelsregel gilt auch, wenn eine vereinbarte Beurkundung nicht erfolgt ist (§ 154 Abs. 2 BGB). Wird der Vertrag vollzogen, sind die Zweifel regelmäßig widerlegt. Der Vertrag ist dann wirksam geschlossen. Es liegt keine fehlerhafte Gesellschaft vor.[80]

Bei einem versteckten Dissens kann eine fehlerhafte Gesellschaft vorliegen. Der übereinstimmende Wille der Parteien, ihre Rechtsbeziehungen nach gesellschaftsrechtlichen Gesichtspunkten zu regeln, reicht aus. Dieser Wille ist auch dann zu bejahen, wenn der Vertrag wegen Dissenses nicht zustande kommt.[81]

### c) Der Gesellschaftsvertrag ist im Hinblick auf die Beteiligung von nicht voll Geschäftsfähigen fehlerhaft

**38** Beteiligen sich nicht voll Geschäftsfähige ohne Mitwirkung ihres gesetzlichen Vertreters an einer Gesellschaft, ist die Beitrittserklärung bei Geschäftsunfähigkeit nichtig (§ 105 Abs. 1 BGB), bei beschränkter Geschäftsfähigkeit schwebend unwirksam (§ 108 Abs. 1 BGB). Schwebende Unwirksamkeit tritt bei der Beteiligung an einer auf Erwerb gerichteten Gesellschaft auch dann ein, wenn die Beitrittserklärung zwar vom gesetzlichen Vertreter oder mit dessen Einwilligung abgegeben wird, es aber an der erforderlichen Genehmigung des Familiengerichts (§§ 1643 Abs. 1, 1822 Nr. 3 BGB) fehlt.[82]

Eine Gesellschaft, an der ein Minderjähriger ohne die erforderlichen Genehmigungen beteiligt ist, ist eine fehlerhafte Gesellschaft. Der Minderjährige haftet nicht für Verbindlichkeiten der Gesellschaft. Umstritten ist, ob der Minderjährige Gesellschafter der fehlerhaften Gesellschaft wird und ob er an Gewinnen der Gesellschaft beteiligt ist.

---

79  BGH NJW 1953, 1220; BGHZ 11, 190, 191; K. Schmidt § 6 III 1.

80  OLG Schleswig, Urt. v. 10.09.2002 – 3 U 10/01, MedR 2004, 56; OLG Hamburg, Urt. v. 13.07.2001 – 4 U 6/01, NZG 2002, 176.

81  BGH NJW 1992, 1501, 1502; OLG Schleswig, Urt. v. 10.09.2002 – 3 U 10/01; BGH, Urt. v. 15.02.2005 – XI ZR 396/03, BB 2005, 1701; Leenen AcP 188 (1988), 381, 392.

82  MünchKomm-BGB/Ulmer/Schäfer § 705 Rn. 335; Koch § 4 IV.

**Fall 2: Minderjähriger Motorradfan**

Der 17-jährige M schließt mit Einwilligung seiner Eltern, aber ohne Genehmigung des Familiengerichts mit dem 22-jährigen Automechaniker A und dem 27-jährigen Ingenieur B einen Gesellschaftsvertrag. Danach wollen sie eine Motorradreparaturwerkstatt als OHG betreiben und sich um die Vertretung zum Verkauf japanischer Motorräder bemühen. Die Eltern des M zahlen 20.000 € ein, A und B je 5.000 €. Es werden Maschinen gekauft und eine Halle als Reparaturwerkstatt angemietet. Die OHG wird im Handelsregister eingetragen. Später kommen den Eltern des M Bedenken. Sie wollen wissen, ob M für Schulden des Betriebs haftet und ob er am Gewinn und Verlust beteiligt ist.

A. Es kommt eine Haftung des M gemäß § 128 HGB in Betracht. Danach haftet der Ge-  **39**
sellschafter der OHG für Verbindlichkeiten der Gesellschaft.

   I. Erste Voraussetzung des § 128 HGB ist, dass eine Verbindlichkeit der OHG besteht. Dies setzt wiederum voraus, dass überhaupt eine Gesellschaft entstanden ist.

      1. Eine „fehlerfreie" Gesellschaft zwischen A, B und M bestünde nur dann, wenn M bei Abschluss des Gesellschaftsvertrages A und B gegenüber eine wirksame Willenserklärung abgegeben hätte. Da dieser Gesellschaftsvertrag zum Betrieb eines Erwerbsgeschäfts eingegangen wurde, bedurfte er zusätzlich zur Einwilligung der Eltern des M gemäß §§ 1643 Abs. 1, 1822 Nr. 3 BGB noch der Genehmigung des Familiengerichts. Diese lag nicht vor, sodass der Gesellschaftsvertrag schwebend unwirksam ist. Eine „fehlerfreie" Gesellschaft besteht zwischen A, B und M damit nicht.

      2. Es könnte jedoch eine fehlerhafte Gesellschaft entstanden sein.

        a) A, B und M haben einen fehlerhaften Gesellschaftsvertrag geschlossen und in Vollzug gesetzt.

        b) Der Annahme einer fehlerhaften Gesellschaft dürfen keine überwiegenden Interessen der Allgemeinheit oder einzelner schutzwürdiger Personen entgegenstehen. Hier ist M als Minderjähriger schutzwürdig. Wie im Einzelnen der Minderjährigenschutz zu gewährleisten ist, ist allerdings umstritten.

          Überwiegend wird angenommen, dass eine Gesellschaft, an der ein Minderjähriger (ohne die erforderlichen Genehmigungen) beteiligt ist, als fehlerhafte Gesellschaft entsteht, dass aber der Minderjährige nicht Gesellschafter geworden ist.[83]

          Nach der Gegenansicht ist der Minderjährige Mitglied einer fehlerhaften Gesellschaft geworden, nur könnten für ihn daraus keine Haftungsfolgen und sonstigen Rechtsnachteile entstehen.[84]

          Nach beiden Ansichten entsteht im vorliegenden Fall eine OHG, die Verbindlichkeiten eingehen kann (§ 124 HGB).

---

83  BGHZ 17, 160, 168; BGH NJW 1983, 748; MünchKomm-BGB/Ulmer/Schäfer § 705 Rn. 337; K. Schmidt § 6 III 3 c cc.
84  K. Schmidt JuS 1990, 517, 521.

II. Eine Haftung des M für diese Verbindlichkeiten gemäß § 128 HGB scheidet aber in jedem Fall aus. Nach der h.M. ist M nicht Gesellschafter geworden; nach der Gegenansicht ist M zwar Gesellschafter geworden, die damit normalerweise verbundenen Haftungsfolgen treten aber nicht ein.

**40** B. Die Beteiligung des M am Gewinn und Verlust

I. Eine Gewinnbeteiligung setzt voraus, dass M Gesellschafter geworden ist.

1. Nach der h.M. wird der Minderjährige nicht Mitglied der fehlerhaften Gesellschaft. Er kann daher auch nicht am Gewinn beteiligt sein.[85] Im Gesellschaftsrecht sei die Stellung eines „hinkenden", d.h. nur berechtigten, aber nicht verpflichteten Gesellschafters unbekannt und zum Schutz des Minderjährigen nicht erforderlich. Die Interessen des Minderjährigen an einer erfolgreichen Beteiligung könnten jedenfalls bei schwebend unwirksamen Verträgen durch eine Genehmigung der gesetzlichen Vertreter bzw. des Familiengerichts gewahrt werden.

2. Die Gegenansicht bejaht die Gesellschafterstellung des Minderjährigen. Zwar könnten aus dieser für den Minderjährigen keine Nachteile entstehen, er sei aber am Gewinn der Gesellschaft beteiligt.[86] Zum Schutz des Minderjährigen genüge es, die ihn belastenden Rechtsfolgen zu vermeiden.

Weil Gewinn- und Verlustbeteiligung sich nicht trennen ließen, will K. Schmidt eine Gewinnbeteiligung ausschließen, obwohl er die Gesellschafterstellung bejaht.[87]

II. Eine Verlustbeteiligung scheidet nach beiden Ansichten aus, entweder weil M nicht Gesellschafter geworden ist (h.M.) oder weil ihn zumindest keine Nachteile aus der Gesellschafterstellung treffen (Gegenansicht).

**Abwandlung:**

Nur M und A haben den Gesellschaftsvertrag geschlossen. X hat „der OHG" einen Motorradrahmen verkauft und fragt, von wem er Bezahlung verlangen kann.

**41** A. Anspruch des X gegen die OHG aus § 433 Abs. 2 BGB, § 124 Abs. 1 HGB

Der Anspruch setzt voraus, dass eine wirksame OHG besteht.

I. Nach der h.M. wird der Minderjährige aufgrund des fehlerhaften Gesellschaftsvertrages nicht Gesellschafter. Da aber jede Personengesellschaft die Beteiligung mehrerer Personen voraussetzt – es gibt keine „Einmann-OHG" –, entsteht im vorliegenden Fall keine Gesellschaft.[88]

II. Die Gegenansicht lässt den Minderjährigen Mitglied der fehlerhaften Gesellschaft werden. Danach entsteht hier eine OHG, die dem X für die Kaufpreisschuld haftet.[89]

---

85  MünchKomm-BGB/Ulmer/Schäfer § 705 Rn. 337; Baumbach/Hopt § 105 Rn. 84.

86  Windbichler § 13 Rn. 17; wohl auch Staudinger/Habermeier § 705 Rn. 69.

87  K. Schmidt § 6 III 3 c cc; ders. JuS 1990, 517, 522; MünchKomm-HGB/K. Schmidt § 105 Rn. 239.

88  MünchKomm-BGB/Ulmer/Schäfer § 705 Rn. 339; Brand/Fett NZG 1999, 45.

89  K. Schmidt JuS 1990, 517, 521.

B. Anspruch gegen den A aus § 128 HGB

Voraussetzung ist, dass eine Verbindlichkeit der Gesellschaft besteht.

I. Folgt man der h.M., so ist keine Gesellschaft entstanden. Eine direkte Anwendung des § 128 HGB scheidet aus. A haftet aber als Gesellschafter einer Scheingesellschaft Gutgläubigen gegenüber analog § 128 HGB.

II. Nach der Gegenansicht ist die Haftung des A aus § 128 HGB unproblematisch zu bejahen.

C. Gegen den Minderjährigen M bestehen wie im Ausgangsfall keine Ansprüche.

---

### d) Formverstoß

Der Gesellschaftsvertrag einer Personengesellschaft bedarf grundsätzlich keiner Form (Ausnahme: § 3 Abs. 1 PartGG). Ein Gesellschaftsvertrag ist aber dann formbedürftig, wenn er ein Leistungsversprechen (Beitragsverpflichtung) enthält, das seinerseits formbedürftig ist. Der wichtigste Fall ist das Versprechen eines Gesellschafters, ein Grundstück einzubringen (§ 311b Abs. 1 BGB). In einem solchen Fall muss der gesamte Gesellschaftsvertrag notariell beurkundet werden, weil er eine Einheit bildet.[90]  **42**

**Beachte:** *Wenn es der Zweck einer Gesellschaft ist, **nach** ihrer Gründung Grundstücke zu erwerben, ist der Gesellschaftsvertrag nicht formbedürftig nach § 311b Abs. 1 BGB, weil sich die Gesellschafter weder unmittelbar noch mittelbar zum Erwerb oder zur Veräußerung eines bestimmten Grundstücks verpflichten.*[91]

Die Formbedürftigkeit kann sich auch aus anderen Vorschriften ergeben, beispielsweise aus § 15 Abs. 4 GmbHG, wenn er eine Verpflichtung zur Abtretung des Geschäftsanteils einer GmbH enthält. Bezieht sich danach das Formerfordernis nur auf einzelne Klauseln des Gesellschaftsvertrages, so ist (anders als bei § 311b Abs. 1 BGB) unter Anwendung des § 139 BGB zu prüfen, ob nur die betreffende Vertragsbestimmung oder der gesamte Vertrag nichtig ist.[92]  **43**

Auch auf einen formnichtigen Gesellschaftsvertrag finden die Grundsätze der fehlerhaften Gesellschaft Anwendung. Die Formzwecke stehen dem nicht entgegen.

### e) Anfechtung wegen arglistiger Täuschung oder Drohung (§ 123 BGB)

Ist die Anfechtung nicht oder nicht fristgerecht erklärt, ist der Gesellschaftsvertrag wirksam. Ist die Anfechtung (fristgerecht) erklärt, ist zu unterscheiden:  **44**

Haftet ein Anfechtungsgrund nur einer einzelnen gesellschaftsvertraglichen Bestimmung an, bleibt der Vertrag aufrechterhalten. Es tritt lediglich an die Stelle der mangelhaften Bestimmung eine angemessene Regelung.[93]

---

90  OLG Köln NZG 2000, 930.
91  BGH NJW 1996, 1280; 1998, 376; Ulmer/Löbbe DNotZ 1998, 711, 741.
92  BGH NJW 1992, 2696.
93  BGHZ 47, 293, 301.

Betrifft der Anfechtungsgrund den gesamten Vertrag, würde die Anfechtungserklärung zur Nichtigkeit des Vertrages führen. Es greifen aber die Regeln über die fehlerhafte Gesellschaft ein.[94] Bis zu ihrer Auflösung wird die Gesellschaft als wirksam behandelt. Der getäuschte Gesellschafter hat ein Kündigungsrecht.[95]

Selbst bei einer Anfechtung wegen arglistiger Täuschung bleibt eine fehlerhafte Gesellschaft bestehen. Eine Nichtigkeit ex tunc würde sowohl die Gläubigerinteressen vernachlässigen als auch diejenigen der übrigen Gesellschaft.[96]

Bis zur Auflösung der Gesellschaft ist diese nicht nur im Außenverhältnis, sondern auch im Innenverhältnis als wirksam zu behandeln. Auch der arglistig Getäuschte bleibt grundsätzlich zur Erfüllung seiner Verpflichtungen aus dem Innenverhältnis, etwa zur Erbringung seiner Einlage, verpflichtet. Wegen der im Einzelfall möglichen groben Unbilligkeiten kann dem arglistig Getäuschten allerdings ein Leistungsverweigerungsrecht zustehen.

Dies gilt vor allem dann, wenn angenommen werden muss, dass die Leistung im Wesentlichen oder ausschließlich (zunächst) dem Täuschenden selbst zugute kommt und der Getäuschte bei der Abwicklung keinen entsprechenden Ausgleich mehr erwarten kann.[97]

### f) Gesetzesverstoß (§ 134 BGB) oder Sittenwidrigkeit (§ 138 Abs. 1 BGB)

**45** Bezieht sich der Gesetzesverstoß oder die Sittenwidrigkeit nur auf einzelne Klauseln des Gesellschaftsvertrages, so sind nur diese nichtig. Der Gesellschaftsvertrag bleibt im Übrigen wirksam. Die durch die Nichtigkeit entstandene Lücke ist durch das dispositive Recht, ggf. durch ergänzende Vertragsauslegung zu schließen.[98]

Verstößt demgegenüber der Gesellschaftsvertrag insgesamt, insbesondere der Gesellschaftszweck, gegen ein gesetzliches Verbot oder die guten Sitten, so ist der Vertrag nichtig. Nach der h.M. greifen die Regeln über die fehlerhafte Gesellschaft in diesem Fall nicht ein, da überwiegende Interessen der Allgemeinheit entgegenstehen. Vielmehr erfolge eine Rückabwicklung nach den allgemeinen Vorschriften, vor allem nach Bereicherungsrecht (beachte § 817 BGB).[99]

In der Literatur werden teilweise auch in diesen Fällen die Grundsätze über die fehlerhafte Gesellschaft für anwendbar gehalten.[100]

### g) Widerruf des Beitritts bei außerhalb von Geschäftsräumen geschlossenen Verträgen

**46** Die Vorschriften über außerhalb von Geschäftsräumen geschlossene Verträge sind gemäß § 312 Abs. 1 BGB nur auf Verbraucherverträge anwendbar, die eine entgeltliche Leistung des Unternehmers zum Gegenstand haben.

---

94 BGH, Urt. v. 21.07.2003 – II ZR 387/02, BGHZ 156, 46, 52 ff.

95 BGH, Urt. v. 25.04.2006 – XI ZR 106/05, Rn. 27, NJW 2006, 1955.

96 BGH, Beschl. v. 05.05.2008 – II ZR 292/06, Rn. 14, NZG 2008, 460.

97 BGHZ 26, 330, 335; 63, 338, 347; K. Schmidt § 6 III 3 c; Windbichler § 13 Rn. 17.

98 BGH WM 1973, 900, 901; NJW 1982, 877, 879; MünchKomm-BGB/Ulmer/Schäfer § 705 Rn. 333.

99 Rspr. zu § 134 BGB: BGHZ 62, 234, 241; 75, 214, 217; 97, 243, 250; OLG Hamm NJW-RR 2000, 1565; zu § 138 BGB: BGH NJW-RR 1988, 1379; Lit.: MünchKomm-BGB/Ulmer/Schäfer § 705 Rn. 334.

100 K. Schmidt § 6 III 3 c aa; MünchKomm-HGB/K. Schmidt § 105 Rn. 243; ders. AcP 186 (1986), 421, 448 ff.

Eine entgeltliche Leistung des Unternehmers ist bei einem Gesellschaftsvertrag grundsätzlich nicht gegeben. Anders ist dies bei einem **Beitritt zu einer Anlagegesellschaft**, bei dem eine Einlage zur Erlangung entgeltlicher Leistungen der Gesellschaft erbracht wird.[101] Da der Zweck des Beitritts vorrangig in der Anlage von Kapital besteht und nicht darin, Mitglied einer Gesellschaft zu werden, ist der Beitrittsvertrag einem Vertrag über eine entgeltliche Leistung zumindest gleichzustellen.[102] Auch für außerhalb von Geschäftsräumen geschlossene Verträge gelten die Grundsätze über die fehlerhafte Gesellschaft.[103] Überwiegende Interessen der Allgemeinheit oder einzelner schutzwürdiger Personen stehen nicht entgegen. Der Anleger ist bei einem außerhalb von Geschäftsräumen geschlossenem Vertrag nicht schutzwürdiger als derjenige, der durch arglistige Täuschung zu einem Vertragsschluss bestimmt worden ist.[104]

### h) Widerruf des Darlehensvertrages bei einem verbundenen Geschäft

Ein Verbraucherdarlehensvertrag kann mit einem Gesellschaftsvertrag gemäß § 358 Abs. 3 BGB verbunden sein. In diesen Fällen wird es sich regelmäßig um einen Beitritt zu einer Anlagegesellschaft (insbesondere Immobilienfonds) handeln. Wird der Darlehensvertrag gemäß §§ 495 Abs. 1, 355 BGB widerrufen, ist gemäß § 358 Abs. 2 BGB auch der Gesellschaftsvertrag unwirksam.[105] Bei der Rückabwicklung des Darlehensvertrages hat der Kreditgeber keinen Anspruch auf Rückzahlung der Darlehensvaluta gegen den Kreditnehmer. Die Rückabwicklung erfolgt unmittelbar zwischen dem Kreditgeber und dem Partner des finanzierten Geschäfts. | **47**

## B. Die Gesellschaft bzw. die Gesellschafter als Träger von Rechten und Pflichten

Grundsätzlich können nur natürliche oder juristische Personen berechtigt und verpflichtet sein und als Rechtssubjekte am Rechtsverkehr teilnehmen. Die Personengesellschaften sind aber weder natürliche noch juristische Personen. | **48**

## I. Die Bedeutung des § 124 HGB bei den Personenhandelsgesellschaften

Für die OHG und KG bestimmt § 124 Abs. 1 HGB, dass diese Gesellschaften „unter ihrer Firma Rechte erwerben und Verpflichtungen eingehen, Eigentum und andere dingliche Rechte an Grundstücken erwerben, vor Gericht klagen und verklagt werden" können. Durch die Regelung des § 124 Abs. 1 HGB werden die OHG und KG nicht zu juristischen Personen. Sie sind aber weitgehend verselbstständigt und deshalb als „Übergangsform zur juristischen Person" in vielen Beziehungen gleichen Regeln wie juristische Personen unterworfen.[106] | **49**

---

101  MünchKomm-BGB/Masuch § 312 Rn. 34.
102  BGH, Urt. v. 18.10.2004 – II ZR 352/02, BB 2004, 2711.
103  EuGH, Urt. v. 15.04.2010 – C-215/08; BGH, Urt. v. 12.07.2010 – II ZR 292/06, NJW 2010, 3096.
104  BGH, Urt. v. 29.11.2004 – II ZR 6/03, BB 2005, 348.
105  BGH, Urt. v. 25.04.2006 – XI ZR 193/04, Rn. 12, NJW 2006, 1788.
106  BGHZ 34, 293, 296; Baumbach/Hopt Einl. zu § 105 Rn. 12; K. Schmidt § 46 II 1.

§ 124 HGB hat folgende Konsequenzen:

- Da die OHG, KG „unter ihrer Firma Rechte erwerben und Verpflichtungen eingehen" kann, nimmt sie am Rechtsverkehr teil und wird rechtsgeschäftlich vertreten.

- Die OHG, KG kann „unter ihrer Firma Rechte erwerben".

  - Sie wird Gläubiger vertraglicher und gesetzlicher Ansprüche.

  - Sie kann „Eigentum und andere dingliche Rechte an Grundstücken" und an beweglichen Sachen erwerben.

  - Ihr stehen das Firmenrecht (§ 17 HGB, § 5 MarkenG), Markenrecht (§ 4 MarkenG) und sonstige gewerbliche Schutzrechte (Patent, Gebrauchs- und Geschmacksmuster) zu.

  - Sie kann Gesellschafterin anderer Gesellschaften sein.

- Die OHG, KG kann „Verbindlichkeiten eingehen".

  - Sie wird Schuldner vertraglicher Primär- und Sekundärleistungsansprüche, d.h. sie haftet auf Erfüllung sowie bei Leistungsstörungen. Sie kann auch Schuldner gesetzlicher Verpflichtungen sein.

  - Die OHG, KG ist scheck- und wechselfähig: Sie selbst wird, wenn ein Vertretungsberechtigter unter ihrer Firma einen Wechsel zeichnet, wechselmäßig verpflichtet.

  - Sie kann als Erbe oder Vermächtnisnehmerin eingesetzt werden.

- Die OHG oder KG kann „vor Gericht klagen und verklagt werden". Wegen dieses eindeutigen Wortlauts wird die Gesellschaft als parteifähig i.S.d. § 50 ZPO angesehen. Die Prozessfähigkeit steht allerdings nach § 52 ZPO nur natürlichen Personen zu. Die OHG und KG sind prozessunfähig und werden durch ihre vertretungsberechtigten Gesellschafter vertreten.

- Zur Zwangsvollstreckung in das Gesellschaftsvermögen ist ein gegen die Gesellschaft gerichteter Titel erforderlich (§ 124 Abs. 2 HGB).

## II. Die GbR als Rechtssubjekt

**50**   Die §§ 705 ff. BGB enthalten für die GbR keine dem § 124 HGB entsprechende Regelung.

Die früher (vor 2001) h.M. nahm daher an, dass der Gesellschaft als solcher keine Rechte zustehen können. Die GbR sei nur in vermögensrechtlicher Hinsicht verselbstständigt. Nicht die Gesellschaft, sondern nur die Gesellschafter könnten haften. Das Gesellschaftsvermögen stelle für die Schuld der Gesellschafter ein besonderes Haftungsobjekt neben dem Privatvermögen dar.

Nach der heute ganz herrschenden Auffassung besitzt die **Außengesellschaft** bürgerlichen Rechts **Rechtsfähigkeit**, soweit sie durch Teilnahme am Rechtsverkehr eigene Rechte und Pflichten begründet.[107] Die BGB-Außengesellschaft kann als Teilnehmerin

---

[107] BGH, Urt. v. 29.01.2001 – II ZR 331/00, BGHZ 145, 341; BGH, Beschl. v. 04.12.2008 – V ZB 74/08, BGHZ 179, 102, RÜ 2009, 174; K. Schmidt NJW 2001, 993 ff.; Ulmer ZIP 2001, 585 ff.; ders. ZIP 2003, 1113 ff.; Habersack BB 2001, 477 ff.; Gesmann-Nuissl WM 2001, 973; K. Schmidt § 8 III 4 und § 58 V 1; MünchKomm-BGB/Ulmer/Schäfer § 705 Rn. 303 ff.; MünchKomm-BGB/Schäfer § 714 Rn. 2 ff.; Erman/Westermann vor § 705 Rn. 18 ff.; BeckOK-BGB/Schöne § 705 Rn. 13 ff.; jurisPK/Bergmann § 705 Rn. 43.

am Rechtsverkehr jede Rechtsposition einnehmen, soweit nicht spezielle rechtliche Gesichtspunkte entgegenstehen.[108] Die GbR kann daher Gläubigerin und Schuldnerin sein. Sie kann selbst berechtigt und verpflichtet werden. Auch neuere Gesetze gehen von der Rechtsfähigkeit der GbR aus. § 11 Abs. 2 InsO erklärt die GbR für insolvenzfähig. § 14 Abs. 2 BGB zeigt, dass das Gesetz davon ausgeht, dass es auch Personengesellschaften gibt, die Rechtsfähigkeit besitzen. Gemäß § 47 Abs. 2 S. 1 GBO ist die GbR als solche in das Grundbuch einzutragen. § 82 S. 3 GBO setzt voraus, dass die GbR als Eigentümerin eines Grundstücks eingetragen ist. Auch § 899a BGB geht von der Eintragung der GbR als solcher aus.

Auswirkungen der (Teil-)Rechtsfähigkeit:

Bei der **Vertretung** wird die Gesellschaft selbst vertreten. Allerdings ist umstritten, ob nur die Gesellschaft vertreten wird (h.M., Akzessorietätstheorie), oder ob neben der Gesellschaft auch die Gesellschafter vertreten werden (Doppelverpflichtungstheorie).[109] **51**

Es **haftet** die Gesellschaft selbst. **52**

Das **Gesellschaftsvermögen** – Eigentum und sonstige Rechte – einer Außengesellschaft steht der Gesellschaft selbst zu.

Nach § 718 Abs. 1 BGB ist das Gesellschaftsvermögen „gemeinschaftliches Vermögen der Gesellschafter". Die Vorschrift ist durch die Anerkennung der Rechtsfähigkeit der Außengesellschaft jedenfalls für diese Gesellschaften überholt.[110] Nur bei Innengesellschaften ist das Gesellschaftsvermögen noch den Gesellschaftern als gemeinschaftliches Vermögen zugeordnet.

Auch die **Parteifähigkeit** der GbR ist zu bejahen. Die Gesellschaft kann ihre Rechte vor Gericht als Klägerin geltend machen (aktive Parteifähigkeit) oder auf die Erfüllung ihrer Pflichten verklagt werden (passive Parteifähigkeit).[111] **53**

Haben die Gesellschafter einer GbR trotzdem Klage erhoben ohne Hinweis auf ihre Stellung als Gesellschafter, ist diese allerdings nicht wegen mangelnder Aktivlegitimation abzuweisen. Vielmehr ist lediglich das Rubrum dahin zu berichtigen, dass nicht die Gesellschafter der GbR als Kläger aufzuführen sind, sondern die GbR selbst Klägerin ist.[112]

Die GbR ist in Ansehung der Eigentumsgarantie **grundrechtsfähig** und kann eine Verletzung der Verfahrensgrundrechte aus Art. 101 Abs. 1 S. 2 GG und Art. 103 Abs. 1 GG geltend machen.[113] **54**

Für die **Zwangsvollstreckung** in das Gesellschaftsvermögen bedarf es gemäß § 736 ZPO eines Titels „gegen alle Gesellschafter". Dies erfordert aber nicht einen Titel gegen jeden einzelnen Gesellschafter. Auch ein gegen die Gesellschaft als Partei ergangenes Urteil ist ein Urteil gegen alle Gesellschafter i.S.d. § 736 ZPO.[114] Der Titel, aufgrund dessen in das Gesellschaftsvermögen vollstreckt werden soll, muss an den Geschäftsführer **55**

---

108  BGH, Urt. v. 29.01.2001 – II ZR 331/00, BGHZ 145, 341; BGH, Urt. v. 16.07.2001 – II ZB 23/00, BGHZ 148, 291; BGH, Urt. v. 24.02.2003 – II ZR 385/99, NJW 2003, 1445.

109  Ausführlich dazu im 2. Abschnitt, unter C. II. 2.

110  Erman/Westermann § 718 Rn. 1.

111  BGH, Urt. v. 29.01.2001 – II ZR 331/00, BGHZ 145, 341; BGH, Urt. v. 19.07.2010 – II ZR 56/09, Rn. 6, NJW 2010, 2886.

112  BGH, Urt. v. 14.09.2005 – VIII ZR 117/04, Rn. 7, NJW-RR 2006, 42.

113  BVerfG, Beschl. v. 02.09.2002 – 1 BvR 1103/02, NJW 2002, 3533.

114  BGH, Urt. v. 29.01.2001 – II ZR 331/00, BGHZ 145, 341; BGH, Urt. v. 22.03.2011 – II ZR 249/09, Rn. 14, NJW 2011, 2048; Thomas/Putzo/Seiler § 736 Rn. 4.

der GbR oder, wenn ein solcher nicht bestellt ist, an einen ihrer Gesellschafter zugestellt werden.[115]

**56**    Gemäß § 47 Abs. 2 GBO kann die **GbR als solche in das Grundbuch eingetragen** werden.[116] Die (teil-)rechtsfähige GbR ist als solche Trägerin des Gesellschaftsvermögens und damit auch Eigentümerin und Inhaberin anderer dinglicher Rechte. Da das formelle Grundbuchrecht die Funktion hat, die materielle Rechtslage korrekt wiederzugeben, muss die GbR als solche eintragungsfähig sein. Sie ist grundsätzlich unter der Bezeichnung einzutragen, die sich aus dem Gesellschaftsvertrag ergibt. Enthält dieser keine Regelung, ist sie als „Gesellschaft bürgerlichen Rechts" mit dem Zusatz „bestehend aus" und den Namen der Gesellschafter einzutragen.

**57**    Trotz Anerkennung der (Teil-)Rechtsfähigkeit kann eine GbR **nicht Verwalter einer Wohnungseigentümergemeinschaft** sein.[117] Der Verwalter muss die in § 27 Abs. 2 WEG genannten Aufgaben erfüllen, insbesondere Zahlungen entgegennehmen und Willenserklärungen, die für und gegen die Gemeinschaft wirken, abgeben und empfangen. Diese Vertrauensposition kann eine GbR anders als eine juristische Person nicht wahrnehmen, da für sie kein Register geführt wird, dem entnommen werden kann, wer für die Gesellschaft vertretungsberechtigt ist.

*Die Tatsache, dass die GbR nicht Verwalter einer Wohnungseigentümergemeinschaft sein kann, zeigt, dass die Gesellschaft nur **teil**rechtsfähig ist. Die vollständig rechtsfähige juristische Person kann diese Aufgabe wahrnehmen.*

**58**    Die **Wechsel- und Scheckfähigkeit** der GbR ist zu bejahen.[118]

**59**    Die GbR kann **Inhaberin einer Marke** sein.[119]

**60**    Die Gesellschaft ist **erbfähig**.[120]

**61**    Die GbR kann **Gesellschafterin anderer Gesellschaften** sein.[121] Sie kann auch Kommanditistin einer KG sein. In einem solchen Fall sind neben der Gesellschaft bürgerlichen Rechts als solche auch die ihr zum Zeitpunkt ihres Beitritts zu der KG angehörenden Gesellschafter mit Namen, Geburtstag und Wohnort zur Eintragung in das Handelsregister anzumelden. Entsprechendes gilt für jeden späteren Wechsel in der Zusammensetzung der GbR.[122]

**62**    Die Gesellschaft kann **Arbeitgeberin** sein.[123]

**63**    Nach § 11 Abs. 2 InsO ist die GbR **insolvenzfähig**.

---

115  BGH, Beschl. v. 06.04.2006 – V ZB 158/05, Rn. 11, ZIP 2006, 1318 f.

116  BGH, Beschl. v. 04.12.2008 – V ZB 74/08, ZIP 2009, 66.

117  BGH, Beschl. v. 26.01.2006 – V ZB 132/05, Rn. 7 ff., NJW 2006, 2189.

118  BGHZ 136, 254, NJW 1997, 2754; Einsele JZ 1998, 146; Baumbach JA 1998, 179; anders noch BGHZ 59, 179; MünchKomm-BGB/Ulmer/Schäfer § 705 Rn. 310a.

119  BPatG, Beschl. v. 12.06.2007 – 27 W (pat) 40/05, GRUR 2008, 448.

120  MünchKomm-BGB/Schäfer § 718 Rn. 22; Ulmer ZIP 2001, 585, 596.

121  BGHZ 116, 86, 88: GbR als Mitglied einer Genossenschaft; BGHZ 118, 83: GbR als Mitglied einer Aktiengesellschaft; BGH NJW 1998, 376: GbR als Gesellschafterin einer anderen GbR; BayObLG ZIP 2000, 2165.

122  BGH, Urt. v. 16.07.2002 – II ZB 23/00, BGHZ 148, 291; Wertenbruch BB 2001, 737; Pohlmann WM 2002, 1421, 1431.

123  LAG Köln, Urt. v. 20.03.2003 – 6 Sa 82/03, NZA-RR 2004, 491.

Nach h.M. in der Literatur kann eine **GbR**, die aus einer Mehrzahl natürlicher Personen besteht, als **Verbraucher i.S.d. § 13 BGB** anzusehen sein, wenn diese zu **privaten** – also nicht zu gewerblichen oder selbstständigen beruflichen – **Zwecken** tätig wird.[124] Der BGH hat sich dieser h.M. angeschlossen und ausgeführt, dass § 13 BGB zwar eindeutig nur „natürliche Personen" erwähnt, dies allerdings lediglich eine Abgrenzung zu dem Begriff der „juristischen Person" darstellen soll. Die GbR ist zwar (teil-)rechtsfähig, besitzt aber nicht den Status einer juristischen Person, sodass der Wortlaut des § 13 BGB nicht gegen die Einordnung einer GbR als Verbraucherin spricht. Ein Zusammenschluss von Verbrauchern unter einem gemeinsamen nichtkommerziellen Zweck soll nicht die Verbrauchereigenschaft entfallen lassen.[125]

**64**

## III. Die Identität der Personengesellschaften

Wenn eine BGB-Gesellschaft ein kaufmännisches Gewerbe aufnimmt, so wird sie automatisch zu einer OHG. Umgekehrt wird eine OHG oder KG, deren Gewerbe auf den Stand eines Kleingewerbes herabsinkt, mit ihrer Löschung aus dem Handelsregister zu einer BGB-Gesellschaft. Das Gleiche gilt, wenn die OHG oder KG jeden Gewerbebetrieb aufgibt und aus dem Handelsregister gelöscht wird. Diese „Umwandlungen" berühren die Identität der Gesellschaft nicht. Es ist keine Übertragung des Gesellschaftsvermögens mit den dazugehörenden Rechten und Pflichten erforderlich, da der Rechtsträger des Gesellschaftsvermögens identisch bleibt.[126]

**65**

## IV. Exkurs: Die GbR im Immobiliarsachenrecht

Die GbR ist als solche Eigentümerin eines im Gesellschaftsvermögen befindlichen Grundstücks. Sie kann gemäß § 47 Abs. 2 S. 1 Hs. 1 GBO im Grundbuch eingetragen werden. Damit die Gesellschaft eindeutig identifiziert werden kann, sind gemäß § 47 Abs. 2 S. 1 Hs. 2 GBO auch die Gesellschafter in das Grundbuch einzutragen.

Da es für die GbR kein Register gibt, kann beim Erwerb eines Grundstücks von einer GbR nicht überprüft werden, ob die Gesellschaft ordnungsgemäß vertreten wurde. Dies ist insbesondere deswegen problematisch, weil bei einer GbR gemäß §§ 714, 709 Abs. 1 BGB grundsätzlich nur alle Gesellschafter gemeinsam Vertretungsmacht besitzen.

Gemäß § 899a S. 1 BGB wird daher vermutet, dass die im Grundbuch eingetragenen Gesellschafter auch tatsächlich Gesellschafter sind und keine weiteren Gesellschafter vorhanden sind. Für diese Vermutung gelten gemäß § 899a S. 2 BGB die §§ 891– 899 BGB, sodass auch insoweit ein gutgläubiger Erwerb von der GbR möglich ist.

---

124 Palandt/Ellenberger § 13 Rn. 2.
125 BGH Urt. v. 23.10.2001 – XI ZR 63/01, BGHZ 149, 80.
126 BGHZ 116, 7, 10.

> **Fall 3: Erwerb eines Grundstücks von der GbR**
>
> Die V-GbR ist Eigentümerin eines Grundstücks. Sie ist mit ihren Gesellschaftern A und B im Grundbuch eingetragen. Später tritt C in die Gesellschaft ein. Das Grundbuch bleibt unverändert. Im Namen der Gesellschaft verkaufen A und B in notarieller Form das Grundstück an K und erklären die Auflassung. Nachdem K das Grundstück in Besitz genommen hat und im Grundbuch eingetragen wurde, verlangt die V-GbR, vertreten durch ihre Gesellschafter A, B und C, das Grundstück von K heraus. K weigert sich, denn bei einer Grundbucheinsicht vor Abschluss des Kaufvertrags hätten nur A und B als Gesellschafter der V-GbR im Grundbuch gestanden. Hat die GbR gegen K einen Herausgabeanspruch?

I. Ein Herausgabeanspruch der GbR kann sich aus § 985 BGB ergeben.

Dann müsste die GbR Eigentümerin des Grundstücks sein. Ursprünglich war sie Eigentümerin, sie könnte das Eigentum auf K übertragen haben.

1. A und B haben im Namen der GbR die Auflassung gemäß §§ 873, 925 BGB erklärt. Fraglich ist, ob sie mit Vertretungsmacht handelten. Nach §§ 714, 709 Abs. 1 BGB besteht bei der GbR mangels einer abweichenden Regelung Gesamtvertretungsmacht. Die GbR musste von allen Gesellschaftern vertreten werden.

   a) Da nur A und B, nicht aber C die Gesellschaft bei der Auflassung vertreten haben, haben nicht alle Gesellschafter gehandelt.

   b) Gemäß § 899a S. 1 Hs. 2 BGB wird in Ansehung des eingetragenen Rechts vermutet, dass über die eingetragenen Gesellschafter hinaus keine weiteren Gesellschafter vorhanden sind. Wenn – wie im Grundbuch eingetragen – nur A und B Gesellschafter gewesen wären, wäre die Gesellschaft ordnungsgemäß vertreten worden. Die Vermutung des § 899a S. 1 Hs. 2 BGB ist aber widerleglich. Im vorliegenden Fall steht fest, dass bei der Auflassung auch C Gesellschafter war. Die Vermutung des § 899a S. 1 Hs. 2 BGB greift daher nicht ein.

   c) Nach § 899a S. 2 BGB gilt auch § 892 BGB bezüglich der Eintragung der Gesellschafter entsprechend. Damit wird der gute Glaube an Eintragung der Gesellschafter und die Vollständigkeit dieser Eintragung geschützt. Es müssten die Voraussetzungen des § 892 BGB bezüglich der Eintragung der Gesellschafter gegeben sein.

      aa) Bei der Übertragung des Eigentums von der GbR auf K handelt es sich um ein Rechtsgeschäft im Sinne eines Verkehrsgeschäfts, da Veräußerer und Erwerber weder rechtlich noch wirtschaftlich identisch sind.

      bb) Das Grundbuch war unrichtig, weil nicht alle Gesellschafter eingetragen waren.

      cc) Aus dem Grundbuch muss sich die Legitimation des Verfügenden ergeben. Wenn, wie im Grundbuch angegeben, A und B die einzigen Gesellschafter gewesen wären, hätten alle Gesellschafter als Gesamtvertreter gehandelt und die Gesellschaft wäre ordnungsgemäß vertreten worden.

dd) K hatte keine Kenntnis von der Unrichtigkeit des Grundbuchs.

Gemäß §§ 899a S. 2, 892 BGB gilt das Grundbuch zugunsten des K als richtig. Damit ist die Auflassung ihm gegenüber wirksam.

2. K ist im Grundbuch eingetragen worden.

3. Die GbR war verfügungsbefugte Eigentümerin des Grundstücks.

K hat das Eigentum von der GbR erworben. Die GbR hat keinen Herausgabeanspruch aus § 985 BGB.

II. Ein Herausgabeanspruch der GbR kann sich aus § 812 Abs. 1 S. 1 Fall 1 BGB ergeben.

1. K hat Eigentum und Besitz an dem Grundstück erlangt.

2. Er hat diesen Vermögenswert durch Leistung zum Zweck der Erfüllung des Kaufvertrags erlangt.

3. Der Erwerb erfolgte ohne rechtlichen Grund, wenn der Kaufvertrag unwirksam ist und damit der Leistungszweck verfehlt wurde. A und B haben bei Abschluss des Kaufvertrags im Namen der Gesellschaft gehandelt. Das gemäß §§ 714, 709 Abs. 1 BGB bestehende Erfordernis der Gesamtvertretung ist nicht eingehalten worden, da C auch bei dem Kaufvertrag nicht beteiligt war.

a) Teilweise wird vertreten, die Vermutung des § 899a S. 1 Hs. 2 BGB müsse auch für den Kaufvertrag gelten. Der mit dieser Regelung bezweckte Gutglaubensschutz dürfe nicht dadurch unterlaufen werden, dass der Erwerber das erlangte Eigentum nach dem Bereicherungsrecht zurückübertragen muss.[127]

§ 899a BGB ist jedoch eine eindeutig sachenrechtliche Regelung, die nicht auf das schuldrechtliche Grundgeschäft anwendbar ist.[128] Sie gilt nach ihrem Wortlaut nur „in Ansehung des eingetragenen Rechts". Das eingetragene Recht ist das Eigentum und nicht der Kaufvertrag. Die Vermutung des § 899a S. 1 Hs. 2 BGB gilt daher nicht für den Abschluss des Kaufvertrags.

Überdies ist die Vermutung des § 899a S. 1 Hs. 2 BGB widerlegt, weil feststeht, dass bei der Auflassung auch C Gesellschafter war.

b) Gemäß § 899a S. 2 BGB gilt § 892 BGB bezüglich der Eintragung der Gesellschafter. § 892 BGB setzt den Erwerb an einem Grundstück oder eines Rechts an einem Grundstücksrecht voraus. Aus dieser Regelung kann sich keine Legitimation für den Abschluss des Kaufvertrags ergeben.

c) Es kann aber eine Rechtsscheinsvollmacht gegeben sein. Ob die Gesellschaft – mit dem Gesellschafter C – das alleinige Auftreten von A und B bei Abschluss des Kaufvertrags geduldet hat und damit die Voraussetzungen einer Duldungsvollmacht gegeben sind, lässt sich dem Sachverhalt nicht entnehmen. Es kann aber eine Anscheinsvollmacht gegeben sein.

---

127  Heßler/Kleinhenz WM 2010, 446; Lautner DNotZ 2009, 651, 671.
128  Palandt/Bassenge § 899a Rn. 6; Wellenhofer JuS 2010, 1048, 1050; Schmidt Jura 2012, 7, 9.

aa) Dadurch, dass im Grundbuch nur A und B als Gesellschafter eingetragen waren, bestand der Rechtsschein dafür, dass diese die einzigen Gesellschafter waren.

bb) Diesen Rechtsschein hat die GbR zurechenbar veranlasst, denn sie hat es versäumt den C als weiteren Gesellschafter in das Grundbuch eintragen zu lassen.

cc) Der Rechtsschein muss zur Zeit des vollmachtlosen Vertretens noch bestanden haben und ursächlich geworden sein. K hat in das Grundbuch eingesehen und daraufhin den Kaufvertrag abgeschlossen.

dd) Da K gutgläubig war, liegen die Voraussetzungen einer Anscheinsvollmacht vor. Zwischen der GbR und K besteht ein wirksamer Kaufvertrag und damit ein Rechtsgrund.

Die GbR hat keinen Herausgabeanspruch aus § 812 Abs. 1 S. 1 Fall 1 BGB.

*Anders als die Vermutung des § 899a S. 1 Hs. 2 BGB ist die Rechtsscheinsvollmacht von der Kausalität des Rechtsscheins abhängig. Liegt diese Voraussetzung nicht vor, wird der Erwerber zwar Eigentümer, muss aber das Erlangte gemäß § 812 Abs. 1 S. 1 Fall 1 BGB zurückübertragen.*

---

Umstritten ist, ob § 899a BGB auch dann eingreift, wenn aus einer zweigliedrigen GbR ein Gesellschafter ausgeschieden und damit die Gesellschaft erloschen ist.

---

**Fall 4: Erwerb eines Grundstücks von einer nicht mehr existierenden GbR**

Die G-GbR ist als Eigentümerin eines Grundstücks mit ihren Gesellschaftern A und B im Grundbuch eingetragen. B scheidet aus der Gesellschaft aus. Da er immer noch mit A als Gesellschafter der GbR im Grundbuch steht, veräußert er gemeinsam mit dem A das Grundstück an den gutgläubigen K. A und B erklären die Auflassung im Namen der GbR. Wird K mit seiner Eintragung im Grundbuch Eigentümer?

---

K kann das Eigentum gemäß §§ 873, 925 BGB von der GbR erworben haben.

I. Dann müsste eine wirksame Auflassung gemäß §§ 873, 925 BGB vorliegen. A und B haben die Auflassung im Namen der GbR erklärt. Mit dem Ausscheiden des B ist die Gesellschaft erloschen, da es eine eingliedrige Personengesellschaft nicht gibt. A und B haben die Auflassung im Namen einer nichtexistenten Gesellschaft erklärt.

Die Auflassung könnte dem K gegenüber nach §§ 899a S. 2, 892 BGB wirksam sein.

1. Bei der Übertragung auf K handelt es sich um ein Rechtsgeschäft im Sinne eines Verkehrsgeschäfts.

2. Das Grundbuch war unrichtig, da die Gesellschaft mit den Gesellschaftern A und B eingetragen war, nach dem Ausscheiden des B aber keine Gesellschaft mehr bestand.

3. Aus dem Grundbuch muss sich die Legitimation des Verfügenden ergeben. Der Inhalt des Grundbuchs müsste den Schluss erlauben, dass eine Gesellschaft mit zwei Gesellschaftern existiert und ordnungsgemäß vertreten wurde.

   a) In der Literatur wird teilweise angenommen, die Gutglaubensvermutung aus §§ 899a S. 2, 892 BGB beziehe sich nur darauf, dass die eingetragenen Gesellschafter die tatsächlichen sind.[129] Der weitergehende Schluss auf die Existenz der Gesellschaft sei nicht gerechtfertigt. Der Wortlaut der Norm setze eine bestehende Gesellschaft voraus. Für §§ 891, 892 BGB sei anerkannt, dass die Berechtigung, nicht aber die Existenz des Berechtigten vermutet werde.

   b) Nach der Gesetzesbegründung und einem Teil der Literatur und Rechtsprechung erstreckt sich die Vermutung der Richtigkeit des Grundbuchs auch auf die Existenz der Gesellschaft.[130] Die Existenz der Gesellschaft sei denknotwendige Voraussetzung für das Vorhandensein von Gesellschaftern.

   c) Für die letztere Ansicht spricht, dass der an der Auflassung beteiligte A als alleiniger Berechtigter das Grundstück auch ohne den ehemaligen Mitgesellschafter B in eigenem Namen an K hätte übertragen können. Es besteht kein sachlicher Grund, dem Erwerber K den Gutglaubensschutz an die Existenz einer Gesellschaft zu verwehren.

II. K ist im Grundbuch eingetragen worden.

III. Die verfügende Gesellschaft ist nicht existent und damit auch nicht Berechtigte. Alleiniger Berechtigter ist A, auf den mit dem Ausscheiden des B aus der Gesellschaft das Gesellschaftsvermögen und damit auch das Eigentum an dem Grundstück übergegangen sind. Die mangelnde Berechtigung kann gemäß § 892 BGB überwunden werden.

   1. Grundsätzlich wird gemäß § 892 BGB nur die Berechtigung und nicht die Existenz des Berechtigten vermutet.[131]

   2. Wenn man allerdings gemäß §§ 899a S. 2, 892 BGB dem K gegenüber die Wirksamkeit der Auflassung der Gesellschaft vermutet, ist es nur konsequent, auch die Berechtigung der nicht existierenden Gesellschaft als Gegenstand der Gutglaubensvermutung anzusehen.

Mit seiner Eintragung in das Grundbuch ist K Eigentümer des Grundstücks geworden.

---

129  Palandt/Bassenge § 899a Rn. 7; Wellenhofer JuS 2010, 1048, 1051; Schmidt Jura 2012, 7, 10.
130  BT-Drucks. 16/13437 S. 27; OLG München, Urt. v. 14.01.2011 – 34 Wx 155/10, NZG 2011, 296; Lautner DNotZ 2009, 651, 667; Jauernig/Berger § 899a Rn. 3.
131  Palandt/Bassenge § 891 Rn. 5.

## V. Exkurs: Andere Gemeinschaften

### 1. Teilrechtsfähigkeit der Wohnungseigentümergemeinschaft

**66** Die Wohnungseigentümergemeinschaft ist **keine GbR**. Aus dem Verweis in § 10 Abs. 2 S. 1 WEG auf die „Gemeinschaft" kann abgeleitet werden, dass es sich um eine Bruchteilsgemeinschaft i.S.d. §§ 741 ff. BGB handelt.

Gemäß § 10 Abs. 6 S. 1 WEG ist die Wohnungseigentümergemeinschaft rechtsfähig. Sie kann „im Rahmen der gesamten Verwaltung des gemeinschaftlichen Eigentums gegenüber Dritten und Wohnungseigentümern selbst Rechte erwerben und Pflichten eingehen".

Der Verwalter kann im Namen der Gemeinschaft Verträge mit Dritten schließen, die die Gemeinschaft verpflichten. Für die hieraus resultierenden Schulden haftet die Gemeinschaft mit ihrem Vermögen. Als Trägerin von Verkehrssicherungspflichten kann sie von einzelnen Wohnungseigentümern wegen Verletzung der Pflicht zur ordnungsgemäßen Instandhaltung des Gemeinschaftseigentums in Anspruch genommen werden.[132]

**67** Nach § 10 Abs. 6 S. 5 WEG kann die Gemeinschaft der Wohnungseigentümer vor Gericht klagen und verklagt werden. Sie ist damit parteifähig.

**68** Die **Grundbuchfähigkeit** der Gemeinschaft ist ebenfalls zu bejahen.[133]

### 2. Erbengemeinschaft/Gütergemeinschaft

**69** Die **Erbengemeinschaft** ist eine Gesamthandsgemeinschaft. Gemäß § 2032 Abs. 1 BGB wird bei mehreren Erben der Nachlass gemeinschaftliches Vermögen der Erben. Anders als die GbR ist die Erbengemeinschaft **nicht rechtsfähig**.[134] Gegen die Anerkennung der Rechtsfähigkeit sprechen folgende Argumente:

- Die Erbengemeinschaft wird nicht rechtsgeschäftlich, sondern gesetzlich begründet.

- Sie ist nicht auf Dauer ausgerichtet, sondern auf Auseinandersetzung.

- Die Erbengemeinschaft besitzt keine Handlungsorganisation. Sie besitzt keine eigenen Organe und es bestehen keine vertraglichen oder gesetzlichen Regelungen für Geschäftsführung und Vertretung.

**70** Auch die **Gütergemeinschaft** (§§ 1415 ff. BGB) ist eine Gesamthandsgemeinschaft. Nach h.M. ist sie nicht rechtsfähig.[135] Dies kann man damit begründen, dass sie nicht nach außen hin auftritt.[136]

---

132  OLG München, Urt. v. 24.10.2005 – 34 Wx 82/05, NJW 2006, 1293.

133  OLG Hamm, Beschl. v. 20.10.2009 – 15 Wx 81/09, NJW 2010, 1464.

134  BGH, Urt. v. 11.09.2002 – XII ZR 187/00, NJW 2002, 3389; BGH, Beschl. v. 16.03.2004 – VIII ZB 114/03, NJW-RR 2004, 1006; BGH, Beschl. v. 17.10.2006 – VIII ZB 94/05, Rn. 7, NJW 2006, 3715.

135  MünchKomm-BGB/Kanzleiter § 1416 Rn. 3.

136  BayObLG, Beschl. v. 22.01.2003 – 3Z Br 238/02, ZIP 2003, 480.

## Entstehen der Personengesellschaft

### Einigung über gemeinsamen Zweck

Die Gesellschafter müssen sich darüber einigen, dass ein gemeinsamer Zweck verfolgt wird. Bei konkludentem Vertragsschluss problematische Fallgruppen:

**Gemeinsames Halten** einer Sache begründet nur dann eine Gesellschaft, wenn ein darüber hinausgehender Zweck verfolgt wird (Abgrenzung zur Bruchteilsgemeinschaft, §§ 741 ff. BGB).

Liegt das gemeinsame Interesse in einer **Gewinnbeteiligung**, können partiarische Rechtsverhältnisse oder Gesellschaften vorliegen. Für eine Gesellschaft sprechen als Indizien: Verlustbeteiligung; Vereinbarung von Kontroll- und Mitwirkungsrechten.

Die konkludente Vereinbarung einer **Ehegatten(innen)gesellschaft** setzt voraus, dass ein über die Verwirklichung der ehelichen Lebensgemeinschaft hinausgehender Zweck verfolgt wird.

Bei **nichtehelichen Lebensgemeinschaften** ist ohne einen über die Verwirklichung der Lebensgemeinschaft hinausgehenden Zweck regelmäßig kein Gesellschaftsvertrag anzunehmen. Der konkludente Abschluss eines Gesellschaftsvertrages kann in Betracht kommen, wenn die Partner die Absicht gemeinschaftlicher Wertschöpfung gehabt haben.

### Mängel des Gesellschaftsvertrages

Bei Mängeln des Gesellschaftsvertrages können die Grundsätze über **fehlerhafte Gesellschaften** eingreifen.

**Voraussetzungen:**

- fehlerhafter Gesellschaftsvertrag: Es müssen Willenserklärungen vorliegen, die auf den Abschluss eines Gesellschaftsvertrages gerichtet sind.
- in Vollzug gesetzt: Tätigkeit nach außen aufgenommen bzw. Gesellschaftsvermögen gebildet
- kein Entgegenstehen überwiegender Interessen Einzelner oder der Allgemeinheit

**Rechtsfolge:** Die Gesellschaft wird wie eine fehlerfreie behandelt. Der Nichtigkeitsgrund stellt einen Kündigungs- bzw. Auflösungsgrund dar.

### Rechtsnatur der Personengesellschaften

OHG/KG: Wegen § 124 HGB ist das theoretische Konzept praktisch ohne Bedeutung.

GbR: Die Außengesellschaft bürgerlichen Rechts besitzt Rechtsfähigkeit, soweit sie durch Teilnahme am Rechtsverkehr eigene Rechte und Pflichten begründet. Eine GbR kann jede Rechtsposition einnehmen, soweit nicht spezielle rechtliche Gesichtspunkte entgegenstehen.

## 2. Abschnitt: Das Außenverhältnis, die Rechtsbeziehungen zu Dritten

**71**  Die Personengesellschaften entstehen mit Abschluss des Gesellschaftsvertrages. Weitere Entstehensvoraussetzungen bestehen nicht. Die Personenhandelsgesellschaften (OHG, KG) werden jedoch im Außenverhältnis, d.h. im Verhältnis zu Dritten, erst unter den Voraussetzungen des § 123 HGB – grundsätzlich mit Eintragung – wirksam (dazu unter A.). Im Außenverhältnis werden die Gesellschaft bzw. die Gesellschafter vertreten, haften gegenüber Dritten und haben Ansprüche gegen Dritte (dazu unter B., C. und D.).

## A. Wirksamwerden der Handelsgesellschaften im Außenverhältnis, § 123 HGB

**72**  Das Gesetz hat in den §§ 705 ff. BGB keine besonderen Voraussetzungen für das Wirksamwerden einer GbR aufgestellt. Die GbR entsteht auch im Außenverhältnis mit Abschluss des Gesellschaftsvertrages. Für die Personenhandelsgesellschaften bestimmt § 123 (ggf. i.V.m. § 161 Abs. 2) HGB, dass die Gesellschaft im Verhältnis zu Dritten erst dann wirksam wird, wenn sie ins Handelsregister eingetragen wird oder ihre Geschäfte aufnimmt.

§ 123 HGB enthält nur eine Regelung für das Außenverhältnis. Im Innenverhältnis, d.h. im Verhältnis der Gesellschaft zu den Gesellschaftern und der Gesellschafter untereinander, werden auch die OHG und KG mit dem Vertragsschluss wirksam.

Nach § 123 Abs. 1 HGB ist für das Wirksamwerden im Außenverhältnis die Eintragung im Handelsregister erforderlich.

**Vor Eintragung** kann die Gesellschaft nach **§ 123 Abs. 2 HGB** wirksam werden.

- Das Wirksamwerden ohne Eintragung setzt den **Geschäftsbeginn** voraus.

  - Für einen Geschäftsbeginn der Gesellschaft ist zunächst ein Handeln im Namen der Gesellschaft erforderlich. Hierbei ist ausreichend, dass eine den Geschäftsbetrieb vorbereitende Handlung, beispielsweise die Eröffnung eines Bankkontos,[137] vorgenommen wird.

  - Nach h.M. liegt ein wirksamer Geschäftsbeginn nur dann vor, wenn mit Zustimmung aller Gesellschafter gehandelt wird.[138]

- Die Wirksamkeit tritt mit dem Geschäftsbeginn ein, **„soweit nicht aus § 2 oder § 105 Abs. 2 sich ein anderes ergibt"**. Der Geschäftsbeginn reicht für das Wirksamwerden, es sei denn, dass das Unternehmen nach Art und Umfang einen in kaufmännischer Weise eingerichteten Geschäftsbetrieb nicht erfordert.

  In den Fällen, in denen ein Kleingewerbe betrieben wird oder es sich um eine Vermögensverwaltungsgesellschaft i.S.d. § 105 Abs. 2 HGB handelt, ist die Eintragung konstitutiv, d.h. sie ist notwendige Entstehungsvoraussetzung der OHG bzw. KG.

---

137  BGH, Urt. v. 26.04.2004 – II ZR 120/02, BB 2004, 1357.
138  Baumbach/Hopt § 123 Rn. 12.

## B. Die Vertretung der Gesellschaft durch die Gesellschafter

Die Vertretungsregelungen sind bei den Personengesellschaften unterschiedlich. Primär gelten grundsätzlich die Regelungen im Gesellschaftsvertrag. Erst wenn im Gesellschaftsvertrag keine Regelungen enthalten sind, gelten für die GbR § 714 BGB und in der OHG die §§ 125–127 HGB. Der Kommanditist ist gemäß § 170 HGB kraft Gesetzes nicht zur (organschaftlichen) Vertretung ermächtigt.

**73**

## I. Die Vertretungsregelungen in der GbR

### 1. Handeln im fremden Namen

Jede Vertretung hat zur Voraussetzung, dass der Vertreter im fremden Namen handelt (§ 164 Abs. 1 BGB). Die Gesellschaft ist Rechtssubjekt und nimmt selbst am Rechtsverkehr teil. Die Gesellschaft selbst wird vertreten und daher Vertragspartner.

**74**

Nach der früher (vor 2001) h.M. wird die Gesellschaft als solche grundsätzlich neben allen Gesellschaftern verpflichtet (Theorie der Doppelverpflichtung). Die Gesellschaft haftet mit dem Gesellschaftsvermögen, die Gesellschafter mit dem Privatvermögen. Danach haften die Gesellschaft selbst und die Gesellschafter aufgrund einer rechtsgeschäftlichen Vertretung. Die Vertreter handeln sowohl im Namen der Gesellschaft als auch im Namen aller Gesellschafter und begründen bei entsprechender Vertretungsmacht eine Haftung der Gesellschaft (mit dem Gesellschaftsvermögen) und der Gesellschafter (mit dem Privatvermögen).[139]

Nach heute ganz h.M. wird nur noch die GbR selbst vertreten. Die Haftung der Gesellschafter für die Verbindlichkeiten der Gesellschaft ergibt sich nicht aufgrund einer rechtsgeschäftlichen Vertretung, sondern aus einer Analogie zu den §§ 128, 129 HGB.

Umstritten sind die Konsequenzen für die Vertretung von **Sozietäten mit unterschiedlichen Berufsangehörigen**. Besteht eine Sozietät zwischen Rechtsanwälten und Wirtschaftsprüfern oder Steuerberatern, ist Letzteren die Erbringung von Rechtsdienstleistungen nach dem RDG untersagt. Es wurde daher teilweise vertreten, dass ein Mandatsvertrag über anwaltliche Dienstleistungen nur mit den Rechtsanwälten und nicht mit der gesamten gemischten Sozietät zustande komme. Nach heute h.M. kommt der Mandatsvertrag auch bei einer gemischten Sozietät mit der gesamten Gesellschaft zustande; die internen Zuständigkeits- und Zulässigkeitsfragen berührten das Außenverhältnis zum Mandanten nicht.[140] Die Haftung nach § 128 HGB (analog) ist zwar grundsätzlich eine Erfüllungshaftung. Ausnahmen bestehen aber dann, wenn dem Gesellschafter die Erfüllung unmöglich oder unzumutbar ist. Den nicht anwaltlich tätigen Mitgliedern der Sozietät ist die Erfüllung des Anwaltsvertrags nach dem RDG untersagt. Sie haften analog § 128 HGB nicht auf Erfüllung, sondern nur mit ihrem Vermögen.[141]

**75**

---

139  BGH NJW-RR 1990, 701, 702; BGHZ 136, 254, 258 (anders jetzt BGHZ 142, 315); Habersack JuS 1993, 1 ff.; ders. BB 1999, 61 ff.; Hommelhoff ZIP 1998, 8; Wunderlich WM 2002, 271, 274.

140  BGH, Urt. v. 09.12.2010 – IX ZR 44/10, Rn. 10, NJW 2011, 2301.

141  BGH, Urt. v. 10.05.2012 – IX ZR 125/10, Rn. 69 ff., BGHZ 193,193; Römermann NJW 2009, 1560.

## 2. Vertretungsmacht

**76**    Neben dem Handeln im fremden Namen ist für eine wirksame Vertretung die Vertretungsmacht erforderlich (§ 164 Abs. 1 BGB).

**77**    **a)** Die Vertretungsmacht steht gemäß § 714 (i.V.m. § 709) BGB grundsätzlich den Gesellschaftern zu. Es können auch Dritte nach den §§ 167 ff. BGB bevollmächtigt werden. Nicht zulässig ist es allerdings, alle Gesellschafter von der Vertretung auszuschließen und nur einen Dritten zu bevollmächtigen. Es muss immer gewährleistet sein, dass ein Gesellschafter die Gesellschaft vertreten kann **(Prinzip der Selbstorganschaft)**.[142]

**78**    **b) Art und Umfang** der Vertretungsmacht der Gesellschafter ergeben sich **primär aus** dem **Gesellschaftsvertrag**. Ist dort keine Regelung getroffen, so richtet sich die Vertretungsmacht nach der Geschäftsführungsbefugnis (§ 714 BGB). Diese steht nach der dispositiven Regelung des § 709 BGB allen Gesellschaftern als Gesamtgeschäftsführungsbefugnis zu. Ohne besondere Regelungen der Vertretungsmacht und der Geschäftsführungsbefugnis besteht also Gesamtvertretung der Gesellschafter.[143]

Allerdings gilt auch in der GbR der Grundsatz der Gesamtvertretung nicht ausnahmslos. Vielmehr kann auch einer der Mitgesellschafter – trotz Vorliegens einer Gesamtgeschäftsführungsbefugnis und damit einer Gesamtvertretungsmacht – im Einzelfall allein bevollmächtigt werden (§§ 164, 166 Abs. 2 BGB) und daher die Gesellschaft allein wirksam vertreten. Dies kann ausdrücklich oder konkludent geschehen, einzelne Fälle betreffen oder generell gelten.[144]

**79**    Sieht der Gesellschaftsvertrag Einzelgeschäftsführung vor, so besteht mangels abweichender Bestimmung auch Einzelvertretungsmacht. Bei der Einzelgeschäftsführung kann jeder Gesellschafter gemäß § 711 BGB der Vornahme des Geschäfts widersprechen. Der Widerspruch beschränkt dann die Geschäftsführungsbefugnis. Er hat aber keine Auswirkung auf die Vertretungsmacht.[145]

Besteht Einzelvertretungsmacht, so findet bei der Vornahme von einseitigen Rechtsgeschäften durch den Gesellschafter die Regelung des § 174 BGB Anwendung.[146]

**80**    Die Geschäftsführungsbefugnis und damit auch die Vertretungsmacht beziehen sich nur auf die Vornahme solcher Rechtsgeschäfte, die getätigt werden, um Aufgaben der Gesellschaft zur Erreichung des gemeinsamen Zwecks wahrzunehmen. Nicht zur Geschäftsführung gehören Handlungen, die die Grundlagen der Gesellschaft selbst oder die Beziehungen der Gesellschafter zueinander betreffen.[147] Alle Rechtsgeschäfte auf der Ebene des Gesellschaftsvertrages (Grundlagengeschäfte) müssen von den Gesellschaftern gemeinschaftlich vorgenommen werden, es sei denn, es ist ausdrücklich im Gesellschaftsvertrag etwas anderes bestimmt.

---

142   BGH WM 1994, 237, 238; Staudinger/Habermeier § 709 Rn. 12.

143   BGH NJW-RR 1996, 673.

144   BGH, Urt. v. 14.02.2005 – II ZR 11/03, ZIP 2005, 524.

145   BGHZ 16, 394, 398 f.; BGH, Urt. v. 19.06.2008 – III ZR 46/06, Rn. 47, ZIP 2008, 1582.

146   BGH, Urt. v. 09.11.2001 – LwZR 4/01, NJW 2002, 1194.

147   Windbichler § 8 Rn. 1.

**Beispiele** für Grundlagengeschäfte: Änderung des Gesellschaftsvertrages; Änderung des Gesellschaftszwecks;[148] Erhöhung oder Herabsetzung der Beiträge; Übertragung und Entziehung der Geschäftsführungsbefugnis oder Vertretungsmacht; Aufnahme und Ausschluss von Gesellschaftern.

Grenzen hinsichtlich des Umfangs der Vertretungsmacht können sich aus dem Gesichtspunkt der Kollusion (§ 138 Abs. 1 BGB) oder einem Missbrauch der Vertretungsmacht (§ 242 BGB) oder nach § 181 BGB ergeben. **81**

**c)** Zur wirksamen Vertretung der GbR bei **formbedürftigen Rechtsgeschäften** müssen alle Erklärenden die jeweilige Form beachten. Eine eventuelle Vertretung eines Erklärenden hierbei muss durch einen das Vertretungsverhältnis anzeigenden Zusatz hinreichend deutlich zum Ausdruck kommen.[149] **82**

**Beispiel:** Die Zahnärzte X, Y und Z betreiben in der Rechtsform einer GbR eine Zahnarztpraxis. Die Zahnarzttechnikerin T wurde im Januar eingestellt. Mit Schreiben vom 13.05. wurde T zum 01.07. gekündigt. Im Kündigungsschreiben sind sowohl im Briefkopf als auch in der Unterschriftenzeile die Gesellschafter X, Y und Z aufgeführt. Tatsächlich unterschrieben wurde das Schreiben von X und Y, nicht aber von Z. T meint, die Kündigung sei formunwirksam. Zu Recht?

**I.** Nach § 623 BGB bedarf die Beendigung eines Arbeitsverhältnisses durch Kündigung zu ihrer Wirksamkeit der Schriftform. Diese wird nach § 126 Abs. 1 BGB u.a. dadurch erfüllt, dass die Urkunde von dem Aussteller eigenhändig durch Namensunterschrift unterzeichnet wird. Vorliegend haben X und Y die Kündigungserklärung unterschrieben.

**II.** Für die Einhaltung der Schriftform ist es allerdings erforderlich, dass **alle** Erklärenden die schriftliche Willenserklärung unterzeichnen.[150] Unterzeichnet für eine Partei ein Vertreter die Erklärung, muss dies in der Urkunde durch einen das Vertretungsverhältnis anzeigenden Zusatz hinreichend deutlich zum Ausdruck kommen. Unterschreibt für eine GbR nur ein Mitglied ohne einen Vertretungszusatz, so ist nicht auszuschließen, dass vorgesehen war, auch die anderen Mitglieder sollten die Urkunde unterschreiben bzw. dass deren Unterschrift noch fehlt.[151] Die gesetzliche Schriftform ist nur gewahrt, wenn ein etwaig ermittelter Vertretungswille des unterschreibenden Gesellschafters in der Urkunde auch Ausdruck gefunden hat. Sind in dem Kündigungsschreiben einer GbR aber alle Gesellschafter sowohl im Briefkopf als auch in der Unterschriftenzeile aufgeführt, so reicht es nach dem BGH zur Wahrung der Schriftform nicht aus, wenn lediglich ein Teil der GbR-Gesellschafter ohne weiteren Vertretungszusatz das Kündigungsschreiben handschriftlich unterzeichnet. Eine solche Kündigungserklärung enthalte keinen hinreichend deutlichen Hinweis darauf, dass es sich nicht lediglich um den Entwurf eines Kündigungsschreibens handele, der versehentlich von den übrigen Gesellschaftern noch nicht unterzeichnet sei.[152]

**III.** Das Kündigungsschreiben hätte nach der Unterschriftenzeile von allen Gesellschaftern unterzeichnet werden müssen. Auch enthält das Schreiben keinerlei Anhaltspunkte dafür, dass X und Y gleichzeitig in Vertretung des Z handeln wollten. Daher ist die Kündigung wegen Verstoßes gegen § 623 BGB nichtig gemäß § 125 S. 1 BGB.

**d)** Beim **Zugang von Willenserklärungen** reicht es, wenn die Erklärung einem vertretungsberechtigten Gesellschafter zugeht. Aus § 125 Abs. 2 S. 3 HGB, § 78 Abs. 2 S. 2 AktG, § 35 Abs. 2 S. 3 GmbHG, § 25 Abs. 1 S. 3 GenG und §§ 26 Abs. 2, 1629 Abs. 1 S. 2 BGB wird der allgemeine Rechtsgrundsatz abgeleitet, dass einer Personenmehrheit eine Willenserklärung durch **Abgabe gegenüber einem Gesamtvertreter** zugeht.[153]

---

148  BGH NJW 1995, 596.

149  BAG, Urt. v. 21.04.2005 – 2 AZR 162/04, NJW 2005, 2572 f.

150  BGH, Urt. v. 16.07.2003 – XII ZR 65/02, NJW 2003, 3053; BGH, Urt. v. 05.11.2003 – XII ZR 134/02, NJW 2004, 1103.

151  BGH, Urt. v. 05.11.2003 – XII ZR 134/02, NJW 2004, 1103.

152  BAG, Urt. v. 21.04.2005 – 2 AZR 162/04, NJW 2005, 2572.

153  BGH, Urt. v. 23.11.2011 – XII ZR 210/09, Rn. 34, DB 2012, 109.

## II. Die Vertretung der Personenhandelsgesellschaften

### 1. Organschaftliche Vertretung

**83** In den Personenhandelsgesellschaften sind die **persönlich haftenden Gesellschafter** gemäß §§ 125, 126, 161 Abs. 2 HGB zur Vertretung berechtigt. Gemäß § 125 Abs. 1 HGB besteht grundsätzlich Einzelvertretungsmacht. Da diese Vertretungsbefugnis ihren Grund im Gesellschaftsvertrag hat und nicht auf einer rechtsgeschäftlichen Bevollmächtigung beruht, handelt es sich bei der Vertretung durch die Gesellschafter um eine organschaftliche Vertretung.

Der Kommanditist in einer KG ist gemäß § 170 HGB zur Vertretung der Gesellschaft nicht ermächtigt.[154] Damit scheidet eine organschaftliche Vertretung für den Kommanditisten aus. Er kann aber aufgrund einer Prokura oder anderer rechtsgeschäftlicher Vollmachten die Gesellschaft vertreten.

Neben den §§ 125, 126 HGB finden die allgemeinen Regeln des Vertretungsrechts uneingeschränkt Anwendung, d.h. die Gesellschaft kann auch von anderen Personen als den persönlich haftenden Gesellschaftern (also auch von den Kommanditisten) nach den §§ 48 ff. HGB (Prokura), den §§ 54 f. HGB (Handlungsvollmacht), § 56 HGB (gesetzliche Vertretungsmacht des Ladenangestellten) sowie den §§ 164 ff. BGB vertreten werden. Auch ist es möglich, einen von der organschaftlichen Vertretung ausgeschlossenen Gesellschafter zu bevollmächtigen, einzelne Geschäfte oder einzelne Arten von Geschäften vorzunehmen.

**84** Der in § 125 HGB verankerten organschaftlichen Vertretung wird entnommen, dass die persönlich haftenden Gesellschafter jederzeit in der Lage sein müssen, die Gesellschaft allein zu vertreten **(Grundsatz der Selbstorganschaft)**.

Begründung:

- Den Gesellschaftern steht das Geschäftsführungs- und Vertretungsrecht in der Gesellschaft zu. Sie können diese „Mitgliedschaftsrechte" zwar auf einen anderen Gesellschafter übertragen oder auf die Ausübung dieser Rechte verzichten, doch können sie die Geschäftsführungs- und Vertretungsbefugnis gemäß § 717 BGB, § 105 Abs. 3 HGB nicht auf Dritte übertragen, zu denen auch der Prokurist gehört.

- Die Gesellschaft muss jederzeit in der Lage sein, den Prokuristen abzuberufen. Das wäre, wie in unserem Falle, nicht möglich, wenn der einzige nicht von der organschaftlichen Vertretung ausgeschlossene Gesellschafter die Gesellschaft eben nur gemeinsam mit dem abzuberufenden Prokuristen vertreten könnte.

---

154  OLG Frankfurt, Beschl. v. 26.09.2005 – 20 W 192/05, NZG 2006, 262; a.A. Bergmann ZIP 2006, 2064.

### Fall 5: Alleiniger „Gesamtvertreter"?

A, B und C sind Gesellschafter einer OHG. Nach dem Gesellschaftsvertrag und dem Handelsregister sind A und B gemeinschaftlich zur Vertretung ermächtigt. Außerdem kann jeder Gesellschafter die Gesellschaft zusammen mit dem Prokuristen P vertreten. C ist von der Geschäftsführung und Vertretung ausgeschlossen. Er hat sich damit nur deswegen einverstanden erklärt, weil A und B nicht auf einem Alleinvertretungsrecht bestanden haben. A stirbt. An seine Stelle tritt, wie im Vertrag vorgesehen, sein Sohn S, der entsprechend § 139 HGB auf Wunsch die Stellung eines Kommanditisten erhält. Vor Änderung des Handelsregisters verkauft B notariell ein Grundstück nebst Lagerhalle für 120.000 € an D. C hält den Kaufvertrag mangels Vertretungsmacht für unwirksam. Hat D einen Anspruch auf Übereignung?

D könnte gegen die OHG einen Anspruch auf Übereignung nach § 433 Abs. 1 BGB haben. Die Einigung des B mit D wirkt nach § 164 Abs. 1 BGB für und gegen die OHG, wenn B, der im Namen der OHG gehandelt hat, Vertretungsmacht hatte.

I. Der Gesellschaftsvertrag kann nach § 125 Abs. 2 HGB anordnen, dass alle oder mehrere Gesellschafter nur in Gemeinschaft zur Vertretung berechtigt sind (echte Gesamtvertretung). Vorliegend ist daneben noch entsprechend § 125 Abs. 3 HGB angeordnet worden, dass die Gesellschafter, wenn nicht mehrere zusammen handeln, nur in Gemeinschaft mit einem Prokuristen zur Vertretung ermächtigt sind (unechte Gesamtvertretung). Danach hätte B bei Abschluss des Kaufvertrages gemeinsam mit dem Prokuristen P handeln müssen, weil der andere zur Vertretung der Gesellschaft befugte Gesellschafter A gestorben ist und B nach dem Gesellschaftsvertrag nur gemeinsam mit diesem oder mit P die Gesellschaft sollte vertreten dürfen.

II. Mit dem Tod des A könnte B jedoch ein Alleinvertretungsrecht erhalten haben.

1. Da der Gesellschafter C von der Vertretung ausgeschlossen und Sohn S des verstorbenen A als Kommanditist gemäß § 170 HGB nicht zur Vertretung der Gesellschaft berechtigt ist, besteht nach der im Gesellschaftsvertrag getroffenen Vereinbarung zwar eine unechte Gesamtvertretung des Gesellschafters B mit dem Prokuristen P. Nach dem Grundsatz der Selbstorganschaft muss es jedoch stets möglich sein, dass die persönlich haftenden Gesellschafter die Gesellschaft allein (auch ohne den Prokuristen) vertreten. Die organschaftliche Vertretung der Gesellschaft muss immer gewährleistet sein.[155]

Somit ist im vorliegenden Fall eine unechte Gesamtvertretung von B und P unzulässig und unwirksam. Danach wäre B alleinvertretungsberechtigt, weil A verstorben, der eingetretene S Kommanditist und C von der Vertretung ausgeschlossen ist.

2. C hatte sich jedoch mit dem Ausschluss von der Vertretungsmacht im Gesellschaftsvertrag nur deshalb einverstanden erklärt, weil den beiden anderen Gesellschaftern gleichzeitig ein Gesamtvertretungsrecht eingeräumt worden war.

---

155 BGHZ 26, 330, 332; 41, 367, 369; BGH WM 1994, 237, 238; K. Schmidt § 48 II 3 c; Röhricht/v.Westphalen/v.Gerkan § 125 Rn. 1; Windbichler § 15 Rn. 8.

Den Fall, dass anstelle eines persönlich haftenden Gesellschafters ein Kommanditist tritt, hatten die Gesellschafter bei Vertragsschluss nicht bedacht. Diese Vertragslücke muss im Wege der **ergänzenden Vertragsauslegung** geschlossen werden, indem der hypothetische Wille der Parteien ermittelt wird. Es kann davon ausgegangen werden, dass die Parteien, falls sie diesen Fall bedacht hätten, den C als Gesamtvertreter bestimmt hätten. Somit kann festgestellt werden, dass nach dem Gesellschaftsvertrag eine Gesamtvertretung B/C besteht und B allein nicht berechtigt war, den Vertrag mit D abzuschließen. Der Vertrag ist von B als Vertreter ohne Vertretungsmacht abgeschlossen worden. Da sich C weigert, seine Genehmigung zu erteilen, ist der Vertrag endgültig unwirksam.

D kann sich insoweit auch nicht gemäß § 15 Abs. 1 HGB darauf berufen, dass C nach dem Handelsregister von der Vertretung der Gesellschaft ausgeschlossen ist: Aus dem Handelsregister ergibt sich, dass B nicht allein, sondern nur zusammen mit einer weiteren Person zur Vertretung befugt ist. Den guten Glauben des D daran, dass B nach dem Tod des A ihm gegenüber alleinvertretungsberechtigt ist, schützt § 15 Abs. 1 HGB nicht (§ 15 Abs. 2 S. 1 HGB). D hat keinen Anspruch auf Übereignung des Grundstücks.

---

## 2. Grenzen der Vertretungsmacht

**85**    Vom Umfang her ist die Vertretungsmacht der Gesellschafter unbeschränkt und im Außenverhältnis unbeschränkbar (§ 126 Abs. 1 und Abs. 2 HGB).

Trotz bestehender Vertretungsmacht des für die Gesellschaft Handelnden kann sich der Dritte auf das Bestehen der Vertretungsmacht nach allgemeinen Grundsätzen dann nicht berufen, wenn eine Kollusion (§ 138 Abs. 1 BGB) oder ein allgemeiner Missbrauch der Vertretungsmacht (§ 242 BGB) vorliegt.[156] Darüber hinaus ergeben sich Einschränkungen aus § 181 BGB.

Auch bei der OHG und KG bezieht sich die Vertretungsmacht der Gesellschafter nicht auf Grundlagengeschäfte auf der Ebene des Gesellschaftsvertrages.[157]

## III. Wissenszurechnung innerhalb der GbR und OHG (KG)

**86**    Die Gesellschaften können als solche keine Kenntnisse besitzen. Wenn es daher nach dem Gesetz auf die Kenntnisse eines Beteiligten ankommt und dieser eine Gesellschaft ist, stellt sich die Frage, wessen Kenntnisse der Gesellschaft zuzurechnen sind.

Die Zurechnung von Kenntnissen hat Bedeutung insbesondere für die Feststellung arglistigen Handelns (§ 123 BGB) und für den gutgläubigen Erwerb (§§ 932, 892 BGB, § 366 HGB). Weitere Vorschriften, nach denen die Kenntnis bestimmter Umstände bedeutend ist, sind die §§ 122 Abs. 2, 142 Abs. 2, 179, 199, 311a Abs. 2, 407 Abs. 1, 442, 626 Abs. 2, 640 Abs. 2, 819 Abs. 1, 990 BGB; § 15 HGB.

---

156  K. Schmidt § 10 II 2.
157  K. Schmidt § 48 II 2 b; Windbichler § 15 Rn. 13.

**1.** Zurechnung der Kenntnisse von Personen, die **am konkreten Rechtsgeschäft beteiligt** sind: 87

Unstreitig werden der Gesellschaft die Kenntnisse der **Gesellschafter** zugerechnet, die an dem konkreten Rechtsgeschäft als Vertreter beteiligt sind. Umstritten ist, ob diese Zurechnung gemäß § 166 Abs. 1 BGB erfolgt[158] oder entsprechend § 31 BGB.[159]

Die Kenntnisse **anderer Personen** werden entsprechend § 166 Abs. 1 BGB zugerechnet, soweit diese Personen Wissensvertreter sind. **Wissensvertreter** ist derjenige, der zwar bei dem konkreten Rechtsgeschäft nicht als Vertreter der Gesellschaft auftritt, aber mit der Erledigung der betreffenden Angelegenheit in eigener Verantwortung betraut ist.[160]

**Beispiel:** Für die A & B OHG bereitet der W als Verhandlungsgehilfe einen Vertragsschluss vor. Den Vertrag selbst schließt der vertretungsberechtigte Gesellschafter A. Die Gesellschaft muss sich analog § 166 Abs. 1 BGB die Kenntnisse des Wissensvertreters W zurechnen lassen.

**2.** Zurechnung der Kenntnisse von Personen, die **am konkreten Rechtsgeschäft nicht beteiligt** sind: 88

Grundsätzlich werden auch die Kenntnisse der vertretungsberechtigten **Gesellschafter** zugerechnet, die an dem konkreten Rechtsgeschäft nicht beteiligt sind. Umstritten sind aber die Grundlage und der Umfang der Wissenszurechnung.

---

### Fall 6: Ausgeschiedener Gesellschafter

A, B und C sind Gesellschafter einer GbR. Sie verkauften im Januar 2010 dem K ein bebautes Grundstück unter Ausschluss der Gewährleistung. K stellt im Juli 2010 fest, dass das Gebäude mit Hausschwamm befallen ist. K setzt eine angemessene Frist zur Beseitigung des Hausschwamms. A, B und C verweigern die Beseitigung unter Hinweis auf den Gewährleistungsausschluss. Nach Ablauf der Frist erklärt K den Rücktritt vom Kaufvertrag und verlangt Rückabwicklung. Wie ist zu entscheiden, wenn festgestellt wird, dass A, B und C keine Kenntnis vom Schwammbefall hatten, wohl aber der frühere Gesellschafter D, der das Haus 1998 erworben hatte und später aus der Gesellschaft ausschied.

---

Dem K könnte gegen die Gesellschaft ein Anspruch aus §§ 437 Nr. 2, 323, 440, 346 Abs. 1 89 BGB auf Rückzahlung des Kaufpreises Zug um Zug gegen Übereignung des Hausgrundstücks zustehen.

I. K hat mit der GbR einen wirksamen Kaufvertrag abgeschlossen. Der Befall mit Hausschwamm ist ein Fehler des gekauften Grundstücks i.S.d. § 434 Abs. 1 BGB.

II. Die GbR hat mit K einen Gewährleistungsausschluss vereinbart. Diese Abrede könnte gemäß § 444 BGB unwirksam sein. Die Gesellschaft müsste dann einen Fehler arglistig verschwiegen haben. Arglist liegt vor, wenn der Verkäufer das Vorhandensein ei-

---

158  Baumbach/Hopt § 125 Rn. 4.
159  K. Schmidt § 10 V und § 60 II 5.
160  BGHZ 133, 129, 139.

nes Fehlers kennt oder wenigstens für möglich hält, weiß, dass der Mangel dem Käufer nicht bekannt ist und sich bewusst ist, dass der Käufer bei Kenntnis der wahren Sachlage den Vertrag nicht oder nicht mit dem vereinbarten Inhalt abgeschlossen hätte. Die am Vertragsschluss beteiligten Gesellschafter hatten keine Kenntnis von dem Schwammbefall. Stellt man nur auf ihre Kenntnisse ab, scheidet ein arglistiges Verschweigen aus. Möglicherweise muss sich die Gesellschaft die Kenntnisse des früheren Gesellschafters D zurechnen lassen.

**90**     1. Teilweise wird angenommen, die Kenntnisse von Gesellschaftern seien den Personengesellschaften (OHG, KG und GbR) **analog § 31 BGB** zuzurechnen. Danach seien der Gesellschaft die Kenntnisse aller organschaftlichen Vertreter zuzurechnen, unabhängig davon, ob der Gesellschafter an dem konkreten Rechtsgeschäft mitgewirkt hat und unabhängig davon, ob das Organ im fraglichen Zeitpunkt noch in der Gesellschaft war.[161] Nach dieser Ansicht sind der GbR die Kenntnisse des ausgeschiedenen Gesellschafters zuzurechnen.

**91**     2. Nach der Rechtsprechung beruht die Zurechnung der Kenntnisse von Personen, die nicht an dem konkreten Rechtsgeschäft beteiligt sind, nicht auf einer Organstellung oder einer vergleichbaren Position des Wissensvermittlers, sondern auf dem Gedanken des Verkehrsschutzes und der daran geknüpften **Pflicht zur ordnungsgemäßen Organisation** der gesellschaftsinternen Kommunikation.[162] Die Gesellschaft muss sich das Wissen eines anderen als des konkret handelnden Gesellschafters jedenfalls dann zurechnen lassen, wenn die unterlassene Weitergabe dieses Wissens an den handelnden Gesellschafter eine Verletzung der Organisationspflichten darstellt.[163]

Der BGH lässt dabei offen, ob die Wissenszurechnung auf der Grundlage des § 31 BGB erfolgt oder auf einer ausdehnenden Anwendung des § 166 Abs. 2 BGB beruht.[164]

Kenntnisse von nicht am konkreten Rechtsgeschäft beteiligten Personen werden danach unter folgenden Voraussetzungen zugerechnet:

- Es muss sich um eine juristische Person oder um eine Organisation handeln, bei der typischerweise Wissen auf verschiedene Personen oder Abteilungen aufgespalten ist. Dabei kommt es auf die Organisationsform oder die Rechtsfähigkeit der am Rechtsverkehr teilnehmenden Struktureinheit nicht an.[165]

- Weiterhin muss die Verpflichtung bestehen, die Information über den Umstand zu speichern und den Informationsfluss (also die Informationsweitergabe) zu organisieren. Es ist das „typischerweise aktenmäßig festgehaltene" Wissen zuzurechnen.[166] Zu beurteilen ist dies nach dem Zeitpunkt der Wahrnehmung. Informationen über Hausschwamm sind beim Erwerb eines Grundstücks durch eine Gesellschaft typischerweise aktenmäßig festzuhalten.

161   K. Schmidt § 10 V 2 b.

162   BGH, Urt. v. 02.02.1996 – V ZR 239/94, BGHZ 132, 30; BGH, Urt. v. 10.12.2010 – V ZR 203/09, Rn. 16.

163   BGHZ 140, 54, 61.

164   BGHZ 140, 54, 62.

165   BGH, Urt. v. 13.10.2000 – V ZR 349/99, NJW 2001, 359, 360.

166   BGH, Urt. v. 13.10.2000 – V ZR 349/99, NJW 2001, 359, 360.

- Für die Wissenszurechnung bestehen zeitliche und persönliche Grenzen. Für die handelnden Personen muss die tatsächliche Möglichkeit und ein besonderer Anlass bestehen, sich des fraglichen Umstands zu vergewissern.[167] Im vorliegenden Fall hat der BGH diese Voraussetzung verneint. Zwischen den beiden Verträgen liegen fast zehn Jahre. Für die heutigen Gesellschafter gab es keinen Hinweis auf früheren Schwammbefall. Sie hatten daher auch keinen Anlass, sich der Freiheit von Hausschwamm zu vergewissern.

3. In der Literatur wird teilweise angenommen, dass eine Wissenszurechnung keine Arglist begründen könne. Die vom BGH statuierte Pflicht liefe allein auf ein Kennenmüssen hinaus. Dies begründe jedoch lediglich einen Fahrlässigkeitsvorwurf, nicht aber den Vorwurf arglistigen Verschweigens. In jedem Fall fehle das zu dem Wissenselement für die Arglist zusätzlich erforderliche voluntative Merkmal der Manipulation. Mit einer Kenntniszurechnung würde der Vorwurf der Arglist ethisch neutralisiert.[168]    **92**

4. Die letztgenannte Ansicht ist abzulehnen. Wird der Gesellschaft die Kenntnis des D zugerechnet, ist es so anzusehen, als ob die Gesellschaft als Verkäuferin des Grundstücks diese Kenntnis selbst gehabt hätte. Dann ist aber nicht lediglich der Vorwurf fahrlässigen Handelns begründet, sondern der der Arglist. Überdies entspricht es ständiger Rechtsprechung, dass mit der Feststellung der Arglist kein moralisches Unwerturteil verbunden sein muss.[169] Die Zurechnung der Kenntnisse eines vertretungsberechtigten Gesellschafters analog § 31 BGB erscheint konsequent, wenn man die Rechtsfähigkeit der Personengesellschaften betont. Da den Personengesellschaften unerlaubte Handlungen der Gesellschafter nach heute h.M. gemäß § 31 BGB zugerechnet werden, ist es naheliegend, diese Norm auch für die Wissenszurechnung anzuwenden. Mit der Zurechnungsnorm ist aber nicht notwendig auch der Umfang der Zurechnung festgelegt. Insoweit ist es nicht erforderlich, ohne jede Einschränkung alle Kenntnisse auch früherer Gesellschafter zuzurechnen. Kenntniszurechnung sollte nicht allein mit der Organstellung der Gesellschafter begründet werden, sondern mit einer mangelnden Organisation der Informationen.[170] Es ist nicht gerechtfertigt, der Gesellschaft die Kenntnisse des ausgeschiedenen Gesellschafters D zuzurechnen, wenn die verbliebenen Gesellschafter keinen Anhaltspunkt für einen Schwammbefall hatten.

Der Gewährleistungsausschluss ist nicht nach § 444 BGB unwirksam. K hat keinen Anspruch auf Rückzahlung des Kaufpreises.

---

Auch das Wissen sonstiger Personen (Organwalter/Mitarbeiter), die nicht Gesellschafter und nicht am konkreten Rechtsgeschäft beteiligt sind, wird der Gesellschaft zugerechnet, sofern dieses Wissen bei ordnungsgemäßer Organisation aktenmäßig festzuhalten, weiterzugeben und vor Vertragsschluss abzufragen war.[171] Es gelten also die gleichen Kriterien wie bei Gesellschaftern.    **93**

---

167  BGHZ 132, 30, 38.
168  Dauner-Lieb in FS Kraft, S. 43, 55; Waltermann NJW 1993, 893; Koller JZ 1998, 75, 81.
169  BGH NJW-RR 1997, 270.
170  Staub/Habersack § 125 Rn. 20 ff.
171  BGH, Urt. v. 13.10.2000 – V ZR 349/99, NJW 2001, 359, 360.

## Vertretung und Wissenszurechnung

### Vertretung in der GbR

Handeln im fremden Namen

- Doppelverpflichtungstheorie: Es wird sowohl im Namen der Gesellschaft als auch im Namen der Gesellschafter gehandelt.

- **H.M.: Akzessorietätstheorie:** Die Vertreter handeln ausschließlich im Namen der Gesellschaft.

Die Vertretungsmacht steht nach § 714 BGB (i.V.m. § 709 BGB) mangels abweichender Vereinbarungen den Gesellschaftern als Gesamtvertreter zu.

### Vertretung in der OHG und KG

Es wird lediglich im Namen der Gesellschaft gehandelt.

Gemäß § 125 Abs. 1 HGB besteht mangels abweichender Vereinbarungen im Gesellschaftsvertrag Einzelvertretungsmacht jedes persönlich haftenden Gesellschafters. Bei abweichenden Regelungen ist zu beachten, dass nach dem Grundsatz der organschaftlichen Vertretung die Vertretungsmöglichkeit durch die persönlich haftenden Gesellschafter gewährleistet sein muss.

Beschränkungen der Vertretungsmacht sind nach § 126 Abs. 2 HGB im Außenverhältnis unwirksam. Allerdings können die Grundsätze des Missbrauchs der Vertretungsmacht eingreifen.

### Wissenszurechnung innerhalb der Personengesellschaften

Gesellschaften können als solche keine Kenntnis besitzen. Kenntnisse der für die Gesellschaft handelnden Personen können zugerechnet werden, wobei die dogmatische Begründung streitig ist.

Zurechnung von Kenntnissen der Personen, die an dem konkreten Rechtsgeschäft beteiligt sind:

- Bei der Kenntnis von Gesellschaftern ist die Zurechnung im Ergebnis unstreitig. Streitig ist nur, ob die Zurechnung analog § 31 BGB oder analog § 166 BGB erfolgt.

- Bei anderen Personen erfolgt eine Zurechnung analog § 166 BGB, wenn diese Wissensvertreter sind.

Zurechnung von Kenntnissen der Personen, die am konkreten Rechtsgeschäft **nicht** beteiligt sind:

- Nach der Rechtsprechung des BGH erfolgt eine Zurechnung, wenn die unterlassene Weitergabe dieses Wissens an den handelnden Gesellschafter eine Verletzung der der Gesellschaft obliegenden Organisationspflicht darstellt (Organisation, in der Wissen typischerweise auf mehrere Personen aufgespalten ist; Pflicht zur aktenmäßigen Informationsspeicherung; Pflicht zur Informationsweitergabe; tatsächliche Möglichkeit und ein besonderer Anlass, hinsichtlich des betreffenden Umstands nachzufragen).

- Bei der Kenntnis anderer Personen erfolgt nach der Rechtsprechung eine Zurechnung nach den gleichen Kriterien.

## C. Die Haftung

Bei der Frage der Haftung geht es darum, wer für eine vertragliche oder gesetzliche Verbindlichkeit einzustehen hat. Bei Personengesellschaften ist stets zwischen der **Haftung der Gesellschaft** und der **Haftung der Gesellschafter** zu differenzieren.

Da nach der herrschenden Akzessorietätstheorie die Gesellschafter einer GbR analog
§ 128 HGB haften, werden zunächst die Haftungsstrukturen bei der OHG und insbesondere die Haftung der OHG-Gesellschafter nach § 128 HGB dargestellt (dazu unter I. 2.).
Anschließend werden die Haftungsstrukturen bei der GbR erläutert (dazu unter II.).

## I. Haftung in der OHG und KG (außer Kommanditist)

Gemäß § 124 Abs. 1 HGB haftet die OHG selbst (KG i.V.m. § 161 Abs. 2 HGB).

Bei der OHG haften alle Gesellschafter gemäß § 128 HGB akzessorisch und als Gesamtschuldner für die Schuld der Gesellschaft. Dies gilt gemäß § 161 Abs. 2 HGB auch für die
persönlich haftenden Gesellschafter einer KG.

## 1. Haftung der Gesellschaft

Die OHG (KG) ist gemäß § 124 Abs. 1 HGB rechtsfähig. Es haftet demzufolge die Gesellschaft selbst mit dem Gesellschaftsvermögen.

**a)** Die OHG (KG) ist verpflichtet, den von einem Vertretungsberechtigten im Namen der
Gesellschaft abgeschlossenen Vertrag zu erfüllen. Sie ist selbst Schuldnerin des **Erfüllungsanspruchs**.

**b)** Die Gesellschaft ist zwar Trägerin von Rechten und Pflichten, aber selbst nicht handlungsfähig. Sie handelt durch ihre „Organe", d.h. regelmäßig durch die geschäftsführungsberechtigten und vertretungsberechtigten Gesellschafter. Für **Pflichtverletzungen** ist daher **§ 31 BGB analog** anwendbar. Liegen die Voraussetzungen einer analogen
Anwendung dieser Norm nicht vor, kommt eine Zurechnung der Verletzung vertraglicher Pflichten gemäß § 278 BGB in Betracht. Für Verrichtungsgehilfen haftet die Gesellschaft gemäß § 831 BGB.

Die Voraussetzungen einer analogen Anwendung des § 31 BGB:

- **„Verfassungsmäßig berufene Vertreter"** i.S.d. analogen Anwendung des § 31
  BGB sind zunächst die geschäftsführungsbefugten und/oder vertretungsberechtigten Gesellschafter. Der Begriff ist aber nicht nur an die Vertretungsberechtigung geknüpft. „Verfassungsmäßig berufener Vertreter" i.S.d. § 31 BGB ist jeder (auch ein
  Nichtgesellschafter), dem für die Gesellschaft wesensmäßige Funktionen zur selbstständigen, eigenverantwortlichen Erfüllung zugewiesen sind. Auch das Handeln eines Sachbearbeiters kann analog § 31 BGB der Gesellschaft zugerechnet werden,
  wenn ihm eine wichtige Angelegenheit zur eigenverantwortlichen Erledigung übertragen worden ist.[172]

94

95

96

97

98

99

---

172  BGH, Urt. v. 03.05.2007 – IX ZR 218/05, Rn. 16, BGHZ 172, 169.

**100** ■ **„In Ausführung der ihm zustehenden Verrichtungen"** hat der Vertreter gehandelt, wenn die Aufgabe in den ihm zugewiesenen Wirkungskreis fällt. Dabei ist nicht entscheidend, ob er für die konkrete Aufgabe Vertretungsmacht besaß oder ob er diese überschritten hat. Die Organhaftung knüpft nicht an die Vertretungsmacht an, sondern allgemein an die Fähigkeit des Organs, für die juristische Person (bzw. die OHG, KG) zu handeln. Die Gesellschaft haftet daher auch für vorsätzliche unerlaubte Handlungen, die im Zusammenhang mit dem zugewiesenen Aufgabenkreis begangen wurden.[173]

## 2. Die Haftung der persönlich haftenden Gesellschafter gemäß § 128 HGB und die Einwendungen aus § 129 HGB

**101** Nach § 128 HGB haften die Gesellschafter der OHG und der oder die persönlich haftenden Gesellschafter der KG (§ 161 Abs. 2 HGB) für die Verbindlichkeit der Gesellschaft den Gläubigern als Gesamtschuldner persönlich. Sie haften also

■ **persönlich und unbeschränkt**, d.h. mit ihrem gesamten Privatvermögen;

■ **primär und unmittelbar**, d.h. der Gläubiger kann sofort, ohne die Gesellschaft in Anspruch genommen zu haben, Erfüllung von den Gesellschaftern verlangen;

■ **auf das Ganze**, d.h. sie müssen die gesamte Gesellschaftsverbindlichkeit erfüllen, unabhängig davon, aus welchen Gründen sie entstanden ist;

■ **als Gesamtschuldner**, d.h. der Gläubiger kann die ganze Leistung von jedem Gesellschafter verlangen, insgesamt aber nur einmal (§§ 421 ff. BGB).

Nach § 129 HGB bestimmt sich, welche Einwendungen den Gesellschaftern zustehen, wenn sie wegen einer Gesellschaftsschuld in Anspruch genommen werden.

### a) Die Verbindlichkeit der persönlich haftenden Gesellschafter aus § 128 HGB

**102** Die Verbindlichkeit der Gesellschafter aus § 128 HGB ist im Verhältnis zur Verbindlichkeit der Gesellschaft aus § 124 HGB eine **selbstständige akzessorische Schuld**. Dies ergibt sich insbesondere aus § 129 HGB, der die Schuld der Gesellschafter unmittelbar mit der Schuld der Gesellschaft verknüpft. Wegen dieser akzessorischen Verknüpfung besteht zwischen der Gesellschaft und dem Gesellschafter kein Gesamtschuldverhältnis. Die §§ 421 ff. BGB können allenfalls im Einzelfall ihrem Rechtsgedanken nach angewandt werden.[174]

#### aa) Haftungsumfang

**103** Der Gesellschafter einer OHG haftet gemäß § 128 HGB grundsätzlich für alle Verbindlichkeiten der Gesellschaft, gleich aus welchem Rechtsgrund. Nach h.M. haften die Gesellschafter nach § 128 HGB auch für Ansprüche, die auf einer unerlaubten Handlung eines Mitgesellschafters beruhen und für die die OHG/KG gemäß §§ 823, 31 BGB haftet.[175]

---

173  BGH NJW 1952, 537, 538; WM 1974, 153, 154; BGHZ 98, 148, 151.

174  BGHZ 47, 376, 378; 73, 217, 224; 74, 240, 242; Baumbach/Hopt § 128 Rn. 19.

175  Grunewald § 2 Rn. 37; K. Schmidt § 49 I 2 a; Staub/Habersack § 128 Rn. 10; Baumbach/Hopt § 128 Rn. 2; HK/Stuhlfelner § 128 Rn. 2; a.A. Altmeppen NJW 1996, 1017, 1019; GK/Ensthaler § 128 Rn. 4.

### bb) Inhalt der Haftung

Mit der Qualifizierung der Schuld der Gesellschafter aus § 128 HGB als selbstständiger akzessorischer Verbindlichkeit ist nicht bestimmt, wie die Gesellschafter haften, ob sie in gleicher Weise wie die Gesellschaft zur Erfüllung verpflichtet sind oder ob lediglich eine Haftung auf ein Wertinteresse besteht. **104**

Nach heute einhellig vertretener Ansicht sind die Gesellschafter aus § 128 S. 1 HGB **grundsätzlich** in gleicher Weise wie die OHG, KG zur **Erfüllung** verpflichtet.

Die schutzwürdigen Belange des einzelnen Gesellschafters werden in der Weise gewahrt, dass **Ausnahmen** von der grundsätzlichen Erfüllungspflicht dann bestehen, wenn die Erfüllung dem Gesellschafter **unmöglich** oder **unzumutbar** ist. Dabei kommen folgende Fallgruppen in Betracht:

- Übereignung einer Sache aus dem Gesellschaftsvermögen mit der Abgabe der dazu notwendigen Willenserklärung
- Übereignung einer Sache, die sich im Privatvermögen eines Gesellschafters befindet
- Herausgabe von Sachen aus dem Gesellschaftsvermögen
- personenbezogene Leistungen
- unvertretbare Handlungen
- Unterlassungsverpflichtungen wie beispielsweise Wettbewerbsverbote.

### (1) Die OHG schuldet Übereignung einer Sache aus dem Gesellschaftsvermögen

Schuldet die OHG die Übereignung einer Sache, deren Eigentümer sie selber ist, die also Bestandteil des Gesellschaftsvermögens ist, so kann der einzelne Gesellschafter diese Verpflichtung selbst (also im eigenen Namen) nicht erfüllen. Da in einem solchen Fall eine Erfüllungspflicht der Gesellschafter nicht bestehen kann, schuldet der Gesellschafter auch nach der Erfüllungstheorie nicht Übereignung, sondern er haftet auf das Erfüllungsinteresse. **105**

**Beispiel:** Der vertretungsberechtigte Gesellschafter A verkauft an den K notariell ein Grundstuck der A-OHG. Als K Übereignung verlangt, antwortet A, Gesellschafter B sei mit dem Vertragsschluss nicht einverstanden, weil ein viel zu niedriger Preis vereinbart worden sei. Daraufhin verklagt K den B auf Übereignung des Grundstücks.

K könnte nach § 128 HGB i.V.m. § 433 Abs. 1 BGB gegen den B einen Anspruch auf Übereignung des Grundstücks haben.

I. Eine Verbindlichkeit der OHG ist gegeben: A hat in Vertretung der Gesellschaft den Kaufvertrag mit K abgeschlossen. Die OHG ist damit gemäß § 433 Abs. 1 BGB, § 124 HGB dem K zur Übereignung des Grundstücks verpflichtet.

II. Grundsätzlich haben die Gesellschafter gemäß § 128 S. 1 HGB eine mit der Schuld der Gesellschaft inhaltsgleiche Verpflichtung. Die OHG schuldet Übereignung, d.h. Auflassung und Eintragungsbewilligung. Als Privatperson kann B diese Verpflichtung aber nicht erfüllen. Er könnte lediglich die Auflassung im eigenen Namen erklären. Eine solche Erklärung wäre für den K sinnlos, da nicht B, sondern die OHG Eigentümer des Grundstücks ist. Überdies wäre die Auflassungserklärung des B im eigenen Namen nicht inhaltsgleich mit der Verpflichtung der OHG, denn diese schuldet eine Auflassungserklärung im Namen der Gesellschaft.[176] Selbst wenn B vertretungsberechtigt und geschäftsführungsbefugt ist, besteht keine Erfüllungspflicht. Er kann dann zwar die Auflassung im Namen der Gesellschaft erklären. Dies würde aber nur zum Ausdruck bringen, dass B eine Schuld der Gesellschaft erfüllt.[177]

K hat daher nur einen Anspruch auf das Erfüllungsinteresse.

### (2) Die OHG schuldet Herausgabe einer Sache aus dem Gesellschaftsvermögen

**106** Ist die OHG zur Herausgabe einer Sache verpflichtet, die zum Gesellschaftsvermögen gehört, so ist dem Gesellschafter die Herausgabe als tatsächliche Handlung grundsätzlich möglich. Der Gesellschafter haftet daher auf Herausgabe.

**Beispiel:** D hat der A-OHG, bestehend aus den Gesellschaftern A, B und C, eine Maschine unter Eigentumsvorbehalt verkauft und geliefert. Als die OHG mit der Zahlung des Kaufpreises in Verzug gerät, tritt D wirksam vom Vertrag zurück. Er verlangt Herausgabe von der OHG und den Gesellschaftern.

I. Anspruch aus § 985 BGB gegen die OHG

D ist Eigentümer. Die OHG ist Besitzerin der im Gesellschaftsvermögen befindlichen Sachen. Die für den Besitz erforderliche tatsächliche Sachherrschaft wird von den Organen ausgeübt, d.h. die tatsächliche Sachherrschaftsgewalt der zur Geschäftsführung berechtigten Gesellschafter begründet den Besitz der OHG.[178]

Umstritten ist allerdings, ob die „Organe" der OHG als Besitzdiener i.S.d. § 855 BGB anzusehen sind oder ob sich eine Zurechnung allein aus der Denkfigur des Organbesitzes ergibt.[179]

II. Anspruch aus § 128 S. 1 HGB i.V.m. § 985 BGB gegen die Gesellschafter

Die OHG ist Besitzerin und zur Herausgabe verpflichtet. Für diesen Anspruch haftet der Gesellschafter gemäß § 128 S. 1 HGB. Anders als bei der Übereignung ist dem Gesellschafter die Herausgabe als tatsächliche Handlung grundsätzlich möglich. Der Gesellschafter haftet daher auf Herausgabe.

### (3) Der geschuldete Gegenstand befindet sich im Privatvermögen eines Gesellschafters

Schuldet die OHG die Übereignung einer Sache, deren Eigentümer ein Gesellschafter ist, die also nicht Bestandteil des Gesellschaftsvermögens ist, sondern zum Privatvermögen des Gesellschafters gehört, so ist zu unterscheiden:

**107** Ist der Gesellschafter nicht zur Einbringung der Sache in die Gesellschaft verpflichtet und weigert er sich, dies zu tun, liegt hinsichtlich der Leistung der Gesellschaft Unmöglichkeit (§ 275 Abs. 1 BGB) vor. Ein Erfüllungsanspruch besteht dann schon gegenüber der Gesellschaft nicht. Die Gesellschaft ist nach § 311a Abs. 2 BGB zum Schadensersatz verpflichtet. Für diese Verbindlichkeit haftet der Gesellschafter nach § 128 HGB.

**Beispiel:** Der vertretungsberechtigte Gesellschafter A verkauft im Namen der A & B OHG ein dem Gesellschafter B gehörendes Grundstück an K. Dieser verlangt von B Übereignung. B wendet zutreffend ein, er sei nach dem Gesellschaftsvertrag nicht zur Einbringung des Grundstücks in die Gesellschaft verpflichtet.

**I.** Da der vertretungsberechtigte Gesellschafter A im Namen der OHG das Grundstück an K verkauft hat, ist ein Kaufvertrag mit der OHG zustande gekommen. Eine Verbindlichkeit der Gesellschaft liegt also vor.

---

176  K. Schmidt § 49 III 2 a.
177  BGH, Urt. v. 25.01.2008 – V ZR 63/07, Rn. 8, NJW 2008, 1378.
178  Palandt/Bassenge § 854 Rn. 12; MünchKomm-HGB/K. Schmidt § 124 Rn. 7; K. Schmidt § 10 III 3.
179  K. Schmidt § 10 III 3 a.

Da der Gesellschafter B weder verpflichtet noch bereit ist, sein Grundstück in die Gesellschaft einzubringen, liegt anfängliche Unmöglichkeit nach § 275 Abs. 1 BGB vor. Daher besteht gegenüber der Gesellschaft kein Erfüllungsanspruch auf Übereignung des Grundstücks. Die Gesellschaft ist aber zum Schadensersatz gemäß § 311a Abs. 2 verpflichtet.

**II.** Für diese Verbindlichkeit der OHG haftet B gemäß § 128 HGB persönlich.

Ist der Gesellschafter zur Einbringung der Sache in das Gesellschaftsvermögen verpflichtet, ist er zur Übereignung des Grundstücks verpflichtet. **108**

**Beispiel:** Der vertretungsberechtigte Gesellschafter A verkauft im Namen der A & B OHG ein dem Gesellschafter B gehörendes Grundstück formgerecht an K. B ist nach dem Gesellschaftsvertrag zur Einbringung des Grundstücks in das Gesellschaftsvermögen verpflichtet. K verlangt von B Übereignung.

Die Gesellschaft ist gemäß § 433 Abs. 1 BGB zur Übereignung des dem B gehörenden Grundstücks verpflichtet. Die Erfüllung dieser Verpflichtung ist ihr nicht unmöglich, da sie gegen B einen Anspruch auf Übereignung hat. Für die Schuld der Gesellschaft haftet B gemäß § 128 HGB persönlich. Er ist zur Übereignung des Grundstücks an K verpflichtet.

### (4) Es handelt sich um eine personenbezogene Leistung, die dem einzelnen Gesellschafter unzumutbar ist

**109**

**Fall 7: Die Mängelbeseitigung**

Die A-Fertighaus-OHG, die im Handelsregister eingetragen ist, errichtet schlüsselfertige Häuser in Fertigbau- oder Massivbauweise. Oberstudiendirektor D erteilt der Firma den Auftrag zur Errichtung eines individuell geplanten Hauses. Nach Fertigstellung stellt D erhebliche Mängel fest. Er verlangt Nacherfüllung. Die OHG weigert sich. Vor Ablauf der Verjährungsfrist erhebt der D Klage auf Nacherfüllung gegen die OHG. Als er während des Verfahrens erfährt, dass die OHG in finanziellen Schwierigkeiten ist, erweitert er die Klage und verlangt von dem Gesellschafter C, der nicht zur Geschäftsführung und Vertretung befugt, sondern als Textilkaufmann berufstätig ist, Nacherfüllung. C macht geltend, er sei dazu nicht in der Lage und könne sich wegen seiner angespannten Berufstätigkeit auch nicht darum kümmern. Im Übrigen sei ihm gegenüber der Anspruch mittlerweile verjährt, da die Klage gegen ihn erst nach Ablauf der Verjährungsfrist erhoben wurde.

A. Die Klage auf Nacherfüllung gegen die OHG ist gemäß § 124 HGB i.V.m. §§ 634 Nr. 1, 635 Abs. 1 BGB begründet. Der Anspruch gegen die OHG ist nicht verjährt, da der Ablauf der Verjährungsfrist durch rechtzeitige Klageerhebung gemäß §§ 204 Abs. 1 Nr. 1, 209 BGB gehemmt wurde.

B. Die Klage gegen C

   I. Grundsätzlich schuldet der einzelne Gesellschafter dasselbe wie die Gesellschaft. Ausnahmsweise richtet sich der Anspruch auf das Geldinteresse, wenn dem Gesellschafter die naturale Erfüllung unmöglich oder unzumutbar ist.

   Unmöglichkeit nach § 275 Abs. 1 BGB liegt nicht vor. Auch wenn C als Textilkaufmann nicht selbst Nacherfüllung (Mängelbeseitigung/Neuherstellung) vornehmen kann, so ist es ihm doch möglich, den Nacherfüllungsanspruch dadurch zu erfüllen, dass er entweder die Mängelbeseitigung/Neuherstellung durch die OHG veranlasst oder einen anderen Unternehmer beauftragt.

Zur Feststellung der **Unzumutbarkeit** ist eine **Interessenabwägung** vorzunehmen:

Einerseits hat der Gläubiger ein Interesse an der vertragsmäßigen Erfüllung auch durch die Gesellschafter. Andererseits hat der Gesellschafter ein Interesse auf Freihaltung seiner Privatsphäre. Die Erfüllung soll ihn nicht wesentlich mehr als eine Geldleistung beeinträchtigen.[180]

Überwiegt das Gläubigerinteresse, so besteht ein unmittelbarer Erfüllungsanspruch auch gegen den einzelnen Gesellschafter. Überwiegt das Interesse des Gesellschafters, so kann der Gläubiger Erfüllung nur von der Gesellschaft, vom einzelnen Gesellschafter hingegen nur sein Interesse in Geld verlangen.

Auf den Fall bezogen bedeutet dies: D hat ein berechtigtes Interesse daran, dass vertragsgerecht nacherfüllt wird. Dabei kommt es ihm nicht darauf an, wer die Nacherfüllung fachgerecht ausführt. C, der persönlich die Arbeit nicht leisten kann, wäre jedenfalls in der Lage, diese von einem Unternehmer ausführen zu lassen.

1. Nach Wiedemann[181] ist es dem persönlich haftenden Gesellschafter nicht zumutbar, einen Drittunternehmer mit der Durchführung seiner Arbeiten zu betrauen. Ein so weitgehender persönlicher Einsatz des persönlich haftenden Gesellschafters könne dem § 128 HGB schwerlich entnommen werden.

2. Die h.M. hält diese Belastung des Gesellschafters hingegen für zumutbar.[182]

   BGHZ 73, 217, 221: „Dem Gesellschaftsgläubiger, der mit der Gesellschaft einen Vertrag abgeschlossen hat, wird in erster Linie an der vertragsmäßigen Erfüllung und nicht sogleich an einer Ersatzleistung in Geld gelegen sein. … Bei der Abwägung der Gläubigerinteressen und der schutzwerten Interessen des Gesellschafters auf Freihaltung seiner Privatsphäre ist insoweit entscheidend, dass der Gesellschafter, wenn er nicht ohnehin auch die Gesellschaft zur Leistung zu veranlassen vermag, den Nachbesserungsanspruch ohne persönlichen Einsatz durch Aufwendung von Geld und Beauftragung eines anderen Unternehmens erfüllen kann. Ihm wird daher nicht mehr zugemutet, als was anderenfalls der Gläubiger tun müsste, um sich selber zu helfen. Bei einem solchen Sachverhalt erscheint es nicht als unzumutbarer Eingriff in den außergesellschaftlichen Bereich des Gesellschafters, wenn der Gläubiger von ihm verlangen kann, was ihm die Gesellschaft noch schuldet."

Danach kann D von C Nacherfüllung verlangen.

III. C hat die Einrede der Verjährung erhoben. Gemäß § 129 Abs. 1 HGB kann der persönlich haftende Gesellschafter die Einwendungen, die „nicht in seiner Person begründet sind", jedoch nur insoweit geltend machen, als sie von der Gesellschaft erhoben werden können. Die Einrede der Verjährung ist nicht in der Person des C begründet. Sie stammt nicht aus dem Rechtsverhältnis zwischen C und D, sondern ist Inhalt des werkvertraglichen Rechtsverhältnisses zwischen D und der

---

180 BGHZ 23, 302, 305; 59, 64, 67; 73, 217, 220, 221; BGH NJW 1987, 2367, 2369.
181 JZ 1980, 196.
182 BGHZ 73, 217, 221; K. Schmidt § 9 III 1.

OHG. Da der Nacherfüllungsanspruch des D gegen die OHG bei Klageerhebung noch nicht verjährt war und die Verjährung insoweit gemäß §§ 204 Abs. 1 Nr. 1, 209 BGB gehemmt wurde, kann sich C damit nicht auf Verjährung berufen.

IV. Die Klage des D gegen C persönlich ist nach §§ 128 HGB i.V.m. §§ 634 Nr. 1, 635 Abs. 1 BGB begründet.

---

### (5) Die OHG schuldet eine unvertretbare Handlung

Eine unvertretbare Handlung wie z.B. die Rechnungslegung oder Auskunftserteilung kann nur der Schuldner selbst, nicht ein Dritter vornehmen. Schuldet daher eine OHG eine unvertretbare Handlung, so kann diese jedenfalls durch einen nicht geschäftsführungsbefugten Gesellschafter nicht vorgenommen werden. Er haftet daher nicht auf Erfüllung. Umstritten ist allerdings, ob nicht bei unvertretbaren Handlungen der geschäftsführungsbefugte Gesellschafter gemäß § 128 HGB persönlich auf Erfüllung in Anspruch genommen werden kann, denn dieser kann die Handlung vornehmen. **110**

**Beispiel:** Die A-OHG schuldet dem E aus der Verwaltung seiner Miethäuser Rechnungslegung. E nimmt den geschäftsführungsbefugten Gesellschafter A in Anspruch.

I. Der BGH[183] hat den geschäftsführungsbefugten Gesellschafter zur Erfüllung des Anspruchs auf Rechnungslegung verurteilt. Die Erfüllung sei diesem Gesellschafter weder unmöglich noch unzumutbar, da er der Gesellschaft gegenüber zur Geschäftsführung verpflichtet sei.

II. Nach der Gegenansicht kann die Geschäftsführungsbefugnis für den Inhalt der Haftung nach § 128 HGB nicht entscheidend sein. Es sei nicht einzusehen, warum der geschäftsführungsbefugte Gesellschafter weitergehend haften sollte als der nicht geschäftsführungsbefugte. Für den Gläubiger sei der Erfüllungsanspruch gegen die Gesellschaft ausreichend.[184] Nehme der geschäftsführungsbefugte Gesellschafter die Handlung vor, handele durch ihn als Organ die Gesellschaft, nicht er selbst als persönlich Haftender.[185]

### (6) Die Gesellschaft schuldet Unterlassung

Bei den Unterlassensverpflichtungen der Gesellschaft stellt sich die Frage, ob sich diese ihrem Inhalt nach überhaupt auf die Gesellschafter erstrecken können. **111**

**Beispiel:** Die A-OHG, bestehend aus den Gesellschaftern A und B, verkaufte dem M einen Müllabfuhrbetrieb und verpflichtete sich wirksam, in einem bestimmten Gebiet keine Müllabfuhr zu betreiben. Als A und B die Z-OHG gründen und diese als Müllabfuhrbetrieb in dem Gebiet tätig wird, verlangt M Unterlassung.

I. Der BGH hat in diesem[186] und in vergleichbaren Fällen[187] einen Unterlassungsanspruch gegen die Gesellschafter und die neu gegründete Gesellschaft bejaht: „Nach der Rechtsprechung des BGH ist die Frage, inwieweit die Gesellschafter persönlich in Anspruch genommen werden können, danach zu beantworten, in welchem Umfang die Erbringung dieser Leistung zu den gesellschaftlichen Pflichten der Gesellschafter gehört. Im Streitfall ist eine solche Pflicht der Gesellschafter zur Einhaltung des Wettbewerbsverbots zu bejahen; denn auch nach den Grundsätzen des § 242 BGB wäre es ein unzulässiges wi-

---

183  BGHZ 23, 302; zustimmend Lindacher JuS 1982, 349, 354, 355.
184  K. Schmidt § 49 III 2 b; Baumbach/Hopt § 128 Rn. 15.
185  MünchKomm-HGB/K. Schmidt § 128 Rn. 28; Baumbach/Hopt § 128 Rn. 15.
186  BGH BB 1974, 482.
187  BGHZ 59, 64; BGH WM 1975, 777.

dersprüchliches Verhalten der Gesellschafter, die Erfüllung des von der Gesellschaft abgeschlossenen Vertrages in einem wesentlichen Punkt zu verhindern. … Diesem Anspruch können die Gesellschafter sich nicht dadurch entziehen, dass sie nicht persönlich, sondern als Gesellschafter einer anderen Gesellschaft tätig werden; der Unterlassungsanspruch kann daher gegen die Beklagte geltend gemacht werden."

**II.** In der Literatur wird überwiegend angenommen, dass Unterlassungspflichten sich ihrem Inhalt nach nur von der Gesellschaft und nicht von einem Gesellschafter erbringen lassen. Eine Verpflichtung der Gesellschafter und der neuen Gesellschaft lässt sich danach nicht aus § 128 HGB, sondern nur aus anderen Rechtsgründen herleiten.[188]

### b) Die Einwendungen des Gesellschafters gemäß § 129 HGB

**112**  Der Gesellschafter kann gegenüber der Inanspruchnahme aus § 128 HGB – selbstverständlich – alle Einwendungen geltend machen, die ihm aus dem persönlichen Verhältnis zu dem Gesellschaftsgläubiger zustehen (z.B.: Stundung der Forderung aus § 128 HGB). § 129 HGB ermöglicht darüber hinaus die Geltendmachung von Einwendungen und Rechten, die der Gesellschaft zustehen.

Gemäß **§ 129 Abs. 1 HGB** kann der Gesellschafter alle **Einwendungen** geltend machen, die **der Gesellschaft** zustehen.

Die Vorschrift verwendet den Begriff „Einwendungen" im weiteren Sinne. Die rechtsvernichtenden Einwendungen (Einwendungen i.e.S.) führen zum Erlöschen der Gesellschaftsschuld und lassen damit die erste Voraussetzung einer Haftung aus § 128 HGB, das Bestehen einer Schuld der Gesellschaft, entfallen. **Unter § 129 Abs. 1 HGB fallen alle Einreden und die Einwendung aus § 242 BGB.**

Die Schuld des Gesellschafters unterliegt der gleichen Verjährung wie die Schuld der Gesellschaft.[189] Die Verjährung der Gesellschaftsschuld wird gehemmt durch eine Klage gegen die Gesellschaft (§ 204 Abs. 1 Nr. 1 BGB). Fraglich ist, welche Auswirkungen es auf die Verjährung hat, wenn allein gegen den Gesellschafter Klage erhoben wird.

**Beispiel:** V hat gegen die A-OHG eine Forderung, die am 30.06. verjährt. Am 15.06. erhebt V Klage gegen den Gesellschafter A. Dieser beruft sich im Juli auf die Verjährung der Gesellschaftsschuld.

Gegenüber dem Anspruch des V aus § 128 HGB kann A gemäß § 129 HGB grundsätzlich alle Einwendungen der Gesellschaft geltend machen.

**I.** Die Verbindlichkeit der Gesellschaft ist nicht am 30.06. verjährt, wenn die Klage gegen den Gesellschafter A die Verjährung gehemmt hat. Der BGH hat „erwogen", ob eine Klage gegen den Gesellschafter auch die Verjährung der Gesellschaftsschuld „unterbricht" (heute: Hemmung, vgl. § 204 Abs. 1 Nr. 1 BGB), eine Entscheidung aber offengelassen.[190] In der Literatur wird diese Möglichkeit abgelehnt.[191] Die Schuld des Gesellschafters ist abhängig von der Gesellschaftsschuld und nicht umgekehrt. Danach hemmt die Klage gegen den Gesellschafter die Verjährung der Gesellschaftsschuld nicht.

**II.** Der Gesellschafter kann sich aber nicht auf die Verjährung der Gesellschaftsschuld berufen, wenn die Verjährung ihm gegenüber rechtzeitig gehemmt worden ist.[192] Mit der Einreichung der Klage muss der Gesellschafter damit rechnen, für die Gesellschaftsschuld einstehen zu müssen, unabhängig davon, ob der Gläubiger auch gegen die Gesellschaft selbst vorgeht. A ist daher zur Zahlung an V zu verurteilen.

---

188  K. Schmidt § 49 III 2 c; Lindacher JuS 1982, 349, 356.

189  BGH, Urt. v. 12.01.2010 – XI ZR 37/09, Rn. 40, NZG 2010, 264.

190  BGHZ 104, 76, 81.

191  MünchKomm-HGB/K. Schmidt § 129 Rn. 9.

192  BGHZ 104, 76, 80.

Gemäß **§ 129 Abs. 2 HGB** hat der Gesellschafter ein Leistungsverweigerungsrecht, **113**
wenn der Gesellschaft die **Möglichkeit der Anfechtung** zusteht.

Wird die Anfechtung erklärt, so erlischt die Gesellschaftsschuld und damit auch die akzessorische Verpflichtung des Gesellschafters aus § 128 HGB.

§ 129 Abs. 2 HGB greift nur ein, wenn die Anfechtung noch nicht erklärt ist und dies noch (fristgerecht) möglich ist. In dieser Situation, in der noch ungewiss ist, ob die Anfechtung erklärt wird, soll der Gesellschafter nicht leisten müssen.

Nach **§ 129 Abs. 3 HGB** kann der Gesellschafter die Befriedigung des Gläubigers verwei- **114**
gern, „solange sich der Gläubiger durch **Aufrechnung** gegen eine fällige Forderung der Gesellschaft befriedigen kann". Der Wortlaut des § 129 Abs. 3 HGB ist missglückt. Aus dem Zusammenhang mit § 129 Abs. 1 und Abs. 2 HGB, die beide auf Rechte der Gesellschaft abstellen, ergibt sich, dass die Aufrechnungsmöglichkeit **der Gesellschaft** entscheidend ist und nicht die des Gesellschaftsgläubigers.[193]

**Beispiel:** D hat eine Forderung aus einem Kaufvertrag mit der A-OHG, der ihrerseits eine Forderung aus unerlaubter Handlung gegen D zusteht. D verlangt von dem Gesellschafter A Zahlung.

Nach dem Wortlaut des § 129 Abs. 3 HGB kann A die Zahlung nicht verweigern, da der Gläubiger D sich aufgrund des Aufrechnungsverbots des § 393 BGB nicht durch Aufrechnung befriedigen kann. Gleichwohl steht dem A das Leistungsverweigerungsrecht aus § 129 Abs. 3 HGB zu, weil es auf die Aufrechnungsmöglichkeit der Gesellschaft ankommt und diese nicht an der Aufrechnung gehindert ist.

**Analog § 129 Abs. 2 und 3 HGB** hat der Gesellschafter ein Leistungsverweigerungs- **115**
recht auch bei **anderen Gestaltungsrechten** als der Anfechtung oder Aufrechnung, so z.B. wenn die Gesellschaft die Möglichkeit des Rücktritts oder der Minderung hat.[194]

## 3. Die Haftung in der Scheingesellschaft

Wer einem gutgläubigen Dritten gegenüber zurechenbar den Rechtsschein setzt, es be- **116**
stehe eine bestimmte Gesellschaft, haftet dem Dritten entsprechend diesem gesetzten Rechtsschein. Es ist also zu fragen, wie der Handelnde gehaftet hätte, wenn der von ihm gesetzte Rechtsschein der Wirklichkeit entsprochen hätte.

Tritt im Rechtsverkehr eine Gesellschaft als OHG auf, so besteht gutgläubigen Dritten gegenüber eine Haftung entsprechend diesem gesetzten Rechtsschein.

*Anmerkung zur Terminologie: Wird im Rechtsverkehr der Anschein einer bestimmten Gesellschaft erweckt, so spricht man von einer Scheingesellschaft. Diese ist von der fehlerhaften Gesellschaft streng zu unterscheiden. Während bei der Scheingesellschaft tatsächliche Verhältnisse vorgespiegelt werden, die in Wahrheit nicht bestehen, werden bei der fehlerhaften Gesellschaft die tatsächlichen Verhältnisse einer rechtlich nicht wirksamen Gesellschaft so behandelt, als wäre diese fehlerfrei.*

---

193  BGHZ 42, 396, 397; Baumbach/Hopt § 129 Rn. 13; MünchKomm-HGB/K. Schmidt § 129 Rn. 23 ff.; Primaczenko JA 2007, 173.
194  Baumbach/Hopt § 129 Rn. 10.

### a) Eine GmbH firmiert ohne Rechtsformzusatz

**117** Wird bei dem rechtsgeschäftlichen Handeln einer GmbH der gemäß § 4 GmbHG erforderliche Rechtsformzusatz weggelassen, entsteht regelmäßig der Rechtsschein einer OHG. Bei einer Vertretung der Gesellschaft wird nach den Grundsätzen über unternehmensbezogene Geschäfte die GmbH verpflichtet. Daneben tritt eine Rechtsscheinshaftung des Vertreters entsprechend § 179 BGB, da dieser eine nicht existierende OHG vertreten hat und für diese Gesellschaft keine Vertretungsmacht hatte.

---

**Fall 8: Alte Briefköpfe**

A war geschäftsführender Gesellschafter einer OHG, die unter der Firma Walter Müller Vertriebsgesellschaft auftrat. Später wurde die OHG in eine GmbH umgewandelt; die entsprechende Eintragung im Handelsregister ist erfolgt. A, der Geschäftsführer der GmbH wird, verwendet im Geschäftsverkehr weiterhin die alten Briefköpfe der Walter Müller Vertriebsgesellschaft. So bestellt er u.a. bei dem Lieferanten D, mit dem schon seit Jahren Geschäftsbeziehungen bestehen, Waren im Wert von 43.000 €. Die GmbH gerät in Schwierigkeiten und kann nicht zahlen. D, der von der Umwandlung der Gesellschaft nicht erfahren hatte, verklagt die GmbH sowie A persönlich auf Bezahlung. A verweist auf § 13 Abs. 2 GmbHG.

---

**118** A. Die Klage **gegen die GmbH**

Die Klage ist begründet, wenn ein Anspruch des D gegen die GmbH aus § 433 Abs. 2 BGB i.V.m. § 13 Abs. 1 GmbHG besteht. A müsste dann in Vertretung der GmbH die Bestellung bei D aufgegeben haben. Da A bei seiner Bestellung einen alten Briefkopf verwandte, könnte er nicht im Namen der GmbH, sondern im Namen der – nicht mehr existierenden – OHG gehandelt haben. Es handelt sich jedoch um ein **unternehmensbezogenes Geschäft**, bei dem im Namen des Betriebsinhabers – hier der GmbH – gehandelt wird. Als Geschäftsführer war A nach § 35 GmbHG vertretungsberechtigt. Das in Vertretung der GmbH von A abgegebene Angebot hat D angenommen. Dass er sich dabei über die Rechtsform der hinter der Firma stehenden Gesellschaft irrte, ist in diesem Zusammenhang irrelevant.[195] Der Kaufvertrag ist zwischen der GmbH und D zustande gekommen. Die auf § 433 Abs. 2 BGB i.V.m. § 13 Abs. 1 GmbHG gestützte Klage des D gegen die GmbH ist begründet.

**119** B. Die Klage des D **gegen A persönlich**

I. Ein Anspruch gegen A in seiner Eigenschaft als Gesellschafter bzw. Geschäftsführer der GmbH besteht nicht, weil weder die Gesellschafter noch die Geschäftsführer einer GmbH für eine Verbindlichkeit der Gesellschaft zu haften haben; es haftet immer nur das Gesellschaftsvermögen (§ 13 Abs. 2 GmbHG).

II. Ein Anspruch des D gegen A aus § 128 HGB i.V.m. § 124 HGB, § 433 Abs. 2 BGB besteht ebenfalls nicht, weil die OHG zum Zeitpunkt der Bestellung nicht mehr exis-

---

195 BGH NJW 1998, 2897.

tierte. Es fehlt an einer Verbindlichkeit i.S.v. § 124 HGB, für die A als Gesellschafter gemäß § 128 HGB haften könnte.

III. Rechtsscheinshaftung des A **entsprechend § 179 BGB** **120**

Ein Vertreter haftet entsprechend § 179 BGB selbst, wenn er den Anschein erweckt, dass er für eine Gesellschaft handele, in der zumindest eine natürliche Person haftet.[196]

1. A hat „ohne Vertretungsmacht" für eine OHG gehandelt, wenn er bei der Vertretung der Gesellschaft zurechenbar den Rechtsschein einer nicht mehr existenten OHG gesetzt hat. A ist auch nach der Umwandlung der Gesellschaft weiterhin unter dem Firmennamen Walter Müller Vertriebsgesellschaft aufgetreten und hat damit gegenüber den Geschäftspartnern, zu denen schon früher geschäftlicher Kontakt bestanden hatte, den Eindruck erweckt, die OHG bestehe fort. Die Firma hätte aus Gründen des Verkehrsschutzes gemäß § 4 GmbHG den Zusatz „mit beschränkter Haftung" enthalten müssen. Durch Fortlassen des Rechtsformzusatzes und Verwendung der alten Briefköpfe hat A den Rechtsschein des Handelns für eine OHG geschaffen. Da diese Gesellschaft nicht mehr bestand, handelte A ohne Vertretungsmacht.

   *Dass A die GmbH wirksam vertreten hat, ist irrelevant. Bei der entsprechenden Anwendung des § 179 BGB geht es nur um die Vertretung für die nicht mehr existierende OHG.*

2. Die Haftung ist entsprechend § 179 Abs. 3 BGB ausgeschlossen, wenn der Geschäftspartner D den Mangel der Vertretungsmacht kannte oder kennen musste. Für ein Kennenmüssen könnte sprechen, dass die Umwandlung der Gesellschaft ordnungsgemäß im Handelsregister eingetragen worden ist. Gemäß § 15 Abs. 2 HGB muss ein Dritter alle im Handelsregister eingetragenen und bekannt gemachten Tatsachen gegen sich gelten lassen, unabhängig davon, ob er sie kannte oder nicht. Im Interesse des Rechtsverkehrs ist ein spezieller Vertrauenstatbestand dem Inhalt des Handelsregisters gegenüber jedoch vorrangig, sodass in derartigen Fällen eine Berufung auf § 15 Abs. 2 HGB missbräuchlich wäre.[197]

3. Eine Beschränkung auf den Vertrauensschaden gemäß § 179 Abs. 2 BGB scheidet aus, da A wusste, dass er den Rechtsschein der Vertretung für eine OHG setzte, die nicht mehr existierte.

---

*In der neueren Rechtsprechung wird betont, dass die Rechtsscheinshaftung wegen Fortlassung des nach § 4 GmbHG vorgeschriebenen Rechtsformzusatzes auf einer entsprechenden Anwendung des § 179 BGB beruht.[198] Das hat zur Folge, dass ausschließlich der für die Ge-*

---

196 BGH, Urt. v. 05.02.2007 – II ZR 84/05, Rn. 14, NJW 2007, 1529.
197 BGH NJW 1981, 2569; 1990, 2678, 2679; 1991, 2627; Baumbach/Hopt § 15 Rn. 15; GK/Nickel § 15 Rn. 23 f.
198 BGH, Urt. v. 05.02.2007 – II ZR 84/05, Rn. 14, NJW 2007, 1529.

*sellschaft auftretende Vertreter haftet. Es besteht keine Haftung der Scheingesellschafter, die nicht für die Schein-OHG auftreten.*

### b) Eine GbR tritt als „OHG" auf

**121**  Ist eine im Rechtsverkehr als OHG auftretende Gesellschaft in Wahrheit eine GbR, weil sie noch nicht nach § 123 HGB wirksam geworden ist oder weil sie kein Handelsgewerbe betreibt, so haftet die tatsächlich existierende GbR selbst. Voraussetzung ist, dass der für die Gesellschaft auftretende Gesellschafter die GbR wirksam vertreten hat oder der Gesellschaft das Handeln zugerechnet werden kann. Liegt eine wirksame Verbindlichkeit der Gesellschaft vor, so haften die Gesellschafter analog § 128 HGB. Eines Rückgriffs auf eine Haftung als Gesellschafter einer Schein-OHG bedarf es dann nicht mehr. Ist keine wirksame Verbindlichkeit der Gesellschaft entstanden, so kommt eine Haftung der handelnden Gesellschafter nach § 179 BGB in Betracht. Die Gesellschafter, die zurechenbar den Rechtsschein einer OHG gesetzt haben, haften als Gesellschafter der Schein-OHG nach § 128 HGB.

### c) Die Gesellschaft ist nicht existent

Eine nicht existente Scheingesellschaft kann als solche nicht haften.[199] Es kann allenfalls eine Haftung der Scheingesellschafter bestehen.

**Beispiel:** V gründet mit einem Insichgeschäft ohne Vollmacht eine GbR mit seiner Tochter T und nimmt im Namen der Gesellschaft einen Kredit auf. T verweigert die Genehmigung.

I. Die GbR ist nicht wirksam gegründet, weil V keine Vollmacht zur Vertretung der T besaß und diese die Genehmigung verweigert hat. Da die GbR nicht existiert, kann sie nicht haften. Auch eine Rechtsscheinshaftung der Gesellschaft kann nicht bestehen.

II. V und T haften analog § 128 S. 1 HGB als Gesellschafter einer Scheingesellschaft, wenn sie zurechenbar den Anschein einer Gesellschafterstellung gesetzt haben und der Kreditgeber auf diesen Rechtsschein vertraut hat.[200]

### d) Eine Unternehmergesellschaft (haftungsbeschränkt) tritt als GmbH auf

Die Unternehmergesellschaft (haftungsbeschränkt) oder UG (haftungsbeschränkt) ist eine Sonderform der GmbH (§ 5a GmbHG). Sie kann mit einem geringeren Stammkapital als den in § 5 Abs. 1 GmbHG vorgesehenen 25.000 € gegründet werden. Die Gesellschaft muss gemäß § 5a Abs. 1 GmbHG in der Firma die Bezeichnung „Unternehmergesellschaft (haftungsbeschränkt)" oder „UG (haftungsbeschränkt)" führen. Handelt die Gesellschaft mit dem unrichtigen Rechtsformzusatz „GmbH", haftet der Handelnde analog § 179 BGB, weil der den Rechtsschein einer mit einem höheren Stammkapital ausgestatteten, aber so nicht existierenden GmbH erweckt.[201]

---

199  BGH, Urt. v. 17.11.2011 – IX ZR 161/09, Rn. 23, NZG 2012, 65.
200  BGH, Urt. v. 01.06.2010 – XI ZR 389/09, Rn. 23 ff., NJW 2011, 66, RÜ 2010, 491.
201  BGH, Urt. v. 12.06.2012 – II ZR 256/11, Rn. 15 ff., NJW 2012, 2871, RÜ 2012, 628.

## Haftung in der OHG/KG

### Haftung der Gesellschaft OHG/KG

Nach § 124 Abs. 1 HGB haftet die OHG (KG i.V.m. § 161 Abs. 2 HGB) selbst.

Die Gesellschaft ist selbst Schuldnerin eines gegen sie gerichteten Erfüllungsanspruchs.

- Haftung für Vertragspflichtverletzungen:

  - Die Verletzung vertraglicher Pflichten durch „verfassungsmäßig berufene Vertreter" kann der Gesellschaft nach h.M. analog § 31 BGB zugerechnet werden.

  - Vertragspflichtverletzungen durch andere Personen werden unter den Voraussetzungen des § 278 BGB der Gesellschaft zugerechnet.

- Haftung für unerlaubte Handlungen

  - Unerlaubte Handlungen „verfassungsmäßig berufener Vertretern" können der Gesellschaft nach h.M. analog § 31 BGB zugerechnet werden.

  - Bei unerlaubten Handlungen anderer Personen kommt eine Haftung der Gesellschaft nach § 831 BGB in Betracht.

Die Gesellschaft ist selbst Besitzerin. Sie übt die Sachherrschaft durch die geschäftsführungsbefugten Gesellschafter aus.

### Haftung der Gesellschafter der OHG und der Komplementäre der KG

Für die Verbindlichkeit der Gesellschaft haften die Gesellschafter gemäß § 128 HGB.

Erste Voraussetzung ist das Bestehen einer Verbindlichkeit der Gesellschaft.

Für diese Schuld haftet der Gesellschafter nach h.M. grundsätzlich in gleicher Weise wie die Gesellschaft, d.h. bei Erfüllungsansprüchen schuldet auch der Gesellschafter Erfüllung (a.A. die Haftungstheorie). Ausnahmen bestehen, wenn dem Gesellschafter die Erfüllung unmöglich oder unzumutbar ist.

Einwendungen gemäß § 129 HGB:

- § 129 Abs. 1 HGB: alle Einwendungen der Gesellschaft

- § 129 Abs. 2 HGB: Anfechtungsmöglichkeit der Gesellschaft

- § 129 Abs. 3 HGB: Aufrechnungsmöglichkeit der Gesellschaft (entgegen dem Wortlaut)

- Analog § 129 Abs. 2 u. 3 HGB: andere Gestaltungsrechte der Gesellschaft (Rücktritt, Minderung)

## II. Die Haftung in der GbR

**122** Die (Außen-)Gesellschaft bürgerlichen Rechts besitzt Rechtsfähigkeit, soweit sie durch Teilnahme am Rechtsverkehr eigene Rechte und Pflichten begründet und soweit nicht spezielle Gesichtspunkte entgegenstehen. Dies und die darauf aufbauende herrschende Akzessorietätstheorie haben Auswirkungen sowohl auf die Haftung der Gesellschaft als auch auf die Haftung der Gesellschafter.

Die Haftungsstrukturen, die zur OHG dargestellt wurden, gelten größtenteils auch bei der GbR, weil sie weitgehend von dort entlehnt sind.[202] Abgesehen von der Frage der Anwendbarkeit kaufmännischer Spezialvorschriften, insbesondere der Prokura oder kaufmännischer Vermutungen, geht die Tendenz in der Rechtsprechung und Literatur dahin, dass im engeren Bereich der Haftungsverfassung kein Unterschied mehr zwischen einer GbR und einer OHG besteht.[203]

### 1. Haftung der Gesellschaft

**123** Da die GbR (teil-)rechtsfähig ist, kann sie grundsätzlich selbst Gläubigerin und Schuldnerin sein. Die Gesellschaft selbst haftet für die Erfüllung vertraglicher und gesetzlicher Pflichten.

**124** Wird die Gesellschaft beim Abschluss eines Vertrages wirksam vertreten, so haftet die GbR für die **Erfüllung** der aus dem Vertrag resultierenden Pflichten.

**125** Werden **vertragliche Pflichten** der Gesellschaft durch eine für die Gesellschaft handelnde Person (Gesellschafter/sonstige Personen) **verletzt**, so kommt eine Zurechnung des Verhaltens analog § 31 BGB bzw. nach § 278 BGB in Betracht.

■ Nach heute h.M. wird die Verletzung vertraglicher Pflichten durch „verfassungsmäßig berufene Vertreter" der Gesellschaft analog § 31 BGB zugerechnet.[204] Für diese Ansicht spricht, dass die Haftung der Gesellschaft bürgerlichen Rechts derjenigen der OHG angeglichen ist. Die für die Analogie erforderliche Regelungslücke kann man mit dem Argument bejahen, dass § 278 BGB die Situation betrifft, dass der Geschäftsherr selbst tätig werden kann, aber die Erfüllung der ihn treffenden vertraglichen Verpflichtungen delegiert. Die Gesellschaft als solche kann aber nicht selbst tätig werden, sie kann nur durch ihre Organe handeln.

　■ „Verfassungsmäßig berufene Vertreter" der GbR sind wie bei der OHG die vertretungsberechtigten und geschäftsführungsbefugten Gesellschafter sowie darüber hinaus alle Personen, denen für die Gesellschaft wesensmäßige Funktionen zur selbstständigen, eigenverantwortlichen Erfüllung zugewiesen sind.

　■ „In Ausführung der ihm zustehenden Verrichtungen" handelt ein Vertreter, wenn die Aufgabe in den ihm zugewiesenen Verantwortungsbereich fällt.

---

202 Lingl JuS 2005, 595.

203 Funke/Falkner Jura 2004, 727; Waldner NZG 2003, 621; Kowalski EWiR 2002, 864.

204 BGH, Urt. v. 24.02.2003 – II ZR 385/99, NJW 2003, 1445; Lingl JuS 2005, 596; K. Schmidt § 10 IV 3; OLG Koblenz, Urt. v. 17.02.2005 – 5 U 349/04, MDR 2005, 1302.

■ Nach der Gegenansicht erfolgt die Zurechnung über § 278 BGB. Der Gesellschafter sei Erfüllungsgehilfe der Gesellschaft, wenn er zur Erfüllung der Schuld der Gesellschaft tätig wird.[205] Für die analoge Anwendung des § 31 BGB fehle es an einer Regelungslücke.

Regelmäßig kommen die unterschiedlichen Ansichten zu gleichen Ergebnissen. Auf eine ausführliche Darstellung des Streitstandes kann dann verzichtet werden.[206]

**Herausgabeansprüche** nach § 985 BGB sind gegen die Gesellschaft zu richten, soweit **126** sich die Gegenstände im Gesellschaftsvermögen befinden. Die Gesellschaft selbst ist Besitzerin dieser Gegenstände. Sie übt den unmittelbaren Besitz durch ihre Organe (geschäftsführungs-/vertretungsberechtigte Gesellschafter) oder Besitzdiener (sonstige Gesellschafter und Angestellte) aus.[207]

Die GbR muss sich **unerlaubte Handlungen** ihrer „verfassungsmäßig berufenen Vertre- **127** ter" analog § 31 BGB zurechnen lassen.[208] Die Verselbstständigung der GbR erfordert eine Haftung der Gesellschaft mit dem Gesellschaftsvermögen.

Für unerlaubte Handlungen anderer Personen kommt eine Haftung der Gesellschaft nach § 831 BGB in Betracht.

## 2. Haftung der Gesellschafter

Nach der herrschenden Akzessorietätstheorie haften die Gesellschafter grundsätzlich **128** analog § 128 HGB für alle Verbindlichkeiten der Gesellschaft. Die Gesellschafter haften aber grundsätzlich nur dann, wenn auch die Gesellschaft haften würde. Daher ist die Haftung der Gesellschafter immer in drei Schritten zu prüfen.

■ Zunächst ist in einem **ersten Schritt** danach zu fragen, ob überhaupt die Gesellschaft haftet (§ 128 HGB erfordert „eine Verbindlichkeit der Gesellschaft").

■ In einem **zweiten Schritt** ist zu prüfen, ob ausnahmsweise die Gesellschafter nicht für die Schuld der Gesellschaft haften.

■ Im **dritten Schritt** ist zu prüfen, ob dem Gesellschafter Einwendungen/Einreden aus seiner Rechtsbeziehung zum Gläubiger oder analog § 129 HGB zustehen.

---

205 MünchKomm-BGB/Schäfer § 718 Rn. 30; Erman/Westermann § 718 Rn. 8.
206 K. Schmidt § 10 IV 3.
207 MünchKomm-BGB/Schäfer § 718 Rn. 35–38; K. Schmidt § 60 II 3.
208 BGH, Urt. v. 24.02.2003 – II ZR 385/99, NJW 2003, 1445; Ulmer ZIP 2003, 1113, 1114; Altmeppen NJW 2003, 1554; K. Schmidt NJW 2003, 1897; Erman/Westermann § 705 Rn. 66; Grunewald § 1 Rn. 118.

**129**   **a)** Für die **Erfüllung** vertraglicher Verbindlichkeiten haften die Gesellschafter analog § 128 HGB.

**130**   **b)** Haftung für die **Verletzung vertraglicher Pflichten**

**aa)** Verletzt ein **verfassungsmäßig berufener Vertreter** Pflichten aus einem vertraglichen Schuldverhältnis, wird der Gesellschaft das Verhalten analog § 31 BGB zugerechnet. Der Gesellschafter haftet für die daraus entstehende Verbindlichkeit der Gesellschaft analog § 128 HGB.

**131**   **bb)** Verletzen **sonstige Personen** (nicht geschäftsführungs-/vertretungsberechtigte Gesellschafter und andere Personen, z.B. Mitarbeiter) vertragliche Pflichten der Gesellschaft, so können diese Pflichtverletzungen der Gesellschaft nach § 278 BGB zugerechnet werden. Für die aus den Pflichtverletzungen resultierenden Verbindlichkeiten haften die Gesellschafter nach der Akzessorietätstheorie analog § 128 HGB.

Nach der Doppelverpflichtungstheorie werden auch die einzelnen Gesellschafter Vertragspartner und müssen sich schuldhafte Pflichtverletzungen nach § 278 BGB zurechnen lassen.

**132**   **c)** Haftet die Gesellschaft für eine unerlaubte Handlung, ist umstritten, ob für diese Gesellschaftsschuld auch die Gesellschafter analog § 128 HGB haften.

> **Fall 9: Nachlässiger Gesellschafter**
>
> Die Rechtsanwälte A, B, C und D haben sich zu einer Anwaltssozietät zusammengeschlossen. Da sich A beim Kauf eines Hauses finanziell übernommen hat, geht er dazu über, seinen Mandanten überhöhte, nach dem RVG nicht gerechtfertigte Rechnungen zu stellen. Auch Mandant M, der sich von A in einem Prozess hatte vertreten lassen, erhält eine überhöhte Rechnung. Später stellt er fest, dass er 4.300 € zu viel gezahlt hat. Da A mittlerweile vermögenslos ist, verlangt M Schadensersatz von B. B meint, er habe von den Unregelmäßigkeiten nichts gewusst und brauche dafür auch nicht einzustehen.

A. M könnte gegen B einen Anspruch auf Schadensersatz analog § 128 HGB i.V.m. § 280 Abs. 1 BGB haben.

Eine Verbindlichkeit der Sozietät und damit der GbR liegt vor, da die Verletzung der Pflichten aus dem Anwaltsvertrag durch den Anwalt A der Sozietät analog § 31 BGB (a.A. § 278 BGB) zugerechnet werden. Durch diese Pflichtverletzung ist dem M ein Schaden entstanden, sodass die GbR nach § 280 Abs. 1 BGB haftet. Für diese Verbindlichkeit haftet B analog § 128 HGB.

B. M könnte gegen B einen Anspruch analog § 128 HGB, § 823 Abs. 2 BGB i.V.m. § 352 StGB haben.

I.   Voraussetzung ist zunächst, dass eine Verbindlichkeit der Gesellschaft vorliegt. Die GbR haftet gegenüber M nach § 823 Abs. 2 BGB i.V.m. § 352 StGB, da ihr das schuldhafte Handeln des vertretungs-/geschäftsführungsberechtigten A analog § 31 BGB zugerechnet wird.

II. Umstritten ist, ob ein Gesellschafter für Verbindlichkeiten der Gesellschaft analog § 128 HGB haftet, die auf einer unerlaubten Handlung eines Mitgesellschafters beruhen und der Gesellschaft analog § 31 BGB zugerechnet werden.

1. Teilweise wird die Haftung der Mitgesellschafter für deliktisches Verhalten eines Gesellschafters analog § 128 HGB abgelehnt.[209] Diese Ansicht wird damit begründet, dass der Gesetzgeber an eine Delikthaftung der Gesellschafter nach § 128 HGB nicht gedacht habe. Die Norm enthalte daher keine Begründung für eine Deliktshaftung. Zwar spreche der Wortlaut des § 128 HGB für eine persönliche Haftung der Gesellschafter der GbR. Der Rechtsgrundsatz, dass niemand für ein fremdes Delikt hafte, gebiete es aber, dass durch teleologische Reduktion die Haftung für Delikte nach § 128 HGB ausgenommen werde.[210] Nach dieser Ansicht haftet B nicht analog § 128 HGB für die Verbindlichkeit der Gesellschaft aus § 823 Abs. 2 BGB i.V.m. § 352 StGB. **133**

2. Nach heute h.M. haften die Gesellschafter einer GbR auch für Verbindlichkeiten der Gesellschaft, die durch eine unerlaubte Handlung eines Mitgesellschafters entstanden sind.[211] Es gebe keinen überzeugenden Grund, die Haftung, anders als bei der OHG, auf rechtsgeschäftlich begründete Verbindlichkeiten zu beschränken. Bei der OHG sei die Haftung der Gesellschaft auch für gesetzliche Verbindlichkeiten, insbesondere auch für ein zum Schadensersatz verpflichtendes Verhalten ihrer Gesellschafter und die entsprechende Anwendbarkeit des § 31 BGB allgemein anerkannt. Für die Ausdehnung der Haftung auf gesetzliche Verbindlichkeiten spreche insbesondere der Gedanke des Gläubigerschutzes. Anders als bei rechtsgeschäftlicher Haftungsbegründung könnten sich Gläubiger einer gesetzlichen Verbindlichkeit ihren Schuldner nicht aussuchen. Dann müsse erst recht das Privatvermögen der Gesellschafter als Haftungsmasse zur Verfügung stehen. Zudem sei die persönliche Haftung dem einzelnen Gesellschafter auch zuzumuten, weil er in aller Regel auf Auswahl und Tätigkeit der Organmitglieder entscheidenden Einfluss habe.[212] Nach dieser Ansicht haftet B analog § 128 HGB auch mit seinem Privatvermögen für die Verbindlichkeit der GbR. **134**

3. K. Schmidt bejaht die uneingeschränkte Haftung analog § 128 HGB bei sogenannten unternehmenstragenden Gesellschaften.[213] Da vorliegend eine Anwaltssozietät besteht, ist auch nach dieser Ansicht eine Haftung analog § 128 HGB gegeben.

4. Stellungnahme: Die Auffassung, wonach Gesellschafter nicht für deliktisches Verhalten der übrigen Mitgesellschafter haften, ist abzulehnen. Hierfür spricht insbesondere die Klarheit und Stimmigkeit des Haftungssystems bei der GbR **135**

209 Altmeppen NJW 2003, 1553, 1557; Schäfer ZIP 2003, 1225, 1227 ff.; differenzierend Klerx NJW 2004, 1907 f.
210 Altmeppen NJW 2003, 1553, 1557; Ensthaler § 128 Rn. 5.
211 BGH, Urt. v. 24.02.2003 – II ZR 385/99, NJW 2003, 1445; Gesmann-Nuissl WM 2001, 973, 978; Dauner-Lieb DStR 2001, 356, 359; Habersack BB 2001, 477, 478; Ulmer ZIP 2001, 585, 597; Hadding ZGR 2001, 712, 725; Ulmer ZIP 2003, 1113, 1115; Flume DB 2003, 1775.
212 Ulmer ZIP 2003, 1113, 1114.
213 K. Schmidt § 58 V 2.

im Vergleich mit der OHG. Denn eine GbR wird von Gesetzes wegen ohne jeden Publizitätsakt zu einer personen- und strukturgleichen OHG, sobald das Unternehmen nach Art und Umfang einen in kaufmännischer Weise eingerichteten Gewerbebetrieb erfordert (§§ 105 Abs. 1, 1 HGB). Da sich dieser Übergang oft gleitend vollzieht und die Erforderlichkeit kaufmännischer Einrichtungen nur durch eine wertende Betrachtung festzustellen ist, lässt sich der Zeitpunkt, ab dem es sich nicht mehr um eine GbR, sondern um eine OHG handelt, selten exakt bestimmen. Da sich zudem die Umwandlung auch in umgekehrter Richtung vollziehen kann, wäre es mit dem Grundsatz der Rechtssicherheit für die Gläubiger unvereinbar, OHG und GbR unterschiedlich zu beurteilen.[214]

Somit haftet B analog § 128 HGB. M hat einen Anspruch analog § 128 HGB i.V.m. § 823 Abs. 2 BGB i.V.m. § 352 StGB gegen B.

136 **d)** Die Gesellschafter einer GbR haften analog § 128 HGB auch für alle weiteren gesetzlichen Verpflichtungen der Gesellschaft, insbesondere für Ansprüche aus **ungerechtfertigter Bereicherung**.[215]

137 **e)** Wie der Gesellschafter einer OHG haftet der Gesellschafter einer GbR grundsätzlich auf **Erfüllung**; d.h. er schuldet das Gleiche wie die Gesellschaft. Ausnahmsweise haftet der Gesellschafter auf das in Geld zu bemessende Interesse, wenn ihm die Erfüllung unmöglich oder unzumutbar ist.

138 **f)** Den Gesellschaftern einer GbR stehen **analog § 129 HGB** auch die Einwendungen zu, die von der Gesellschaft erhoben werden können.[216] Daneben kann der Gesellschafter Einwendungen und Einreden aus seiner Rechtsbeziehung zum Gläubiger geltend machen.

### 3. Haftungsbeschränkungen bei geschlossenen Immobilienfonds in der Rechtsform der GbR

139 Geschlossene Immobilienfonds sind Kapitalanlagegesellschaften, deren Geschäftszweck auf die Errichtung, den Erwerb und die Verwaltung eines oder mehrerer Immobilienobjekte mit einem im Voraus feststehenden Investitionsvolumen ausgerichtet ist, und die, sobald das Eigenkapital platziert ist, mit einem festen Kreis von Anlegern geschlossen werden. Um das Haftungsrisiko des einzelnen Gesellschafters bei einer GbR zu begrenzen, enthalten Gesellschaftsverträge geschlossener Immobilienfonds, wenn sie der Rechtsform nach eine GbR sind, in der Regel eine Haftungsbeschränkung, wonach die Haftung auf das Fondsvermögen beschränkt ist oder wonach die Gesellschafter nur quotal oder nur mit ihrem Anteil am Fondsvermögen haften.

---

214  BGH, Urt. v. 24.02.2003 – II ZR 385/99, BGHZ 154, 88.
215  BGH, Urt. v. 24.02.2003 – II ZR 385/99, BGHZ 154, 88; BGH, Urt. v. 17.05.2008 – XI ZR 112/07, Rn. 10, BGHZ 177, 108.
216  BGH, Urt. v. 03.04.2006 – II ZR 40/05 Rn. 10; BGHZ 146, 341, 358.

Nach der Rechtsprechung des BGH haften die Gesellschafter einer GbR im Regelfall für die Verbindlichkeiten ihrer Gesellschaft in ihrem jeweiligen Stand persönlich und der Höhe nach unbeschränkt.[217] Ein einseitiger Ausschluss oder eine Beschränkung dieser gesetzlichen Haftung durch eine Bestimmung im Gesellschaftsvertrag ist, auch wenn sie mit einer entsprechenden Beschränkung der Vertretungsmacht des Geschäftsführers der Gesellschaft verbunden ist, grundsätzlich unwirksam. Die persönlich unbeschränkte Haftung kann grundsätzlich nur durch individualvertragliche Vereinbarung mit dem Gläubiger eingeschränkt oder ausgeschlossen werden.[218]

Von diesem Grundsatz macht der BGH bei geschlossenen Immobilienfonds eine Ausnahme. Danach bedarf es bei geschlossenen Immobilienfonds zum Ausschluss der persönlichen Haftung keiner Individualvereinbarung mit dem Gläubiger, wenn

- der Gesellschaftsvertrag eine Haftungsbeschränkung vorsieht und

- die Haftungsbeschränkung wirksam in den Vertrag mit dem Gläubiger einbezogen wird, wobei eine Einbeziehung als Allgemeine Geschäftsbedingung möglich ist.[219]

## 4. Haftungsbeschränkung bei Bauherrengemeinschaften in der Rechtsform der GbR

Wohnungseigentümer, die gemeinschaftlich eine Wohnungseigentumsanlage errichten, haften für die Herstellungskosten nicht als Gesamtschuldner, sondern nur anteilig.

**140**

**Beispiel:**[220]
25 Bauherren gründen eine GbR, um eine Wohnungseigentumsanlage mit 25 Wohneinheiten zu errichten. Die R-GmbH baut in diese Anlage zwei Aufzüge ein. Den zugrunde liegenden Bauvertrag schloss sie mit der Firma M, einem Baubetreuungsunternehmen, das im Namen der Bauherrengemeinschaft handelte. Nachdem die R-GmbH die Schlussrechnung erteilt hat, verlangt sie Zahlung der Gesamtrechnung von Bauherr A, der Eigentümer einer Wohnung ist.

Die R-GmbH könnte einen Anspruch gegen A auf Zahlung der gesamten Werklohnforderung analog § 128 HGB in Verbindung mit § 631 Abs. 1 BGB haben. Die M hat im Namen der GbR einen Werkvertrag mit der R-GmbH geschlossen. Eine Verbindlichkeit der Bauherrengemeinschaft liegt vor, da die GbR zur Entrichtung des Werklohnes nach § 631 Abs. 1 BGB verpflichtet ist. Für diese Verbindlichkeit haftet der Gesellschafter analog § 128 HGB grundsätzlich als Gesamtschuldner; d.h. der Gläubiger kann von dem einzelnen Gesellschafter Zahlung in voller Höhe verlangen.

Nach der Rechtsprechung des BGH haften Wohnungseigentümer, die gemeinschaftlich eine Wohnungseigentumsanlage errichten, für die Herstellungskosten nur anteilig, gleichviel, worauf sich die jeweiligen Werkleistungen beziehen, welchen Umfang sie haben und wie begütert der einzelne Wohnungseigentümer ist.[221] Bei Bauherrengemeinschaften ergebe sich aus der beiderseitigen Interessenlage, dem wirtschaftlichen und ideellen Zweck, dass die Wohnungseigentümer nur entsprechend ihrem Miteigentumsanteil haften.[222]

Die R-GmbH hat daher gegen A nur einen Anspruch auf Zahlung der anteiligen Kosten.

---

217  BGH, Urt. v. 29.01.2001 – II ZR 331/00, BGHZ 146, 341, 358.

218  BGHZ 142, 315, 319; BGH, Urt. v. 24.11.2004 – XII ZR 113/01, NJW-RR 2005, 400.

219  BGH, Urt. v. 21.01.2002 – II ZR 2/00, BGHZ 150, 1; BGH, Urt. v. 08.02.2011 – II ZR 243/09, Rn. 15, NJW 2011, 2045; jurisPK/Bergmann § 714 Rn. 28.

220  BGH, Urt. v. 21.01.2002 – II ZR 2/00, BGHZ 150, 1.

221  BGH NJW 1997, 2101; BGH, Urt. v. 21.01.2002 – II ZR 2/00, BGHZ 150, 1.

222  BGH, Urt. v. 21.01.2002 – II ZR 2/00, BGHZ 150, 1; zustimmend auch Ulmer ZIP 2003, 1113, 1119; Kirberger EWiR 2002, 1097 ff.; differenzierend K. Schmidt § 58 III 2 a; kritisch Hadding WuB II J § 705 BGB 4.02.

*Beachte:* Die Rechtsprechung des BGH gilt nicht für Verwaltungskosten. Für diese haften die Wohnungseigentümer als Gesamtschuldner. Verwaltungskosten sind z.B. Reparatur- und Instandhaltungskosten.[223]

## 5. Haftungsbeschränkungen bei gemeinnützigem Zweck und bei Freiberufler-Sozietäten

**141** In der Literatur werden für Gesellschaften bürgerlichen Rechts mit gemeinnützigem Zweck sowie Sozietäten aus Freiberuflern Ausnahmen von der akzessorischen, persönlichen und unbeschränkten Haftung analog § 128 HGB befürwortet.[224]

Nach der Rechtsprechung haften jedenfalls die in einer Sozietät verbundenen Angehörigen freier Berufe uneingeschränkt analog § 128 HGB.[225]

---

223 BGH NJW 1997, 2101, 2102.

224 Ulmer ZIP 2003, 1113, 1118; Dauner-Lieb DStR 2001, 356, 359 f.; Sieg WM 2002, 1432 ff.; Caspar JZ 2002, 1112, 1114; Hadding WuB II J, § 705 BGB 4.02.

225 BGH, Urt. v. 07.04.2003 – II ZR 46/02, BGHZ 154, 370.

## Haftung in der GbR

### Haftung der Gesellschaft

Nach der h.M. haftet die GbR selbst, soweit sie durch die Teilnahme am Rechtsverkehr eigene Rechte und Pflichten begründet und soweit nicht spezielle Gesichtspunkte entgegenstehen.

Werden **vertragliche Pflichten** der Gesellschaft verletzt, so können Handlungen der GbR zugerechnet werden:

- bei „verfassungsmäßig berufenen Vertretern" analog § 31 BGB

- bei sonstigen Personen nach § 278 BGB

**Unerlaubte Handlungen** nach §§ 823 ff. BGB „verfassungsmäßig berufener Vertreter" können der Gesellschaft analog § 31 BGB zugerechnet werden.

Keine Zurechnung bei unerlaubten Handlungen sonstiger Personen; aber Haftung der GbR nach § 831 BGB möglich.

„Verfassungsmäßig berufene Vertreter" sind zunächst die geschäftsführungsbefugten und/oder vertretungsberechtigten Gesellschafter, darüber hinaus auch alle Personen, denen für die Gesellschaft wesensmäßige Funktionen zur selbstständigen, eigenverantwortlichen Erfüllung zugewiesen sind.

### Haftung der Gesellschafter

Nach der herrschenden Akzessorietätstheorie haften Gesellschafter analog § 128 HGB für Verbindlichkeiten der Gesellschaft akzessorisch, persönlich und grundsätzlich unbeschränkt.

Unerlaubte Handlungen „verfassungsmäßig berufener Vertreter" können der Gesellschaft analog § 31 BGB zugerechnet werden (s.o.). **Für Verbindlichkeiten hieraus haften die Gesellschafter nach h.M. analog § 128 HGB.**

Grundsätzlich sind die Gesellschafter zur Erfüllung verpflichtet; ausnahmsweise haften sie auf das Wertinteresse, wenn ihnen die Erfüllung unmöglich oder unzumutbar ist.

Die Gesellschafter können Einwendungen analog § 129 HGB geltend machen.

Haftungsbeschränkungen können bei Gesellschaftern geschlossener Immobilienfonds in der Rechtsform der GbR oder bei Bauherrengemeinschaften eingreifen.

Diskutiert werden Haftungsbeschränkungen bei einer Freiberufler-GbR und einer GbR mit gemeinnützigem Zweck.

## III. Die Haftung des Kommanditisten in einer KG

**142** Wer bei Gründung einer neuen oder Eintritt in eine bereits bestehende Personenhandelsgesellschaft das Haftungsrisiko eines persönlich haftenden Gesellschafters scheut, kann seine Haftung auf einen bestimmten Betrag beschränken, indem er eine entsprechende Vereinbarung mit den übrigen Gesellschaftern trifft (§ 161 Abs. 1 HGB) und seine Eintragung als Kommanditist in das Handelsregister bewirkt (§ 176 HGB).

Im **Innenverhältnis** zur Gesellschaft ist der Kommanditist entsprechend der Vereinbarung im Gesellschaftsvertrag zur Erbringung der Einlage verpflichtet. Diese Verpflichtung kann erfüllt werden durch Zahlung eines Geldbetrages, Erbringung sonstiger vermögenswerter Leistungen (Einbringung von Sachen, Patenten), durch das Stehenlassen von Gewinnen (§ 167 Abs. 2 HGB) oder durch Aufrechnung mit einer gegen die Gesellschaft gerichteten Forderung.

Im **Außenverhältnis** zu den Gläubigern der Gesellschaft ist die Eintragung im Handelsregister maßgeblich.

- Ist die Eintragung erfolgt, so haftet der Kommanditist den Gläubigern der Gesellschaft gemäß § 171 Abs. 1 Hs. 1 HGB „bis zur Höhe seiner Einlage unmittelbar". Die Höhe der Haftung wird durch den in der Eintragung angegebenen Betrag bestimmt (§ 172 Abs. 1 HGB).

  - Die Haftung erlischt mit der Erbringung der Einlage (§ 171 Abs. 1 Hs. 2 HGB).

  - Sie lebt wieder auf, wenn die Einlage zurückgewährt wurde (§ 172 Abs. 4 HGB).

- Vor Eintragung der Haftungsbeschränkung im Handelsregister haftet der Kommanditist gemäß § 176 HGB grundsätzlich unbeschränkt.

  Die eintretenden Kommanditisten haben es aber in der Hand, diese Haftung auszuschließen; denn sie können die Wirksamkeit ihres Beitritts zur Gesellschaft von der aufschiebenden Bedingung abhängig machen, dass ihre Eintragung im Handelsregister vollzogen ist.[226]

- Tritt im Rechtsverkehr eine Gesellschaft als „KG" auf, so haftet der Kommanditist entsprechend diesem Rechtsschein.

### 1. Die Haftung des Kommanditisten nach Eintragung der KG

#### a) Haftung vor Erbringung der Einlage

**143** Vor Erbringung der Einlage haftet der Kommanditist „bis zur Höhe seiner Einlage unmittelbar". Für die Haftung im Außenverhältnis zu den Gläubigern ist der Begriff der „Einlage" in § 171 Abs. 1 HGB irreführend, weil insoweit nicht die Einlagepflicht gegenüber den Gesellschaftern, sondern gemäß § 172 Abs. 1 HGB der in der Eintragung angegebene Betrag maßgeblich ist. Richtiger ist deshalb, im Außenverhältnis zu den Gesellschaftsgläubigern nicht von „Einlage", sondern von „Haftsumme" oder „Haftbetrag" zu sprechen.[227]

---

226 BGH MDR 1983, 999; OLG Hamburg, Beschl. v. 16.06.2008 – 2 W 38/08, RÜ 2008, 613.

227 K. Schmidt § 54 I 2; Baumbach/Hopt § 171 Rn. 1.

Haftsumme und Pflichteinlage sind streng zu unterscheiden:

Die Haftsumme ist der Geldbetrag, in dessen Höhe der Kommanditist im Außenverhältnis haftet. Die Pflichteinlage (auch Einlagepflicht genannt) ist die vermögenswerte Leistung, zu der sich der Kommanditist gegenüber seinen Mitgesellschaftern – also im Innenverhältnis – verpflichtet hat.

Diese Unterscheidung ist deshalb so wichtig, weil Haftsumme und Pflichteinlage ohne Weiteres auseinanderfallen können: So kann der Betrag der Haftsumme höher sein als die Pflichteinlage oder umgekehrt. In derartigen Fällen ist für das Außenverhältnis allein die Haftsumme, für das Innenverhältnis allein die Pflichteinlage maßgebend.[228]

**Beispiel:** Der Kommanditist K der A-KG ist mit einer Haftsumme von 40.000 € im Handelsregister eingetragen. Nach dem Gesellschaftsvertrag ist K verpflichtet, als Einlage seinen Lkw in die KG einzubringen.

Der Gesellschaft gegenüber ist K zur Erbringung der Pflichteinlage, d.h. zur Übertragung des Lkw in das Gesellschaftsvermögen verpflichtet. Den Gläubigern der KG haftet K gemäß § 171 HGB unmittelbar auf Zahlung bis zur Höhe der Haftsumme von 40.000 €.

### b) Die Haftung erlischt mit Erbringung der Einlage, § 171 Abs. 1 Hs. 2 HGB

**144** Die Einlage wird regelmäßig in der Weise erbracht, dass ein bestimmter Geldbetrag in das Gesellschaftsvermögen geleistet wird. Notwendig ist das jedoch nicht. Es können auch Sach-, Dienst- oder andere vermögenswerte Leistungen (wie z.B. Know-how) eingebracht werden. Doch müssen diese dann zumindest den objektiven Wert der Haftsumme erreichen.[229]

---

**Fall 10: In die Pflicht genommen**

Im Gesellschaftsvertrag der „Dr. Frisch KG Parfümerieartikel" hat sich Kommanditist K verpflichtet, ein Jahr unentgeltlich als Geschäftsführer tätig zu sein. Im Handelsregister wird K mit einer Haftsumme von 10.000 € als Kommanditist eingetragen. Nach zwei Jahren – K ist als Geschäftsführer nicht mehr tätig – nimmt Lieferant L den K wegen einer Kaufpreisschuld der KG in Höhe von 8.000 € in Anspruch.

---

**145** Anspruch des L gegen K aus § 171 Abs. 1 Hs. 1 HGB i.V.m. § 433 Abs. 2 BGB

I.   Die KG ist aufgrund des wirksamen Kaufvertrages gemäß § 433 Abs. 2 BGB ihrem Gläubiger L zur Zahlung von 8.000 € verpflichtet (§§ 124 Abs. 1, 161 Abs. 2 HGB).

II.  K haftet für diese Gesellschaftsschuld gemäß § 171 Abs. 1 Hs. 1 HGB „bis zur Höhe seiner Einlage" (Haftsumme), also bis zu 10.000 €, unmittelbar mit seinem Privatvermögen.

III. Diese Haftung ist gemäß § 171 Abs. 1 Hs. 2 HGB ausgeschlossen, wenn K seine „Einlage" geleistet, also dem Gesellschaftsvermögen einen entsprechenden Vermögenswert hat zukommen lassen. Einen Geldbetrag i.H.v. 10.000 € hat K dem Gesellschaftsvermögen nicht zugeführt. Doch hatte man im Gesellschaftsvertrag vereinbart, dass

---

228  BGH NJW 1995, 197, 198; v. Gerkan EWiR 1994, 367.

229  Baumbach/Hopt § 171 Rn. 6.

K ein Jahr lang unentgeltlich als Geschäftsführer arbeiten sollte. Damit hatte sich K den anderen Gesellschaftern gegenüber zur Leistung einer Pflichteinlage in Form von Dienstleistungen bereit erklärt.[230]

Diese von K in das Gesellschaftsvermögen eingebrachte Pflichteinlage ist ihrem objektiven Wert entsprechend auf seine Haftsumme anzurechnen.[231]

Da K vorliegend ein Jahr lang als Geschäftsführer tätig gewesen ist und der Wert dieser Tätigkeit mindestens 10.000 € beträgt, hat er seine Haftsumme i.S.d. § 171 Abs. 1 Hs. 2 HGB erbracht. Mit seinem Privatvermögen haftet er damit nicht mehr. Ein Anspruch des L gegen K aus § 433 Abs. 2 BGB i.V.m. § 171 Abs. 1 HGB besteht nicht.

### c) Die Haftung bei Rückerhalt der Einlage

**146** Ein Kommanditist, der seine Einlage erbracht hat, haftet wieder nach § 171 Abs. 1 Hs. 1 HGB, wenn er sie zurückerhält (§ 172 Abs. 4 S. 1 HGB). Die Einlage gilt in diesem Fall den Gläubigern gegenüber als nicht geleistet. Sinn und Zweck dieser Regelung ist es, den Gläubigern das Gesellschaftsvermögen als Haftungsmasse zu erhalten. Jede Leistung der Gesellschaft an den Kommanditisten, die eine Verkürzung der Haftungsmasse darstellt, fällt in den Anwendungsbereich des § 172 Abs. 4 S. 1 HGB. Als Rückzahlung i.S.d. Vorschrift gilt daher nicht nur die gegenständliche Rückgewähr der Einlage, sondern jede Leistung aus dem Vermögen der KG an den Kommanditisten, für die dem Gesellschaftsvermögen keine gleichwertige Gegenleistung zufließt. Als Rückzahlung i.S.d. § 172 Abs. 4 S. 1 HGB kommen beispielsweise in Betracht:

- Begleichung persönlicher Verbindlichkeiten des Kommanditisten durch die Gesellschaft;

- Erstattung von Ansprüchen des Kommanditisten aus § 110 HGB oder § 426 Abs. 2 BGB durch die KG wegen Befriedigung eines Gläubigers, wenn diese zuvor zum Erlöschen der Haftung i.S.d. § 171 Abs. 1 HGB geführt hatte;

- Eigenentnahmen des Kommanditisten aus der Gesellschaftskasse; Bestellung einer Hypothek oder Grundschuld an Gesellschaftsgrundstücken, falls sich der Kommanditist durch deren Verwertung Geld verschafft;

- Gewährung eines Darlehens durch die Gesellschaft an den Kommanditisten.[232]

Nach h.M. liegt dagegen keine Rückzahlung vor, wenn die Hafteinlage in ein Darlehen umgewandelt wird. Das Gesellschaftsvermögen wird tatsächlich nicht vermindert und bleibt den Gläubigern als Haftmasse erhalten.[233]

---

230  Röhricht/v.Westphalen/v.Gerkan § 171 Rn. 11; a.A. Schmidt (§ 20 II 3 a bb) und GK/Fahse § 171 Rn. 80, die die Einlagefähigkeit von Dienstleistungen ablehnen.

231  BGHZ 95, 188, 196 mit Anm. K. Schmidt ZGR 1986, 152.

232  MünchKomm-HGB/K. Schmidt §§ 171, 172 Rn. 69; Baumbach/Hopt § 172 Rn. 6.

233  BGHZ 39, 319, 331; Baumbach/Hopt § 172 Rn. 7; a.A. K. Schmidt § 54 III 2 a aa.

## 2. Die Haftung des Kommanditisten vor Eintragung

Vor Eintragung der Haftungsbeschränkung im Handelsregister haftet der Kommanditist **147** nach § 176 HGB unbeschränkt. § 176 Abs. 1 HGB regelt die Haftung vor Eintragung einer neu gegründeten KG, während § 176 Abs. 2 HGB die Haftung vor Eintragung bei Eintritt in eine bereits bestehende Handelsgesellschaft betrifft.

### a) Die Haftung gemäß § 176 Abs. 1 HGB

**Fall 11: Der voreilige Kommanditist**

A, B und C beschließen die Gründung eines Warenhauses in der Rechtsform einer Kommanditgesellschaft. A und B sollen Komplementäre, C soll Kommanditist mit einer Hafteinlage von 20.000 € werden. Im Einverständnis mit B und C unternimmt A bereits vor Eintragung der Gesellschaft in das Handelsregister eine Geschäftsfahrt, in deren Verlauf er bei D im Namen der Gesellschaft Waren im Wert von 50.000 € bestellt. Auf der Rückfahrt verschuldet er mit dem Wagen der KG einen Verkehrsunfall, bei dem Passant P schwer verletzt wird. P entstehen Heilungskosten in Höhe von 25.000 €. D und P nehmen – nachdem A und B in Vermögensverfall geraten sind – C auf Zahlung ihrer Forderungen in Anspruch. C weist nach, dass er seine Hafteinlage bereits voll eingezahlt hatte; im Übrigen hätten weder D noch P von seiner Existenz als Gesellschafter gewusst. Wie ist zu entscheiden?

A. Anspruch des D gegen C auf Zahlung von 50.000 € aus §§ 176 Abs. 1, 161 Abs. 2, 128, **148** 124 HGB i.V.m. § 433 Abs. 2 BGB

    I. Es müsste zunächst eine Verbindlichkeit der Gesellschaft gegenüber D aus § 433 Abs. 2 BGB bestehen.

        1. A hat sich im Namen der Gesellschaft mit D über die Lieferung der Waren geeinigt.

        2. Er hat mit Vertretungsmacht nach §§ 125, 161 Abs. 2 HGB die Gesellschaft unmittelbar berechtigt und verpflichtet, wenn die KG bei Abschluss des Vertrages bereits entstanden war. Einen entsprechenden Gründungsvertrag hatten A, B und C bereits geschlossen. Da eine Eintragung der Gesellschaft ins Handelsregister gemäß § 123 Abs. 1 HGB jedoch noch nicht erfolgt war, müsste die KG i.S.v. § 123 Abs. 2 HGB ihre Geschäfte bereits aufgenommen haben. Eine solche Geschäftsaufnahme stellt hier die Geschäftsfahrt des A dar, in deren Verlauf er mit Einverständnis der anderen Gesellschafter und im Namen der Gesellschaft den Vertrag mit D abgeschlossen hat. § 2 HGB steht nicht entgegen, weil keine Anhaltspunkte dafür bestehen, dass mit dem Warenhaus ein Kleingewerbe i.S.d. § 1 Abs. 2 HGB betrieben werden sollte.

    A hat damit D gegenüber die KG wirksam vertreten. Eine Verbindlichkeit der Gesellschaft aus § 433 Abs. 2 BGB besteht.

II. C müsste für diese Verbindlichkeit haften. Grundsätzlich haftet ein Kommanditist für Schulden der Gesellschaft nur im Rahmen von § 171 HGB. Unter den Voraussetzungen des § 176 HGB kann er sich auf die Beschränkung seiner Haftung nach § 171 HGB jedoch nicht berufen und muss wie ein persönlich haftender Gesellschafter gemäß § 128 HGB mit seinem gesamten Privatvermögen einstehen.[234] C haftet unter den Voraussetzungen des § 176 Abs. 1 HGB unbeschränkt.

1. Es muss eine KG bestehen, die ein Handelsgewerbe i.S.d. § 1 HGB betreibt; ein Kleingewerbe oder eine Vermögensverwaltungsgesellschaft reichen nicht (§ 176 Abs. 1 S. 2 HGB).

2. Die KG muss die Geschäfte vor Eintragung in das Handelsregister begonnen haben. Der Begriff des Geschäftsbeginns entspricht dem des § 123 Abs. 2 HGB.

3. Der in Anspruch Genommene muss Kommanditist sein und dem Geschäftsbeginn zugestimmt haben. C ist Kommanditist in einer Gesellschaft, die ihre Geschäfte begonnen hat, bevor sie in das Handelsregister eingetragen worden ist. Dem Geschäftsbeginn durch seinen Mitgesellschafter A hat er zugestimmt.

4. Die Beteiligung des C als Kommanditist dürfte dem Gläubiger D nicht bekannt gewesen sein (§ 176 Abs. 1 S. 1 letzter Hs. HGB).

§ 176 Abs. 1 S. 1 letzter Hs. HGB ist nach heute einhelliger Meinung so auszulegen, dass eine unbeschränkte Haftung des Kommanditisten allein bei positiver Kenntnis des Gläubigers von dessen Kommanditistenstellung ausscheidet, nicht jedoch auch dann, wenn dem Gläubiger die Gesellschafterstellung des Kommanditisten überhaupt nicht bekannt war. Demnach haftet der Kommanditist also immer dann unbeschränkt, wenn im Namen der Gesellschaft gehandelt wird, bevor die Eintragung erfolgt, unabhängig davon, ob dem Gläubiger die Existenz des Kommanditisten als Gesellschafter überhaupt bekannt war oder nicht.[235]

Danach liegen die Voraussetzungen von § 176 Abs. 1 S. 1 letzter Hs. HGB nicht vor. C haftet wie ein persönlich haftender Gesellschafter unbeschränkt. Der Anspruch des D ist in voller Höhe begründet.

B. Anspruch des P gegen C auf Ersatz seiner Heilungskosten i.H.v. 25.000 €

I. Ein Anspruch aus § 831 BGB entfällt, weil ein Gesellschafter nicht von den Weisungen anderer Gesellschafter abhängig und daher nicht deren Verrichtungsgehilfe ist.

II. In Betracht kommt jedoch ein Anspruch aus §§ 176 Abs. 1, 128, 124 HGB i.V.m. §§ 823 Abs. 1, 31 BGB analog.

1. Die Anspruchsvoraussetzungen für eine Haftung der Gesellschaft nach § 823 Abs. 1 BGB liegen vor: A hat in Ausführung der ihm zustehenden Verrichtun-

---

234  MüchKomm-HGB/K. Schmidt § 176 Rn. 34.

235  BGHZ 82, 209, 212; BGH NJW 1983, 2258; NJW-RR 1987, 416; Baumbach/Hopt § 176 Rn. 4; K. Schmidt § 55 I 1 b 3.

gen schuldhaft die Gesundheit des P verletzt. Die Handlung des A wird der Gesellschaft daher analog § 31 BGB zugerechnet.

2. Eine unbeschränkte Haftung des C aus § 176 Abs. 1 HGB für diese Gesellschaftsschuld erscheint jedoch bedenklich, wenn man berücksichtigt, dass es sich hierbei um eine deliktische Schuld außerhalb des Geschäftsverkehrs handelt. Nach der h.M. ist § 176 HGB bei unerlaubten Handlungen nicht anwendbar. Der Hauptzweck des § 176 HGB besteht – ähnlich wie bei § 15 Abs. 1 HGB – im Vertrauensschutz des Geschäftspartners, der bei unerlaubten Handlungen regelmäßig keine Rolle spielt. Hinzu kommt, dass bei den nicht rechtsgeschäftlich begründeten Verbindlichkeiten die Kenntnis des Gläubigers als Ausschlussgrund nicht leicht zu erklären ist.[236]

§ 176 Abs. 1 HGB findet damit auf den Schadensersatzanspruch des P keine Anwendung. Eine persönliche Haftung des C für die dem P entstandenen Heilungskosten entfällt.

---

### b) Die Haftung bei nicht eingetragenem Neueintritt (§ 176 Abs. 2 HGB)

Tritt eine Person als Kommanditist in eine bestehende Handelsgesellschaft ein, so gilt **149** nach § 176 Abs. 2 HGB der Abs. 1 S. 1 entsprechend für die Zeit zwischen Eintritt und der Eintragung als Kommanditist in das Handelsregister.

- Es muss eine Handelsgesellschaft bestehen. Dies kann entweder eine KG sein oder eine OHG, die durch den Eintritt eines Kommanditisten zur KG wird.

- Der in Anspruch Genommene muss als Kommanditist in die KG eingetreten sein. Der Eintritt ist grundsätzlich mit Abschluss des Eintrittsvertrages wirksam. Der Kommanditist kann die Haftung des § 176 Abs. 2 HGB aber verhindern, wenn er vereinbart, dass der Eintritt erst mit Eintragung wirksam werden soll.[237]

  Auch bei Abtretung eines Kommanditanteils greift § 176 Abs. 2 HGB ein.[238] Die Vorschrift gilt nicht für die Anteilsumwandlung sowie die Nachfolge von Todes wegen.[239]

- Das Geschäft, aus dem der Anspruchsteller Rechte geltend macht, muss in der Zeit zwischen Eintritt und Eintragung getätigt worden sein. Eine Zustimmung des Kommanditisten zu der Fortführung der Geschäfte ist nicht erforderlich.

- Die Haftung tritt nicht ein, wenn dem Gläubiger die Beteiligung als Kommanditist bekannt war (§ 176 Abs. 2, Abs. 1 letzter Hs. HGB).

---

236 BGHZ 82, 209, 215 = BGH NJW 1982, 883, 885 mit Anm. K. Schmidt; MünchKomm-HGB/K. Schmidt § 176 Rn. 37; K. Schmidt § 55 I 2; Priester BB 1980, 911, 914; K. Schmidt ZHR 144 (1980), 192, 194: a.A. Jacobs DB 2005, 2231 f.

237 BGH NJW 1982, 212; K. Schmidt NJW 1982, 886.

238 BGH NJW 1983, 2259; a. A. K. Schmidt ZHR 144 (1980), 192.

239 K. Schmidt § 55 II 2 b.

### 3. Die Haftung des Kommanditisten einer Schein-KG

**150** Eine Schein-KG besteht vor allem dann, wenn eine Gesellschaft im Rechtsverkehr als KG auftritt, aber die Voraussetzungen für eine Handelsgesellschaft nicht vorliegen, weil die Gesellschaft entweder überhaupt kein Gewerbe betreibt (§ 1 HGB) oder ohne Eintragung ein Kleingewerbe betreibt oder als nicht eingetragene Vermögensverwaltungsgesellschaft tätig wird (§ 105 Abs. 2 HGB).

Durch ihr Auftreten im Rechtsverkehr als KG entsteht zumindest der Rechtsschein einer entsprechenden Haftung. An diesem Rechtsschein muss sich die KG gutgläubigen Dritten gegenüber festhalten lassen.

Die Gesellschaft und der oder die persönlich haftenden Gesellschafter haften wie bei der Schein-OHG. Der „Kommanditist" einer Schein-KG haftet in dem in den §§ 171 ff. HGB bestimmten Umfang. Ist die Gesellschaft als KG eingetragen, besteht eine auf die Höhe der Haftsumme beschränkte Haftung. Ist die Schein-KG nicht eingetragen, ist fraglich, ob der „Kommanditist" in dem in § 176 HGB bestimmten Umfang haftet.

---

**Fall 12: Geschäftsbeginn der „Schein-KG"**

A, B und K gründen die „A-KG", die ein Kleingewerbe betreibt. Bereits vor Eintragung der KG kauft A im Namen der KG ein Notebook bei dem G für 1.500 €. Später wird die KG eingetragen. K erbringt seine Einlage. G verlangt Zahlung von K. Dem G war bei Abschluss des Kaufvertrages die Stellung des K als Kommanditist bekannt.

---

**151** I. Ein Anspruch aus § 171 HGB besteht nicht, da K seine Einlage geleistet hat.

II. Anspruch aus § 176 HGB

Es müsste im Zeitpunkt des Geschäftsabschlusses eine KG bestanden haben. Vor ihrer Eintragung wird eine Handelsgesellschaft gemäß § 123 Abs. 2 HGB mit dem Geschäftsbeginn wirksam, „soweit nicht aus § 2 oder § 105 Abs. 2 sich ein anderes ergibt". Da die KG nur eine Kleingewerbe betreibt, ist sie vor ihrer Eintragung nicht nach außen wirksam geworden. Ein Anspruch aus § 176 HGB scheidet schon aus diesem Grund aus. Überdies bestimmt § 176 Abs. 1 S. 2 HGB (insoweit klarstellend), dass die Vorschrift nicht anwendbar ist, „soweit sich aus § 2 oder § 105 Abs. 2 ein anderes ergibt".

III. In der Literatur wird eine analoge Anwendung des § 176 Abs. 1 S. 1 HGB bejaht.[240]

§ 176 Abs. 1 S. 1 HGB sei entgegen dem Wortlaut des § 176 Abs. 1 S. 2 HGB auch auf Kleingewerbe anzuwenden, sofern das Eintragungsverfahren betrieben wird. Ist dem Gläubiger die Stellung als Kommanditist bekannt, so haftet der (Schein-)Kommanditist nur in Höhe der Einlage. Dies wird damit begründet, dass bei Anwendung der GbR-Regeln auf die KG, die ein Kleingewerbe betreibt, diese schlechter gestellt würde als eine KG, die unter § 1 HGB fällt.

---

240 Röhricht/v. Westphalen/v. Gerkan § 176 Rn. 7; Dauner-Lieb in FS Lutter 2000, 835, 846; K. Schmidt § 55 II 1, nunmehr jedoch einschränkend in MünchKomm-HGB/K. Schmidt §176 Rn. 7.

Im vorliegenden Fall war dem G die Stellung des K als Kommanditist bekannt. Daher haftet K gegenüber G nicht, da K seine Einlage bereits voll erbracht hat.

IV. Insbesondere die bisherige Rechtsprechung lehnt eine analoge Anwendung des § 176 Abs. 1 S. 2 HGB für die Haftung eines Scheinkommanditisten vor Eintragung einer kleingewerblichen KG ab. Eine solche Analogie würde die Regelung des § 176 Abs. 1 S. 2 HGB weitgehend leerlaufen lassen. Nach dieser Ansicht haftet der Scheinkommanditist einer nicht eingetragenen KG als Gesellschafter der – tatsächlich bestehenden – GbR. Als Gesellschafter einer GbR haftet der Scheinkommanditist analog § 128 HGB unbeschränkt. Selbst wenn man eine analoge Anwendung des § 176 Abs. 2 S. 2 HGB ablehnt, besteht eine unbeschränkte Haftung.[241]

---

241 Clauss/Fleckner WM 2003, 1790, 1794; Wagner NJW 2001, 1110, 1111.

## Haftung des Kommanditisten

### Nach der Eintragung der KG

Nach Eintragung der KG haftet der Kommanditist nur beschränkt:

Es ist exakt zwischen den Begriffen „Einlage" und „Haftsumme" zu unterscheiden.

Ist die Einlage noch nicht erbracht, haftet der Kommanditist gemäß § 171 Abs. 1 HGB bis zur Höhe seiner Einlage unmittelbar.

Die Haftung erlischt mit der Erbringung der Einlage (§ 171 Abs. 1 Hs. 2 HGB). Andere vermögenswerte Leistungen als Geldleistungen werden ihrem objektiven Wert entsprechend angerechnet.

Bei Rückerhalt der Einlage lebt die Haftung wieder auf (§ 172 Abs. 4 HGB). Rückzahlung ist jede Leistung aus dem Vermögen der KG, für die dem Gesellschaftsvermögen keine gleichwertige Gegenleistung zufließt.

### Vor Eintragung

Vor Eintragung im Handelsregister haftet der Kommanditist gemäß § 176 HGB wie ein persönlich haftender Gesellschafter nach § 128 HGB. Bei unerlaubten Handlungen ist § 176 HGB nach h.M. nicht anwendbar.

**Voraussetzungen des § 176 Abs. 1 HGB**
- Bestehen einer KG, die ein Handelsgewerbe betreibt (§ 123 Abs. 2 HGB)
- Geschäftsbeginn vor Eintragung des Kommanditisten
- In Anspruch Genommener muss Kommanditist sein und dem Geschäftsbeginn zugestimmt haben
- Beteiligung als Kommanditist dem Gläubiger nicht bekannt

**Voraussetzungen des § 176 Abs. 2 HGB** (Eintritt als Kommanditist in bestehende Gesellschaft)
- Handelsgesellschaft (OHG oder KG)
- Eintritt als Kommanditist
- Geschäfte in der Zeit zwischen Eintritt und Eintragung; Zustimmung des Kommanditisten nicht erforderlich
- Beteiligung als Kommanditist dem Gläubiger nicht bekannt

### Haftung in der „Schein-KG"

Ist die Gesellschaft als KG eingetragen, in Wahrheit aber eine GbR, haftet der Kommanditist als Gesellschafter der GbR beschränkt in dem Umfang, wie er sich aus den §§ 171, 172 HGB ergeben würde.

Ist die Gesellschaft nicht als KG eingetragen, haftet der Kommanditist unbeschränkt (analog § 176 HGB oder als Gesellschafter einer GbR).

## IV. Haftungsbeschränkungen zum Schutz von Minderjährigen bei Erwerb der Volljährigkeit

Minderjährige können mit Mitwirkung der Eltern (Zustimmung zum Handeln des Minderjährigen oder Vertretung) und Genehmigung des Familiengerichts gemäß §§ 1643 Abs. 1, 1822 Nr. 3 BGB oder durch Erbfolge Gesellschafter werden. Zum Schutz des Minderjährigen ist die Regelung des § 1629a BGB in das BGB eingefügt worden. Danach beschränkt sich die Haftung für die vor Eintritt der Volljährigkeit begründeten Verbindlichkeiten auf den Bestand des bei Eintritt der Volljährigkeit vorhandenen Vermögens. Die Haftungsbeschränkung ist durch Erhebung der Dürftigkeitseinrede entsprechend §§ 1990, 1991 BGB geltend zu machen.[242]

**152**

Der volljährig Gewordene hat weiterhin ein **Kündigungsrecht** gemäß § 723 Abs. 1 S. 3 Nr. 2 BGB.

## D. Die Ansprüche gegen Dritte und ihre Geltendmachung

## I. Anspruchsberechtigung

Anspruchsberechtigt bei den Personenhandelsgesellschaften (OHG, KG) ist nach § 124 Abs. 1 (i.V.m. § 161 Abs. 2) HGB die Gesellschaft selbst. Auch bei der GbR ist die Gesellschaft selbst Gläubigerin.

**153**

## II. Gerichtliche Geltendmachung der Ansprüche gegen die Gesellschaft

Gerichtlich geltend gemacht werden die Ansprüche grundsätzlich von dem(n) zur Vertretung berechtigten Gesellschafter(n) durch Klage im Namen der OHG, KG bzw. der GbR auf Leistung an diese:

**154**

- Kläger bei der OHG, KG ist gemäß § 124 Abs. 1 (i.V.m. § 161 Abs. 2) HGB die Gesellschaft selbst, vertreten durch den oder die vertretungsberechtigten Gesellschafter.

- Auch die GbR ist aktiv parteifähig.[243]

Wenn sich ein vertretungsberechtigter Gesellschafter weigert, einen Anspruch der Gesellschaft gegen einen Dritten geltend zu machen, stellt sich die Frage, ob dann die nicht zur Vertretung befugten Gesellschafter diesen Anspruch im eigenen Namen gerichtlich verfolgen können.

### Fall 13: Drohende Verjährung

A und B sind Gesellschafter einer GbR. Nach dem Gesellschaftsvertrag ist A allein zur Vertretung der Gesellschaft berechtigt. Die Gesellschaft hat eine Forderung gegen D. A weigert sich jedoch, diese geltend zu machen. Kurz vor Ablauf der Verjährungsfrist überlegt B, ob er selbst gegen D klagen kann.

---

242 Eckebrecht MDR 1999, 1248; Haertlein JA 2000, 982, 986; Grunewald ZIP 1999, 597, 599.

243 BGH, Urt. v. 29.01.2001 – II ZR 331/00, BGHZ 146, 341.

**155**  A. Wenn die Gesellschafter als Gesamtgläubiger i.S.d. § 428 BGB anzusehen wären, könnte jeder von ihnen im eigenen Namen die gesamte Forderung geltend machen und Zahlung an sich selbst verlangen. Eine Gesamtgläubigerschaft bedarf jedoch einer Begründung durch das Gesetz oder durch eine vertragliche Regelung, bei der der Schuldner mitwirken muss. Kraft Gesetzes sind Gesellschafter einer GbR nicht Gesamtgläubiger. Die Forderungen fallen vielmehr gemäß § 718 Abs. 1 BGB in das gesamthänderisch gebundene Gesellschaftsvermögen. Da auch eine vertragliche Vereinbarung fehlt, kann B die Forderung nicht als Gesamtgläubiger geltend machen.

In der Literatur wird vertreten, dass die Honorarforderungen einer Sozietät den beteiligten Anwälten als Gesamtgläubigern i.S.d. § 428 BGB zuständen. Diese Ansicht hat der BGH abgelehnt.[244]

B. Da sich die Forderung im Gesellschaftsvermögen befindet, kommt eine Klage im Namen der Gesellschaft in Betracht. Nach dem Gesellschaftsvertrag ist jedoch nur A zur Vertretung berechtigt. Eine von B erhobene Klage wäre daher mangels ordnungsgemäßer Prozessvertretung unzulässig.

B könnte von A aus dem Gesellschaftsverhältnis (Geschäftsführungs- und Treuepflicht) Erhebung der Klage verlangen und diesen Anspruch auch klageweise geltend machen (Vollstreckung nach § 894 ZPO, weil Anspruch auf Abgabe einer Willenserklärung gerichtet). Doch würde ein solcher Prozess die Angelegenheit derart verzögern, dass in der Zwischenzeit die Verjährungsfrist abliefe.

**156**  C. Möglicherweise kann B Klage im eigenen Namen auf Leistung an die Gesellschaft erheben.

In diesem Prozess würde B ein im Gesellschaftsvermögen stehendes Recht in eigenem Namen geltend machen. Da es sich zumindest teilweise um ein fremdes Recht handelt, ist die Klage nur zulässig, wenn B insoweit prozessführungsbefugt ist.

I. Im Wege der actio pro socio kann ein Gesellschafter Ansprüche der Gesellschaft gegen einen anderen Gesellschafter (Sozialansprüche) geltend machen. Hier handelt es sich aber nicht um einen Anspruch gegen einen Gesellschafter, sondern um einen Anspruch gegen einen Dritten.

Zur actio pro socio vgl. unten Rn. 167.

**157**  II. Die Prozessführungsbefugnis des B könnte sich aus einer entsprechenden Anwendung des § 744 Abs. 2 BGB ergeben. Fraglich ist allerdings, ob diese für die Bruchteilsgemeinschaft geltende Vorschrift für die Personengesellschaft überhaupt anwendbar ist.

1. Teilweise wird eine Anwendung des § 744 Abs. 2 BGB für die Gesellschaften abgelehnt. Ein danach bestehendes Notgeschäftsführungsrecht sei mit den in einer Gesellschaft bestehenden Regeln über die Geschäftsführung und Vertretung unvereinbar.[245]

2. Nach h.M. ist § 744 Abs. 2 BGB auch bei Personengesellschaften anwendbar.[246] Dies kann man damit begründen, dass innerhalb einer Gesellschaft

---

244  BGH NJW 1996, 2859.

245  Erman/Aderhold § 744 Rn. 9; MünchKomm-BGB/K. Schmidt §§ 744, 745 Rn. 41.

246  BGH, Urt. v. 19.06.2008 – III ZR 46/06, Rn. 36, WM 2008, 1552; MünchKomm-BGB/Schäfer § 709 Rn. 21; BeckOK-BGB/Schöne § 705 Rn. 131; Palandt/Sprau Vorb v §§ 709 Rn. 6.

zwar Regeln über die Geschäftsführung bestehen, aber die Ausnahmefälle einer Notgeschäftsführung nicht berücksichtigt sind.

Erforderlich ist allerdings, dass das Einklagen der Forderung eine Maßnahme ist, die zur Erhaltung eines zur Gemeinschaft gehörenden Gegenstandes erforderlich ist.

Hier könnte die klageweise Geltendmachung zur Erhaltung der Forderung erforderlich sein. Zu berücksichtigen ist aber, dass B den A rechtzeitig auf Erhebung der Klage hätte verklagen können (s.o. B.). Die drohende Verjährung rechtfertigt daher kein Notgeschäftsführungsrecht aus § 744 Abs. 2 BGB.[247]

III. Nach ständiger Rechtsprechung ist die Prozessführungsbefugnis einzelner Gesellschafter auch dann zu bejahen, **158**

- wenn der klagende Gesellschafter ein berechtigtes Interesse an der Geltendmachung der Forderung in eigenem Namen hat,

- eine Klage im Namen der Gesellschaft aus gesellschaftswidrigen Gründen unterblieben ist

- und der verklagte Gesellschaftsschuldner an dem gesellschaftswidrigen Verhalten des die Gesellschaftsklage ablehnenden Mitgesellschafters beteiligt ist.[248]

*Diese Fallgruppe wurde früher auf eine analoge Anwendung des § 432 BGB gestützt. Gegen eine analoge Anwendung spricht aber, dass § 432 BGB voraussetzt, dass mehrere eine Leistung zu fordern haben. Die Gesellschaftsforderung steht aber nur der Gesellschaft zu. § 432 BGB (analog) wird vom BGH daher nicht mehr zitiert.*

Nach dem Sachverhalt ist nicht sicher, ob A die Geltendmachung der Forderung aus gesellschaftswidrigen Gründen verweigert. Es können auch für die Gesellschaft sinnvolle Gründe gegen eine Klage sprechen, beispielsweise das Prozessrisiko oder ansonsten gute Geschäftsbeziehungen zu dem D. Jedenfalls lässt sich nicht feststellen, dass D an einem etwaigen gesellschaftswidrigen Verhalten des A beteiligt ist. B ist nicht prozessführungsbefugt.

---

Fraglich ist, ob in einem Prozess der Gesellschaft die Gesellschafter als Zeugen (§§ 373 ff. ZPO) oder als Partei (§§ 445 ff. ZPO) benannt und vernommen werden können. Die h.M. macht dies von der jeweiligen Vertretungsbefugnis abhängig. Die organschaftlichen Vertreter der Gesellschaft können hiernach nur als Partei vernommen werden, die sonstigen Gesellschafter dagegen als Zeugen.[249] Eine Ausnahme gilt nur für den Fall, dass diese mit der Gesellschaft gemeinsam verklagt wurden.[250] **159**

---

247  BGHZ 39, 14, 21; OLG Dresden NZG 2000, 248, 250.
248  BGH, Urt. v. 19.06.2008 – III ZR 46/06, Rn. 37, WM 2008, 1552.
249  K. Schmidt § 46 II 3.
250  Baumbach/Hopt § 124 Rn. 43; BGHZ 42, 230.

**Beispiel:** Ein OHG-Gesellschafter kann dementsprechend im Prozess gegen die OHG grundsätzlich nur als Partei vernommen werden, weil er gemäß § 125 Abs. 1 HGB zur Einzelvertretung berechtigt ist. Nur wenn er von der Vertretung ausgeschlossen ist, kann er im Prozess gegen die OHG als Zeuge vernommen werden. Dies ist aber wiederum dann ausgeschlossen, wenn er selbst gemeinsam mit der OHG verklagt wurde.

## III. Gerichtliche Geltendmachung der Ansprüche gegen die Gesellschafter

160   Bei einer persönlichen Gesellschafterhaftung nach § 128 HGB (bzw. § 128 HGB analog) besteht ein Bedürfnis des jeweiligen Gläubigers, neben der Gesellschaft auch die einzelnen persönlich haftenden Gesellschafter zu verklagen. Das ist insbesondere dann angebracht, wenn das Risiko besteht, dass überhaupt kein Gesellschaftsvermögen mehr vorhanden ist. So bleiben dem Gläubiger noch die Titel gegen die jeweiligen Gesellschafter. Nach der h.M. bilden die Gesellschaft und die persönlich haftenden Gesellschafter eine einfache Streitgenossenschaft i.S.d. §§ 59 ff. ZPO mit der Wirkung, dass die Handlungen des einen Streitgenossen dem anderen grundsätzlich weder zum Vorteil noch zum Nachteil gereichen, § 61 ZPO.[251] Entscheidungen des Gerichts können trotz des Grundsatzes der Akzessorietät unterschiedlich ausfallen.

**Beispiel:** Trotz Verurteilung der Gesellschaft kann die Klage gegen den Gesellschafter abgewiesen werden, wenn dieser persönliche Einwendungen gegen den geltend gemachten Anspruch nach § 129 Abs. 1 HGB erhebt.

Die einzelnen Gesellschafter untereinander stellen nach allgemeiner Ansicht ebenfalls eine einfache Streitgenossenschaft dar, weil sie gemäß §§ 421 ff. BGB als Gesamtschuldner haften.

Wird einer Klage gegen die Gesellschaft rechtskräftig stattgegeben, würde die Rechtskraft grundsätzlich nicht zulasten des Gesellschafters gehen, weil nach § 325 Abs. 1 ZPO das rechtskräftige Urteil nur zwischen den Parteien des Prozesses gilt (inter partes-Wirkung). Allerdings bestimmt § 129 Abs. 1 HGB, dass sich die Rechtskraft des Urteils gegen die Gesellschaft auch auf die persönlich haftenden Gesellschafter bezieht, indem diese nicht mehr die Einwendungen geltend machen können, die der Gesellschaft durch die Rechtskraft abgeschnitten sind. Das Bestehen der Verbindlichkeit kann der Gesellschafter dann nicht mehr bestreiten. Er kann bei seiner eigenen Inanspruchnahme nur noch die ihm persönlich zustehenden Einwendungen geltend machen.[252]

Wird die Klage gegen die Gesellschaft rechtskräftig abgewiesen, kann sich der Gesellschafter gemäß dem Akzessorietätsgrundsatz auf die Rechtskraft berufen.

## 3. Abschnitt: Das Innenverhältnis

161   Mit dem Abschluss des Gesellschaftsvertrages entstehen zwischen den Beteiligten schuldrechtliche **Rechte und Pflichten**. Die Gesellschafter müssen ihre Beiträge erbringen, es besteht eine allgemeine gesellschaftliche Treuepflicht, die geschäftsführenden Gesellschafter haben das Recht und die Pflicht zur Geschäftsführung usw.

---

251   Röhricht/v.Westphalen/v.Gerkan § 128 Rn. 6; Zöller/Vollkommer § 60 Rn. 5.

252   Zöller/Vollkommer § 325 Rn. 35.

Über die **interne Willensbildung** in der Gesellschaft durch Beschlussfassung enthält das Gesetz nur rudimentäre Regelungen. Insbesondere ist nicht geregelt, ob und wie eine Gesellschafterversammlung durchzuführen ist.

Das **Gesellschaftsvermögen** stellt die „dingliche Seite" der Mitgliedschaft in einer Gesellschaft dar.

## A. Die Rechte und Pflichten der Gesellschafter

Die Rechtsbeziehungen im Innenverhältnis zwischen der Gesellschaft und den Gesell- **162** schaftern sowie zwischen den Gesellschaftern untereinander richten sich in erster Linie nach dem Gesellschaftsvertrag. Soweit dort keine Regelung getroffen ist, greifen die gesetzlichen Regeln ein:

- Für die GbR, aber auch in weitem Umfang für die OHG und KG gelten die §§ 705 ff. BGB.

- Für die OHG und KG gelten ergänzend und teilweise überlagernd die Sonderregeln in den §§ 109–122 (§§ 163–169) HGB.

## I. Rechte und Pflichten der Gesellschafter aus den §§ 705 ff. BGB

Die Rechte und Pflichten der Gesellschafter im Einzelnen: **163**

- Der Gesellschafter ist zur Leistung der Beiträge verpflichtet.

- Er muss die allgemeine gesellschaftliche Treuepflicht beachten.

- Geschäftsführende Gesellschafter haben das Recht und die Pflicht zur Geschäftsführung.

- Die Gesellschafter haben Mitverwaltungsrechte, insbesondere das Stimmrecht bei der Beschlussfassung.

- Von erheblicher Bedeutung ist das Informationsrecht des Gesellschafters.

- Die Gesellschafter sind am Gewinn und Verlust beteiligt.

- Bei Aufwendungen für die Gesellschaft oder Schädigungen entstehen Ausgleichs- und Ersatzansprüche.

Die Rechte der Gesellschafter sind grundsätzlich nicht übertragbar. Die Mitgliedschaft **164** bildet eine Einheit, von der nicht einzelne Befugnisse abgetrennt werden können (Abspaltungsverbot). Diese in § 717 S. 1 BGB getroffene Regelung ist zwingend.[253] Etwas anderes gilt für die Überlassung einzelner Mitgliedschaftsrechte an Dritte lediglich zur Ausübung. Sie setzt das Einverständnis aller Mitgesellschafter voraus und darf nicht unwiderruflich erfolgen. Dies gilt auch für die Erteilung einer Vollmacht zur Ausübung von Mitgliedschaftsrechten. Eine Ausnahme gilt für Ansprüche vermögensrechtlicher Art, deren Abtretung das Gesellschaftsverhältnis selbst nicht berührt, insbesondere reine Geldansprüche.

---

253  Ganz h.M., MünchKomm-BGB/Schäfer § 717 Rn. 7.

**Beispiele:** Ersatz von Auslagen, Ansprüche auf den Gewinnanteil und auf das Auseinandersetzungsguthaben (§ 717 S. 2 BGB).

Die Rechte und Pflichten bestehen nicht nur zwischen den Gesellschaftern, sondern auch zwischen der Gesellschaft und den einzelnen Gesellschaftern, sodass Ansprüche nicht nur zwischen den Gesellschaftern, sondern auch zwischen der Gesellschaft und den Gesellschaftern bestehen.

Bevor auf die einzelnen Rechte und Pflichten eingegangen wird, soll zunächst die Anspruchssituation dargestellt werden.

## 1. Ansprüche aus den Rechten und Pflichten der Gesellschafter

**165** In einem Zweipersonenverhältnis ist das Bestehen von Rechten und Pflichten in aller Regel mit einer eindeutigen Anspruchssituation verbunden. Der Berechtigte ist Anspruchsinhaber, der Verpflichtete Anspruchsgegner. Bei einer Gesellschaft entstehen aber nicht nur Rechtsbeziehungen zwischen zwei Personen, auch die Gesellschaft (die Gesellschafter in ihrer gesamthänderischen Verbundenheit) ist Zuordnungssubjekt von Rechten und Pflichten.

Es muss zwischen folgenden Ansprüchen unterschieden werden:

- Ansprüche der Gesellschaft gegen den einzelnen Gesellschafter (Sozialansprüche),

  **Beispiele:** Anspruch auf Beitragsleistung, Erfüllung der Geschäftsführungspflicht, Einhaltung der Treuepflicht, Schadensersatz bei Verletzung dieser Pflichten.

- Ansprüche des einzelnen Gesellschafters gegen die Gesellschaft sowie die sich dabei unter Umständen ergebenden Ausgleichsansprüche gegen die übrigen Gesellschafter (Sozialverpflichtungen).

  **Beispiele:** Anspruch auf Gewinnauszahlung, Erstattung der Aufwendungen, Beachtung des Stimmrechts.

- Ansprüche der einzelnen Gesellschafter untereinander (Individualansprüche und Individualverpflichtungen).

  **Beispiele:** Ausgleichsansprüche sowie Ansprüche wegen Verletzung der gesellschaftlichen Treuepflicht. Ob die Sozialansprüche zugleich auch Individualansprüche sind, ist umstritten (vgl. unten).

- Gesellschafter können der Gesellschaft auch wie Dritte, d.h. nicht in ihrer Eigenschaft als Gesellschafter, gegenüberstehen (Drittbeziehungen),

  **Beispiele:** Kauf-, Miet- o. Werkverträge des Gesellschafters mit der Gesellschaft.

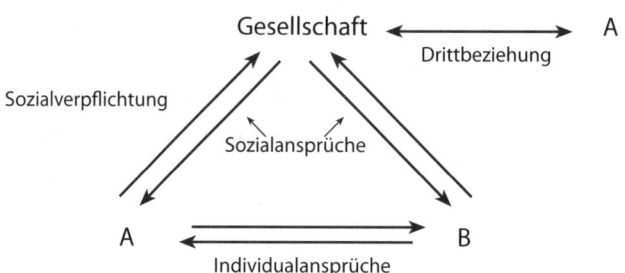

## a) Die Geltendmachung von Sozialansprüchen

**aa)** Sozialansprüche sind grundsätzlich von der Gesellschaft geltend zu machen, d.h. die **166**
vertretungsberechtigten und geschäftsführungsbefugten Gesellschafter machen die
Ansprüche im Namen der Gesellschaft geltend.

Da es sich um einen aus dem Innenverhältnis abgeleiteten Anspruch handelt, kommt es also über die
Vertretungsmacht hinaus auch auf die Geschäftsführungsbefugnis an. Besteht gemeinschaftliche Ge-
schäftsführungs- und Vertretungsbefugnis, so genügt es für die Klage gegen den Gesellschafter, wenn
die Übrigen der Klage zustimmen und die Gesellschaft vor Gericht vertreten.[254] Klageziel ist Leistung
an die Gesellschaft.

**bb)** Sozialansprüche können jedoch auch durch einen einzelnen Gesellschafter im eige- **167**
nen Namen klageweise geltend gemacht werden **(actio pro socio)**. Es besteht allerdings die Gefahr, dass diese Klage mit der Geschäftsführung in Widerspruch gerät. Die
Zulässigkeitsvoraussetzungen der actio pro socio und ihre dogmatische Begründung
sind umstritten.

**(1)** Nach der früher h.M. handelt es sich bei den Sozialansprüchen nicht nur um Ansprüche, die allein der Gesellschaft zustehen. Vielmehr sind die Leistungen aus dem Gesellschaftsvertrag auch jedem einzelnen Gesellschafter versprochen; die Gesellschafter haben sich „gegenseitig" zur Förderung eines gemeinsamen Zwecks verpflichtet (§ 705
BGB). Sozialansprüche seien danach gleichzeitig auch Individualansprüche des einzelnen Gesellschafters. Der Gesellschafter mache mit der actio pro socio (auch) ein eigenes
Recht geltend.[255]

**(2)** Nachdem die Rechtsfähigkeit der Personengesellschaften einschließlich der GbR anerkannt ist, hat sich die Ansicht durchgesetzt, dass die Sozialansprüche nur der Gesellschaft selbst zustehen. Im Gesellschaftsvertrag verpflichtet sich der Gesellschafter nur
zur Förderung des Gesellschaftszwecks, nicht aber zur Erfüllung sämtlicher Sozialansprüche. Wenn ein Gesellschafter Sozialansprüche einklagt, macht er einen fremden
Anspruch – den der Gesellschaft – im eigenen Namen geltend. Die Klage ist nur zulässig,
wenn der Kläger die Gründe für die Notwendigkeit der Klageerhebung im eigenen Namen darlegt.[256] Der klagende Gesellschafter muss vortragen, dass die Aufforderung an
die vertretungsberechtigten Gesellschafter, den Anspruch geltend zu machen, entweder erfolglos oder nicht erfolgversprechend gewesen sei.[257]

Materiellrechtlich kann der in Anspruch Genommene gemäß § 242 BGB einwenden,
dass die Geltendmachung gegen die gesellschaftliche Treuepflicht verstoße oder die interne Organisationsregelung der Geschäftsführung missachte.[258]

254  BGH WM 1983, 60.

255  BGHZ 25, 47, 49; Windbichler § 7 Rn. 6; Höfler JuS 1992, 388, 391.

256  Staub/Schäfer § 105 Rn. 256; MünchKomm-BGB/Ulmer/Schäfer § 705 Rn. 204 ff.; 210; K. Schmidt § 21 IV 4; Grunewald § 1
      Rn. 64; BeckOK-BGB/Schöne § 705 Rn. 117.

257  Staub/Schäfer § 105 Rn. 265.

258  BGH, Beschl. v. 26.04.2010 – II ZR 69/09, DB 2010, 1400, RÜ 2010, 497.

### b) Anwendbarkeit der Regeln des Schuldrechts, insbesondere der §§ 320 ff. BGB

**168** Die §§ 241 ff. BGB – insbesondere §§ 275 ff. BGB –, die auch für einseitige Verpflichtungen gelten, sind grundsätzlich auch auf die gesellschaftsrechtlichen Einzelverpflichtungen anwendbar.

**Beispiel:** Der Gesellschafter, der als Beitrag die Übertragung eines Wagens schuldet, muss im Falle fehlender Vereinbarung den Wagen am Wohnsitz (§ 269 BGB) sofort (§ 271 BGB) übereignen. Wird der Wagen vor der Übereignung zerstört, so wird der Gesellschafter gemäß § 275 Abs. 1 BGB von seiner Leistungspflicht befreit. Leistet er verspätet, so muss er ggf. nach §§ 280 Abs. 1 u. 2, 286 BGB den Verzögerungsschaden ersetzen.

**169** Gegen die Anwendung der §§ 320 ff. BGB auf die Verpflichtungen aus dem Gesellschaftsverhältnis bestehen jedoch Bedenken: Der Gesellschaftsvertrag ist zwar insofern ein gegenseitig verpflichtender Vertrag, als sich jeder Gesellschafter zur Förderung des Gesellschaftszwecks nur deshalb bereit erklärt, weil auch der andere diese Pflicht übernimmt. Im Gegensatz zum zweiseitigen Austauschvertrag, auf den die §§ 320 ff. BGB zugeschnitten sind, bestehen jedoch Besonderheiten: Zum einen wollen die Gesellschafter keinen Austausch von zwei Leistungen, sondern durch die Leistungen den gemeinsamen Zweck fördern. Die zur Zweckerreichung erforderlichen Leistungen kann die Gesellschaft (die Gesellschafter in ihrer gesamthänderischen Bindung) als Sozialanspruch von jedem einzelnen Gesellschafter verlangen. Auf dieses mehrseitige Verhältnis von Sozialansprüchen, Sozialverpflichtungen und Individualverpflichtungen sind die §§ 320 ff. BGB nicht zugeschnitten.

**170** **aa)** Nach der ganz h.M. sind die §§ 320–326 BGB jedenfalls insoweit unanwendbar, als es um den Bestand des Gesellschaftsverhältnisses, also insbesondere um die Rücktrittsbestimmungen geht. Für den Fortbestand oder die Abwicklung des Gesellschaftsverhältnisses sind die §§ 723 ff. BGB bzw. die §§ 131 ff. HGB jedenfalls Sondervorschriften. Die Anwendung der §§ 323–326 BGB mit der Rechtsfolge des Rücktritts scheidet daher aus.[259]

**171** **bb)** Umstritten ist die Anwendung des § 320 BGB auf die Beitragsleistung.

**Beispiel:** A, B, C und D sind Gesellschafter einer GbR. Als B von dem allein geschäftsführungsbefugten A auf Leistung des vereinbarten Beitrags von 5.000 € in Anspruch genommen wird, verweist er darauf, dass auch C und D ihre Beiträge noch nicht erbracht haben.

**I.** Einrede des § 320 BGB

**1.** Teilweise wird die Anwendung des § 320 BGB für die Gesellschaft insgesamt abgelehnt.[260]

**2.** Nach der ganz h.M. ist § 320 BGB nur bei einer zweigliedrigen Gesellschaft anwendbar.[261] Könnte sich bei einer mehrgliedrigen Gesellschaft ein Gesellschafter darauf berufen, dass auch nur einer der anderen Gesellschafter noch nicht erfüllt habe, so hätte es jeder einzelne Gesellschafter in der Hand, die Erfüllung des Vertrages unmöglich zu machen und die schon nach außen in den Rechtsverkehr getretene Gesellschaft lahmzulegen. Bei einer zweigliedrigen Gesellschaft besteht diese die Anwendung des § 320 BGB hindernde Interessenlage nicht.

---

259  OLG München ZIP 2000, 2255, 2256.
260  Staudinger/Habermeier § 706 Rn. 24.
261  Windbichler § 6 Rn. 4; Palandt/Sprau § 705 Rn. 13; MünchKomm-BGB/Ulmer/Schäfer § 705 Rn. 169.

Hier handelt es sich um eine mehrgliedrige Gesellschaft, sodass nach dieser Ansicht B nicht die Einrede aus § 320 BGB geltend machen kann.

**3.** Nach teilweise vertretener Ansicht kommt auch bei mehrgliedrigen Gesellschaften eine Anwendung des § 320 BGB für die Beitragsleistung in Betracht.[262] Im Gegenseitigkeitsverhältnis stehen danach aber nur die Ansprüche zwischen der Gesellschaft und den Gesellschaftern, d.h. der Anspruch auf Beitragsleistung und der Anspruch auf Gewinnausschüttung. Dabei ist zu beachten, dass der Gesellschafter in der Regel vorleistungspflichtig sein wird, da ein Gewinn zumeist erst erzielt werden kann, wenn die Beiträge geleistet sind. Im Verhältnis zwischen den Gesellschaftern ist § 320 BGB auch nach dieser Ansicht unanwendbar. Ein Gesellschafter kann sich nicht darauf berufen, dass ein anderer Gesellschafter die Leistung noch nicht erbracht hat. Auch nach dieser Ansicht scheidet § 320 BGB aus.

**II.** Wird ohne sachlich vertretbaren Grund die Einlage von einem Gesellschafter gefordert, von einem anderen aber nicht, so kann der in Anspruch Genommene einwenden, dass das Verlangen gegen den Grundsatz der Gleichbehandlung der Gesellschafter verstößt. Dieser Einwand führt aber im Gegensatz zu der Einrede des § 320 BGB im Prozess nicht zu einer Zug-um-Zug-Verurteilung; er entfällt vielmehr schon dann, wenn auch der andere Gesellschafter in Anspruch genommen wird.

## 2. Die Pflicht zur Erbringung der Beiträge

Das Recht der Gesellschaft, vom einzelnen Gesellschafter Zahlung der Beiträge zu verlangen, ergibt sich aus § 705 BGB. Beiträge sind die Leistungen, die die Gesellschafter im Gesellschaftsvertrag versprechen, um den Gesellschaftszweck zu fördern. Die Beitragspflicht ist danach konkretisierte Mitwirkungspflicht. Unter Beiträgen i.S.d. § 705 BGB sind vermögenswerte Leistungen zu verstehen, die dem Gesellschaftsvermögen zufließen sollen. Darunter fällt jedes den Gesellschaftszweck fördernde Tun oder Unterlassen, sofern diese Handlung einen Vermögenswert darstellt (beispielsweise auch: Unterlassen von Wettbewerb).[263] **172**

Die Abänderung (insbesondere **Erhöhung**) der Beiträge ist eine Abänderung des Gesellschaftsvertrages. Daher ist in § 707 BGB bestimmt, dass die Gesellschafter zur Erhöhung der vereinbarten Beiträge sowie zur Ergänzung der durch Verlust verminderten Einlagen nicht verpflichtet sind. Eine Beitragserhöhung gegen den Willen eines Gesellschafters ist demnach nicht möglich. Von dieser Regelung kann im Gesellschaftsvertrag dergestalt abgewichen werden, dass die Entscheidung über eine Beitragserhöhung einem **Mehrheitsbeschluss** vorbehalten wird. Durch die besondere Erwähnung des ohnehin für Vertragsänderungen grundsätzlich geltenden Einstimmigkeitsprinzips in § 707 BGB wird deutlich, dass an eine solche Mehrheitsklausel strenge Anforderungen zu stellen sind. Es kann insofern von einem qualifizierten **Bestimmtheitsgrundsatz** gesprochen werden. Aus dem Gesellschaftsvertrag muss nicht allein die Möglichkeit einer Beitragserhöhung durch Mehrheitsbeschluss, sondern auch eine Obergrenze oder sonstige Kriterien zur Eingrenzung der Erhöhungsrisiken hervorgehen.[264] **173**

---

262 Erman/Westermann § 705 Rn. 43.

263 MünchKomm-BGB/Schäfer § 706 Rn. 2; K. Schmidt § 20 II 2 a.

264 BGH, Urt. v. 23.01.2006 – II ZR 306/04, WM 2006, 577; BGH, Urt. v. 03.12.2007 – II ZR 37/07, Rn. 5, WM 2008, 737; MünchKomm-BGB/Schäfer § 707 Rn. 3.

### 3. Die Treuepflicht der Gesellschafter

**174**  Da die GbR eine Personengemeinschaft ist, besteht bei ihr zwischen den Beteiligten eine stärkere persönliche Bindung als bei einfachen Schuldverhältnissen. Deshalb wird das Verhältnis der Gesellschafter zueinander von dem Grundsatz gegenseitiger Treue beherrscht, d.h. es gilt für alle Gesellschafter eine allgemeine Treuepflicht. Aus ihr ergibt sich positiv die Pflicht, die Interessen der Gesellschaft wahrzunehmen, und negativ die Pflicht, alles zu unterlassen, was die Interessen schädigt.[265] Die Treuepflicht besteht nicht nur im Verhältnis des Gesellschafters zur Gesellschaft, sondern auch in dem Verhältnis zu den Mitgesellschaftern.

Umstritten, aber im Ergebnis bedeutungslos ist die Frage, ob sich die Treuepflicht aus dem Gesellschaftsvertrag[266] oder aus § 242 BGB[267] ergibt.

**175**  Inhalt und Umfang der Treuepflicht lassen sich nicht abschließend bestimmen. Sie sind von der konkreten Ausgestaltung des Gesellschaftsverhältnisses und der jeweiligen Situation abhängig. Als Konkretisierungen der Treuepflicht sind insbesondere folgende Pflichten und Schranken der Rechtsausübung zu nennen:

- Aus der Treuepflicht kann sich ein Wettbewerbsverbot für die Gesellschafter ergeben.

  Das Wettbewerbsverbot aus § 112 HGB für die Gesellschafter einer Personenhandelsgesellschaft ist eine Konkretisierung der Treuepflicht (vgl. dazu unten Rn. 193 f.).

  Für die GbR fehlt eine dem § 112 HGB entsprechende ausdrückliche Regelung. Der Gesellschafter einer GbR kann jedoch aufgrund der allgemeinen Treuepflicht zum Unterlassen des Wettbewerbs verpflichtet sein.[268]

- Der geschäftsführende Gesellschafter ist in besonderem Maße gehalten, bei der Geschäftsführung die Interessen der Gesellschaft zu wahren und nicht eigene Interessen in den Vordergrund zu stellen.

  **Beispiel:** Die A-OHG hat ein Betriebsgrundstück gemietet. Als dem geschäftsführenden Gesellschafter das Grundstück zum Kauf angeboten wird, kauft er es für seine Frau.

  Der BGH[269] hat einen Schadensersatzanspruch der OHG gegen den Geschäftsführer aufgrund einer Verletzung der Treuepflicht bejaht: „Der geschäftsführende Gesellschafter muss in allen Angelegenheiten, die das Interesse der Gesellschaft berühren, deren Wohl und nicht seinen eigenen Nutzen oder den Vorteil anderer im Auge haben. Er darf Erwerbschancen nicht für sich, sondern nur für die Gesellschaft ausnutzen und hat ihr, wenn er hiergegen verstößt, einen dadurch entstandenen Schaden zu ersetzen".[270]

- Es kann für einen Gesellschafter die Pflicht bestehen, sein Stimmrecht in einer bestimmten Weise auszuüben.

- Die Treuepflicht kann sogar so weit gehen, dass eine Zustimmungspflicht zur Änderung des Gesellschaftsvertrages besteht (vgl. unten a)).

  Ein Gesellschafter kann aufgrund seiner gesellschaftsrechtlichen Treuepflicht gehalten sein, der von einem Mitgesellschafter aus Alters- oder Krankheitsgründen gewünschten Vorwegnahme einer im

---

265  Windbichler § 7 Rn. 3.

266  MünchKomm-BGB/Ulmer/Schäfer § 705 Rn. 222.

267  Erman/Westermann § 705 Rn. 49.

268  Staudinger/Habermeier § 705 Rn. 52; MünchKomm-BGB/Ulmer/Schäfer § 705 Rn. 223, 235.

269  NJW 1986, 584, 585.

270  Ähnlicher Fall: BGH NJW 1989, 2687.

Gesellschaftsvertrag für den Fall seines Todes getroffenen Nachfolgeregelung zuzustimmen, wenn die Vorsorge für die Zukunft des Gesellschaftsunternehmens dies erfordert.[271]

■ Bei der Geltendmachung von Ansprüchen aus Drittbeziehungen ist der Gesellschafter verpflichtet, auf die Interessen der Gesellschaft und der Mitgesellschafter Rücksicht zu nehmen (vgl. unten b)).

### a) Zustimmung zur Änderung des Gesellschaftsvertrages

Grundsätzlich besteht bei Beschlüssen über eine Änderung des Gesellschaftsvertrages **176** keine Pflicht zur Zustimmung, „weil die Vertragsparteien grundsätzlich auch in dieser Hinsicht die Befugnis haben, ihre Rechtsbeziehungen zueinander frei und nach ihrem eigenen Belieben zu regeln".[272] Ausnahmsweise ergibt sich jedoch aus der Treuepflicht eine Verpflichtung, einer Änderung des Gesellschaftsvertrages zuzustimmen, wenn

■ die Vertragsänderung dringend erforderlich und

■ dem widersprechenden Gesellschafter die Zustimmung auch unter Berücksichtigung seiner eigenen Belange zumutbar ist.[273]

### b) Die Ansprüche aus einer Drittbeziehung

Schließt ein Gesellschafter wie ein Dritter mit der Gesellschaft einen Vertrag (Kauf, Mie- **177** te, Darlehen etc.), dann handelt es sich bei den sich hieraus ergebenden Ansprüchen nicht um solche aus dem Gesellschaftsverhältnis. Anwendung finden grundsätzlich also die allgemeinen Regeln, die für das Außenverhältnis gelten. Gleichwohl ergeben sich aus der gesellschaftlichen Treuepflicht auch hier gewisse Einschränkungen für die Durchsetzung derartiger Ansprüche.

---

**Fall 14: Rücksichtsloser Mitgesellschafter**

Die A & Co. OHG ist in Geldverlegenheit. Daraufhin gewährt A der Gesellschaft ein Darlehen über 120.000 €. Bei Fälligkeit möchte er wissen, inwieweit er die OHG sowie seine Mitgesellschafter B und C auf Rückzahlung in Anspruch nehmen kann.

---

A. Der Anspruch auf Rückzahlung gegen die OHG ist aus § 124 Abs. 1 HGB i.V.m. § 488 **178** Abs. 1 S. 2 BGB begründet und kann in voller Höhe durchgesetzt werden.

Im Einzelfall kann allerdings die Treuepflicht gebieten, auch bei Ansprüchen aus Drittbeziehungen gegen die Gesellschaft Rücksicht auf deren Interessen zu nehmen, insbesondere dann, wenn die Forderung durch Zuwarten mit der Beitreibung nicht gefährdet ist und andererseits durch rücksichtsloses Vorgehen der Gesellschaft erheblicher Schaden droht.[274]

---

271 BGH, Urt. v. 08.11.2004 – II ZR 350/02, BB 2005, 67.

272 BGH LM Nr. 8 zu § 105 HGB.

273 BGHZ 64, 253, 257; BGH NJW 1987, 952 = JZ 1987, 95 mit Anm. Westermann; OLG München NJW-RR 1997, 611; K. Schmidt § 20 IV 2 a.

274 MünchKomm-HGB/K. Schmidt § 105 Rn. 191.

B. Ein Anspruch gegen B und C könnte sich aus § 128 HGB ergeben.

   I. B und C sind Gesellschafter der OHG, die dem A 120.000 € schuldet (s.o.).

   II. § 128 HGB ist unanwendbar bei Sozialverpflichtungen. Hier ergibt sich die Verpflichtung der Gesellschaft jedoch aus einem anderen Rechtsgrund, nämlich aus dem Darlehensvertrag mit A. Verpflichtungen aus einer Drittbeziehung werden behandelt wie solche einem Dritten gegenüber. Demzufolge hat der Gesellschafter-Gläubiger bei einer Drittbeziehung grundsätzlich auch die gleiche Stellung wie jeder andere Gläubiger der Gesellschaft. Insbesondere kann er die anderen Gesellschafter nach § 128 HGB in Anspruch nehmen.

   B und C haften damit grundsätzlich für die Darlehensschuld der OHG nach § 128 HGB als Gesamtschuldner.

   III. Bei der Geltendmachung des Anspruchs gegen seine Mitgesellschafter muss der Gesellschafter-Gläubiger jedoch gewisse Einschränkungen hinnehmen.

**179**    1. Umstritten ist, ob der Gesellschafter-Gläubiger zunächst versuchen muss, eine Befriedigung aus dem Gesellschaftsvermögen zu erlangen, bevor er gegen seine Mitgesellschafter vorgeht.

   a) Teilweise wird vertreten, der Gesellschafter-Gläubiger könne nicht auf die vorrangige Inanspruchnahme des Gesellschaftsvermögens verwiesen werden.[275]

   b) Überwiegend wird von der **Subsidiarität** der Gesellschafterhaftung ausgegangen. Danach kann der Gesellschafter-Gläubiger nur gegen seine Mitgesellschafter vorgehen, wenn eine Befriedigung aus dem Gesellschaftsvermögen nicht zu erwarten ist.[276]

   Nach dieser Ansicht müsste A zunächst versuchen, seinen Anspruch gegen die OHG geltend zu machen.

**180**    2. Wenn die Gesellschaft nicht zahlen kann, würden nach dem Wortlaut des § 128 HGB dem A seine Mitgesellschafter auf das Ganze als Gesamtschuldner haften. Auch insoweit sind aber wegen der Gesellschafterstellung des A Einschränkungen zu machen, die im Einzelnen umstritten sind.

   a) Teilweise wird angenommen, die Mitgesellschafter würden dem Gesellschafter-Gläubiger nur **pro rata**, d.h. nur in Höhe des jeweils auf den einzelnen entfallenden Verlustanteils haften.[277]

   Befriedigt ein Gesellschafter einen Dritten, so kann er Regress von seinen Mitgesellschaftern nur pro rata verlangen (vgl. unten Rn. 216). Der Gesellschafter-Gläubiger solle nicht besser stehen als ein Gesellschafter im Regressfall. Überdies solle ein weiterer Regress zwischen den Mitgesellschaftern vermieden werden.

---

275  MünchKomm-BGB/Ulmer/Schäfer § 705 Rn. 220; Staudinger/Habermeier § 705 Rn. 43.

276  Windbichler § 15 Rn. 29; Staub/Habersack § 128 Rn. 26; K. Schmidt § 49 I 2 b.

277  MünchKomm-HGB/K. Schmidt § 128 Rn. 18.

Geht man hier von einer gleichen Verlustbeteiligung aus, so würde danach A von B und C jeweils nur deren Verlustanteil (40.000 €) verlangen können.

b) Nach der h.M. muss sich der Gesellschafter-Gläubiger lediglich seinen eigenen **Verlustanteil** abziehen lassen.[278]

Danach kann A – eine gleiche Verlustbeteiligung unterstellt – von seinen Mitgesellschaftern 80.000 € (120.000 € Darlehensschuld abzüglich 40.000 € eigener Verlustanteil) verlangen, wobei B und C als Gesamtschuldner haften.

---

## 4. Das Recht und die Pflicht zur Geschäftsführung

Für die GbR ist die Geschäftsführung in den §§ 709–713 BGB geregelt. Die §§ 114–117, 164 HGB enthalten Regelungen über die Geschäftsführung in den Personenhandelsgesellschaften.[279]    **181**

**a)** Als **Geschäftsführung** bezeichnet man die auf die Verfolgung des Gesellschaftszwecks gerichtete Tätigkeit für die Gesellschaft. Der Begriff ist im weitesten Sinn zu verstehen. Die Geschäftsführung umfasst damit nicht nur den Abschluss von Rechtsgeschäften, sondern auch Verrichtungen tatsächlicher Art. Nicht zur Geschäftsführung gehören dagegen die **Grundlagengeschäfte**, d.h. die Maßnahmen, die die Grundlagen der Gesellschaft, insbesondere deren Zusammensetzung und Organisation betreffen.[280] Sie sind der Gestaltung durch die Gesellschafter im Rahmen des Gesellschaftsvertrages vorbehalten.    **182**

Grundlagengeschäfte sind beispielsweise: Bestimmungen über Gegenstand und Änderung des Gesellschaftszwecks; Beitragserhöhungen; Wechsel im Gesellschafterbestand; Regelung der Geschäftsführungs- und Vertretungsbefugnis. Die Aufstellung der Jahresbilanz ist eine Geschäftsführungsmaßnahme, die Feststellung der Bilanz ein Grundlagengeschäft.[281]

Ein und dieselbe Handlung kann sich gleichzeitig als ein Akt der Geschäftsführung und der Vertretung darstellen. Immer dann, wenn zur Durchführung einer Gesellschaftsangelegenheit Rechtsgeschäfte mit Dritten getätigt werden müssen, fallen die Wahrnehmung einer Geschäftsführungsaufgabe und die Vertretung beim Abschluss des Rechtsgeschäfts zusammen. Gleichwohl ist zwischen Geschäftsführung und Vertretung streng zu unterscheiden.

- Die Regeln der Geschäftsführung besagen, was der einzelne Gesellschafter im Verhältnis zu seinen Mitgesellschaftern (Innenverhältnis) vornehmen darf oder muss.

- Die Regeln der Vertretung bestimmen, ob der einzelne Gesellschafter im Verhältnis zu Dritten (Außenverhältnis) wirksam Rechtsgeschäfte für und gegen die Gesellschaft tätigen kann.

---

278  BGH NJW 1983, 749; Erman/Westermann § 705 Rn. 61; MünchKomm-BGB/Ulmer/Schäfer § 705 Rn. 220.

279  Zu Letzteren vgl. unten Rn. 202 ff.

280  jurisPK/Bergmann § 709 Rn. 5.

281  BGH NJW 1996, 1678.

**183** **b)** Wahrnehmung der Geschäftsführungsaufgaben durch die Gesellschafter

**aa)** § 709 BGB geht von dem Grundsatz der gemeinschaftlichen Geschäftsführung aller Gesellschafter der GbR aus. Dabei ist nach § 709 Abs. 1 S. 1 BGB grundsätzlich Einstimmigkeit erforderlich. Diese Art der Geschäftsführung ist vor allem für Gesellschaften mit mehr als zwei Personen umständlich und schwerfällig.

**bb)** Die Gesellschafter können im Gesellschaftsvertrag – oder auch von Fall zu Fall – andere Regelungen der Geschäftsführung treffen.

■ Die Gesamtgeschäftsführungsbefugnis kann modifiziert werden, z.B.:

■ dahingehend, dass statt der in § 709 Abs. 1 S. 1 BGB vorgesehenen Einstimmigkeit Mehrheitsentscheidungen möglich sind. In diesem Fall berechnet sich die Mehrheit gemäß § 709 Abs. 2 BGB im Zweifel nach der Zahl der Gesellschafter. Es kann aber auch bestimmt werden, dass für die Mehrheit die Höhe der Einlagen oder der Kapitalanteile entscheidend sein soll.

■ Mehrere Gesellschafter sind gemeinsam zur Geschäftsführung befugt; andere von der Geschäftsführung ausgeschlossen.

■ Bei einer Aufteilung nach Aufgabenbereichen erledigen mehrere Gesellschafter zusammen bestimmte Aufgaben; für andere Aufgaben sind andere Gesellschafter zuständig.

■ Es kann Alleingeschäftsführungsbefugnis erteilt werden:

■ Nur ein Gesellschafter nimmt die Aufgaben wahr. Die anderen Gesellschafter sind also nicht zur Geschäftsführung berechtigt.

■ Jeder Gesellschafter ist allein geschäftsführungsbefugt. Es sind also mehrere Geschäftsführer nebeneinander vorhanden; jeder kann jede Aufgabe wahrnehmen.

■ Allein- und Gesamtgeschäftsführungsbefugnis können kombiniert werden, z.B. in der Weise, dass bestimmte Geschäfte ein Gesellschafter allein vornehmen darf, während für andere Geschäfte nur mehrere Gesellschafter bzw. alle Gesellschafter gemeinsam geschäftsführungsbefugt sind.

Für die Personenhandelsgesellschaften enthalten die §§ 114–116 HGB eine Regelung in der Weise, dass für gewöhnliche Geschäfte grundsätzlich Alleingeschäftsführungsbefugnis jedes Gesellschafters besteht (§ 114 Abs. 1, § 116 Abs. 1 HGB) und für ungewöhnliche Geschäfte gemäß § 116 Abs. 2 HGB ein Beschluss aller Gesellschafter erforderlich ist (vgl. dazu unten Rn. 202, 205). Der Kommanditist ist nicht geschäftsführungsbefugt (§ 164 HGB).

Bei der Verteilung der Geschäftsführungsaufgaben haben die Gesellschafter praktisch unbegrenzte Gestaltungsfreiheit. Es kann z.B. auch die Geschäftsführung einem Dritten (Nicht-Gesellschafter) übertragen werden. Nach h.M. muss dabei jedoch gewährleistet sein, dass zumindest ein Gesellschafter neben dem Dritten geschäftsführungsbefugt ist (Grundsatz der Selbstorganschaft).

**184** **c)** Soweit eine Gesamtgeschäftsführungsbefugnis besteht, die – wie es auch der Regelfall des § 709 Abs. 1 BGB vorsieht – Einstimmigkeit erfordert, kann jeder einzelne Gesellschafter durch Nichterteilung seiner Zustimmung die Geschäftsführungsmaßnahme blockieren. Es stellt sich daher die Frage, ob und unter welchen Voraussetzungen eine **Pflicht zur Zustimmung** besteht.[282]

**Beispiel:** A, B, C und D sind Gesellschafter einer GbR, deren Zweck die Verwaltung des gemeinsamen Grundbesitzes ist. In einer Gesellschafterversammlung beschließen A, B und C, dass sie eines der Grundstücke zu einem äußerst günstigen (d.h. hohen) Preis verkaufen und mit dem Erlös ein anderes Grundstück bebauen wollen. D ist gegen den Verkauf des Grundstücks. Kann das Grundstück ohne Zustimmung des D verkauft werden?

**I.** Die Geschäftsführungsbefugnis richtet sich mangels einer abweichenden Regelung im Gesellschaftsvertrag nach § 709 Abs. 1 BGB. Danach ist Gesamtgeschäftsführung in der Weise gegeben, dass Einstimmigkeit aller Gesellschafter erforderlich ist. Da die Zustimmung des D fehlt, muss grundsätzlich die Geschäftsführungsmaßnahme unterbleiben. In der Entscheidung, ob er die Zustimmung erteilt oder nicht, ist der Gesellschafter grundsätzlich frei. Ausnahmsweise besteht jedoch eine Zustimmungspflicht,

- wenn es sich um eine notwendige Geschäftsführungsmaßnahme i.S.d. § 744 Abs. 2 BGB handelt

- oder wenn sich der betroffene Gesellschafter ohne vertretbaren Grund weigert zuzustimmen, obwohl der Gesellschaftszweck und das Interesse der Gesellschaft dies erfordern.

Hier handelt es sich nicht um eine notwendige Geschäftsführungsmaßnahme i.S.d. § 744 Abs. 2 BGB. Es könnte allenfalls sein, dass der Gesellschaftszweck und das Interesse der Gesellschaft den Verkauf des Grundstücks erfordern. Reine Zweckmäßigkeitserwägungen können eine Zustimmungspflicht aber nicht rechtfertigen.[283] Auch wenn der Verkauf des Grundstücks durchaus sinnvoll und zweckmäßig erscheint, ist nicht ersichtlich, dass Gesellschaftszweck und Interesse der Gesellschaft einen Verkauf erfordern. Es besteht daher keine Zustimmungspflicht des D.

**II.** Die Vertretungsbefugnis richtet sich gemäß § 714 BGB nach der Geschäftsführungsbefugnis. Da diese nicht gegeben ist, kann die Gesellschaft auch nicht wirksam bei dem Verkauf des Grundstücks vertreten werden.

(Selbst wenn eine Zustimmungspflicht des D zu bejahen wäre, würde dies allein eine wirksame Vertretung der Gesellschaft nicht ermöglichen. Eine Zustimmungspflicht hätte lediglich zur Folge, dass im Innenverhältnis der Gesellschafter der Betroffene aus der fehlenden Zustimmung keine Rechte geltend machen könnte. Im Außenverhältnis ist die Zustimmungspflicht als solche unbeachtlich. Für eine wirksame Vertretung muss der Gesellschafter auf Erteilung der Zustimmung verklagt werden.)

Die Frage der Zustimmungspflicht und der Rechtsfolgen einer nicht erteilten Zustimmung stellt sich in gleicher Weise bei Personenhandelsgesellschaften für ungewöhnliche Geschäfte, die nach § 116 Abs. 2 HGB einen einstimmigen Beschluss erfordern (vgl. unten Rn. 202, 205).

**d) Widerspruchsrecht** bei „mehrfacher" Einzelgeschäftsführung, § 711 BGB

Haben zwei oder mehrere Gesellschafter Einzelgeschäftsführungsbefugnis, so hat jeder von ihnen das Recht, einer Geschäftsführungsmaßnahme des anderen zu widersprechen. Der Widerspruch hat nach h.M. grundsätzlich keine Außenwirkung, d.h. der Gesellschafter kann die Gesellschaft wirksam vertreten; er macht sich aber ggf. schadensersatzpflichtig, da im Innenverhältnis das Geschäft nicht hätte durchgeführt werden dürfen.[284] Nur ausnahmsweise kann dem Widerspruch doch Außenwirkung zukommen, wenn die Grundsätze des Missbrauchs der Vertretungsmacht eingreifen.[285]

**185**

---

282  BGH NJW 1972, 862; 1982, 641; MünchKomm-BGB/Schäfer § 709 Rn. 42 ff.

283  BGH NJW 1972, 862, 863.

284  BGH, Urt. v. 19.06.2008 – III ZR 46/06, WM 2008, 1552; MünchKomm-BGB/Schäfer § 711 Rn. 14; § 714 Rn. 11.

285  jurisPK/Bergmann § 711 Rn. 4.

**Beispiel:** A, B und C sind Gesellschafter einer GbR. A und B sind allein geschäftsführungsberechtigt. A will ein neues Geschäftsfahrzeug für sich kaufen.

**I.** Ein Widerspruchsrecht hat lediglich der Gesellschafter B, da C nicht geschäftsführungsbefugt ist.

**II.** Wenn B widerspricht, berührt dies die Vertretungsmacht des A grundsätzlich nicht. A ist allein geschäftsführungs- und damit auch allein vertretungsberechtigt (§ 714 BGB). Die Vertretungsbefugnis kann allenfalls durch die Grundsätze über den Missbrauch der Vertretungsmacht eingeschränkt sein, wenn der Geschäftspartner den Widerspruch kennt.

**III.** Kauft A trotz des Widerspruchs des B das Fahrzeug, so macht er sich schadensersatzpflichtig nach § 678 BGB bzw. aus § 280 Abs. 1 BGB i.V.m. dem Gesellschaftsvertrag.

186  **e) Verletzt** ein geschäftsführender Gesellschafter seine **Geschäftsführungspflichten**, kann die Gesellschaft Ersatz des ihr entstandenen Schadens gemäß § 280 Abs. 1 BGB verlangen. Eine Pflichtverletzung ist insbesondere der Verstoß gegen das aus der Treuepflicht folgende Gebot uneigennütziger Geschäftsführung.

**Beispiel:** G ist geschäftsführender Gesellschafter der F-GbR. Er erfährt von der Möglichkeit, für die Gesellschaft ein Grundstück sehr günstig zu erwerben. Davon macht er nicht Gebrauch, sondern erwirbt das Grundstück in eigenem Namen und betreibt darauf gewinnbringend einen Parkplatz. Die F-GbR verlangt von G Herausgabe des Grundstücks.

Ein Anspruch der F-GbR gegen G auf Herausgabe des Grundstücks ergibt sich aus §§ 280 Abs. 1, 249 Abs. 1 BGB. Durch den Erwerb des Grundstücks in eigenem Namen hat G gegen seine Treuepflicht gegenüber der Gesellschaft verstoßen. Nach der gesellschaftsrechtlichen **Geschäftschancenlehre** ist der Geschäftsführer einer Gesellschaft gehalten, persönliche Interessen zurückzustellen und Geschäftschancen des Unternehmens für dieses zu nutzen. Das OLG Koblenz hat entschieden, dass die Geschäftschancenlehre auch auf die GbR anwendbar ist[286]. Gemäß §§ 280 Abs. 1, 249 Abs. 1 BGB ist G zur Naturalrestitution und damit zur Herausgabe des Grundstücks verpflichtet.

Umstritten sind die Voraussetzungen eines Schadensersatzanspruchs bei der Überschreitung der Geschäftsführungsbefugnis. Da bei der GbR die Vertretungsbefugnis grundsätzlich an die Geschäftsführungsbefugnis gebunden ist (§ 714 BGB), ist die Überschreitung der Geschäftsführungsbefugnis ein Ausnahmefall, der praktisch nur bei dem Handeln gegen den Widerspruch eines ebenfalls allein Geschäftsführungsberechtigten in Betracht kommt.

Auf die Problematik der Überschreitung der Geschäftsführungsbefugnis wird bei der OHG und KG näher eingegangen, da bei diesen Gesellschaften Geschäftsführungs- und Vertretungsbefugnis häufiger auseinanderfallen (vgl. unten Rn. 203 ff.).

187  **f) Der Entzug** der Geschäftsführungsbefugnis

Fehlt eine Abrede im Gesellschaftsvertrag, gilt § 712 BGB. Danach ist bereits ein einstimmiger Beschluss der Gesellschafter ausreichend. Voraussetzung für einen Entzug ist ein wichtiger Grund in der Person des Gesellschafters, dem die Geschäftsführungsbefugnis entzogen werden soll (§ 712 Abs. 1 Hs. 2 BGB: „insbesondere grobe Pflichtverletzung oder Unfähigkeit zur ordnungsgemäßen Geschäftsführung").

**Beispiel:** Der geschäftsführende Gesellschafter hat sich bei der Geschäftsführung anderer Gesellschaften finanzielle Unregelmäßigkeiten zulasten des jeweiligen Gesellschaftsvermögens zuschulden kommen lassen.[287]

---

286  OLG Koblenz, Urt. v. 05.08.2010 – 5 U 267/10, NZG 2010, 1182.
287  BGH, Urt. v. 11.02.2008 – II ZR 67/06, WM 2008, 591.

## 5. Mitverwaltungsrechte

Zu den Mitverwaltungsrechten zählt zunächst das auch dem nicht zur Geschäftsführung befugten Gesellschafter zustehende Informationsrecht (§§ 713, 666 BGB) und das Recht auf persönliche Kontrolle der geschäftsführenden Gesellschafter (§ 716 BGB). **188**

Der Gesellschafter kann zu diesem Zweck die Geschäftsräume betreten, darf Anlagen, Einrichtungen und Sachen besichtigen, die Handelsbilanzen bzw. Geschäftsbücher sowie sonstigen Geschäftspapiere einsehen und sich eine entsprechende Bilanz bzw. Übersicht über den Stand des Gesellschaftsvermögens anfertigen. Sofern er nicht über hinreichende Sachkenntnis verfügt, darf er einen Sachverständigen hinzuziehen, dem er allerdings nicht die Ausübung der nur persönlich ausübbaren Kontrollrechte selbst übertragen kann.[288]

Das Informationsrecht des Gesellschafters richtet sich grundsätzlich gegen die Gesellschaft, falls erforderlich aber auch gegen den (die) geschäftsführenden Gesellschafter.[289] Einsicht ist nach Ort, Zeit und Weise zu bestimmen, wobei das Gebot der gegenseitigen Treuepflicht zu beachten ist. Die Kosten trägt grundsätzlich der einsehende Gesellschafter.[290] Das Kontrollrecht nach § 716 BGB kann im Gesellschaftsvertrag erweitert, beschränkt oder auch ganz ausgeschlossen werden, solange nicht „Grund zu der Annahme unredlicher Geschäftsführung besteht" (§ 716 Abs. 2 BGB).

Ein weiteres Mitverwaltungsrecht ist das Stimmrecht bei Gesellschafterbeschlüssen.

## 6. Das Recht des Gesellschafters auf Beteiligung an Gewinn und Verlust

Die Beteiligung an Gewinn und Verlust richtet sich in erster Linie nach dem Gesellschaftsvertrag. Soweit dieser keine Bestimmungen enthält, gelten bei der GbR die §§ 721, 722 BGB.

Für die Handelsgesellschaften bestehen Regelungen in den §§ 120–122 HGB (vgl. unten Rn. 206 ff.).

**a)** Gemäß § 722 Abs. 1 BGB haben die Gesellschafter „im Zweifel" gleichen Anteil am Gewinn und Verlust. Im Gesellschaftsvertrag ist allerdings häufig eine Gewinnverteilung entsprechend der jeweiligen Einlagenhöhe vereinbart. **189**

Eine Gewinnverteilung nach der Beitragshöhe kann auch konkludent vereinbart sein oder sich durch ergänzende Vertragsauslegung ergeben. So hat der BGH[291] angenommen, unter den Gesellschaftern einer ARGE (Arbeitsgemeinschaft von Bauunternehmen) sei die Regelung des § 722 Abs. 1 BGB nicht interessengerecht und deswegen mangels ausdrücklich anderer Regelung von einer Gewinnverteilung nach der Beitragshöhe auszugehen. Ebenso können bei einer Ehegatteninnengesellschaft erheblich unterschiedliche Beiträge für eine beitragsabhängige Gewinnverteilung sprechen.[292]

**b)** Rechnungsabschluss und Verteilung von Gewinn und Verlust kann gemäß § 721 Abs. 1 BGB grundsätzlich erst nach Auflösung der Gesellschaft verlangt werden. Bei „Gesellschaften von längerer Dauer" haben Rechnungsabschluss und Gewinnverteilung im Zweifel am Schluss jedes Geschäftsjahres zu erfolgen (§ 721 Abs. 2 BGB). **190**

Eine jährliche Verlustverteilung ist in § 721 Abs. 2 BGB nicht vorgesehen, da nach § 707 BGB **grundsätzlich keine Nachschusspflicht** der Gesellschafter besteht.

---

288  BGHZ 25, 115, 122; Staudinger/Habermeier § 716 Rn. 4.
289  BGH BB 1962, 899; 1970, 187.
290  Baumbach/Hopt § 118 Rn. 5.
291  NJW 1982, 2816.
292  BGH NJW-RR 1990, 736.

**Ausnahmsweise** besteht eine Nachschusspflicht in folgenden Fällen:

- Die Gesellschafter können sich **vertraglich** zu einer jährlichen Verlustdeckung verpflichten. Die Höhe der nachzuschießenden Beträge muss zumindest in objektiv bestimmbarer Weise ausgestaltet sein.

- Nachschusspflichten können ohne Weiteres durch einen **einstimmigen Gesellschafterbeschluss** begründet werden.

- Beitragserhöhungen sind aufgrund eines **Mehrheitsbeschlusses** nur dann möglich, wenn der **Gesellschaftsvertrag** eine solche Regelung gestattet und **in eindeutiger Weise Ausmaß und Umfang einer Nachschusspflicht erkennen** lässt. Hierzu bedarf es einer Obergrenze oder anderer Kriterien, die das Erhöhungsrisiko eingrenzen. Eine vertragliche Bestimmung, die den einzelnen Gesellschafter zu Nachschusszahlungen verpflichtet, „soweit die laufenden Einnahmen die laufenden Ausgaben nicht decken", genügt diesen Anforderungen nicht und kann deshalb nicht Grundlage einer Nachschusspflicht sein.[293]

- Eine Nachschusspflicht allein aufgrund der gesellschaftsrechtlichen **Treuepflicht** ist im Regelfall abzulehnen. Die Gesellschafter sind grundsätzlich nicht verpflichtet, ein notleidendes Unternehmen am Leben zu erhalten.[294]

## 7. Ersatz- und Ausgleichsansprüche bei Tilgung einer Gesellschaftsschuld durch einen Gesellschafter

191    **a)** Ausgleichsanspruch gegen die Gesellschaft

Tilgt ein Gesellschafter eine Schuld der Gesellschaft, hat er einen Ausgleichsanspruch gegen die Gesellschaft, er kann Erstattung aus dem Gesellschaftsvermögen verlangen. Der Anspruch ergibt sich aus §§ 713, 670 BGB.[295]

Für geschäftsführende Gesellschafter sind die §§ 713, 670 BGB direkt, für nicht geschäftsführende Gesellschafter entsprechend anwendbar.

Da die Gesellschafterhaftung wie die Bürgenhaftung akzessorisch ist, gehen die Ansprüche des Dritten gegen die Gesellschaft analog § 774 BGB auf den leistenden Gesellschafter über.[296]

192    **b)** Ausgleichsansprüche gegen die Mitgesellschafter

Der einzelne Gesellschafter hat gegen die anderen Gesellschafter keinen Anspruch analog § 128 HGB. Zwar haften analog § 128 HGB die Gesellschafter für Verbindlichkeiten der Gesellschaft als Gesamtschuldner. **Auf Sozialverpflichtungen ist § 128 HGB aber nicht (auch nicht analog) anwendbar.**[297] Nur für Drittgläubigerforderungen eines Ge-

---

293  BGH, Urt. v. 21.05.2007 – II ZR 96/06, Rn. 15, NZG 2007, 620.
294  BGH, Urt. v. 13.03.1989 – II ZR 193/88, NJW-RR 1989, 993, 995.
295  BGH, Urt. v. 22.02.2011 – II ZR 158/09, Rn. 13, NJW 2011, 1730.
296  K. Schmidt § 60 III 5; Grunewald § 1 Rn. 124.
297  BGH, Urt. v. 18.01.2010 – II ZR 31/09, Rn. 7, NZG 2010, 383.

sellschafters haften die Gesellschafter analog § 128 HGB.[298] Da es sich bei dem Anspruch des Gesellschafters nach §§ 713, 670 BGB um eine Sozialverpflichtung der Gesellschaft handelt, ist § 128 HGB unanwendbar.

Die Gesellschafter einer GbR sind untereinander Gesamtschuldner und damit gemäß § 426 Abs. 1 BGB ausgleichspflichtig. Danach kann der Gesellschafter seine Mitgesellschafter nur in der Höhe ihrer jeweiligen Verlustbeteiligung **(pro rata)** in Anspruch nehmen. Seinen eigenen Verlustanteil muss er selbst tragen.

Hat ein Gesellschafter die der Haftung zugrunde liegende Verbindlichkeit der Gesellschaft durch sein Verhalten allein verschuldet, kann dies – wie bei jeder gesamtschuldnerischen Haftung – im Innenverhältnis zu einer Alleinhaftung des schuldhaft handelnden Gesellschafters führen.[299]

Überdies ist die Haftung der Mitgesellschafter mit ihrem Privatvermögen gegenüber der Haftung der Gesellschaft mit dem Gesellschaftsvermögen **subsidiär**. Sie kommt nur in Betracht, wenn der Gesellschafter, der die Verbindlichkeit erfüllt hat, aus dem Gesellschaftsvermögen keinen Ausgleich erlangen kann, weil der Gesellschaft zur Bezahlung frei verfügbare Mittel nicht zur Verfügung stehen.[300]

---

298  K. Schmidt § 60 III 2 b) und § 60 III 5 und § 49 V 2.

299  BGH, Urt. v. 09.06.2008 – II ZR 268/07, Rn. 2, WM 2008, 1873.

300  BGH, Urt. v. 15.10.2007 – II ZR 136/06, Rn. 17, NJW-RR 2008, 256; BGH, Urt. v. 22.02.2011 – II ZR 158/09, Rn. 13, NJW 2011, 1730.

## Das Innenverhältnis nach den §§ 705 ff. BGB

### Ansprüche im Innenverhältnis

Sozialansprüche = Ansprüche der Gesellschaft gegen die Gesellschafter, Sozial-ansprüche können durch einen einzelnen Gesellschafter geltend gemacht werden (actio pro socio).

Sozialverpflichtungen = Ansprüche des Gesellschafters gegen die Gesellschaft

Individualansprüche = Ansprüche der Gesellschafter untereinander

Drittbeziehungen = Ansprüche zwischen Gesellschaft und Gesellschafter als Drittem, d.h. nicht in der Eigenschaft als Gesellschafter

### Rechte und Pflichten aus dem Innenverhältnis

Beitragsleistung, § 705 BGB

Treuepflicht mit Konkretisierungen: Wettbewerbsverbot; Bindung bei der Geschäfts-führung; gewisse Stimmrechtsbindung, bei dringend erforderlichen Änderungen des Gesellschaftsvertrages sogar Zustimmungspflicht im Rahmen des Zumutbaren; bei Ansprüchen aus Drittbeziehungen muss nach h.L. zunächst das Gesellschaftsver-mögen in Anspruch genommen werden.
OHG/KG: Sonderregelung des Wettbewerbsverbots in §§ 112, 113 HGB

Recht und Pflicht zur Geschäftsführung: Nach § 709 Abs. 1 BGB besteht grundsätzlich Gesamtgeschäftsführung. Für abweichende Vereinbarungen besteht weitgehende Gestaltungsfreiheit. Haben mehrere Gesellschafter Einzelgeschäftsführungsbefug-nis, hat jeder von ihnen das Widerspruchsrecht aus § 711 BGB. Der Widerspruch hat nach h.M. keine Außenwirkung.
OHG/KG: Sonderregelung der Geschäftsführung in §§ 114–117 HGB

Mitverwaltungsrechte: Informationsrecht (§§ 713, 666 BGB); Kontrolle des Geschäfts-führers (§ 716 BGB).
OHG/KG: §§ 713, 666 BGB; § 118 HGB

Beteiligung an Gewinn und Verlust (§§ 721, 722 BGB)
OHG/KG: §§ 120–122 HGB

Ersatzansprüche bei Tilgung einer Gesellschaftsschuld

- Anspruch gegen die Gesellschaft aus §§ 713, 670 BGB
  OHG/KG: § 110 HGB

- Ansprüche gegen Mitgesellschafter aus § 426 BGB: Der Anspruch besteht nur in Höhe der jeweiligen Verlustbeteiligung (pro rata). Er ist subsidiär, d.h. nur durch-setzbar, wenn im Gesellschaftsvermögen frei verfügbare Mittel nicht vorhanden sind (streitig).

## II. Sonderregeln für die OHG (KG)

### 1. Das Wettbewerbsverbot

Gemäß § 112 HGB trifft die Gesellschafter einer OHG ein Wettbewerbsverbot. Dies gilt **193** über § 161 Abs. 2 HGB auch für die persönlich haftenden Gesellschafter einer KG, nicht jedoch für die Kommanditisten (§ 165 HGB). Bei Verletzung des Wettbewerbsverbots aus § 112 HGB kann die Gesellschaft gemäß § 113 HGB Schadensersatz fordern oder ein Eintrittsrecht in die verbotswidrig geschlossenen Geschäfte geltend machen.

Aus der allgemeinen Treuepflicht kann sich auch unabhängig von der Regelung des § 112 HGB ein Wettbewerbsverbot (z.B. für Kommanditisten) ergeben. Darüber hinaus können Wettbewerbsverbote in bestimmten Grenzen im Gesellschaftsvertrag vereinbart werden.

Ein Wettbewerbsverbot verpflichtet den Gesellschafter, Wettbewerb zu unterlassen. Da § 1 GWB wettbewerbsbeschränkende Verträge verbietet, stellt sich die Frage, wie die Wettbewerbsverbote aus § 112 HGB und die Treuepflicht aus dem Gesellschaftsvertrag mit § 1 GWB zu vereinbaren sind.

### a) Das Wettbewerbsverbot aus § 112 HGB

#### aa) Die Voraussetzungen des § 112 HGB

**(1)** Der Betroffene muss grundsätzlich Gesellschafter einer OHG oder persönlich haften- **194** der Gesellschafter einer KG (§ 161 Abs. 2 HGB) sein. Für Kommanditisten gilt das Wettbewerbsverbot gemäß § 165 HGB nicht.

Der BGH[301] hat in einem Ausnahmefall § 112 HGB auf die Kommanditistin einer KG angewandt, da diese als Muttergesellschaft einen Konzern mit der KG als Tochter bildete. Da sich das Wettbewerbsverbot aus der Treuepflicht und damit aus dem Innenverhältnis der Gesellschafter ergebe, könne es nicht entscheidend darauf ankommen, welche Stellung der verpflichtete Gesellschafter nach außen einnehme. Bei einem entscheidenden Einfluss auf die Geschäftsführung – wie er im Konzern zu bejahen sei – könne das Wettbewerbsverbot „auch auf den Kommanditisten, den atypischen stillen Gesellschafter und den Gesellschafter einer GmbH" zu beziehen sein.[302]

Das Wettbewerbsverbot des § 112 HGB endet mit dem Ausscheiden aus der Gesellschaft. Nachvertragliche Wettbewerbsverbote können sich auch nicht aus der (nachvertraglichen) Treuepflicht, sondern nur durch eine Vereinbarung ergeben.

**(2)** § 112 HGB verbietet das Geschäftemachen in dem gleichen Handelszweig sowie die **195** Beteiligung als persönlich haftender Gesellschafter an einer gleichartigen Handelsgesellschaft.

**(a)** Geschäftemachen bedeutet jede Teilnahme am wirtschaftlichen Verkehr im weitesten Sinn, unabhängig davon, ob der Gesellschafter für eigene oder fremde Rechnung tätig wird. Der Gesellschafter darf daher z.B. auch nicht als Makler oder Kommissionär, Vorstandsmitglied einer AG oder Geschäftsführer einer GmbH der Gesellschaft Konkurrenz

---

301  BGHZ 89, 162, 165.
302  Vgl. dazu: Immenga JZ 1984, 578; Löffler NJW 1986, 223.

machen. In dem gleichen Handelszweig wird der Gesellschafter tätig, wenn seine Konkurrenz das tatsächliche, wirtschaftliche Betätigungsfeld der Gesellschaft betrifft.

**(b)** Die Beteiligung an einer gleichartigen Handelsgesellschaft ist gegeben, wenn der Gesellschafter persönlich Haftender einer anderen Gesellschaft ist und sich beide Gesellschaften zumindest partiell als Wettbewerber gegenüberstehen.

**196**   **(3)** Die Konkurrenz ist erlaubt, wenn der Gesellschafter mit Einwilligung der anderen Gesellschafter handelt. Unter den Voraussetzungen des § 112 Abs. 2 HGB wird die Einwilligung vermutet.

**bb) Das Wettbewerbsverbot ist unwirksam, soweit es gegen § 1 GWB verstößt.**

> **Fall 15: Konkurrierender Müll**
>
> Die A-OHG mit den Gesellschaftern A und B betrieb lange Zeit als einziges Unternehmen im Regierungsbezirk Köln das Recycling von Transportpaletten. Als die B-GmbH als Konkurrent auf dem Markt auftrat, beschlossen die Gesellschafter zur Erhaltung ihrer Wettbewerbsfähigkeit den Ausbau des Unternehmens. Zur Verbesserung der Liquidität wurde der finanzkräftige C als Gesellschafter aufgenommen. Im Gesellschaftsvertrag wurde vereinbart, dass C eine Einlage von 500.000 € leistet, von der Geschäftsführung und Vertretung ausgeschlossen bleibt und eine seiner persönlich unbeschränkten Haftung entsprechende Gewinnbeteiligung erhält. Als C nach einiger Zeit feststellte, dass sich mit dem Recyceln von Transportpaletten sehr viel Geld verdienen lässt, gründete er mit D im Raum Köln die R-GmbH und übernahm die Geschäftsführung. A und B verlangen im Namen der A-OHG von C Unterlassung. Mit Recht?

**197**   Der Unterlassungsanspruch setzt voraus, dass C gegen das Wettbewerbsverbot aus § 112 HGB verstoßen hat.

I.   C ist persönlich haftender Gesellschafter der A-OHG.

II.   Er macht als Geschäftsführer der R-GmbH in dem gleichen Handelszweig wie die OHG Geschäfte.

III.   Das Wettbewerbsverbot aus § 112 HGB ist unwirksam, soweit es gegen § 1 GWB verstößt. § 1 GWB verbietet wettbewerbsbeschränkende Verträge. Nach der heute ganz h.M. kollidieren die Anwendungsbereiche des § 112 HGB und des § 1 GWB. Aus dem Gesetz lässt sich weder ein Vorrang der einen noch der anderen Vorschrift herleiten.

Insbesondere lässt sich nicht sagen, dass § 112 HGB ein gesetzliches Wettbewerbsverbot sei, das nicht unter das Verbot wettbewerbsbeschränkender Vereinbarungen des § 1 GWB falle. § 112 HGB beruht auf dem Gesellschaftsvertrag und beinhaltet daher ein vertragliches Wettbewerbsverbot.

Auch im vorliegenden Fall sind neben den Voraussetzungen des § 112 HGB die des § 1 GWB zu bejahen. Für die Annahme eines Unternehmens i.S.d. § 1 GWB genügt jedwede Tätigkeit im geschäftlichen Verkehr.[303] Da die Gesellschafter zumindest po-

---

[303]   BGH NJW 1990, 1531.

tenzielle Mitbewerber der Gesellschaft sind, handelt es sich bei dem Gesellschaftsvertrag um eine Vereinbarung zwischen Mitbewerbern, die eine Wettbewerbsbeschränkung bezweckt.

Zur Abgrenzung sind die durch § 1 GWB geschützte Wettbewerbsfreiheit und die Güter und Interessen, denen das gesellschaftsrechtliche Wettbewerbsverbot dient, gegeneinander abzuwägen. § 1 GWB ist einschränkend auszulegen; die Vorschrift ist unanwendbar, soweit die Interessen der Gesellschaft dies erfordern.[304] Im Einzelnen gilt Folgendes:

1. Verfolgt die Gesellschaft wettbewerbsbeschränkende Zwecke, so ist das Konkurrenzverbot unwirksam. Wettbewerbsbeschränkungen sollen nicht allein dadurch Wirksamkeit erlangen, dass bei der Gründung die Rechtsform einer OHG oder KG gewählt wird. Das Konkurrenzverbot des § 112 HGB kann daher nur bei **kartellrechtsneutralen** Gesellschaften wirksam sein.[305]

2. Bei **Gesellschaftern**, die in der Gesellschaft tätig sind und **Geschäftsführungsaufgaben** wahrnehmen, sind die Gesellschaft und die Mitgesellschafter auf den rechtlichen Bestand des Wettbewerbsverbots angewiesen. § 1 GWB ist in diesem Fall unanwendbar, das Wettbewerbsverbot aus § 112 HGB ist wirksam.[306]

3. Umstritten ist die Rechtslage bei Gesellschaftern, die von der Geschäftsführung ausgeschlossen sind.

   a) Teilweise wird auch in diesem Fall ein Vorrang des Wettbewerbsverbots aus § 112 HGB grundsätzlich bejaht. Da auch der von der Geschäftsführung ausgeschlossene Gesellschafter neben allen sonstigen Beteiligungsrechten ein umfassendes Informationsrecht aus § 118 HGB habe, sei zu befürchten, dass er Insiderkenntnisse für eigene Zwecke verwende. Das Wettbewerbsverbot sei daher auch in diesem Fall für die Gesellschaft erforderlich. Nur dann, wenn im Einzelfall erhebliche Wettbewerbsbeschränkungen entstehen und die Gesellschaftsbeteiligung von untergeordneter Bedeutung ist, sei von der vorrangigen Geltung des § 1 GWB auszugehen.[307]

   Im vorliegenden Fall wird man nach dieser Ansicht – ausnahmsweise – von der Unwirksamkeit des Wettbewerbsverbots ausgehen müssen. Auf dem relevanten Markt ist neben der A-OHG und der R-GmbH nur ein Mitbewerber tätig. Ein Wettbewerbsverbot für den C würde daher zu einer erheblichen Wettbewerbsbeschränkung führen. Demgegenüber ist C an der A-OHG lediglich kapitalistisch beteiligt.

   b) Nach der Gegenansicht kann nicht entscheidend auf das Informationsrecht abgestellt werden. Auch der Kommanditist – der nach der gesetzgeberischen Entscheidung des § 165 HGB vom Wettbewerbsverbot ausgenommen ist –

---

304  BGH WM 1994, 220.

305  BGH NJW 1982, 938, 939; OLG Düsseldorf, Urt. v. 15.08.2007 – U (Kart) 11/07, WuW/E DE-R 2166.

306  BGH, Urt. v. 23.06.2009 – KZR 58/07, Rn. 18, NZG 2010, 76; Linsmeier/Lichtenegger BB 2011, 328.

307  MünchKomm-HGB/Langhein § 112 Rn. 32 f.; MünchKomm-HGB/Grunewald § 165 Rn. 18; Beuthien ZHR 142, 284, 288; Baumbach/Hopt § 112 Rn. 15.

habe ein Informationsrecht aus § 166 HGB. Die Interessen der Gesellschaft könnten ausreichend durch eine Einschränkung der Informationsrechte sowie durch Schadensersatzansprüche geschützt werden.[308]

c) Der BGH hat zu der Bedeutung des Informationsrechts für die Wirksamkeit des Wettbewerbsverbots nicht Stellung genommen. Er hat lediglich hervorgehoben, dass bei lediglich kapitalistisch beteiligten Gesellschaftern, deren Beteiligung sich in einer Geldeinlage und der Übernahme der persönlichen Haftung erschöpft, kein Anlass besteht, den Anwendungsbereich des § 1 GWB zugunsten der §§ 112, 113 HGB einzuschränken.[309]

Im vorliegenden Fall ist damit nach allen Ansichten ein Wettbewerbsverbot zur Wahrung der Interessen der Gesellschaft nicht erforderlich. Die A-OHG hat keinen Anspruch auf Unterlassung.

---

**198**  **cc) Die Rechtsfolgen des Wettbewerbsverbots**

Die Gesellschaft hat einen **Unterlassungsanspruch**.

Nach § 113 Abs. 1 Hs. 1 HGB besteht ein **Schadensersatzanspruch**.

Unabhängig vom Nachweis eines etwaigen Schadens steht der Gesellschaft gemäß § 113 Abs. 1 Hs. 2 HGB ein **Eintrittsrecht** zu. Das Eintrittsrecht bezieht sich auf beide Alternativen des § 112 HGB, auf das Geschäftemachen ebenso wie auf die Teilnahme an einer fremden Gesellschaft. Es hat keine Außenwirkung, d.h. die Gesellschaft tritt nicht in Rechtsbeziehungen zu Dritten oder zu der anderen Gesellschaft.

- Hat der Gesellschafter entgegen dem Wettbewerbsverbot ein Geschäft für eigene Rechnung durchgeführt, so kann die Gesellschaft verlangen, dass er dies „als für Rechnung der Gesellschaft eingegangen" gelten lässt. Ist das Geschäft bereits abgeschlossen, kann Herausgabe des Gewinns verlangt werden.

- Ist das Geschäft für fremde Rechnung durchgeführt worden, so kann Herausgabe der Vergütung bzw. Abtretung des Vergütungsanspruchs verlangt werden.

**b) Vereinbarte Wettbewerbsverbote**

**199**  Die Vereinbarung eines Wettbewerbsverbots im Gesellschaftsvertrag ist insbesondere für den Fall des Ausscheidens eines Gesellschafters sinnvoll, da mit dem Ausscheiden das Wettbewerbsverbot aus § 112 HGB endet und ein nachvertragliches Wettbewerbsverbot sich auch nicht aus der nachvertraglichen Treuepflicht ergibt. Schranken einer Wettbewerbsklausel im Gesellschaftsvertrag ergeben sich aus § 138 Abs. 1 BGB (i.V.m. Art. 12 GG) und aus § 1 GWB.

---

308  Kellermann in FS Fischer, S. 307, 328; HK/Stuhlfelner § 112 Rn. 6.
309  BGHZ 38, 306, 314 f.; ebenfalls ohne Erwähnung des Informationsrechts: K. Schmidt § 20 V 2; Windbichler § 14 Rn. 14.

§ 138 Abs. 1 BGB (i.V.m. Art. 12 GG) gebietet, dass Wettbewerbsklauseln auf das **örtlich,** **zeitlich** und **gegenständlich notwendige Maß beschränkt** sind und ein anerkennenswertes Bedürfnis besteht, die Gesellschaft vor illoyaler Verwertung der Erfolge der Arbeit oder sonstigen Missbräuchen zu schützen.[310] Diese Klauseln dürfen aber insbesondere nicht dazu eingesetzt werden, den früheren Mitgesellschafter als Wettbewerber auszuschalten.[311]

**200**

Die zeitliche Grenze liegt nach der ständigen Rechtsprechung bei zwei Jahren.[312] Wettbewerbsverbote, die für einen längeren Zeitraum vereinbart sind, können im Wege der geltungserhaltenden Reduktion auf das zulässige Maß zurückgeführt werden.[313] Voraussetzung dafür ist allerdings, dass sie nur gegen die zeitliche Begrenzung verstoßen und nicht auch aus anderen Gründen unwirksam sind.[314] Die Missachtung der gegenständlichen und räumlichen Grenzen hat die Nichtigkeit des Verbots zur Folge. Eine Überschreitung der genannten Grenzen eines nachvertraglichen Wettbewerbsverbots kann nicht mit dem Wunsch gerechtfertigt werden, den ausgeschlossenen Gesellschafter einer besonderen Sanktion zu unterwerfen.[315]

Nach § 1 GWB ist eine Konkurrenzklausel nur unwirksam, wenn die Voraussetzungen der Vorschrift vorliegen – bei kleineren Gesellschaften wird es regelmäßig an einer spürbaren Beeinträchtigung der Marktverhältnisse fehlen – und die Klausel nicht erforderlich ist, um die Gesellschaft in ihrem Bestand und ihrer Funktionsfähigkeit zu schützen.[316]

**201**

§ 138 Abs. 1 BGB und § 1 GWB sind nebeneinander anwendbar, da die Vorschriften unterschiedliche Schutzzwecke besitzen. Bei § 1 GWB steht das Interesse der Allgemeinheit an einem freien Wettbewerb im Vordergrund. Für § 138 Abs. 1 BGB sind die Interessen der Vertragsbeteiligten gegeneinander abzuwägen. Im Ergebnis enthält § 138 Abs. 1 BGB die strengeren Grenzen, sodass eine Konkurrenzklausel, die nicht sittenwidrig ist, in aller Regel auch nicht gegen § 1 GWB verstößt. In der Rechtsprechung liegt daher der Prüfungsschwerpunkt auf § 138 Abs. 1 BGB.[317]

## 2. Geschäftsführung

### a) Die gesetzliche Regelung der Geschäftsführungsbefugnis bei OHG und KG

Bei den Personenhandelsgesellschaften – OHG, KG – ist zwischen gewöhnlichen und ungewöhnlichen (außergewöhnlichen) Geschäften zu unterscheiden.

**202**

Für die OHG gelten – soweit der Gesellschaftsvertrag nichts anderes bestimmt – die §§ 114–117 HGB:

■ Gewöhnliche Geschäftsführungsaufgaben in einer Gesellschaft sind alle Handlungen, die nach der Verkehrsanschauung der gewöhnliche Betrieb gerade dieser Gesellschaft mit sich bringt (§ 116 Abs. 1 HGB).

Für gewöhnliche Geschäfte besteht nach §§ 114 Abs. 1, 115 Abs. 1 Hs. 1 HGB Alleingeschäftsführung aller Gesellschafter, d.h. jeder ist allein zum Handeln berechtigt.

---

310 BGH NJW 1991, 699; NJW-RR 1996, 741; NJW 1997, 3089; Mayer NJW 1991, 23; Armbrüster ZIP 1997, 261.

311 BGH, Urt. v. 18.07.2005 – II ZR 159/03, BB 2005, 2098.

312 BGH, Urt. v. 29.09.2003 – II ZR 59/02, NJW 2004, 66.

313 BGH, Urt. v. 08.05.2005 – II ZR 308/98, NJW 2000, 2584.

314 Vgl. Butters JuS 2001, 324 ff.

315 BGH, Urt. v. 18.07.2005 – II ZR 159/03, BB 2005, 2098.

316 BGH NJW 1994, 384; Mayer NJW 1991, 23, 24.

317 BGH NJW 1979, 1605; NJW-RR 1990, 226, 227.

Nach § 115 Abs. 1 Hs. 2 HGB hat jeder Geschäftsführer jedoch ein Widerspruchsrecht mit der Folge, dass die Vornahme der beabsichtigten Handlung unterbleiben muss. Die Vertretungsmacht im Außenverhältnis wird durch den Widerspruch jedoch nicht aufgehoben, soweit nicht die Grundsätze über den Missbrauch der Vertretungsmacht eingreifen.[318]

■ Ungewöhnliche (außergewöhnliche) Geschäftsführungsaufgaben sind alle Gesellschaftsangelegenheiten, die über den Rahmen des Unternehmens der konkreten Gesellschaft hinausgehen (§ 116 Abs. 2 HGB).

Die Vornahme ungewöhnlicher Geschäfte müssen alle Gesellschafter – also nicht nur die geschäftsführenden – beschließen (§ 116 Abs. 2 HGB), ein Mehrheitsbeschluss genügt insoweit nicht.

Bei der KG gelten für den oder die persönlich haftenden Gesellschafter die oben genannten Regeln (§ 161 Abs. 2 HGB). Kommanditisten sind gemäß § 164 HGB grundsätzlich von der Geschäftsführung ausgeschlossen, ihnen kann daher auch kein Widerspruchsrecht nach § 115 Abs. 1 HGB zustehen. Bei ungewöhnlichen Geschäftsführungsmaßnahmen, die gemäß § 116 Abs. 2 HGB einen Beschluss aller Gesellschafter erfordern, sind allerdings auch die Kommanditisten zu beteiligen (§ 164 S. 1 HGB).

### b) Überschreitung der Geschäftsführungsbefugnis

203 Da die Vertretungsmacht bei den Personenhandelsgesellschaften unabhängig von der Geschäftsführungsbefugnis ist und Beschränkungen der Vertretungsmacht gemäß § 126 Abs. 2 HGB Dritten gegenüber unwirksam sind, besteht die Gefahr der Überschreitung der Geschäftsführungsbefugnis.

---

**Fall 16: Teures Hotel**

A, B und C sind Gesellschafter einer OHG, die Möbel herstellt. A ist allein zur Geschäftsführung und Vertretung berechtigt. Die OHG hat für ein Hotel des H das gesamte Mobiliar auf Kredit und unter Eigentumsvorbehalt geliefert. Als H in Zahlungsschwierigkeiten gerät, droht ein anderer Gläubiger mit der Zwangsvollstreckung in das Grundstück. Dem A wird von einem Rechtsanwalt erklärt, der Eigentumsvorbehalt nütze der Gesellschaft nichts, da die Möbel dem Hypothekengläubiger und nach der Versteigerung dem Ersteigerer zufielen. Daraufhin entschließt sich A ohne Rücksprache bei B und C, das Hotelgrundstück von H für die OHG zu kaufen, um so einen Verlust der Möbel zu verhindern. Nach Abschluss des Kaufvertrages weigern sich B und C, dieses Geschäft anzuerkennen.

1. Muss die OHG zahlen?

2. Kann die OHG, falls sie zahlen muss, Schadensersatz von A verlangen?

3. Kann B als nicht zur Geschäftsführung und Vertretung befugter Gesellschafter den Anspruch der Gesellschaft einklagen?

---

318  K. Schmidt § 47 V 1; GK/Ensthaler § 115 Rn. 10.

A. Anspruch des H gegen die OHG auf Zahlung des Kaufpreises gemäß § 124 HGB i.V.m. **204**
§ 433 Abs. 2 BGB

  I. A hat sich im Namen der OHG mit H über den Kauf des Hotelgrundstücks geeinigt.
  Von der notariellen Beurkundung des Kaufvertrages (§ 311b Abs. 1 BGB) ist auszugehen.

  II. Unabhängig davon, ob A im Innenverhältnis zum Kauf des Grundstücks befugt
  war oder nicht, konnte er im Außenverhältnis zu H die OHG als allein zur Vertretung berechtigter Gesellschafter (§§ 125, 126 HGB) wirksam verpflichten. Die OHG
  muss H den vereinbarten Kaufpreis zahlen.

B. Anspruch der OHG gegen A auf Schadensersatz

  I. Als Anspruchsgrundlage kommen die §§ 677, 678 BGB in Betracht.

    1. A hat durch den Kauf des Hotelgrundstücks in Vertretung der OHG ein fremdes
    Geschäft – der OHG – besorgt. Zwar ist der Abschluss eines Kaufvertrages ein
    objektiv neutrales Geschäft, doch erhielt dieses seinen Fremdcharakter da-
    durch, dass A mit Fremdgeschäftsführungswillen, nämlich im Namen der OHG,
    handelte (subjektiv fremdes Geschäft).

    2. Das Geschäft müsste ohne Auftrag oder sonstige Berechtigung geführt wor-
    den sein. Diese Voraussetzung liegt nicht vor, wenn der Geschäftsführer dem
    Geschäftsherrn gegenüber vertraglich zur Geschäftsführung berechtigt oder
    verpflichtet ist. A ist als Geschäftsführer der OHG aufgrund des Gesellschafts-
    vertrages zur Geschäftsführung berechtigt und verpflichtet. Er könnte aller-
    dings mit dem Kauf des Hotels ein ungewöhnliches Geschäft i.S.d. § 116 Abs. 2
    HGB getätigt und – da es an einem Beschluss aller Gesellschafter fehlt – seine
    Geschäftsführungsbefugnis überschritten haben. Ob bei einer Überschreitung
    der Geschäftsführungsbefugnis „ohne Auftrag" gehandelt wird, ist umstritten.

      a) Das Reichsgericht hat bei jeder Überschreitung der Geschäftsführungsbe-
      fugnis die §§ 677 ff. BGB angewandt.[319]

      b) Teilweise werden nur bei der schuldhaften Überschreitung der Geschäfts-
      führungsbefugnis die Regeln der GoA angewandt. Für die Prüfung des Ver-
      schuldens gilt der Sorgfaltsmaßstab des § 708 BGB. Nur bei einer danach
      vorwerfbaren Überschreitung sei die strenge Haftung des § 678 BGB ge-
      rechtfertigt.[320]

      c) Nach der heute h.M. ist das Überschreiten der Geschäftsführungsbefugnis **205**
      kein Fall der Geschäftsführung ohne Auftrag. Das Merkmal „ohne Auftrag"
      setzt das Fehlen einer vertraglichen Beziehung zwischen Geschäftsführer
      und Geschäftsherrn voraus. Die Rechte und Pflichten des Geschäftsführers
      ergeben sich aber aus dem Gesellschaftsvertrag. Überschreitet ein ge-
      schäftsführender Gesellschafter seine Geschäftsführungsbefugnis, liegt

---

319  RGZ 158, 302, 312.
320  Staudinger/Habermeier § 708 Rn. 21; MünchKomm-BGB/Schäfer § 708 Rn. 10; Baumbach/Hopt § 114 Rn. 15.

eine Verletzung der Pflichten aus dem Gesellschaftsvertrag, nicht aber eine Geschäftsführung ohne Auftrag vor. Danach scheidet ein Anspruch aus §§ 677, 678 BGB aus.[321]

II. Anspruch der OHG nach § 280 Abs. 1 BGB i.V.m. dem Gesellschaftsvertrag

1. Der Anspruch setzt voraus, dass A seine Pflichten aus dem Gesellschaftsvertrag verletzt hat.

Aufgrund des Gesellschaftsvertrages ist der Geschäftsführer zur ordnungsgemäßen Geschäftsführung verpflichtet. Diese Pflicht hat A verletzt, wenn er seine Geschäftsführungsbefugnis überschritten hat. A war allein geschäftsführungsbefugt, er war daher zur Vornahme aller gewöhnlichen Handlungen berechtigt (§ 116 Abs. 1 HGB). Bei dem Kauf des Hotelgrundstücks könnte es sich jedoch um eine darüber hinausgehende Maßnahme handeln, die nach § 116 Abs. 2 HGB eines einstimmigen Gesellschafterbeschlusses bedarf. Ein außergewöhnliches Geschäft liegt vor, wenn es nach Inhalt und Zweck über den Rahmen des Unternehmens der Gesellschaft hinausgeht, d.h. dem Gesellschaftszweck fremd ist, oder wenn es wegen seiner Bedeutung und den mit ihm verbundenen Risiken Ausnahmecharakter hat.

Da der Kauf des Grundstücks von dem Gesellschaftszweck nicht gedeckt ist, bedurfte er als ungewöhnliche Maßnahme eines einstimmigen Gesellschafterbeschlusses. A hat durch die Überschreitung der Geschäftsführungsbefugnis seine Pflichten aus dem Gesellschaftsvertrag verletzt.

2. Möglicherweise kann sich A gemäß § 280 Abs. 1 S. 2 BGB entlasten. Für das Verschulden gilt der Sorgfaltsmaßstab des § 708 BGB. Danach muss ein Gesellschafter bei der Erfüllung der gesellschaftsvertraglichen Obliegenheiten nur für die Verletzung der eigenüblichen Sorgfalt einstehen. Bei Anwendung dieses Sorgfaltsmaßstabs hätte A erkennen müssen, dass der Kauf des Hotelgrundstücks eine außergewöhnliche Geschäftsführungsmaßnahme darstellt, die er ohne Zustimmung seiner Mitgesellschafter nicht durchführen durfte. A kann sich daher nicht nach § 280 Abs. 1 S. 2 BGB exkulpieren.

Bei der Prüfung der Pflichtverletzung und des Verschuldens ist allein auf die Überschreitung der Geschäftsführungsbefugnis abzustellen, unerheblich ist, ob das Geschäft selbst günstig ist oder nicht.[322]

3. Die OHG kann von A Ersatz des Schadens verlangen, der durch die Überschreitung der Geschäftsführungsbefugnisse entstanden ist.

C. Klagemöglichkeit für B

Der Anspruch auf Schadensersatz steht der OHG und nicht B selbst zu. Da B ein fremdes Recht geltend machen würde und nicht vertretungsberechtigt ist, ist fraglich, ob er prozessführungsbefugt ist. Bei dem Schadensersatzanspruch der OHG handelt es sich allerdings um einen **Sozialanspruch** (Anspruch der Gesellschaft gegen einen

---

321 BGH WM 1988, 968, 970; NJW-RR 1989, 1255, 1256; MünchKomm-HGB/Rawert § 114 Rn. 63 f.
322 BGH NJW 1997, 314.

Gesellschafter aus dem Gesellschaftsverhältnis), der auch von einem nicht zur Geschäftsführung und Vertretung befugten Gesellschafter im Wege der **actio pro socio** geltend gemacht werden kann. B kann daher auf Leistung an die Gesellschaft klagen.

---

## 3. Gewinn- und Verlustverteilung, §§ 120–122 HGB

Jeder Gesellschafter einer OHG kann von der Gesellschaft verlangen, dass er an deren **206** **Gewinn oder Verlust beteiligt** wird. Die Verteilung des Gewinns bzw. des Verlustes richtet sich dabei in erster Linie nach dem Gesellschaftsvertrag; subsidiär gelten die §§ 120, 121 HGB:

- Gemäß § 120 Abs. 1 HGB wird anhand der Bilanz zunächst das Ergebnis des abgelaufenen Geschäftsjahres ermittelt.

- Ergibt sich ein Gewinn, so wird dieser gemäß § 120 Abs. 2 HGB dem Kapitalanteil des einzelnen Gesellschafters zugeschrieben; ein sich ergebender Verlust wird – ebenso wie Entnahmen während des Geschäftsjahres – vom jeweiligen Kapitalanteil abgeschrieben.

  Der Kapitalanteil ist das auf dem Kapitalkonto des Gesellschafters ausgewiesene Guthaben des Gesellschafters. Er setzt sich aus der Einlage und den gutgeschriebenen Gewinnen – vermindert durch Abschreibungen, Entnahmen und Verluste – zusammen. Der Kapitalanteil stellt also weder ein Recht noch – soweit er negativ ist – eine Schuld des Gesellschafters dar. Er ist lediglich ein in der Bilanz aufgeführter, auf einen bestimmten Geldbetrag lautender Posten, der die wertmäßige Beteiligung des einzelnen Gesellschafters an der Gesellschaft im Verhältnis zu den anderen Gesellschaftern ausdrückt.

- Die Höhe des Gewinn- bzw. Verlustanteils ergibt sich aus § 121 HGB.

Von der Verteilung des erwirtschafteten Gewinns zu unterscheiden ist das **Entnahme-** **207** **recht** des einzelnen Gesellschafters. Mangels anderweitiger Regelung im Gesellschaftsvertrag bestimmt § 122 Abs. 1 HGB insoweit, dass jeder Gesellschafter während des Geschäftsjahres Geld bis zum Betrag von 4% seines letztjährigen Kapitalanteils aus der Gesellschaftskasse zu eigenen Lasten entnehmen darf.

Eine Haftung der übrigen Gesellschafter gemäß § 128 HGB für die Verpflichtung der Ge- **208** sellschaft zur Gewinnausschüttung entfällt, weil es sich insoweit um eine Sozialverpflichtung der Gesellschaft handelt, auf die § 128 HGB grundsätzlich keine Anwendung findet.

Für die Beteiligung des Kommanditisten an Gewinn und Verlust gelten mangels ander- **209** weitiger Vereinbarung im Gesellschaftsvertrag die §§ 167–169 HGB. Ein Entnahmerecht steht dem Kommanditisten grundsätzlich nicht zu (§ 169 Abs. 1 S. 1 HGB).

## 4. Die Ersatz- bzw. Ausgleichsansprüche des Gesellschafters für Aufwendungen und Verluste

**210** Macht der Gesellschafter einer Personenhandelsgesellschaft im Interesse der Gesellschaft Aufwendungen oder erleidet er insoweit Verluste, so hat er unter den Voraussetzungen des § 110 HGB (i.V.m. § 161 Abs. 2 HGB) einen Ersatzanspruch gegen die Gesellschaft. Nach § 110 HGB kann nicht nur ein zur Geschäftsführung befugter, sondern jeder Gesellschafter (auch ein Kommanditist) Ausgleich für Sonderopfer verlangen.[323]

In welchem Umfang ihm ein Ausgleichsanspruch gegen seine Mitgesellschafter zusteht, ist im Einzelnen umstritten.

### a) Die grundsätzliche Regelung des § 110 HGB

**211** § 110 HGB enthält zwei Alternativen:

- einen Ersatzanspruch des Gesellschafters für Aufwendungen, die er den Umständen nach für erforderlich halten darf,

- und einen Ersatzanspruch für Verluste, die er unmittelbar durch die Geschäftsführung oder aus Gefahren, die mit ihr untrennbar verbunden sind, erleidet.

---

**Fall 17: Die finanzschwache OHG**

Der Gesellschafter A der A & Co. OHG wird auf einer Geschäftsreise nach Hamburg bei einem Verkehrsunfall durch Verschulden des D erheblich verletzt. Der Wagen des A, der diesem selbst gehört, ist schrottreif. Da D seine Ersatzpflicht bestreitet, nimmt A die OHG in Anspruch. Diese verweigert wegen der angespannten Wirtschaftslage jegliche Zahlung.

1. Besteht ein Anspruch des A gegen die OHG?

2. Kann A ggf. von seinen Mitgesellschaftern B und C Ausgleich seiner Schäden verlangen?

---

A. Der Ersatzanspruch des A gegen die OHG könnte sich aus § 110 HGB ergeben.

    I. A müsste bei der Wahrnehmung einer Gesellschaftsangelegenheit den Umständen nach erforderliche Aufwendungen gemacht oder unmittelbar durch seine Geschäftsführung oder aus Gefahren, die mit dieser untrennbar verbunden sind, Verluste erlitten haben.

**212**     1. **Aufwendungen** i.S.d. § 110 HGB sind freiwillige Vermögensopfer, die ein Gesellschafter im Interesse der Gesellschaft gemacht hat. Nicht zu den Aufwendungen i.S.d. § 110 HGB gehören danach einerseits Leistungen, die der Gesellschafter nach dem Gesellschaftsvertrag zu erbringen hat (z.B. Geld- oder Sacheinlagen, Tätigkeit als Geschäftsführer etc.), andererseits Vermögenseinbußen,

---

323  BGH, Urt. v. 17.12.2001 – II ZR 382/99, NJW-RR 2002, 455.

die der Gesellschafter unfreiwillig (z.B. durch Zufall oder Einwirkungen Dritter) erleidet. Die durch die Körperverletzung sowie die Beschädigung seines Pkw erlittenen Vermögenseinbußen des A sind danach mangels Freiwilligkeit keine Aufwendungen i.S.d. § 110 HGB.

Im Rahmen des § 110 HGB besteht kein Bedürfnis, den Aufwendungsbegriff wie bei § 670 BGB auch auf Schäden zu erstrecken, da sich Schäden als Verluste einordnen lassen.

2. **Verluste** i.S.d. § 110 HGB sind unfreiwillige Vermögensnachteile jedweder Art, insbesondere Personen- oder Sachschäden, nicht jedoch immaterielle Schäden (Schmerzensgeld kann folglich nach § 110 HGB nicht verlangt werden[324]). Die Verluste müssen entweder „unmittelbar durch die Geschäftsführung" entstanden sein, ihre Ursache also in einer Handlung der Geschäftsführung haben, oder aus Gefahren herrühren, „die mit ihr untrennbar verbunden sind". Es ist ein unmittelbarer Zusammenhang zwischen den Verlusten und der Geschäftsführung erforderlich; der Verlust muss aufgrund einer tätigkeitsspezifischen Gefahrenlage (im Gegensatz zum allgemeinen Lebensrisiko) eingetreten sein.[325] **213**

Hier standen die Körperverletzung sowie die Beschädigung des Pkw in einem unmittelbaren Zusammenhang mit der Geschäftsreise des A, die ihrerseits untrennbar mit dessen Stellung als geschäftsführendem Gesellschafter der OHG verbunden war. Es handelte sich bei den von A erlittenen Verlusten um solche, die aufgrund einer tätigkeitsspezifischen Gefahrenlage eingetreten sind. Die Voraussetzungen des § 110 HGB sind gegeben.

II. Die Tatsache, dass A Ansprüche gegen D als unmittelbar Verantwortlichen hat, hindert die Durchsetzung des Anspruchs gegen die Gesellschaft nicht. § 110 HGB beinhaltet keine nur subsidiäre Haftung der Gesellschaft.[326]

Allenfalls dann, wenn der geschädigte Gesellschafter von einem Dritten ohne Weiteres Ersatz zu erhalten vermag – etwa, weil dieser die Ansprüche anerkannt hat –, kann die unmittelbare Inanspruchnahme der Gesellschaft unter Umständen gegen die Treuepflicht verstoßen.

Wenn A allerdings die Gesellschaft in Anspruch nimmt, ist er ihr entsprechend § 255 BGB zur Abtretung aller ihm aus dem schädigenden Ereignis gegen Dritte zustehenden Ansprüche – hier also gegen D und dessen Kfz-Haftpflichtversicherung – verpflichtet.[327]

B. Ein Ausgleichsanspruch des A gegen seine Mitgesellschafter B und C könnte sich aus § 128 HGB ergeben. Nach dem Wortlaut des § 128 HGB haften die Gesellschafter für alle Verbindlichkeiten der OHG persönlich als Gesamtschuldner. Auf die Sozialverpflichtungen – und damit auch auf den Anspruch aus § 110 HGB – ist § 128 HGB jedoch grundsätzlich unanwendbar. Die Bejahung einer Haftung aus § 128 HGB würde **214**

---

324  MünchKomm-HGB/Langhein § 110 Rn. 17.

325  MünchKomm-HGB/Langhein § 110 Rn. 18 f.

326  MünchKomm-HGB/Langhein § 110 Rn. 9.

327  OLG Düsseldorf NJW 1956, 1802, 1803; Röhricht/v.Westphalen/v.Gerkan § 110 Rn. 15.

die Gesellschafter zu Leistungen für die Gesellschaft über die Einlage hinaus verpflichten und damit gegen das Verbot der Einlagenerhöhung aus § 707 BGB verstoßen.[328]

A hat gegen seine Mitgesellschafter B und C damit keinen Anspruch aus § 128 HGB i.V.m. § 110 HGB auf Ersatz seiner bei dem Verkehrsunfall erlittenen Schäden.

---

### b) Die Ansprüche des Gesellschafters bei Tilgung einer Gesellschaftsschuld

> **Fall 18: Zahlender Gesellschafter**
>
> Der Gesellschafter A der G-OHG wird von X, einem Gläubiger der OHG, auf Zahlung einer Kaufpreisschuld i.H.v. 12.000 €, für die X bereits einen rechtskräftigen Titel gegen die OHG erstritten hat, nach § 128 HGB in Anspruch genommen.
>
> 1. Kann A von der Gesellschaft Ersatz verlangen, wenn er an X zahlt?
>
> 2. Steht ihm nach Tilgung der Kaufpreisschuld ein Ausgleichsanspruch gegen seine Mitgesellschafter B und C zu?

**215**  A. Ansprüche des A **gegen die Gesellschaft**

    I.  Ersatzanspruch des A gegen die Gesellschaft aus § 110 HGB

        Bei der Tilgung der Gesellschaftsschuld durch den A könnte es sich um eine Aufwendung handeln. Fraglich ist, ob es sich um ein freiwilliges Vermögensopfer handelt, da A dem X gemäß § 128 HGB zur Zahlung verpflichtet ist. Die Freiwilligkeit beurteilt sich aber danach, ob der Gesellschafter nach dem Gesellschaftsvertrag oder einer sonstigen Abrede im Innenverhältnis zu den Aufwendungen verpflichtet ist. Nach dem Innenverhältnis besteht grundsätzlich keine Verpflichtung des Gesellschafters zur Tilgung von Gesellschaftsschulden. Diese ist als Aufwendung i.S.d. § 110 HGB anzusehen.[329]

        Falls A an X zahlt, kann er somit von der Gesellschaft nach § 110 HGB Ersatz dieser Aufwendung verlangen. Dabei kann er in der Höhe Ersatz des gesamten Betrages von 12.000 € beanspruchen, ohne sich den Anteil abziehen lassen zu müssen, den er als Mitgesellschafter selbst zu tragen hätte. Die anteilige Verlusttragung ist erst bei der Auseinandersetzung der Gesellschaft vorzunehmen.

    II.  Ein Anspruch gegen die Gesellschaft kann sich auch aus einer kraft Gesetzes übergegangenen Forderung ergeben. Ob die Forderung des Dritten gegen die Gesellschaft kraft Gesetzes auf den Gesellschafter übergeht, ist umstritten.

---

328  BGHZ 37, 299, 301; Baumbach/Hopt § 110 Rn. 5; K. Schmidt §§ 49 V 2, I 2 b, 47 II 4 d; MünchKomm-HGB/K. Schmidt § 128 Rn. 33.

329  Röhricht/v.Westphalen/v.Gerkan § 110 Rn. 8; Baumbach/Hopt § 110 Rn. 10.

*Die Frage hat vor allem dann Bedeutung, wenn für die Forderung Sicherheiten beste-
hen. Diese gehen bei einem gesetzlichen Forderungsübergang gemäß §§ 412, 401
BGB mit auf den Gesellschafter über. Bei einem Forderungsübergang ist weiterhin die
Umschreibung eines vom Dritten gegen die Gesellschaft erstrittenen Titels gemäß
§ 727 ZPO möglich.*

1. Nach der zumindest früher h.M. findet kein gesetzlicher Forderungsübergang
   statt. Insbesondere eine cessio legis gemäß § 426 Abs. 2 BGB sei abzulehnen,
   da zwischen der Gesellschaft und den Gesellschaftern kein Gesamtschuldverhältnis bestehe. Für eine entsprechende Anwendung bestehe keine Regelungslücke, da die Ausgleichsansprüche des Gesellschafters in § 110 HGB geregelt sind.[330]

2. Die Gegenansicht bejaht einen gesetzlichen Forderungsübergang in analoger
   Anwendung des § 774 Abs. 1 BGB.[331] Wie die Bürgenhaftung sei auch die Haf-
   tung des Gesellschafters akzessorisch zu der Haftung der Gesellschaft. Dieser
   Akzessorietät entspreche eine analoge Anwendung des § 774 Abs. 1 BGB.

B. Ansprüche des A **gegen die Mitgesellschafter**

I. Anspruch aus §§ 110, 128 HGB

Nach der h.M. ist § 128 HGB auf Sozialverpflichtungen wie den Anspruch aus § 110
HGB nicht anwendbar. Von diesem Grundsatz wird auch dann keine Ausnahme
gemacht, wenn der Gesellschafter eine Gesellschaftsschuld getilgt hat.[332]

II. Anspruch des A gegen die Mitgesellschafter aus § 426 Abs. 1 BGB **216**

1. Dem Gesellschaftsgläubiger gegenüber haften die Gesellschafter nach § 128
   HGB als Gesamtschuldner. Der Ausgleich im Verhältnis der Gesellschafter untereinander bestimmt sich nach § 426 BGB.[333]

   Nach der Rechtsprechung des BGH kann nicht nur ein persönlich haftender Gesellschafter,
   sondern auch ein Kommanditist Ausgleich nach § 426 BGB verlangen. Zwar setze § 426 BGB
   voraus, dass die Gesellschafter im Außenverhältnis den Gesellschaftsgläubigern gesamtschuldnerisch haften. Der BGH hält einen Ausgleich nach § 426 BGB aber auch insoweit für
   geboten:

   „Ein Kommanditist, der ohne Verpflichtung im Außenverhältnis einen Gesellschaftsgläubiger freiwillig befriedigt hat, kann nicht nur die Gesellschaft nach § 110 HGB auf Aufwen-
   dungsersatz in Anspruch nehmen, sondern kann den Komplementär nach § 426 BGB in gleicher Weise in Anspruch nehmen, als hätte er selbst auch die Stellung eines Komplementärs."[334]

---

330 BGHZ 39, 319, 323 f.

331 MünchKomm-HGB/K. Schmidt § 128 Rn. 31; Staub/Habersack § 128 Rn. 43.

332 BGH, Urt. v. 17.12.2001 – II ZR 382/99, NJW-RR 2002, 455, 456; MünchKomm-HGB/K. Schmidt § 128 Rn. 34.

333 BGH, Urt. v. 17.12.2001 – II ZR 382/99, NJW-RR 2002, 455, 456; BGHZ 37, 299, 302; MünchKomm-HGB/K. Schmidt § 128
Rn. 34; Baumbach/Hopt § 128 Rn. 27.

334 BGH, Urt. v. 17.12.2001 – II ZR 382/99, NJW-RR 2002, 455; kritisch K. Schmidt JuS 2003, 228 ff.

2. Die Treuepflicht gebietet es dem Gesellschafter, zunächst den Anspruch gegen die Gesellschaft geltend zu machen. Die Gesellschafter haften nur subsidiär.[335]

Diese Haftung tritt aber nicht erst dann ein, wenn selbst eine Zwangsvollstreckung ins Gesellschaftsvermögen aussichtslos wäre. Es genügt, wenn die Gesellschaft nicht in der Lage oder nicht bereit ist, den Anspruch nach § 110 HGB zu erfüllen; dies ist bereits dann anzunehmen, wenn die Gesellschaft auf Aufforderung nicht zahlt.[336]

3. Gemäß § 426 Abs. 1 BGB besteht ein Ausgleichsanspruch nur „zu gleichen Teilen", d.h. der Gesellschafter kann von seinen Mitgesellschaftern nur anteiligen Ausgleich entsprechend der Höhe der Verlustbeteiligung verlangen. Wenn die Verlustbeteiligung von A, B und C gleich groß ist, kann A von seinen Mitgesellschaftern jeweils 4.000 € beanspruchen.

III. Anspruch des A gegen seine Mitgesellschafter aus kraft Gesetzes übergegangenem Anspruch des Dritten gemäß § 128 HGB

1. Nach einem Teil der Literatur geht der Anspruch des Dritten gegen die Mitgesellschafter aus § 128 HGB gemäß § 426 Abs. 2 BGB auf den tilgenden Gesellschafter über.[337] Der Forderungsübergang findet gemäß § 426 Abs. 2 BGB nur in dem Umfang statt, in dem der tilgende Gesellschafter von seinen Mitgesellschaftern Ausgleich verlangen kann, d.h. nur anteilig.

2. Eine andere Ansicht begründet die Forderung mit der Akzessorietät der Gesellschafterhaftung. Die auf eine analoge Anwendung des § 774 Abs. 1 BGB gestützte cessio legis führe dazu, dass gemäß §§ 412, 401 BGB die akzessorischen Sicherungsrechte auf den leistenden Gesellschafter übergingen. Damit erwerbe der in Anspruch genommene Gesellschafter auch die – im Verhältnis zur Forderung gegen die Gesellschaft akzessorischen – Forderungen des Gläubigers aus § 128 HGB gegen seine Mitgesellschafter.[338] Nach dieser Ansicht ist auch § 774 Abs. 2 BGB analog anzuwenden. Die Forderung geht gemäß §§ 774 Abs. 2, 426 Abs. 2 BGB nur anteilig über.

---

335 BGH, Urt. v. 17.12.2001 – II ZR 382/99, NJW-RR 2002, 455, 456; BGHZ 37, 299, 302 ff.; Baumbach/Hopt § 128 Rn. 27; Windbichler § 15 Rn. 29.

336 BGH, Urt. v. 17.12.2001 – II ZR 382/99, NJW-RR 2002, 455.

337 MünchKomm/K. Schmidt § 128 Rn. 34.

338 Staub/Habersack § 128 Rn. 48; Baumbach/Hopt § 128 Rn. 27.

## Sonderregeln für die OHG und die KG

### Wettbewerbsverbot gemäß § 112 HGB

**Voraussetzungen:** Betroffener ist persönlich haftender Gesellschafter; Geschäftemachen in dem gleichen Handelszweig bzw. Beteiligung als persönlich haftender Gesellschafter an einer gleichartigen Handelsgesellschaft; keine Einwilligung der anderen Gesellschafter

Das Wettbewerbsverbot ist unwirksam, soweit es gegen § 1 GWB verstößt. Die Anwendungsbereiche des § 112 HGB und des § 1 GWB kollidieren. Es ist eine Güter- und Interessenabwägung erforderlich. § 1 GWB ist unanwendbar, soweit die Interessen der Gesellschaft dies erfordern.

- Konkurrenzverbot kann nur bei kartellrechtsneutralen Gesellschaften wirksam sein.

- Wettbewerbsverbot wirksam bei Gesellschaftern, die in der Gesellschaft tätig sind und Geschäftsführungsaufgaben wahrnehmen.

- Rechtslage streitig bei Gesellschaftern, die von der Geschäftsführung ausgeschlossen sind, aber das Informationsrecht aus § 118 HGB haben. BGH: Bei lediglich kapitalistischer Beteiligung ist das Wettbewerbsverbot unwirksam.

- **Rechtsfolgen:** Unterlassungsanspruch; Schadensersatz; Eintrittsrecht (§ 113 HGB)

### Geschäftsführung

- Soweit im Gesellschaftsvertrag nichts anderes bestimmt ist, gelten die §§ 114–117 HGB: Für gewöhnliche Geschäftsführungsaufgaben besteht Alleingeschäftsführung aller persönlich haftenden Gesellschafter. Außergewöhnliche Geschäftsführungsmaßnahmen müssen alle Gesellschafter beschließen.

- Bei Überschreitung der Geschäftsführungsbefugnis haftet nach h.M. der Geschäftsführer aus § 280 Abs. 1 BGB i.V.m. dem Gesellschaftsvertrag (Gegenansicht: §§ 677, 678 BGB).

### Weitere Ansprüche

- Für die Gewinn- und Verlustverteilung gelten die §§ 120–122 HGB, soweit im Gesellschaftsvertrag nichts anderes bestimmt ist.

- Der Ausgleichsanspruch aus § 110 HGB richtet sich gegen die Gesellschaft und setzt voraus, dass der Gesellschafter Aufwendungen gemacht oder Verluste erlitten hat. Aufwendungen sind alle freiwilligen Vermögensopfer; Verluste sind die unfreiwilligen Vermögensnachteile. Verluste sind nach § 110 HGB nur zu ersetzen, wenn sie aufgrund einer tätigkeitsspezifischen Gefahrenlage eingetreten sind.

- Ansprüche bei Tilgung einer Gesellschaftsschuld

  - Anspruch aus § 110 HGB gegen die Gesellschaft

  - Anspruch aus § 426 BGB gegen die Mitgesellschafter

## B. Die Willensbildung durch Beschlüsse

**217**    Die interne Willensbildung findet – zumindest, soweit mehrere Gesellschafter daran zu beteiligen sind – durch Beschlüsse statt. Die Regelungen über Beschlüsse sind sowohl im BGB als auch im HGB unvollständig und bedürfen der Ergänzung. Hierzu können teilweise die Vorschriften über die Beschlussfassung in Körperschaften, ansonsten allgemeine Rechtsgrundsätze herangezogen werden.

Insgesamt stimmt daher die Rechtslage bezüglich der Beschlüsse bei der GbR und den Personenhandelsgesellschaften weitgehend überein. Aus diesem Grund wird in der folgenden Darstellung nur zwischen den Gesellschaften unterschieden, soweit dies erforderlich ist.

### I. Beschlüsse, Gegenstand, Erforderlichkeit

**218**    Beschlüsse sind alle Entscheidungen über Gesellschaftsangelegenheiten, die von den Gesellschaftern innerhalb oder außerhalb der Gesellschafterversammlung getroffen werden. Jeder Beschluss stellt eine Zusammenfassung mehrerer Willenserklärungen (der Stimmabgaben der einzelnen Gesellschafter) dar.

**219**    Gegenstand der Beschlussfassung können sein:

- Änderungen des Gesellschaftsvertrages

  Beispielsweise: Aufnahme oder Ausscheiden eines Gesellschafters, Bestimmung des oder der Geschäftsführer, Abberufung eines Geschäftsführers

- Geschäftsführungsangelegenheiten

  Soweit mehreren Gesellschaftern die Geschäftsführung gemeinschaftlich zusteht, bedarf jede Geschäftsführungsmaßnahme eines Beschlusses. Bei Einzelgeschäftsführung kann der Geschäftsführer allein entscheiden, für einen Gesellschafterbeschluss ist kein Raum.

- Sonstige gemeinsame Gesellschaftsangelegenheiten

  Z.B.: Bilanzfeststellung, Gewinnverwendung, Entlastung des Geschäftsführers sowie außergewöhnliche, nicht durch den Gesellschaftszweck gedeckte Geschäfte

**220**    Erforderlich sind Beschlüsse

- kraft Gesetzes, z.B.

  - bei der GbR

    § 709 BGB: alle Maßnahmen gemeinschaftlicher Geschäftsführung

    § 712 Abs. 1 BGB: Entziehung der Geschäftsführungsbefugnis

    § 715 i.V.m. § 712 BGB: Entziehung der Vertretungsbefugnis

  - bei der OHG und KG

    § 116 Abs. 2 HGB: alle Maßnahmen außergewöhnlicher Geschäftsführung

    § 113 Abs. 2 HGB: Geltendmachung des Eintrittsrechts nach § 113 Abs. 1 HGB

- kraft Vereinbarung, insbesondere im Gesellschaftsvertrag.

## II. Beschlussfassung in der Gesellschafterversammlung

Besondere Wirksamkeits-, insbesondere Formerfordernisse sind im Gesetz nicht vorge- **221**
sehen. Die Beschlussfassung kann grundsätzlich jederzeit und in beliebiger Weise erfolgen. Der Gesellschaftsvertrag kann aber bestimmte Anforderungen an Beschlüsse enthalten, z.B. eine Protokollierungspflicht vorsehen.

Häufig ist im Gesellschaftsvertrag die Beschlussfassung in einer Gesellschafterversammlung vorgesehen. Insbesondere wenn Abstimmungen nach dem Mehrheitsprinzip vereinbart sind, wird ohne eine Gesellschafterversammlung nicht auszukommen sein.

Im Personengesellschaftsrecht sind – anders als im Recht der Kapitalgesellschaften und im Vereinsrecht –
keine Vorschriften über die gesellschaftliche Willensbildung in einer Gesellschafterversammlung enthalten. Die Gesellschafter sind daher bei der Regelung der Förmlichkeiten einer Gesellschafterversammlung weitestgehend frei, naheliegend ist aber eine Gestaltung, die an die der Kapitalgesellschaften (z.B. §§ 46 ff. GmbHG) angelehnt ist. Der Gesellschaftsvertrag kann beispielsweise bestimmen, dass
bei Mehrheitsentscheidungen nur die in der Gesellschafterversammlung abgegebenen Stimmen ge-
zählt werden[339] oder dass es auf die Mehrheit des in der Versammlung vertretenen Kapitals ankommen
soll.[340]

## 1. Die Einberufung der Gesellschafterversammlung

Da es im Personengesellschaftsrecht keine Vorschriften über die Einberufung der Ge- **222**
sellschafterversammlung gibt, sind grundsätzlich nur die im Gesellschaftsvertrag vereinbarten Erfordernisse zu beachten. Darüber hinaus sind die unverzichtbaren Mitgliedschaftsrechte wie beispielsweise das Teilnahmerecht des Gesellschafters zu beachten.

So hat jeder Gesellschafter jederzeit das Recht, eine Gesellschafterversammlung zur Be-
handlung oder Entscheidung von Gesellschaftsangelegenheiten einzuberufen. Auch
wenn im Gesellschaftsvertrag die Einberufung nur durch bestimmte Personen vorgesehen ist (z.B. den Geschäftsführer), hat jeder Gesellschafter das Recht, die Einberufung
aus wichtigem Grund zu verlangen.[341]

Zu einer Gesellschafterversammlung ist jeder Gesellschafter zu laden. Beschlüsse auf
Gesellschafterversammlungen, zu denen nicht ordnungsgemäß alle Gesellschafter ge-
laden wurden, sind grundsätzlich nichtig, es sei denn, dass alle Gesellschafter ihnen zustimmen.[342]

Wenn es nicht im Gesellschaftsvertrag vorgesehen ist, besteht auch keine Pflicht zur Bekanntgabe einer detaillierten Tagesordnung. Eine solche Pflicht kann allenfalls dann angenommen werden, wenn es um eine überraschende oder schwerwiegende Entscheidung geht.[343]

Die vorherige Bekanntgabe der Tagesordnung ist grundsätzlich nicht erforderlich,[344] doch kann jeder
Gesellschafter dann Vertagung der Beschlussfassung oder eine gewisse Bedenkzeit verlangen, wenn
ihm eine sofortige Stimmabgabe unzumutbar ist.

---

339  BGHZ 71, 53, 60.
340  BGH BB 1984, 169.
341  OLG Köln ZIP 1987, 1120, 1122.
342  BGH LM BGB § 242 [Cd] Nr. 252.
343  BGH ZIP 1994, 1523, 1525.
344  BGH ZIP 1994, 1523, 1525; NJW 1995, 1353, 1356.

## 2. Die zur Wirksamkeit eines Beschlusses erforderliche Mehrheit

### a) Zu beteiligende Personen

**223** Welche Personen an den Beschlüssen zu beteiligen sind, hängt von der Art und dem Inhalt des jeweiligen Beschlusses ab.

■ Grundsätzlich ist für die Beschlussfassung die Beteiligung aller Gesellschafter erforderlich. Dies gilt insbesondere bei Beschlüssen, die die Änderung des Gesellschaftsvertrages zum Gegenstand haben.

■ Beschlüsse über die Geschäftsführung erfordern die Beteiligung aller geschäftsführenden Gesellschafter.

■ Für einige Beschlussgegenstände ist die Beteiligung aller Mitgesellschafter mit Ausnahme des betroffenen Gesellschafters vorgesehen.

> So müssen z.B. bei Personenhandelsgesellschaften „die übrigen Gesellschafter" bei Gericht die Entziehung der Geschäftsführungsbefugnis (§ 117 HGB) oder die Ausschließung eines Gesellschafters (§ 140 HGB) beantragen; weitere Fälle: §§ 113 Abs. 2, 127 HGB.

Bei der Beschlussfassung sind die Gesellschafter nicht zu beteiligen, deren **Stimmrecht ausgeschlossen** ist. Sie haben allerdings aufgrund ihres Informations- und Kontrollrechts ein Recht zur Anwesenheit und Mitsprache bei der Beschlussfassung, d.h. sie sind zu einer Gesellschafterversammlung zu laden.

■ Ein Stimmrechtsausschluss kann auf einer Vereinbarung zwischen den Gesellschaftern beruhen. Ein Stimmrechtsausschluss durch Vertrag – mit Beteiligung des betroffenen Gesellschafters – ist grundsätzlich zulässig. Nach der h.M. findet er jedoch seine Grenzen in der **Kernbereichslehre**.[345] Danach ist ein Kernbereich des Stimmrechts unentziehbar. Es bleibt trotz abweichender Vertragsgestaltung bestehen.

> Zu diesem Kernbereich gehören z.B. die Mitentscheidung über Bestand und Ausgestaltung der eigenen Gesellschafterstellung einschließlich der Gewinnverteilung und des Informationsrechts des Gesellschafters, über Auflösung oder Kündigung der Gesellschaft, über den Zweck der Gesellschaft usw.

■ In bestimmten Fällen kann sich ein Stimmrechtsausschluss aus dem Gesetz ergeben.

  ■ Dies sind einmal die schon oben erwähnten Fälle (§§ 113 Abs. 2, 117, 127, 140 Abs. 1 S. 1 HGB), in denen nur „die übrigen Gesellschafter" an dem Beschluss zu beteiligen sind.

  ■ Analog § 34 BGB, § 47 Abs. 4 GmbHG, § 136 Abs. 1 AktG ist ein Gesellschafter vom Stimmrecht ausgeschlossen, wenn über seine Entlastung, seine Befreiung von einer Verbindlichkeit oder über die Einleitung oder Erledigung eines gegen ihn gerichteten Rechtsstreits zu beschließen ist.[346]

---

345 BGHZ 20, 363; 85, 260; 85, 361; BGH NJW 1985, 874; 1995, 194 mit Anm. K. Schmidt JZ 1995, 313; Erman/Westermann § 709 Rn. 25; Herrmann Jura 1986, 511, 515 ff.

346 Erman/Westermann § 709 Rn. 26; MünchKomm-BGB/Schäfer § 709 Rn. 65.

■ Umstritten ist, ob ein Gesellschafter bei Beschlüssen über Rechtsgeschäfte zwischen ihm und der Gesellschaft vom Stimmrecht ausgeschlossen ist. Die wohl h.M. bejaht ein Stimmverbot in analoger Anwendung der § 34 BGB, § 47 Abs. 4 GmbHG.[347]

#### b) Die Stimmverhältnisse

Grundsätzlich ist für die Beschlussfassung Einstimmigkeit erforderlich (§ 119 Abs. 1 HGB, § 709 Abs. 1 Hs. 2 BGB). Die Gesellschafter können jedoch auch vereinbaren, dass die Mehrheit der Stimmen entscheidet (§ 119 Abs. 2 HGB, § 709 Abs. 2 BGB). Eine derartige Vereinbarung kann im Gesellschaftsvertrag enthalten sein, sie kann aber auch stillschweigend durch längere Übung getroffen werden. Gegenstand einer Mehrheitsentscheidung können nicht nur Angelegenheiten der Geschäftsführung sein, sondern auch Änderungen des Gesellschaftsvertrages.

**224**

Sollen Mehrheitsentscheidungen über Vertragsänderungen und ähnliche, die Grundlagen der Gesellschaft berührende oder in Rechtspositionen der Gesellschafter eingreifende Maßnahmen getroffen werden, gilt der **Bestimmtheitsgrundsatz**: Zumindest im Wege der Auslegung des Gesellschaftsvertrages muss sich eindeutig der Wille der Gesellschafter ergeben, den betreffenden Beschlussgegenstand mit Mehrheit entscheiden zu wollen.[348]

Bei der Publikumspersonengesellschaft ist der Bestimmtheitsgrundsatz nicht anwendbar.[349]

Mehrheit bedeutet Mehrheit der Stimmen. Die Frage, ob sich für oder gegen einen Beschlussgegenstand eine Mehrheit findet, beantwortet sich folglich nach den Stimmenverhältnissen bei der Abstimmung. Grundsätzlich wird nach „Köpfen" abgestimmt, sodass jeder Gesellschafter das gleiche Stimmrecht hat.[350] Jedoch kann das Stimmrecht auch an die Höhe des Kapitalanteils gebunden sein oder bestimmten Gesellschaftern (z.B. den geschäftsführenden) ein mehrfaches Stimmrecht eingeräumt werden (ungleiches Stimmrecht).

### 3. Fehlerhafte Beschlüsse

Bei Mängeln in der Beschlussfassung muss unterschieden werden, ob sie den Beschluss als solchen oder nur die einzelne Stimmabgabe betreffen.

**225**

■ Mängel der Stimmabgabe können sich aus den §§ 104 ff. BGB, aber auch aus einem Treuepflichtverstoß oder einem Verstoß gegen ein Stimmverbot ergeben. Fehler der Stimmabgabe haben nur dann die Unwirksamkeit des Beschlusses zur Folge, wenn der Beschluss auf dem Mangel beruht. Dies ist immer der Fall, wenn für den Beschluss Einstimmigkeit erforderlich ist; genügt Stimmenmehrheit, so hängt die Wirksamkeit des Beschlusses bei Nichtigkeit einer abgegebenen Stimme von deren Relevanz für die Bildung der Mehrheit ab.

---

347  MünchKomm-BGB/Schäfer § 709 Rn. 70; Erman/Westermann § 709 Rn. 26.

348  BGH, Urt. v. 15.01.2007 – II ZR 245/05, Rn. 9, BGHZ 170, 283.

349  BGHZ 85, 350, 356 (Familien-KG mit 133 Gesellschaftern).

350  MünchKomm-BGB/Schäfer § 709 Rn. 60, 97.

- Beschlüsse, die gegen ein gesetzliches Verbot (§ 134 BGB) oder gegen die guten Sitten (§ 138 Abs. 1 BGB) verstoßen, sind nichtig; ebenso Beschlüsse, deren Zustandekommen oder Inhalt gegen den Gesellschaftsvertrag verstößt.

- Bei Verfahrensverstößen ist zu unterscheiden, ob die verletzte Regelung lediglich Ordnungscharakter hat oder ob es sich nach dem Inhalt des Gesellschaftsvertrages um ein Wirksamkeitserfordernis handeln soll.

  Eine im Gesellschaftsvertrag vorgesehene Protokollierungspflicht für Gesellschafterbeschlüsse hat nach h.M. lediglich Ordnungscharakter; die fehlende Protokollierung wirkt sich auf den Beschluss nicht aus.[351]

  Ein Verfahrensverstoß hat überdies nur dann die Nichtigkeit des Beschlusses zur Folge, wenn er für das Beschlussergebnis kausal geworden ist.

  So hat z.B. die fehlende Einladung eines Gesellschafters zur Gesellschafterversammlung keine Auswirkungen, wenn der Gesellschafter auf sonstige Weise von dem Termin und dem Gegenstand der Versammlung erfahren hat.[352]

Die Unwirksamkeit eines Beschlusses kann auf beliebige Weise geltend gemacht werden. Soll darüber in der Hauptsache entschieden werden, ist Feststellungsklage gegen die Gesellschafter zu erheben, die die Unwirksamkeit des Beschlusses bestreiten.[353]

## C. Das Gesellschaftsvermögen

**226**  Auch die GbR ist als Außengesellschaft rechtsfähig und daher Trägerin des Gesellschaftsvermögens. Der Wortlaut des § 718 Abs. 1 BGB („gemeinschaftliches Vermögen der Gesellschafter") ist insoweit nicht zutreffend.

Gemäß § 719 Abs. 1 BGB kann ein Gesellschafter nicht über seinen Anteil am Gesellschaftsvermögen und an den einzelnen dazu gehörenden Gegenständen verfügen. Da das Gesellschaftsvermögen der Gesellschaft zusteht, besteht rechtlich überhaupt kein Anteil des Gesellschafters an diesem Vermögen oder den dazu gehörenden Gegenständen.

Das HGB enthält keine Regelungen über das Gesellschaftsvermögen. Auch für die OHG und KG gelten daher die §§ 718, 719 BGB.

Nicht alle Gesellschaften haben notwendigerweise ein Gesellschaftsvermögen. Die Innengesellschaften haben in aller Regel kein Gesellschaftsvermögen, wobei sogar streitig ist, ob sie sich nicht gerade durch das Nichtvorhandensein eines Gesellschaftsvermögens von den Außengesellschaften unterscheiden.[354]

## I. Der Erwerb in das Gesellschaftsvermögen

**227**  In das Gesellschaftsvermögen gelangt

- gemäß § 718 Abs. 1 Alt. 1 BGB alles, was die Gesellschafter als Beiträge in die Gesellschaft einbringen.

---

351  MünchKomm-BGB/Schäfer § 709 Rn. 107.
352  MünchKomm-HGB/Enzinger § 119 Rn. 95.
353  MünchKomm-HGB/Enzinger § 119 Rn. 97.
354  Vgl. dazu unten Rn. 551, 559, 563.

Die im Gesellschaftsvertrag versprochenen Beiträge gelangen nicht automatisch mit der Gründung der Gesellschaft in das Gesellschaftsvermögen. Sie müssen vielmehr nach den §§ 929 ff., 873 ff. bzw. 398 ff. BGB in das Gesellschaftsvermögen übertragen werden:

■ gemäß § 718 Abs. 1 Alt. 2 BGB die durch die Geschäftsführung für die Gesellschaft erworbenen Gegenstände.

Nach ganz h.M. beinhaltet § 718 Abs. 1 Alt. 2 BGB keine Ausnahme vom Offenkundigkeitsprinzip. Die von den Geschäftsführern der Gesellschaft erworbenen Gegenstände gelangen nur dann in das Gesellschaftsvermögen, wenn im Namen der Gesellschaft gehandelt wird oder ausnahmsweise die Grundsätze über „das Geschäft für den, den es angeht" oder über „unternehmensbezogene Geschäfte" eingreifen. Liegen diese Voraussetzungen nicht vor, werden nur die Geschäftsführer aus dem Rechtsgeschäft berechtigt und verpflichtet. Es wird dann allerdings häufig der Fall sein, dass der Geschäftsführer konkludent gemäß §§ 929 ff. oder 398 ff. BGB die Gegenstände nachträglich in das Gesellschaftsvermögen überträgt.[355]

■ gemäß § 718 Abs. 2 BGB alles, was aufgrund eines zu dem Gesellschaftsvermögen gehörenden Rechts oder als Ersatz für die Zerstörung, Beschädigung oder Entziehung eines zu dem Gesellschaftsvermögen gehörenden Gegenstandes erworben wird (Surrogationserwerb).

Für den Surrogationserwerb reicht nicht aus, dass ein Gegenstand mit Mitteln der Gesellschaft erworben wird. Dies ergibt sich aus dem Umkehrschluss aus § 2111 BGB, wo der Erwerb mit Mitteln der Erbschaft dem Surrogationserwerb ausdrücklich gleichgestellt wird.

## II. Die Verfügungen über das Gesellschaftsvermögen

Da das Vermögen aller Personengesellschaften der Erreichung des jeweiligen Gesellschaftszwecks dient und – zumindest bei der Außengesellschaft – der Gesellschaft als solcher zusteht, können die einzelnen Gesellschafter nicht über das Gesellschaftsvermögen insgesamt und über die einzelnen dazu gehörenden Gegenstände verfügen (§ 719 BGB). Für den einzelnen Gesellschafter ergibt sich dementsprechend eine dreifache Beschränkung:

**228**

■ Nach § 719 Abs. 1 Alt. 1 BGB kann der einzelne Gesellschafter nicht über seinen Anteil am Gesellschaftsvermögen verfügen: Der Anteil am Gesellschaftsvermögen ist Ausfluss der Mitgliedschaft und kann von dieser nicht getrennt werden; Mitgliedschaft und Vermögensanteil bilden zusammen den Gesellschaftsanteil. Nur der Gesellschaftsanteil insgesamt kann übertragen werden.[356]

■ Eine Verfügung über den Anteil am einzelnen zum Gesellschaftsvermögen gehörenden Gegenstand ist gemäß § 719 Abs. 1 Alt. 2 BGB unzulässig.

■ Nach § 719 Abs. 1 Hs. 2 BGB kann der einzelne Gesellschafter keine Teilung verlangen. Will ein Gesellschafter die Teilung des Gesellschaftsvermögens herbeiführen,

---

355  MünchKomm-BGB/Schäfer § 718 Rn. 18; Staudinger/Habermeier § 718 Rn. 6.

356  MünchKomm-BGB/Schäfer § 719 Rn. 2 f.; Windbichler § 3 Rn. 5; K. Schmidt § 45 III 2.

so kann er dies nur, indem er die Gesellschaft kündigt und so deren Auseinandersetzung herbeiführt.[357]

### III. Die Bedeutung des Kapitalanteils

**229**  Der Kapitalanteil ist lediglich eine Rechnungsziffer, die den Wert der jeweiligen wirtschaftlichen Beteiligung der Gesellschafter am Gesellschaftsvermögen zum Ausdruck bringen soll und die deshalb den Maßstab bildet, wenn der Wert rechtlich von Bedeutung wird.[358]

Es handelt sich weder um ein Recht noch – soweit er negativ ist – um eine Schuld der Gesellschafter, sondern um einen in der Bilanz aufgeführten, auf einen bestimmten Geldbetrag lautenden Posten, der die wertmäßige Beteiligung des einzelnen Gesellschafters an der Gesellschaft im Verhältnis zu den anderen Gesellschaftern ausdrückt.

Die Bedeutung des Kapitalanteils im Einzelnen:

- Bei der Gründung der Gesellschaft bringt der Kapitalanteil den Wert der Einlage zum Ausdruck.

- Es kann vereinbart werden, dass sich während des Bestehens der Gesellschaft der Umfang der Mitgliedschaftsrechte (Gewinnentnahmerecht, ggf. Stimmrecht usw.) nach dem jeweiligen Kapitalanteil bestimmt.

- Beim Ausscheiden eines Gesellschafters oder bei Liquidation der Gesellschaft berechnet sich der Abfindungsanspruch bzw. der Anspruch des einzelnen Gesellschafters auf den Überschuss grundsätzlich nach seinem Kapitalanteil.

### 4. Abschnitt: Die Veränderungen im Personenbestand der Gesellschaft

**230**  Die Gesellschaft verändert sich in ihrem Personenbestand, wenn ein Gesellschafter ausscheidet und/oder ein neuer Gesellschafter eintritt. Ausscheiden und Eintreten kann auch in der Weise kombiniert werden, dass ein Gesellschafterwechsel erfolgt, dass also ein neuer Gesellschafter an die Stelle des alten tritt. Besonderheiten bestehen bei den Nachfolgeregelungen für einen verstorbenen Gesellschafter.

### A. Ausscheiden eines Gesellschafters

**231**  Personengesellschaften sind im Gegensatz zu den Körperschaften grundsätzlich von ihrem Mitgliederbestand abhängig. Der Grundsatz der Abhängigkeit vom Gesellschafterbestand ist allerdings nach dem heutigen Recht für die OHG erheblich aufgeweicht. Der Tod eines Gesellschafters und andere in der Person des Gesellschafters begründete Umstände führen nach § 131 Abs. 3 HGB nicht mehr zur Auflösung der Gesellschaft, sondern zum Ausscheiden des Gesellschafters. Unter bestimmten Voraussetzungen ist auch der Ausschluss eines Gesellschafters möglich.

---

357  MünchKomm-BGB/Schäfer § 719 Rn. 12; jurisPK/Bergmann § 719 Rn. 4.
358  K. Schmidt § 47 III 2; Windbichler § 14 Rn. 16.

- Die Voraussetzungen, unter denen ein Ausscheiden bzw. ein Ausschluss aus der Gesellschaft stattfindet, sind für die OHG und die GbR verschieden.

- Im Fall des Ausscheidens oder Ausschlusses sind die Auswirkungen auf das Gesellschaftsvermögen, die Ansprüche des Ausgeschiedenen und seine Haftung zu klären.

## I. Voraussetzungen des Ausscheidens bzw. Ausschlusses

Ein Gesellschafter kann unter folgenden Voraussetzungen aus der Gesellschaft aus-    **232**
scheiden bzw. ausgeschlossen werden:

- Die Voraussetzungen des Ausscheidens kraft Gesetzes regeln die §§ 131 Abs. 3 HGB und § 736 BGB.

- Ein Ausschluss kraft Gesetzes ist unter den Voraussetzungen des § 140 HGB bzw. § 737 BGB möglich.

- Darüber hinaus können im Gesellschaftsvertrag Gründe für das Ausscheiden oder den Ausschluss bestimmt werden.

## 1. Das Ausscheiden eines Gesellschafters kraft Gesetzes

Bei Vorliegen bestimmter, in der Person eines Gesellschafters begründeter Umstände    **233**
scheidet der Gesellschafter aus der Gesellschaft aus.

Bei der GbR ist Voraussetzung, dass für den Fall des Eintritts dieser Gründe die Fortsetzung der Gesellschaft im Gesellschaftsvertrag vereinbart ist (Fortsetzungsklausel; vgl. § 736 BGB). Ohne eine solche Klausel findet nach der gesetzlichen Regelung in den §§ 723 ff. BGB die Auflösung der Gesellschaft statt.

### Gesetzliche Ausscheidensgründe

| OHG, KG | GbR |
|---|---|
| ■ § 131 Abs. 3 S. 1 Nr. 1 HGB: Tod des Gesellschafters | ■ § 736 BGB: Tod des Gesellschafters und Fortsetzungsklausel |
| ■ § 131 Abs. 3 S. 1 Nr. 2 HGB: Eröffnung des Insolvenzverfahrens über das Vermögen des Gesellschafters | ■ § 736 BGB: Eröffnung des Insolvenzverfahrens über das Vermögen des Gesellschafters und Fortsetzungsklausel |
| ■ §§ 131 Abs. 3 S. 1 Nr. 3; 132 HGB: Kündigung des Gesellschafters | ■ § 736 BGB: Kündigung des Gesellschafters und Fortsetzungsklausel |
| ■ §§ 131 Abs. 3 S. 1 Nr. 4; 135 HGB: Kündigung durch den Privatgläubiger des Gesellschafters | ■ § 736 BGB analog: Kündigung durch den Privatgläubiger des Gesellschafters und Fortsetzungsklausel |

Eine Fortsetzungsklausel greift auch dann ein, wenn die Mehrheit der Gesellschafter    **234**
kündigt.

**Beispiel:** In der als GbR organisierten Anwaltssozietät CPS befinden sich 10 Anwälte. Im Gesellschaftsvertrag ist bestimmt, dass die Gesellschaft bei Kündigung „eines" Gesellschafters nicht aufgelöst, son-

dern unter den verbleibenden Gesellschaftern fortgesetzt wird. Nunmehr kündigen sieben Gesellschafter, darunter die „Altgesellschafter" C, P und S.

Die Vereinbarung, dass bei Kündigung „eines" Gesellschafters die Gesellschaft fortgesetzt wird, ist eine
allgemeine Fortsetzungsklausel, die auch dann eingreift, wenn mehrere Gesellschafter oder „Altgesellschafter" kündigen.[359] Eine Fortsetzungsklausel ist auch anzuwenden, wenn die Mehrheit der Gesellschafter kündigt.[360] Die Gesellschaft wird daher mit den verbleibenden drei Gesellschaftern fortgesetzt. Die ausscheidenden sieben Gesellschafter erhalten eine Abfindung.

### 2. Der Ausschluss eines Gesellschafters

**235**    **a)** Gemäß § 737 BGB kann der Gesellschafter einer GbR aus der Gesellschaft ausgeschlossen werden, wenn

- ein wichtiger Grund i.S.d. § 723 Abs. 1 S. 2 BGB in seiner Person vorliegt,

- der Gesellschaftsvertrag eine Fortsetzungsklausel für den Fall der Kündigung enthält

- und die übrigen Gesellschafter durch einstimmigen Beschluss die Fortsetzung der
  Gesellschaft beschließen.

  Bei entsprechender Vertragsbestimmung genügt auch eine Mehrheit, denn § 737 S. 2 BGB ist abdingbar.[361]

- Vollzogen ist der Ausschluss erst mit Zugang einer entsprechenden Erklärung beim
  auszuschließenden Gesellschafter (§ 737 S. 3 BGB). Es handelt sich insoweit um
  zwingendes Recht.[362]

**236**    **b)** Bei den Personenhandelsgesellschaften – OHG/KG – können die übrigen Gesellschafter den Ausschluss ihres Mitgesellschafters bei Vorliegen eines wichtigen Grundes in
seiner Person gemäß § 140 HGB auch ohne Fortsetzungsklausel im Gesellschaftsvertrag
durch gerichtliche Entscheidung betreiben. Es handelt sich um ein Gestaltungsurteil,
das grundsätzlich des Antrages aller Gesellschafter bedarf (§ 140 Abs. 1 S. 1 letzter Hs.
HGB). Mit Rechtskraft des zusprechenden Urteils scheidet der beklagte Gesellschafter
automatisch aus der fortbestehenden Gesellschaft aus, einer Vollstreckungshandlung
bedarf es nicht.

Da § 140 HGB nachgiebiges Recht enthält, sind modifizierende Vereinbarungen im Gesellschaftsvertrag
– in den Grenzen von § 138 Abs. 1 BGB – zulässig: Der Ausschlussanspruch kann abgeschafft, eingeschränkt, erschwert oder auch erleichtert werden. Möglich sind insbesondere – erweiternde bzw. einschränkende – Vereinbarungen über den wichtigen Grund.[363]

**237**    **c)** Ob ein die Auflösung der Gesellschaft aus wichtigem Grund berechtigender Umstand
in der Person eines Gesellschafters immer auch dessen Ausschluss rechtfertigt, ist ebenso umstritten wie die Frage, inwieweit dabei eine Zustimmungspflicht der übrigen Gesellschafter besteht.

---

359   BGH, Urt. v. 07.04.2008 – II ZR 3/06, Rn. 9 ff., NJW 2008, 1943.

360   BGH. Urt. v. 07.04.2008 – II ZR 181/04, Rn. 13, NJW 2008, 2987.

361   Staudinger/Habermeier § 737 Rn. 6; MünchKomm-BGB/Schäfer § 737 Rn. 13, 16.

362   BGHZ 31, 295; a.A. MünchKomm-BGB/Schäfer § 737 Rn. 14.

363   BGH NJW-RR 1997, 925; MünchKomm-HGB/K. Schmidt § 140 Rn. 94 f.

**Fall 19: Ausschluss oder Auflösung?**

A, B und C sind Gesellschafter der A-OHG, die eine Reparaturwerkstatt betreibt. B hat bereits wiederholt seine Geschäftsführungsbefugnis überschritten. Als bekannt wird, dass er auch umfangreiche Unterschlagungen zum Nachteil der Gesellschaft begangen hat, möchte sich A von B trennen. C will jedoch, dass B weiterhin in der Gesellschaft bleibt. Nach seiner Auffassung reicht es aus, dass man B die Geschäftsführungs- und Vertretungsbefugnis entzieht. Welche Möglichkeiten bestehen für A, sich von B zu trennen?

A. A kann die Kündigung erklären. 238

I. Nach § 132 HGB kann A mangels einer entgegenstehenden Regelung im Gesellschaftsvertrag die – ordentliche – Kündigung zum Schluss des Geschäftsjahres aussprechen; er hat eine Kündigungsfrist von mindestens sechs Monaten einzuhalten.

II. Eine außerordentliche Kündigung der Gesellschaft wegen Vorliegens eines wichtigen Grundes kann zwar im Gesellschaftsvertrag vorgesehen sein, doch ergibt sich aus dem Sachverhalt eine derartige Vereinbarung nicht.

Gemäß § 131 Abs. 3 S. 1 Nr. 3 HGB führt die Kündigung zum Ausscheiden des Kündigenden. A kann sich somit dadurch von B trennen, dass er selbst aus der Gesellschaft ausscheidet. Diese Möglichkeit entspricht aber nicht dem Interesse des A. A wird vorrangig daran interessiert sein, entweder die Gesellschaft ganz aufzulösen oder den B auszuschließen.

B. Die Trennung von B durch Auflösung und Liquidation der Gesellschaft 239

Gemäß § 133 HGB kann A die Auflösung der Gesellschaft durch gerichtliche Entscheidung herbeiführen, wenn in der Person des B ein wichtiger Grund vorliegt.

Das Recht, die Auflösungsklage zu erheben, kann durch vertragliche Vereinbarung grundsätzlich nicht ausgeschlossen oder beschränkt werden (§ 133 Abs. 3 HGB). Wirksam ist allerdings die Ersetzung des Auflösungsrechts durch ein Kündigungsrecht des Gesellschafters, sofern eine ausreichende Abfindung gewährleistet ist.[364]

I. Die Auflösungsklage nach § 133 HGB ist begründet, wenn es dem klagenden Gesellschafter unter Abwägung aller Umstände nicht zumutbar ist, die Gesellschaft bis zum nächstzulässigen ordentlichen Kündigungstermin fortzusetzen[365] und die durch den anderen Gesellschafter verursachte Störung des Gesellschaftsverhältnisses so schwerwiegend ist, dass die eingetretene Störung durch weniger einschneidende Maßnahmen nicht beseitigt werden kann.

Da das Gericht bei seiner Entscheidung insbesondere auch das Interesse des/der beklagten Gesellschafter(s) an der Erhaltung des Gesellschaftsverhältnisses zu berücksichtigen hat, kann die Auflösung der Gesellschaft immer nur das äußerste Mittel sein.[366]

---

364 BGHZ 31, 295, 300; MünchKomm-HGB/K. Schmidt § 133 Rn. 70; Baumbach/Hopt § 133 Rn. 19.

365 BGH NJW 1996, 2573; 1998, 146; 1999, 2820.

366 MünchKomm-HGB/K. Schmidt § 133 Rn. 13.

Vorliegend hat das Gesamtverhalten des B das Vertrauensverhältnis unter den Gesellschaftern so zerstört, dass dem A die Fortsetzung der Gesellschaft nicht mehr zugemutet werden kann. Die für die Gesellschaft bestehenden Gefahren (Unterschlagungen etc.) können auch nicht durch weniger einschneidende Maßnahmen gegenüber B wie Entzug der Geschäftsführungs- oder Vertretungsbefugnis ausgeschaltet werden. Eine Auflösungsklage des A nach § 133 HGB wäre somit begründet.

II. Obsiegt A mit seiner Klage, ist die Gesellschaft mit Rechtskraft des Urteils ohne weitere Vollstreckungshandlung aufgelöst. Anschließend hat die Liquidation der Gesellschaft gemäß §§ 145 ff. HGB zu erfolgen.

**240**   C. Der Ausschluss des B bei Fortsetzung der Gesellschaft

I.   Der Ausschluss eines Gesellschafters aus einer fortbestehenden Gesellschaft kann gemäß § 140 HGB im Wege der Klage erreicht werden, die grundsätzlich von allen übrigen Gesellschaftern erhoben werden muss. Da sich C weigert, einem Ausschluss des B zuzustimmen, stellt sich die Frage, ob er aufgrund seiner gesellschaftlichen Treuepflicht zur Mitwirkung bei der Ausschlussklage verpflichtet ist.

1. Nach einer in der Literatur vertretenen Auffassung besteht keine Pflicht zur Mitwirkung bei der Ausschlussklage gegen einen Gesellschafter, es sei denn, im Gesellschaftsvertrag ist Abweichendes vereinbart. Da die Gesellschaft vom unveränderten Personenbestand abhängig sei, könne kein Gesellschafter verpflichtet werden, an einer Gesellschaft mit verändertem Mitgliederbestand mitzuwirken. Ausnahmsweise jedoch könne die Weigerung, an der Ausschlussklage mitzuwirken, einen Grund zum Ausschluss auch des sich weigernden Gesellschafters bilden, um so die Gesellschaft zu erhalten.[367]

2. Die Rechtsprechung sowie die h.M. in der Literatur stehen demgegenüber auf dem Standpunkt, dass der einzelne Gesellschafter auch ohne besondere Regelung im Gesellschaftsvertrag verpflichtet sein kann, seine Zustimmung zu einer Ausschlussklage zu geben. Es handele sich dabei um eine Änderung der Gesellschaftsgrundlagen, der ein Gesellschafter mit Rücksicht auf seine gesellschaftliche Treuepflicht jedenfalls in Ausnahmefällen zustimmen müsse. Ein solcher Ausnahmefall sei beispielsweise dann gegeben, wenn das Interesse an der Erhaltung gemeinsam geschaffener Werte den Fortbestand der Gesellschaft dringend erforderlich mache und dem sich widersetzenden Gesellschafter die Fortsetzung der Gesellschaft mit den verbleibenden Gesellschaftern zumutbar sei.[368]

Vom Vorliegen dieser Voraussetzungen soll hier ausgegangen werden. Nach h.M. ist C damit zur Mitwirkung bei der Ausschlussklage gegen B verpflichtet.

Verklagt A den C auf Mitwirkung, so kann er diese Klage mit der Ausschlussklage gegen B verbinden. Hierdurch wird sichergestellt, dass über den Ausschluss des B einheitlich entschieden wird und alle hiervon Betroffenen gehört werden. Dies ist insbesondere aus Grün-

---

367  Hueck ZGR 1972, 247; Kollhosser NJW 1976, 144 f.
368  BGHZ 64, 253, 257; 68, 81, 82; K. Schmidt § 50 III 1 c aa; MünchKomm-HGB/K. Schmidt § 140 Rn. 60 ff.

den der Prozessökonomie sowie unter Berücksichtigung von Sinn und Zweck des § 140 HGB gerechtfertigt.[369]

II. Die Klage ist erfolgreich, wenn in der Person des B ein Umstand eingetreten ist, „der nach § 133 für die übrigen Gesellschafter das Recht begründet, die Auflösung der Gesellschaft zu verlangen" (§ 140 Abs. 1 HGB). Nach dem Wortlaut der Vorschrift genügt ein § 133 HGB entsprechender wichtiger Grund für den Ausschluss des B. Gegen diese Gleichstellung ergeben sich jedoch Bedenken, weil der Ausschluss eines Gesellschafters diesen vielfach wirtschaftlich schlechter stellt als die übrigen, während bei der Auflösung der Gesellschaft die Gleichbehandlung der Gesellschafter gewahrt bleibt. Die Frage ist also, ob jeder wichtige Grund i.S.d. § 133 HGB gleichzeitig auch eine Ausschlussklage nach § 140 HGB begründet.

1. Nach der h.L. stehen Auflösungs- und Ausschlussklage gleichberechtigt nebeneinander. Liegt ein wichtiger Grund i.S.v. § 133 HGB vor, kann einer dieser beiden Wege beschritten werden.[370]

2. Die Rechtsprechung vertritt demgegenüber den Standpunkt, dass zwischen den Klagen nach § 133 HGB und § 140 HGB ein Rangverhältnis besteht; die Ausschlussklage (§ 140 HGB) komme nur bei besonders schweren Gründen in der Person des beklagten Gesellschafters in Betracht, während die Gesellschafter im Übrigen – bei Vorliegen eines (sonstigen) wichtigen Grundes – auf die Auflösungsklage nach § 133 HGB zu verweisen seien. Nur so könne dem Gebot der grundsätzlichen Gleichbehandlung aller Gesellschafter entsprochen werden. Möglich sei es allerdings, im Gesellschaftsvertrag das Ausschlussrecht zu erweitern oder sogar noch zu erschweren.[371]

Danach kommt ein Ausschluss des B mangels spezieller Absprachen im Gesellschaftsvertrag nur dann in Betracht, wenn seine Verfehlungen als so schwer anzusehen sind, dass eine Auflösung der Gesellschaft unbillig wäre. Hiervon kann nach dem Sachverhalt ausgegangen werden. Eine Ausschlussklage des A wäre damit begründet.

**Abwandlung:**

Wie ist die Rechtslage, wenn es sich um eine GbR handelt und im Gesellschaftsvertrag bestimmt ist, dass im Falle der Kündigung eines Gesellschafters die Gesellschaft unter den übrigen fortgesetzt werden soll?

A. A kann die Gesellschaft zunächst durch Kündigung beenden (§ 723 BGB). Er kann sowohl jederzeit – ggf. unter Einhaltung der vorgesehenen Kündigungsfrist – die ordentliche als auch, weil das Verhalten des B einen wichtigen Grund darstellt (s.o.), die außerordentliche Kündigung aussprechen. Dass die Gesellschafter für den Fall der Kündigung die Fortsetzung der Gesellschaft vereinbart haben (§ 737 BGB), steht dem nicht entgegen (vgl. § 723 Abs. 3 BGB).

**241**

---

369  BGHZ 68, 81; Koller/Roth/Morck § 140 Rn. 2.

370  MünchKomm-HGB/K. Schmidt § 140 Rn.13; Baumbach/Hopt § 140 Rn. 5; GK/Ensthaler § 140 Rn. 4.

371  BGH WM 1971, 20, 22; 1977, 500, 502 f.

**242** B. Neben der Kündigung nach § 723 BGB besteht für A gemäß § 737 BGB die Möglichkeit, den Ausschluss des B aus der Gesellschaft zu erklären.

I. Die Fortsetzung der Gesellschaft bei Kündigung ist vereinbart. Das Verhalten des B stellt einen wichtigen Grund nicht nur für die Auflösung der Gesellschaft, sondern auch für seinen Ausschluss dar.

Ob für das Vorliegen eines wichtigen Grundes i.S.v. § 737 BGB bereits ein solcher i.S.v. § 723 BGB ausreicht, ist – ebenso wie bei §§ 133, 140 HGB – umstritten.[372]

II. Der Ausschluss nach § 737 BGB erfolgt durch Erklärung gegenüber dem auszuschließenden Gesellschafter; erforderlich ist grundsätzlich ein einstimmiger Beschluss aller Gesellschafter. Mangels abweichender vertraglicher Regelung ist damit auch hier die Zustimmung des C zum Ausschluss des B erforderlich. Da sich C weigert, stellt sich also die Frage, ob er zur Zustimmung verpflichtet ist.

1. Nach der h.A. besteht eine derartige Zustimmungspflicht nicht. Verstößt die Verweigerung der Mitwirkung gegen die gesellschaftliche Treuepflicht, so kommt lediglich eine Schadensersatzpflicht aus § 280 Abs. 1 BGB des sich widersetzenden Gesellschafters in Betracht; auch stellt seine Weigerung ihrerseits unter Umständen einen wichtigen Grund zu seinem eigenen Ausschluss aus der Gesellschaft dar.[373]

2. Die Gegenmeinung bejaht demgegenüber eine Mitwirkungs- bzw. Zustimmungspflicht der Mitgesellschafter zur Ausschließung, sofern die Weigerung gegen die gesellschaftliche Treuepflicht verstoßen würde.[374]

Dieser Auffassung dürfte zuzustimmen sein, sofern – ebenso wie bei den Personenhandelsgesellschaften – ein Interesse an der Erhaltung gemeinsam geschaffener Werte besteht und dem widerstrebenden Gesellschafter die Mitwirkung zumutbar ist. Danach kann eine Pflicht des C zur Mitwirkung bejaht werden. Weigert sich C, kann A ihn gleichzeitig mit der Ausschlussklage gegen B auf Zustimmung verklagen.

---

### 3. Das Ausscheiden eines Gesellschafters bei Eintritt eines im Gesellschaftsvertrag benannten Ereignisses in seiner Person

**243** Im Gesetz ist geregelt:

■ Das **Ausscheiden** eines Gesellschafters einer OHG oder KG in den Fällen des § 131 Abs. 3 HGB sowie das Ausscheiden des Gesellschafters einer GbR, wenn in seiner Person Auflösungsgründe (Tod, Insolvenz, Kündigung) eintreten und eine Fortsetzungsklausel vereinbart ist (§ 736 BGB).

---

372 Bejahend z.B. MünchKomm-BGB/Schäfer § 737 Rn. 8; verneinend die h.M., z.B. BGHZ 4, 108, 110; Erman/Westermann § 737 Rn. 3.

373 Erman/Westermann § 737 Rn. 4.

374 MünchKomm-BGB/Schäfer § 737 Rn. 13.

- Der **Ausschluss** bei Vorliegen eines wichtigen Grundes in der Person des Gesellschafters.

    - Bei der OHG/KG ist dafür nach § 140 HGB die Ausschließungsklage erforderlich.

    - Bei einer GbR reicht ein einstimmiger Beschluss der Mitgesellschafter und eine Erklärung gegenüber dem auszuschließenden Gesellschafter.

Im Gesellschaftsvertrag kann diese Rechtslage modifiziert werden. **244**

- Es können die Gründe bestimmt werden, die zum Ausscheiden oder zur Möglichkeit des Ausschlusses führen sollen. Insbesondere kann vereinbart werden, welche Tatsachen als wichtige Gründe angesehen werden oder welche nicht als solche gelten sollen.

- Bezüglich der Verfahrensweise des Ausschlusses kann vereinbart werden, dass statt der Ausschließungsklage (§ 140 HGB bei der OHG/KG) oder des einstimmigen Beschlusses (§ 737 BGB bei der GbR) ein Mehrheitsbeschluss oder die einseitige Erklärung eines oder mehrerer Gesellschafter zur Ausschließung ausreicht (Hinauskündigung).

Liegt weder ein gesetzlicher noch ein im Gesellschaftsvertrag fixierter Ausschlussgrund vor, kann ein Gesellschafter nicht nach § 242 BGB (z.B. wegen persönlicher Differenzen mit den anderen Gesellschaftern) ausgeschlossen werden.[375]

### a) Gründe für das Ausscheiden/den Ausschluss

Die Gesellschafter können im Gesellschaftsvertrag bestimmen, welche Gründe als wichtige Gründe das Ausscheiden (§ 131 Abs. 3 S. 1 Nr. 5 HGB, § 736 BGB) oder den Ausschluss (§ 140 HGB; § 737 BGB) rechtfertigen. Sie unterliegen insoweit nur den Beschränkungen des § 138 Abs. 1 BGB. Als Gründe für das Ausscheiden bzw. den Ausschluss kommen beispielsweise in Betracht:[376] **245**

- Eintritt eines bestimmten Alters

- langandauernde Krankheit oder Abwesenheit

- Unfähigkeit zur Mitarbeit

- Aufnahme einer Tätigkeit in einem Konkurrenzunternehmen usw.

Dabei kommen als Gründe für das – automatische – Ausscheiden vor allem solche Ereignisse in Betracht, deren Eintrittszeitpunkt zumindest bestimmbar ist. In den anderen Fällen ist eine Ausschluss- oder Hinauskündigungsklausel vorzuziehen.

Klauseln, die den Ausschluss eines Gesellschafters nach freiem Ermessen ermöglichen, sind grundsätzlich gemäß § 138 Abs. 1 BGB nichtig.[377] Der von der Ausschließung oder Kündigung bedrohte Gesellschafter soll geschützt werden. Eine drohende Hinauskündigung ohne einen Grund könnte ihn an der Ausübung seiner Rechte und Pflichten hindern. Eine Hinauskündigungsklausel kann ausnahmsweise wirksam sein, wenn sie we- **246**

---

375  BGH ZIP 1998, 1870.
376  BGHZ 51, 204, 205; BGH NJW-RR 1997, 925.
377  BGHZ 68, 212; 81, 263; 105, 213; 107, 351; 125, 74; BGH NJW 1985, 2421; Windbichler § 10 Rn. 8.

gen besonderer Gründe sachlich gerechtfertigt ist. Sie kann aber nicht zeitlich unbegrenzt bestehen.

Der BGH hat die Wirksamkeit einer Hinauskündigungsklausel bejaht, wenn ein neuer Gesellschafter in eine seit Langem bestehende Vertragsarztpraxis aufgenommen wird und das Ausschließungsrecht allein dazu dient, dem Aufnehmenden innerhalb einer angemessenen Frist die Prüfung zu ermöglichen, ob zu dem neuen Partner das notwendige Vertrauen hergestellt werden kann.[378] Die Prüfungsfrist kann nach dieser Rechtsprechung maximal drei Jahre betragen.

**247**   Liegt kein gesetzlicher oder im Gesellschaftsvertrag festgelegter Grund für eine Kündigung vor, scheidet eine Kündigung oder ein Ausschluss gemäß § 242 BGB aus.

### b) Vereinbarungen bezüglich des Ausschlussverfahrens

**248**   Nach § 140 HGB ist der Ausschluss durch Klage, nach § 737 BGB durch eine Erklärung aufgrund eines einstimmigen Beschlusses zu vollziehen. Diese Regelungen sind dispositiv. Im Gesellschaftsvertrag kann vereinbart werden, dass ein Gesellschafter durch Mehrheitsbeschluss oder auch durch eine einseitige Erklärung eines oder mehrerer Gesellschafter ausgeschlossen werden kann.[379]

Die Regelungen im Gesellschaftsvertrag bezüglich des Grundes für den Ausschluss und bezüglich des Verfahrens können getrennt voneinander Bestand haben. Eine Klausel im Gesellschaftsvertrag, die den Ausschluss nach freiem Ermessen durch einseitige Erklärung eines Gesellschafters ermöglicht und daher nach § 138 Abs. 1 BGB nichtig ist, kann entsprechend § 139 BGB mit dem Inhalt wirksam sein, dass ein Ausschluss aus wichtigem Grund durch einseitige Erklärung möglich ist.[380]

## II. Die Auswirkungen des Ausscheidens auf das Gesellschaftsvermögen und die Ansprüche des Ausscheidenden

### 1. Anwachsung

**249**   Scheidet ein Gesellschafter aus einer fortbestehenden Gesellschaft aus, so bleibt die Identität der Gesellschaft erhalten. Der Ausscheidende verliert mit seiner Mitgliedschaft zugleich seine Berechtigung am Gesellschaftsvermögen, sein „Anteil" wächst den übrigen Gesellschaftern gemäß § 738 Abs. 1 S. 1 BGB (i.V.m. §§ 105 Abs. 3, 161 Abs. 2 HGB) zu. Die Anwachsung vollzieht sich automatisch, ohne dass irgendwelche Übertragungsakte erforderlich oder überhaupt möglich sind.

### 2. Ansprüche des Ausscheidenden

**250**   Gemäß § 738 Abs. 1 S. 2 BGB (ggf. i.V.m. §§ 105 Abs. 3, 161 Abs. 2 HGB) hat der ausscheidende Gesellschafter Ansprüche gegen die übrigen Gesellschafter

- auf Rückgabe der Gegenstände, die er der Gesellschaft zur Benutzung überlassen hat,
- auf Schuldbefreiung von den gemeinschaftlichen Schulden und
- auf Abfindung.

---

378  BGH, Urt. v 07.05.2007 – II ZR 281/05, Rn. 23, BB 2007, 1579.

379  BGHZ 105, 213, 216; MünchKomm-HGB/K. Schmidt § 140 Rn. 89.

380  BGHZ 107, 351, 355 ff.

**a)** Der Abfindungsanspruch richtet sich **nach dem Gesetz** auf dasjenige, was der Gesellschafter „bei der Auseinandersetzung erhalten würde, wenn die Gesellschaft zur Zeit seines Ausscheidens aufgelöst worden wäre" (§ 738 Abs. 1 S. 2 BGB). Da der Ausscheidende aber für das entschädigt werden soll, was den übrigen Gesellschaftern aus seiner Beteiligung verbleibt, ist für die Wertermittlung nicht der Liquidationswert, sondern der Wert der als werbend fortgesetzten Gesellschaft maßgebend.[381]

**251**

Es wird der Wert des Gesamtunternehmens ermittelt und dieser nach dem Gewinnverteilungsschlüssel auf die Gesellschafter verteilt. Der Unternehmenswert ergibt sich im Allgemeinen aus dem Ertragswert, d.h. dem Preis, der bei einem Verkauf des Unternehmens erzielt würde.[382] Dies ist der gesamte tatsächliche Wert des Unternehmens einschließlich der stillen Reserven und des Firmenwerts (Goodwill).

Bei der Wertermittlung ist gemäß § 738 Abs. 2 BGB eine Schätzung möglich. Da diese jedoch aufgrund konkreter Grundlagen zu erfolgen hat, ist regelmäßig ein Sachverständigengutachten erforderlich.

**b)** Ein Abfindungsanspruch nach dem tatsächlichen Unternehmenswert – einschließlich stiller Reserven und Firmenwert – und die Schwierigkeiten (und Kosten) einer Wertermittlung kann für die unter den übrigen Gesellschaftern fortbestehende Gesellschaft eine erhebliche Belastung darstellen. Da § 738 Abs. 1 S. 2 BGB dispositiv ist, sind **vertragliche Abfindungsbeschränkungen**, die den Bestand des Unternehmens durch Einschränkung des Kapitalabflusses sichern und die Berechnung des Abfindungsanspruchs vereinfachen sollen, grundsätzlich zulässig.[383]

**252**

In Gesellschaftsverträgen werden häufig **Buchwertklauseln** vereinbart, nach denen sich der Abfindungsanspruch nach dem Bilanzwert (ohne stille Reserven und Firmenwert) richtet. Vor allem weil zwischen Buchwert und Ertragswert erhebliche Unterschiede bestehen können, sind Buchwertklauseln nur in den Grenzen des § 138 Abs. 1 BGB und § 723 Abs. 3 BGB zulässig. Darüber hinaus können unangemessene Abfindungsregelungen durch ergänzende Vertragsauslegung anzupassen sein.[384] Diese Korrektur hat sich am Maßstab eines auf redlichen Interessenausgleich bedachten Gesellschafters zu orientieren.[385]

Haben die Gesellschafter die ursprünglich vereinbarte Regelung über das Auseinandersetzungsguthaben bei einer Neufassung des Gesellschaftsvertrages geändert, so steht dies nur dann einer ergänzenden Vertragsauslegung entgegen, wenn hierin eine Willensentschließung der Gesellschafter zum Ausdruck kommt, wie sie von redlichen Vertragspartnern bei angemessener Abwägung ihrer Interessen nach Treu und Glauben angesichts der geänderten Verhältnisse zu erwarten ist.

Bei der Prüfung sind jeweils die gesamten Umstände zu berücksichtigen: Neben der Frage eines Missverhältnisses zwischen Buchwert und tatsächlichem Wert können z.B. die Dauer der Mitgliedschaft des Ausgeschiedenen und sein Anteil am Aufbau und Erfolg des Unternehmens eine Rolle spielen. Weiterhin ist der Anlass des Ausscheidens zu berücksichtigen.[386]

---

381  BGHZ 17, 130, 136; MünchKomm-BGB/Schäfer § 738 Rn. 24; Wangler DB 2001, 1763.
382  BGH NJW 1985, 192.
383  Wangler DB 2001, 1763, 1764.
384  Hülsmann ZAP 2003, 237 ff.
385  OLG München, Urt. v. 01.09.2004 – 7U 6152/99, DB 2004, 2207.
386  BGH NJW 1993, 2101, 2102; Ebenroth/Müller BB 1993, 1153.

Einem Gesellschafter, der wegen eines in seiner Person liegenden wichtigen Grundes ausscheidet, können ungünstigere Abfindungsregelungen zugemutet werden als z.B. einem Gesellschafter, der sich wegen eines von den anderen Gesellschaftern veranlassten wichtigen Grundes zum freiwilligen Ausscheiden entschlossen hat.

**253**  **aa)** Beschränkungen des Abfindungsanspruchs sind nach § 138 Abs. 1 BGB nichtig, wenn die damit verbundene Einschränkung des Abflusses von Gesellschaftskapital vollkommen außer Verhältnis zu der Beschränkung steht, die erforderlich ist, um im Interesse der verbleibenden Gesellschafter den Fortbestand der Gesellschaft und die Fortführung des Unternehmens zu sichern.[387]

Für die Beurteilung ist der Zeitpunkt der Vereinbarung der Klausel maßgeblich. Bei Vertragsschluss darf kein grobes Missverhältnis zwischen dem wirklichen Anteilswert und dem vertraglich vorgesehenen Abfindungsanspruch bestehen.[388] Da sich Buchwert und wirklicher Anteilswert i.d.R. erst im Laufe der Jahre auseinanderentwickeln, sind Buchwertklauseln im Allgemeinen nicht nach § 138 Abs. 1 BGB zu beanstanden.

Als sittenwidrig hat der BGH aber eine Klausel angesehen, nach der der Abfindungsanspruch von vornherein auf den halben Buchwert begrenzt war.[389]

§ 138 Abs. 1 BGB kann auch unter dem Gesichtspunkt der Gläubigerbenachteiligung eingreifen. Eine Klausel ist sittenwidrig, wenn sie eine unangemessen niedrige Abfindung gerade für den Fall vorsieht, dass das Ausscheiden auf einer Pfändung des Anteils eines Gesellschafters beruht.[390]

**254**  **bb)** Nach § 723 Abs. 3 BGB sind Beschränkungen des Kündigungsrechts eines Gesellschafters unwirksam. Eine unangemessen niedrige Abfindungsregelung kann den Gesellschafter von einer Kündigung abhalten und so eine unwirksame Kündigungsbeschränkung darstellen. Buchwertklauseln sind dann unzulässig, wenn sie wegen eines erheblichen Missverhältnisses zwischen Buchwert und wirklichem Wert die Freiheit des Gesellschafters, sich zu einer Kündigung zu entschließen, unvertretbar einengen.[391]

Dabei ist allein auf den Zeitpunkt des Vertragsschlusses abzustellen.[392] Eine ursprünglich wirksame, zunächst weder nach § 138 Abs. 1 BGB zu beanstandende noch das Kündigungsrecht des Gesellschafters entgegen § 723 Abs. 3 BGB faktisch beeinträchtigende Klausel wird nicht nachträglich unwirksam. Sie ist aber durch ergänzende Vertragsauslegung unter angemessener Abwägung der Interessen der Gesellschaft und des ausscheidenden Gesellschafters und unter Berücksichtigung aller Umstände des konkreten Falles entsprechend den veränderten Verhältnissen neu zu ermitteln.[393]

**255**  **c)** Für den Abfindungsanspruch haften dem ausgeschiedenen Gesellschafter sowohl die Gesellschaft als auch die Gesellschafter. Der Abfindungsanspruch kann daher nach § 128 HGB (ggf. analog bei der GbR) in voller Höhe auch gegenüber einem in der Gesell-

---

387  BGHZ 116, 359; OLG Hamm, Urt. v. 04.12.2002 – 8 U 40/02, NZG 2003, 440; Wangler DB 2001, 1763, 1765.
388  OLG Hamm, Urt. v. 04.12.2002 – 8 U 40/02, NZG 2003, 440.
389  BGH NJW 1989, 2685, 2686.
390  BGHZ 65, 22, 26; BGH NJW 1993, 2101, 2102.
391  BGHZ 116, 359, 369 (zur GmbH); BGH NJW 1985, 192, 193; 1993, 2101, 2102; MünchKomm-BGB/Schäfer § 738 Rn. 49.
392  BGHZ 126, 226, 233.
393  BGHZ 126, 226, 233; BGHZ 135, 387; kritisch Müller ZIP 1995, 1561; Volmer DB 1998, 2507; Mecklenbrauck BB 2000, 2001.

schaft verbliebenen Gesellschafter geltend gemacht werden.[394] Zwar haften die Gesellschafter untereinander für Sozialverbindlichkeiten nicht nach § 128 HGB (s.o.). Mit dem Ausscheiden des Gesellschafters aus der Gesellschaft stellt der Abfindungsanspruch nach h.M. aber eine Verbindlichkeit der Gesellschaft gegenüber einem Dritten und keine Sozialverbindlichkeit dar.[395] Allerdings ist zu berücksichtigen, dass sich der Anspruch aus § 738 Abs. 1 S. 2 BGB ergibt und somit seine Grundlage im Gesellschaftsvertrag hat. Die sofortige Geltendmachung des Anspruchs gegenüber den Gesellschaftern kann daher gegen die nachvertragliche Treuepflicht verstoßen, sodass der ausgeschiedene Gesellschafter die anderen Gesellschafter nach h.M. nur subsidiär in Anspruch nehmen darf.[396]

## III. Die Haftung des ausgeschiedenen Gesellschafters

### 1. Die Haftung des ausgeschiedenen persönlich haftenden Gesellschafters einer Personenhandelsgesellschaft

**a)** Gemäß § 128 HGB haftet der Gesellschafter einer OHG für die Gesellschaftsverbindlichkeiten persönlich. Scheidet ein Gesellschafter aus einer OHG aus, so haftet er nicht für die Schulden der Gesellschaft, die **nach seinem Ausscheiden** entstehen; die Voraussetzungen des § 128 HGB liegen in diesem Fall nicht vor, es besteht zwar eine Gesellschaftsverbindlichkeit, der Ausgeschiedene ist aber nicht mehr Gesellschafter. Der Gesellschafter haftet nicht für die Neuverbindlichkeiten.

**256**

Für die **bis zum Zeitpunkt des Ausscheidens** begründeten Verbindlichkeiten (Altschulden) ist die Haftung aus § 128 HGB entstanden. Das Ausscheiden aus der Gesellschaft ist auch kein Erlöschensgrund, der ausgeschiedene Gesellschafter haftet (zunächst) weiter. Nach § 160 HGB haftet der Gesellschafter für die bis zu seinem Ausscheiden begründeten Verbindlichkeiten, wenn sie vor Ablauf von fünf Jahren nach der Eintragung des Ausscheidens fällig sind und Ansprüche gegen ihn in einer nach § 197 Abs. 1 Nr. 3–5 BGB bezeichneten Art festgestellt worden sind oder eine gerichtliche oder behördliche Vollstreckungshandlung vorgenommen oder beantragt wird. Nach § 160 Abs. 2 HGB bedarf es einer Feststellung nach § 160 Abs. 1 HGB nicht, soweit der Gesellschafter den Anspruch schriftlich anerkennt.

**257**

> **Fall 20: Mietforderung**
>
> A, B und C waren Gesellschafter der A-OHG, aus der C zum 31.12.2010 ausgeschieden ist. Das Ausscheiden wurde am 01.02.2011 in das Handelsregister eingetragen. Der Vermieter V nimmt C wegen einer Mietzinsforderung für die Monate Januar bis Juni 2014 in Höhe von monatlich 5.000 € in Anspruch. Ist die am 01.03.2015 erhobene Klage des V begründet?

Hat V gegen C einen Anspruch auf Zahlung des Mietzinses?

**258**

---

394 BGH ZIP 2001, 1364, 1365; Ulmer ZIP 2003, 1113, 1120.

395 Ulmer ZIP 2003, 1113, 1121; a.A. Staudinger/Habermeier Vorb zu § 705 Rn. 47.

396 OLG Köln NZG 2001, 467; MünchKomm-HGB/K. Schmidt § 128 Rn. 61; Ulmer ZIP 2003, 1113, 1121.

Anspruch des V gegen C auf Zahlung der rückständigen Monatsmieten gemäß §§ 128, 124 HGB i.V.m. § 535 Abs. 2 BGB

I. Die OHG ist aufgrund des in ihrem Namen abgeschlossenen Mietvertrages gemäß § 535 Abs. 2 BGB, § 124 HGB zur Zahlung des Mietzinses verpflichtet.

II. Ein ausgeschiedener Gesellschafter haftet gemäß § 128 HGB für alle Gesellschafts- verbindlichkeiten, die bis zum Zeitpunkt des Ausscheidens **begründet** waren. Dies ist in § 160 Abs. 1 S. 1 HGB ausdrücklich klargestellt.

1. Teilweise wird angenommen, ein Anspruch sei nur dann begründet, wenn er nicht mehr von einer zukünftigen ungewissen Entwicklung abhängig sei. Bei Dau- erschuldverhältnissen – wie dem hier vorliegenden Mietvertrag – sei deren Ver- lauf schon wegen der Kündigungsmöglichkeit ungewiss. Eine Nachhaftung des ausscheidenden Gesellschafters für Ansprüche aus Dauerschuldverhältnissen sei daher nicht gerechtfertigt.[397]

2. Nach der ganz h.M. ist eine Verbindlichkeit schon dann vor dem Ausscheiden be- gründet, wenn ihre Rechtsgrundlage zu diesem Zeitpunkt bereits gelegt worden ist, auch wenn sie erst später vollständig erfüllt oder fällig wird. Auch für Ansprü- che aus Dauerschuldverhältnissen besteht eine Nachhaftung, da deren Rechts- grundlage bereits in dem Vertrag selber angelegt ist.[398]

Enthält ein Mietvertrag die Bestimmung, das Mietverhältnis, das zu einem festgelegten Zeit- punkt ende, verlängere sich jeweils um ein Jahr, wenn eine der Parteien dem nicht (fristgerecht) widerspreche, so wird der ursprüngliche Mietvertrag fortgesetzt, wenn ein solcher Widerspruch nicht erfolgt, nicht aber ein neuer Vertrag geschlossen. Wird nach dem Ausscheiden eines Ge- sellschafters ein Mietvertrag in dieser Weise verlängert, so ist die Mietzinsforderung ebenfalls schon vor dem Ausscheiden des Gesellschafters begründet.[399]

Die fünfjährige Nachhaftung des Ausscheidenden erfasst auch die nach dem Ausscheiden aus der Gesellschaft fällig werdenden Arbeitsentgeltansprüche eines Arbeitnehmers der Gesell- schaft, wenn das Arbeitsverhältnis (Dauerschuldverhältnis) bereits vor dem Ausscheiden des persönlich Haftenden begründet wurde.[400]

Mit dem Abschluss des Mietvertrages ist die Rechtsgrundlage für die Mietzins- ansprüche gelegt, auch wenn die einzelnen Verpflichtungen erst später fällig wer- den. Die Ansprüche des V sind vor dem Ausscheiden des C begründet worden.

III. C kann keine Einwendungen gemäß § 129 HGB geltend machen.

*Zu beachten ist insbesondere die Einrede der Verjährung, die der Gesellschafter gemäß § 129 Abs. 1 HGB erheben kann. Haftet der Gesellschafter schon wegen der Verjährung der Gesellschaftsschuld nicht, kommt es auf eine Enthaftung nach § 160 HGB nicht an.[401]*

IV. C haftet nicht für die Mietzinsansprüche, wenn eine Enthaftung gemäß § 160 HGB eingetreten ist.

---

397  Honsell/Harrer ZIP 1986, 341.
398  BGHZ 142, 324, 328; BAG, Urt. v. 19.05.2004 – 5 AZR 405/03, NJW 2004, 3287; Baumbach/Hopt § 128 Rn. 29.
399  BGH, Urt. v. 29.04.2002 – II ZR 330/00, BGHZ 150, 373.
400  BAG, Urt. v. 19.05.2004 – 5 AZR 405/03, NJW 2004, 3287.
401  Hofmeister NZG 2002, 851.

§ 160 HGB ist zwar wie eine eigene Anspruchsgrundlage formuliert, enthält aber eine Enthaftungsregelung.[402] Das bedeutet, dass für Ansprüche gegen den ausgeschiedenen Gesellschafter die Anspruchsgrundlage § 128 HGB ist und sich ein Anspruchsausschluss aus § 160 HGB ergeben kann.

Ansprüche gegen den ausgeschiedenen Gesellschafter sind grundsätzlich mit Ablauf von fünf Jahren nach der Eintragung des Ausscheidens des Gesellschafters ausgeschlossen.

1. Werden Ansprüche erst nach Ablauf von fünf Jahren fällig, sind Ansprüche gegen den ausgeschiedenen Gesellschafter auf jeden Fall ausgeschlossen.

2. Für Ansprüche, die vor Ablauf von fünf Jahren (oder schon vor dem Ausscheiden) fällig geworden sind, tritt Enthaftung ein, wenn der Anspruch gegen den Gesellschafter nicht in einer in § 197 Abs. 1 Nr. 3–5 BGB bezeichneten Art festgestellt worden ist, gerichtliche oder behördliche Vollstreckungshandlungen vorgenommen oder beantragt worden sind oder der Gesellschafter den Anspruch schriftlich anerkannt hat.

3. Die Ausschlussfrist beginnt grundsätzlich mit der Eintragung in das Handelsregister, bei positiver Kenntnis des Gläubigers vom Ausscheiden des Gesellschafters auch schon früher. Auch wenn der Gesellschafter nicht eingetragen ist, ist der Zeitpunkt der Kenntnis für den Fristbeginn entscheidend.[403]

Im vorliegenden Fall ist das Ausscheiden am 01.02.2011 in das Handelsregister eingetragen worden. Da V am 01.03.2015 Klage erhoben hat, ist die Fünfjahresfrist gemäß § 160 Abs. 1 S. 3 HGB i.V.m. § 204 Abs. 1 Nr. 1 BGB gehemmt. Die Klage ist begründet.

---

Wird das Ausscheiden eines Gesellschafters nicht im Handelsregister eingetragen, beginnt die Ausschlussfrist des § 160 HGB mit der Kenntnis des Gläubigers von dem Ausscheiden. Die Eintragung im Handelsregister ist für den Fristbeginn nicht konstitutiv.[404]    **259**

**b)** Nach § 160 Abs. 3 HGB erlischt die (uneingeschränkte) Nachhaftung eines persönlich haftenden Gesellschafters entsprechend § 160 Abs. 1 und 2 HGB, wenn er Kommanditist geworden ist. Dies gilt nach der ausdrücklichen Anordnung des § 160 Abs. 3 S. 2 HGB auch, wenn er in der Gesellschaft oder einem der Gesellschaft angehörenden Unternehmen (weiterhin) geschäftsführend tätig wird.    **260**

## 2. Die Haftung des ausgeschiedenen Gesellschafters einer GbR

Nach § 736 Abs. 2 BGB gilt für die Nachhaftung des ausgeschiedenen Gesellschafters einer GbR § 160 HGB „sinngemäß".    **261**

Da die GbR nicht registerfähig ist, kann für den Beginn der Fünfjahresfrist nicht auf den Zeitpunkt der Eintragung des Ausscheidens in das Handelsregister abgestellt werden. Entsprechend der bisherigen

---

402  K. Schmidt ZIP 1994, 243, 244; Häublein Jura 2008, 617, 618; Baumbach/Hopt § 160 Rn. 1 ff.

403  BGH, Urt. v. 24.09.2007 – II ZR 284/05, BGHZ 174, 7.

404  BGH, Urt. v. 24.09.2007 – II ZR 284/05, Rn. 13 ff., BGHZ 174, 7; Häublein Jura 2008, 617.

Rechtsprechung[405] beginnt die Frist mit dem Ende des Tages, an dem der Gläubiger von dem Ausscheiden des Gesellschafters Kenntnis erlangt.[406]

### 3. Die Haftung des ausgeschiedenen Kommanditisten

**262** Scheidet ein Kommanditist, der seine Einlage voll erbracht hat, aus einer KG aus, so haftet er für die vor seinem Ausscheiden begründeten Verbindlichkeiten der Gesellschaft mangels abweichender Vereinbarung mit den Gläubigern gemäß §§ 171 Abs. 1, 172 Abs. 4 HGB in Höhe des ihm ausgezahlten Abfindungsguthabens: Die Auszahlung des Abfindungsguthabens ist als Rückzahlung der Einlage i.S.d. § 172 Abs. 4 S. 1 HGB anzusehen.[407]

Hatte der Kommanditist hingegen die Einlage während seiner Mitgliedschaft – ganz oder zum Teil – noch nicht erbracht, so haftet er nach seinem Ausscheiden ebenso wie während seiner Mitgliedschaft unmittelbar nach § 171 Abs. 1 Hs. 1 HGB.

### IV. Das Ausscheiden aus einer zweigliedrigen Gesellschaft

**263** Hat eine Gesellschaft nur zwei Gesellschafter und scheidet ein Gesellschafter aus, so wird die Gesellschaft beendet, da es bei den Personengesellschaften eine Einpersonengesellschaft nicht gibt.[408] Das Gleiche gilt, wenn aus einer mehrgliedrigen Gesellschaft mehrere Gesellschafter ausscheiden, sodass nur ein Gesellschafter verbleibt.

Es ist nicht möglich, den ausgeschiedenen Gesellschafter nachträglich gegen einen neuen Gesellschafter auszuwechseln. Der nachträglich vereinbarte Gesellschafterwechsel ist Neugründung einer (BGB-) Gesellschaft. Eine Forderung der beendeten GbR gegen Dritte steht der neu gegründeten Gesellschaft erst zu, wenn sie ihr vom verbliebenen Gesellschafter übertragen worden ist.[409]

Die Gesellschaft muss grundsätzlich liquidiert werden, was jedoch recht umständlich und außerdem wirtschaftlich nicht erstrebenswert ist, da in diesem Fall stille Reserven offengelegt und versteuert werden müssen. Es besteht das Bedürfnis, das von der Gesellschaft betriebene Unternehmen zu erhalten und mit allen Aktiva und Passiva auf den verbleibenden Gesellschafter übergehen zu lassen.

### 1. Das Ausscheiden aus einer zweigliedrigen Personenhandelsgesellschaft

#### a) Die gesetzliche Regelung in § 140 Abs. 1 S. 2 HGB

**264** Für die OHG und KG stellt § 140 Abs. 1 S. 2 HGB klar, dass der Ausschluss eines Gesellschafters aus einer zweigliedrigen Gesellschaft möglich ist. Die Voraussetzungen für den Ausschluss entsprechen denen, die bei einer mehrgliedrigen Gesellschaft gelten, es ist ein Ausschließungsgrund nach § 140 Abs. 1 S. 1 HGB erforderlich.

Mit Rechtskraft des Ausschlussurteils wird der verbleibende Gesellschafter zum Einzelkaufmann. Da es keine Einmann-Personengesellschaft gibt, ist die Gesellschaft beendet.

---

405  BGHZ 117, 168, 175.
406  Palandt/Sprau § 736 Rn. 14; Lingl JuS 2005, 598; K. Schmidt § 60 III 6; Siems/Maaß WM 2000, 2328, 2331.
407  Cebulla DStR 2000, 1917, 1919.
408  BGH ZIP 2000, 229; OLG Schleswig ZIP 2006, 615 ff.; Sudhoff § 15 Rn. 69; MünchKomm-HGB/K. Schmidt, § 105 Rn. 24; a.A. Baumann BB 1998, 225; Weimar ZIP 1997, 1769 ff.
409  OLG Stuttgart, Urt. v. 05.05.2004 – 14 U 54/03, DB 2004, 1307.

Das Unternehmen geht im Wege der Gesamtrechtsnachfolge auf den verbleibenden Gesellschafter über. Es sind keine Übertragungsakte erforderlich. Wenn zum Gesellschaftsvermögen Grundstücke gehören, ist das Grundbuch lediglich zu berichtigen.[410]

Der verbleibende Gesellschafter haftet als Gesamtrechtsnachfolger der Gesellschaft mit seinem – nunmehr um das ehemalige Gesellschaftsvermögen vergrößerten – Privatvermögen für die ehemaligen Gesellschaftsschulden.[411]

Scheidet aus einer zweigliedrigen KG der Komplementär aus, geht das Geschäft mit allen Aktiva und Passiva auf den Kommanditisten über. Dieser haftet dann unbeschränkt als Gesamtrechtsnachfolger der Gesellschaft.[412]

Der andere Gesellschafter ist aus der Gesellschaft ausgeschlossen. Ihm steht ein Anspruch auf das Abfindungsguthaben sowie auf Befreiung von den Gesellschaftsschulden bzw. auf Sicherheitsleistung zu (§ 738 Abs. 1 S. 2 u. 3 BGB). Der ausgeschlossene Gesellschafter haftet für die ehemaligen Gesellschaftsschulden weiter, wobei allerdings die fünfjährige Ausschlussfrist des § 160 HGB gilt.

### b) Ausscheiden kraft Gesetzes

§ 140 Abs. 1 S. 2 HGB bezieht sich nur auf den Fall, dass ein Gesellschafter einen wichtigen Grund für seinen Ausschluss gibt. Die §§ 131 ff. HGB enthalten keine ausdrückliche Regelung darüber, welche Rechtsfolgen eintreten, wenn aus einer Gesellschaft alle Gesellschafter bis auf einen kraft Gesetzes nach § 131 Abs. 3 HGB ausscheiden. Auch dieser Fall kann aber nicht zu einer Liquidation der Gesellschaft führen. Sinn und Zweck des § 131 Abs. 3 HGB ist es, die Liquidation zu verhindern und den Fortbestand des Unternehmens zu gewährleisten. Dies gilt unabhängig davon, ob nach dem Ausscheiden noch mehrere oder nur ein Gesellschafter verblieben. Auch in letzterem Fall erlischt die Gesellschaft ohne Liquidation, der verbleibende Gesellschafter wird Gesamtrechtsnachfolger, der ausscheidende Gesellschafter wird nach § 738 BGB abgefunden.

**265**

### c) Übernahme durch Vereinbarung

Ob aus einer zweigliedrigen OHG/KG ein Gesellschafter auch kraft Vereinbarung dergestalt ausscheiden kann, dass der andere das gesamte Gesellschaftsvermögen übernimmt, ist im Gesetz nicht geregelt. Soll ein Gesellschafter ausscheiden und der andere das Geschäft übernehmen, so kann dies in der Weise geschehen, dass die Gesellschaft durch Beschluss aufgelöst wird und im Liquidationsverfahren der Gesellschafter, der das Geschäft weiterführen will, das gesamte Gesellschaftsvermögen erwirbt.

**266**

Erforderlich wäre dann allerdings die Vornahme entsprechender Übertragungsakte: Grundstücke müssten gemäß §§ 873, 925 BGB, bewegliche Sachen gemäß §§ 929 ff. BGB übereignet sowie Forderungen und sonstige Rechte gemäß §§ 398, 413 BGB abgetreten werden.

Um diesen wenig praktikablen Weg zur vermeiden, besteht heute Einigkeit darüber, dass auch die Gesellschafter einer zweigliedrigen Personenhandelsgesellschaft – OHG/

---

410 BGHZ 48, 203, 206; OLG Düsseldorf NJW-RR 1999, 619; K. Schmidt § 11 V 3; Baumbach/Hopt § 140 Rn. 25.
411 BGHZ 48, 203, 206.
412 BGH WM 1999, 2262; BayObLG NZG 2000, 641, 642; Eckhardt NZG 2000, 449; a.A. Frey/Bredow ZIP 1998, 1621.

KG – vereinbaren können, dass beim Ausscheiden eines Gesellschafters der andere das Geschäft ohne Liquidation mit Aktiva und Passiva übernimmt.[413]

Die Vereinbarung kann im Gesellschaftsvertrag enthalten sein. Das Übernahmerecht wird dann durch eine entsprechende Erklärung des Übernahmeberechtigten ausgeübt. Die Gesellschafter können die Übernahme des Unternehmens aber auch ad hoc vereinbaren, z.B. wenn sie sich in einem Ausschlie-ßungsprozess vergleichen.[414]

## 2. Das Ausscheiden aus einer zweigliedrigen GbR

**267**    Bei der GbR fehlt eine dem § 140 Abs. 1 S. 2 HGB entsprechende Regelung. Nach ganz h.M. ist jedoch auch bei einer GbR der Übergang des Gesellschaftsvermögens auf einen Gesellschafter ohne Liquidation möglich.[415]

### a) Voraussetzungen

**268**    **aa)** Nach h.M. besteht ein gesetzliches Übernahmerecht bei der GbR nur dann, wenn die Voraussetzungen des § 737 BGB vorliegen. Es muss in der Person eines Gesellschafters ein wichtiger, den anderen zum Ausschluss berechtigender Grund eingetreten sein und der Gesellschaftsvertrag muss eine **Fortsetzungsklausel** enthalten.[416]

Anders als im HGB, wo Störungen in der Person eines Gesellschafters auch ohne Fortset-zungsklausel gemäß § 131 Abs. 3 HGB nicht zur Auflösung führen, genießt die GbR grundsätzlich keinen Bestandsschutz. Störungen in der Person eines Gesellschafters führen bei der GbR grundsätzlich zur Auflösung der Gesellschaft; nur bei Vorliegen einer Fortsetzungsklausel kann die Gesellschaft gemäß § 737 BGB fortgesetzt werden. Daher ist auch nur bei einer Fortsetzungsklausel (oder einer Übernahmevereinbarung) die Ge-schäftsübernahme möglich.[417]

**269**    **bb)** Das Übernahmerecht wird durch einseitige Gestaltungserklärung des Überneh-menden ausgeübt.[418]

### b) Rechtsfolgen

**270**    Nach der Übertragung des Gesellschaftsanteils auf den verbleibenden Mitgesellschafter geht das Gesellschaftsvermögen im Wege der Gesamtrechtsnachfolge auf den verblei-benden Gesellschafter über und wird von diesem mit allen Aktiva und Passiva als Einzel-unternehmen fortgeführt.[419] Die Gesellschaft erlischt.[420]

---

413  BGH WM 1999, 2262; NJW 2000, 1119; K. Schmidt § 50 III 3 b.

414  BGHZ 50, 307; MünchKomm-HGB/K. Schmidt § 140 Rn. 9 ff.

415  BGHZ 32, 307, 314 ff.; BGH NJW-RR 1993, 1443, 1444; NJW 1999, 3557; OLG Hamm ZIP 1999, 1484, 1485; MünchKomm-BGB/Schäfer § 730 Rn. 66.

416  BGHZ 32, 307, 317; BGH WM 1961, 32, 33; 1962, 880, 881; MünchKomm-BGB/Schäfer § 730 Rn. 75 f.; Erman/Westermann § 737 Rn. 8; Rimmelspacher AcP 173 (1973), 1, 17.

417  OLG Stuttgart, Urt. v. 05.05.2004 – 14 U 54/03, DB 2004, 1307; MünchKomm-BGB/Schäfer § 730 Rn. 76.

418  MünchKomm-BGB/Schäfer § 730 Rn. 77.

419  BGH, Urt. v. 07.07.2008 – II ZR 37/07, Rn. 9, NJW 2008, 2992; BGH, Urt. v. 31.05.2010 – II ZB 9/09, Rn. 7; MünchKomm-BGB/Schäfer § 730 Rn. 81.

420  KG, Urt. v. 03.04.2007 – 1 W 305/06, ZIP 2007, 1505.

Der Übernehmer haftet für die Schulden der Gesellschaft ohne Einschränkungen weiter, und zwar unabhängig von der Ausgestaltung seiner Haftung in der Gesellschaft. Da das ehemalige Gesellschaftsvermögen nunmehr Bestandteil des Vermögens des einen Gesellschafters geworden ist und dem Gläubiger damit als Haftungsmasse weiterhin zur Verfügung steht, erleidet dieser auch keinen Nachteil. Der Ausscheidende haftet für die vor der Übernahme begründeten Schulden gemäß § 736 Abs. 2 BGB i.V.m. § 160 HGB mit einer grundsätzlichen Enthaftung nach fünf Jahren.

## B. Der Eintritt in eine bestehende Gesellschaft

### I. Voraussetzungen

Der Eintritt eines neuen Gesellschafters in eine Gesellschaft erfolgt in der Regel durch **271** Abschluss eines Gesellschafts-(Aufnahme-)Vertrages mit den bisherigen Gesellschaftern. Ein neuer Gesellschafter kann aber auch dadurch in die Gesellschaft gelangen, dass er den Geschäftsanteil eines bisherigen Gesellschafters übernimmt (vgl. dazu unten unter C.) oder Erbe eines Gesellschafters ist (vgl. dazu unter D.).

### II. Auswirkungen auf das Gesellschaftsvermögen

Bei Eintritt eines neuen Gesellschafters in eine bereits bestehende Gesellschaft ändert **272** sich deren Identität nicht. Der Eintretende wird wie die übrigen Gesellschafter am Vermögen der Gesellschaft beteiligt; die Zahl der am Gesellschaftsvermögen gesamthänderisch Berechtigten erhöht sich um eine Person. Einer Übertragung irgendwelcher Einzelrechte bedarf es nicht, die Beteiligung an dem Gesellschaftsvermögen ist vielmehr automatisch Folge der Aufnahme.

Mit seinem Eintritt entstehen für den Gesellschafter zugleich die sonstigen Gesellschaftsrechte (Gewinnanteil, Entnahmerecht, Geschäftsführungs- und Vertretungsbefugnis etc.), wobei im Aufnahmevertrag spezielle Regelungen getroffen werden können.

### III. Haftung des eintretenden Gesellschafters

#### 1. Der Eintretende ist persönlich haftender Gesellschafter einer OHG bzw. KG

Der als persönlich haftender Gesellschafter in eine OHG/KG Eingetretene haftet für die **273** nach seinem Eintritt entstandenen Gesellschaftsschulden regulär nach §§ 128, 129 HGB persönlich; für die bereits vor seinem Eintritt begründeten Verbindlichkeiten haftet er gemäß § 130 HGB ebenfalls nach Maßgabe der §§ 128, 129 HGB. Erforderlich ist aber, dass der Eintritt nach außen hin wirksam geworden ist.[421] Eine von § 130 HGB abweichende Vereinbarung ist nur mit dem jeweiligen Gläubiger möglich (§ 130 Abs. 2 HGB).

---

421  HK/Stuhlfelner § 130 Rn. 2.

## 2. Die Haftung des in eine GbR eingetretenen Gesellschafters

**274**  Für die nach seinem Eintritt begründeten Schulden haftet der in eine GbR eingetretene Gesellschafter wie jeder seiner Mitgesellschafter. Im BGB fehlt aber eine dem § 130 HGB entsprechende Vorschrift, die die Haftung des Eintretenden für die vor seinem Eintritt begründeten Verpflichtungen regelt. Nach heute ganz h.M. haften die in eine GbR eingetretenen Gesellschafter analog § 130 HGB auch für Altverbindlichkeiten.[422] Die Haftung der Gesellschafter einer GbR für Altverbindlichkeiten analog § 130 HGB ist lediglich die konsequente Folge der akzessorischen Haftung der GbR-Gesellschafter. Dies ist ein zentraler Bestandteil der akzessorischen Haftungsstruktur. Durch eine analoge Anwendung des § 130 HGB werden für den Gläubiger, der nicht stets zwischen GbR und OHG unterscheiden kann, verlässliche Haftungsstrukturen geschaffen. Der einzelne Gesellschafter erwirbt zudem durch seinen Eintritt auch Anteile am Gesellschaftsvermögen, sodass es nicht unangemessen ist, wenn er im Gegenzug auch für Altverbindlichkeiten haftet.

## 3. Exkurs: Abgrenzung zu § 28 HGB

**275**  § 130 HGB (analog) setzt den Eintritt in eine bestehende **Gesellschaft** voraus. Demgegenüber betrifft § 28 HGB den „Eintritt" in das Geschäft eines **Einzelkaufmanns**. Letzterer ist rechtlich die **Gründung einer Gesellschaft** unter Einbringung des Geschäfts eines Einzelkaufmanns. Gemäß § 28 HGB haftet die Gesellschaft, die durch den Eintritt eines persönlich haftenden Gesellschafters oder Kommanditisten in das Geschäft eines Einzelkaufmanns entsteht, für alle Geschäftsverbindlichkeiten des früheren Inhabers. Folglich haftet dann auch der Eintretende akzessorisch für die Verbindlichkeiten dieser Gesellschaft gemäß § 128 HGB.

**276**  Umstritten ist, ob § 28 HGB analog anwendbar ist, wenn jemand in ein nichtkaufmännisches (zumeist freiberufliches) Unternehmen aufgenommen wird und mit dem Eintritt keine Handelsgesellschaft, sondern eine GbR entsteht. Das Gesetz setzt nach dem Wortlaut des § 28 Abs. 1 HGB ein kaufmännisches Unternehmen voraus. Der BGH hat die Frage der analogen Anwendbarkeit des § 28 HGB bei Entstehung einer GbR letztlich offengelassen.[423] Für den Zusammenschluss von bisher als Einzelanwälten tätigen Rechtsanwälten zu einer Sozietät hat das Gericht eine analoge Anwendung des § 28 HGB aber mit dem Argument abgelehnt, dass der Gesellschaft nicht die Möglichkeit offenstehe, gemäß § 28 Abs. 2 HGB eine abweichende Vereinbarung in das Handelsregister eintragen zu lassen.[424]

§ 28 Abs. 1 S. 1 HGB ist nicht analog anwendbar, wenn ein Handelsgeschäft in eine bestehende Gesellschaft eingebracht wird.[425] Die Vorschrift gilt damit nur für Gründung einer Gesellschaft unter Einbringung eines Handelsgeschäfts.

---

422  BGH, Urt. v. 07.04.2003 – II ZR 56/02, BGHZ 154, 370; BGH, Urt. v. 12.12.2005 – II ZR 283/03, NJW 2006, 765.
423  BGH, Urt. v. 22.01.2004 – IX ZR 65/01, BGHZ 157, 361; BGH, Urt. v. 17.11.2011 – IX ZR 161/09, Rn. 20, NJW-RR 2012, 239.
424  BGH, Urt. v. 22.01.2004 – IX ZR 65/01, BGHZ 157, 361.
425  BGH, Urt. v. 23.11.2009 – II ZR 7/09, Rn. 7, NJW 2010, 3720, RÜ 2010, 692.

## 4. Die Haftung des eintretenden Kommanditisten

Tritt jemand als Kommanditist in eine KG – oder eine OHG, die dadurch zur KG wird – ein, so bestimmt sich seine Haftung für die vor seinem Eintritt begründeten Verbindlichkeiten der Gesellschaft gemäß § 173 HGB nach §§ 171, 172 HGB: Der Eintretende haftet bis zur Höhe seiner Einlage unmittelbar. Die Haftung erlischt mit der Leistung der Einlage und lebt wieder auf, wenn die Einlage zurückgezahlt wird. Abweichende Vereinbarungen sind nur mit dem jeweiligen Gläubiger möglich (§ 173 Abs. 2 HGB). Für Verbindlichkeiten, die zwischen dem Eintritt des Kommanditisten und dessen Eintragung in das Handelsregister begründet werden, haftet der Eintretende unter den Voraussetzungen des § 176 Abs. 1 S. 1 HGB wie ein persönlich haftender Gesellschafter, § 176 Abs. 2 HGB.

**277**

## C. Der Gesellschafterwechsel

Das Ausscheiden eines Gesellschafters und der Eintritt eines neuen Gesellschafters können in der Weise kombiniert werden, dass der neue Gesellschafter praktisch an die Stelle des Austretenden tritt. Neben der Nachfolge bei dem Tod eines Gesellschafters (dazu unter D.) ist dies beim vertraglichen Gesellschafterwechsel der Fall. Bei der Vertragsgestaltung gibt es zwei verschiedene Möglichkeiten (dazu unter C. I).

**278**

Da es sich lediglich um eine Kombination von Ausscheiden und Eintritt handelt, gelten für den Gesellschafterwechsel grundsätzlich keine Besonderheiten. Der Anteil am Gesellschaftsvermögen wächst dem Ausscheidenden ab und dem Eintretenden an. Ausscheidender und Eintretender haften jeweils in der gleichen Weise, als wenn das Ausscheiden und der Eintritt nicht miteinander verbunden wären. Problematisch ist nur die Haftung des ausscheidenden bzw. eintretenden Kommanditisten bei der Abtretung eines Kommanditanteils (dazu unter C. II.).

## I. Der Gesellschafterwechsel durch Vertrag

Der Wechsel in der Mitgliedschaft kann durch die Kombination von Ausscheiden des alten und Eintritt des neuen Gesellschafters (Doppelvertrag) oder durch die Abtretung des Gesellschaftsanteils erfolgen.

**279**

## 1. Der Gesellschafterwechsel durch Doppelvertrag

Ausscheidender und eintretender Gesellschafter schließen jeweils einen gesonderten Vertrag über das Ausscheiden bzw. den Beitritt mit allen übrigen Gesellschaftern. Zwischen altem und neuem Gesellschafter bestehen keine Rechtsbeziehungen. Die zeitliche Übereinstimmung der Verträge bewirkt den Gesellschafteraustausch.[426]

**280**

## 2. Die Abtretung des Gesellschaftsanteils

Die andere, praktisch wichtigere Form des Gesellschafterwechsels ist die unmittelbare Übertragung der Mitgliedschaft vom ausscheidenden auf den eintretenden Gesell-

**281**

---

426  BGHZ 44, 229, 231; Windbichler § 10 Rn. 14.

schafter durch Abtretung des Gesellschaftsanteils gemäß §§ 398, 413 BGB mit Zustimmung der übrigen Gesellschafter.[427]

**282**   Auch wenn sich im Gesellschaftsvermögen ein Grundstück befindet, ist die Abtretung des Gesellschaftsanteils nicht nach § 311b Abs. 1 BGB formbedürftig. Es besteht nicht die nach § 311b Abs. 1 BGB erforderliche Verpflichtung, Grundstückseigentum zu erwerben oder zu veräußern. Der Erwerb oder Verlust der gesamthänderischen Mitberechtigung findet durch An- und Abwachsung gemäß § 738 BGB statt und ist nur eine gesetzliche Folge des Erwerbs oder Verlustes der Mitgliedschaft.[428]

Weil ein gesetzlicher Erwerb vorliegt, scheidet bei Abtretung des Gesellschaftsanteils auch ein gutgläubiger Erwerb des Grundstückseigentums nach § 892 BGB aus.[429] Andererseits hat der BGH aber zum Schutz der Mieter § 571 BGB a.F. (§ 566 BGB n.F.) beim Wechsel der Gesellschafter einer GbR für anwendbar gehalten und damit auch die neu eintretenden Gesellschafter aus dem Mietvertrag verpflichtet.[430]

## II. Die Haftung bei der Übertragung eines Kommanditanteils

**283**   Der Gesellschafterwechsel bei einem Kommanditisten kann in der Weise vorgenommen werden, dass ein Kommanditist aus der Gesellschaft **austritt** und für ihn ein neuer Kommanditist **eintritt**. Dieser Fall bietet haftungsrechtlich keine Besonderheiten. Der Austretende haftet in Höhe der Einlage, soweit ihm diese zurückgezahlt worden ist (§§ 172 Abs. 4, 171 HGB). Der neu Eintretende haftet in Höhe seiner Einlage, bis er sie erbracht hat (§§ 173, 171 HGB). Auch wenn der neue Kommanditist „wirtschaftlich" an die Stelle des alten Kommanditisten tritt, kommt es zu einer „Verdoppelung" der Haftung.[431]

**284**   Der Kommanditanteil kann aber auch durch **Abtretung** direkt übertragen werden, wenn dies im Gesellschaftsvertrag vorgesehen ist oder mit Zustimmung der Mitgesellschafter geschieht. In diesem Fall bleibt der Anteil des ausscheidenden Kommanditisten für den neuen Gesellschafter stehen. Da die Abtretung des Kommanditanteils im Gesetz nicht geregelt ist, fragt sich, inwieweit der ausscheidende und der neu eintretende Kommanditist den Gesellschaftsgläubigern haften.

---

**Fall 21: Einrückende Kommanditisten**

A, B und C betreiben eine Buchhandlung in der Form der KG. A ist Komplementär, B und C sind Kommanditisten. Ihre Einlage beträgt jeweils 20.000 € und ist erbracht. Nach einiger Zeit scheidet C durch Veräußerung seines Gesellschaftsanteils an X mit Zustimmung der übrigen Gesellschafter aus der KG aus. X zahlt an C für den Anteil 36.000 €. Im Handelsregister wird das Ausscheiden des C und der Eintritt des X als Rechtsnachfolger des C eingetragen. Gläubiger G, der der KG vor dem Gesellschafterwechsel ein Darlehen in Höhe von 20.000 € gewährt hatte, nimmt bei Fälligkeit C und X persönlich auf Rückzahlung in Anspruch. Zu Recht?

---

427  § 719 Abs. 1 Alt. 1 BGB steht einer solchen unmittelbaren Rechtsnachfolge nicht entgegen; BGH WM 1974, 1244; K. Schmidt § 45 III 3 a, b.

428  BGH WM 1997, 2220, 2222; Ulmer/Lübbe DNotZ 1998, 711, 712.

429  BGH NJW 1997, 860, 861.

430  BGH NJW 1998, 1220.

431  OLG Rostock Urt. v. 08.02.2001 – 1 U 59/99, BB 2001, 1267.

A. Die Haftung des ausgeschiedenen Kommanditisten C für die bei seinem Ausscheiden begründete Verbindlichkeit der KG aus §§ 124, 161 Abs. 2 HGB i.V.m. § 488 Abs. 1 S. 2 BGB richtet sich nach den §§ 171 ff. (i.V.m. § 160) HGB.

    I. Da C seine Einlage erbracht hat, haftet er für die Darlehensverbindlichkeit der KG gemäß § 171 Abs. 1 Hs. 2 HGB grundsätzlich nicht mehr.

    II. Die entgeltliche Übertragung des Kommanditanteils an X könnte allerdings als Rückzahlung der Einlage zu werten sein. Gemäß §§ 172 Abs. 4, 171 Abs. 1 Hs. 1 HGB würde dann die persönliche Haftung des C wieder aufleben. Rückzahlung i.S.d. § 172 Abs. 4 HGB ist jede Zuwendung an den Kommanditisten, durch die dem Gesellschaftsvermögen Vermögenswerte ohne angemessene Gegenleistung entzogen werden.[432]

    C hat jedoch aus dem Gesellschaftsvermögen keine Leistung erhalten; die 36.000 € stammten als Kaufpreis aus dem Vermögen des X. Da die Rechtsnachfolge des X eingetragen wurde, ist auch nach außen nicht der Eindruck erweckt worden, dass Zahlungen aus dem Gesellschaftsvermögen erfolgt seien. Eine Rückzahlung der Einlage ist damit nicht erfolgt. Eine persönliche Haftung des C für die Darlehensverbindlichkeit der KG entfällt.

B. Der eingetretene Kommanditist X haftet gemäß § 173 HGB für die Verbindlichkeiten der Gesellschaft nach Maßgabe der §§ 171, 172 HGB. Bei der Abtretung eines Kommanditanteils tritt der Abtretungsempfänger auch hinsichtlich der Einlageschuld in die Rechtsstellung des früheren Kommanditisten ein. Hat dieser seine Einlage voll erbracht, ist auch eine Haftung des neuen Kommanditisten ausgeschlossen.[433] Durch die Übertragung des Kommanditanteils ist X in die Rechtsstellung des C eingetreten. Die von C erbrachte Einlage wirkt auch für den X. X haftet nicht.

*Ist die Einlage erbracht und der Rechtsnachfolgevermerk eingetragen, so haften bei der Abtretung eines Kommanditanteils weder der Altgesellschafter noch der Neugesellschafter. Für eine Haftung besteht kein Bedürfnis, da den Gläubigern wie bisher die Einlage als Haftungsobjekt zur Verfügung steht und durch den Rechtsnachfolgevermerk auch klargestellt ist, dass mit dem Gesellschafterwechsel keine Erhöhung der Haftsumme verbunden war. Auch nach der Neufassung des § 162 Abs. 2 HGB ist bei einem Kommanditistenwechsel weiterhin ein Rechtsnachfolgevermerk in das Handelsregister einzutragen.[434]*

> **Abwandlung:** Im Handelsregister wird das Ausscheiden des C und der Eintritt des X eingetragen, ohne dass die Rechtsnachfolge kenntlich gemacht wird.

A. Anspruch des G gegen den ausgeschiedenen C gemäß §§ 171 ff. HGB    **285**

    I. Da C seine Einlage erbracht hat, haftet er gemäß § 171 Abs. 1 Hs. 2 HGB grundsätzlich nicht mehr.

---

432 Röhricht/v.Westphalen/v.Gerkan § 172 Rn. 19; Münchkomm-HGB/K. Schmidt §§ 171, 172 Rn. 66.

433 BGHZ 81, 82, 84.

434 OLG Hamm, Beschl. v. 16.09.2004 – 15 W 304/04, DB 2005, 45 f.

II. Die Haftung des C lebt wieder auf, wenn ihm seine Einlage zurückgezahlt worden ist. Eine Rückzahlung setzt voraus, dass Zuwendungen aus dem Gesellschaftsvermögen erfolgt sind. Wie im Ausgangsfall sind aus dem Gesellschaftsvermögen keine Zahlungen an C erfolgt; er hat die 36.000 € von X erhalten. Anders als im Ausgangsfall ist jedoch der Rechtsnachfolgevermerk nicht im Handelsregister eingetragen. Gemäß § 15 Abs. 1 HGB kann die Tatsache der Rechtsnachfolge gutgläubigen Dritten nicht entgegengehalten werden, d.h. diesen gegenüber besteht eine Rechtslage wie bei einem „normalen" Gesellschafterwechsel. Dann würde die Einlage des Ausgeschiedenen den Gläubigern zur Verfügung stehen, und zwar als Haftungssumme im Gesellschaftsvermögen, soweit sie noch nicht zurückgezahlt wurde, oder als Anspruch gegen den Ausgeschiedenen, wenn sie zurückgezahlt ist. Auch die Einlage des neuen Gesellschafters würde den Gläubigern zur Verfügung stehen; als Anspruch gegen den Neugesellschafter, soweit er sie noch nicht erbracht hat, oder als Haftungsmasse im Gesellschaftsvermögen, wenn sie erbracht ist. Es wäre zu einer „Verdoppelung" der Haftsumme gekommen. Da aber eine Einlage sich im Gesellschaftsvermögen befindet, können nicht beide, der Alt- und der Neugesellschafter, haften. Die Frage ist, wem das Recht zusteht, sich auf die im Gesellschaftsvermögen befindliche Einlage zu berufen. Nach h.M. wirkt die im Gesellschaftsvermögen befindliche Einlage zugunsten des neuen Kommanditisten. Mit der Abtretung des Kommanditanteils geht auf den neuen Kommanditisten auch das Recht über, sich auf die Einlageleistung des Rechtsvorgängers und die Wirkung des § 171 Abs. 1 Hs. 2 HGB zu berufen. Zulasten des alten Gesellschafters wird § 172 Abs. 4 HGB entsprechend angewandt, sodass seine Einlage „den Gläubigern gegenüber als nicht (mehr) geleistet gilt". Danach kann sich C nicht auf § 171 Abs. 1 Hs. 2 HGB berufen, sondern muss die Darlehensverbindlichkeit der KG persönlich erfüllen.[435]

**286** B. Für den Anspruch gegen den Neugesellschafter X gilt:

I. Nach der h.M. scheidet ein Anspruch gegen X aus. X hat mit der Abtretung des Kommanditanteils auch das Recht erworben, sich auf die Einlageleistung des C und die Wirkung des § 171 Abs. 1 Hs. 2 HGB zu berufen.

II. Nach der Gegenansicht haftet X nach Rechtsscheinsgesichtspunkten für die Darlehensverbindlichkeit der KG persönlich: X hat zurechenbar den Rechtsschein erweckt, als sei er unabhängig vom Ausscheiden des C Kommanditist mit einer besonderen Haftsumme geworden.

---

**287** Ist der noch nicht eingezahlte Kommanditanteil rechtsgeschäftlich vom Altkommanditisten auf den Neukommanditisten übertragen worden und ist die Übertragung durch einen entsprechenden Rechtsfolgevermerk im Handelsregister verlautbart, so haften der Alt- und Neukommanditist als Gesamtschuldner.[436] Eine Einlageleistung des übernehmenden Gesellschafters führt zum Fortfall der Haftung des Altkommanditisten.

---

435 BGHZ 81, 82, 89; ebenso Baumbach/Hopt § 173 Rn. 13; K. Schmidt § 54 IV 3; MünchKomm-HGB/K. Schmidt § 173 Rn. 36; Huber ZGR 1984, 154; Cebulla DStR 2000, 1917, 1920.

436 OLG Rostock, Urt. v. 08.02.2001 – 1 U 59/99, BB 2001, 1267.

## Ausscheiden und Eintritt von Gesellschaftern

### Ausscheiden eines Gesellschafters

- Voraussetzungen für das Ausscheiden eines Gesellschafters

  - OHG/KG: § 131 Abs. 3 HGB oder Eintritt eines im Gesellschaftsvertrag benannten Ereignisses

  - GbR: § 736 BGB oder Eintritt eines im Gesellschaftsvertrag benannten Ereignisses

- Auswirkungen auf das Gesellschaftsvermögen
  Anwachsung gemäß § 738 Abs. 1 S. 1 BGB; Gesellschafter hat Ansprüche aus § 738 BGB, insb. Abfindungsanspruch. Vertragliche Abfindungsbeschränkungen, insb. Buchwertklauseln, sind nach § 138 BGB bzw. § 723 Abs. 3 BGB unwirksam, wenn im Zeitpunkt der Vereinbarung ein grobes Missverhältnis zwischen Buchwert und tatsächlichem Wert besteht. Entsteht erst im Laufe der Zeit ein Missverhältnis, ist die Klausel durch ergänzende Auslegung anzupassen.

- Haftung des ausgeschiedenen Gesellschafters; Enthaftung nach fünf Jahren möglich (§ 160 HGB; ggf. i.V.m § 736 Abs. 2 BGB).

  - Eine Haftung besteht nur für Ansprüche, die vor dem Ausscheiden begründet worden sind. Begründet ist ein Anspruch, wenn seine Rechtsgrundlage bereits gelegt wurde.

  - Für Ansprüche, die erst nach Ablauf von fünf Jahren nach der Eintragung des Ausscheidens fällig werden, besteht keine Haftung. Werden Ansprüche vor Ablauf der Frist fällig, tritt nach fünf Jahren unter den Voraussetzungen des § 160 Abs. 1 HGB Enthaftung ein.

- Ausscheiden aus zweigliedriger Gesellschaft

  - OHG/KG: keine Liquidation (§ 140 Abs. 1 S. 1 HGB bzw. Sinn u. Zweck des § 131 Abs. 3 HGB)

  - GbR: Geschäftsübernahme nur bei Fortsetzungsklausel. Übernahme durch Vereinbarung möglich.

### Eintritt in die Gesellschaft

Der Eintritt erfolgt durch Abschluss eines Aufnahmevertrages. Der Eintretende wird automatisch am Gesellschaftsvermögen beteiligt. Bei der OHG/KG haftet der Eintretende gemäß § 130 HGB (Kommanditist: § 173 HGB). Eintretender Gesellschafter einer GbR haftet analog § 130 HGB (h.M.).

### Gesellschafterwechsel

Der Gesellschafterwechsel kann durch Doppelvertrag oder durch Abtretung des Gesellschaftsanteils erfolgen. Bei der Abtretung eines Kommanditanteils gilt:

- Ist die Rechtsnachfolge eingetragen und die Einlage geleistet, haftet nur der Eintretende gemäß §§ 173, 171, 172 HGB.

- Ist die Rechtsnachfolge eingetragen und die Einlage (noch) nicht geleistet, haften Alt- und Neukommanditist als Gesamtschuldner.

- Ist die Rechtsnachfolge nicht eingetragen, haftet nach h.M. der Ausscheidende.

## D. Die Nachfolge bei Tod eines Gesellschafters

288 Der Tod eines Gesellschafters führt nach der gesetzlichen Regelung zu unterschiedlichen Rechtsfolgen, je nachdem ob eine Personenhandelsgesellschaft oder eine GbR vorliegt.

Bei der GbR hat der Tod eines Gesellschafters grundsätzlich die Auflösung der Gesellschaft zur Folge (§ 727 Abs. 1 BGB).

Nach der Neufassung des § 131 Abs. 3 S. 1 Nr. 1 HGB führt der Tod eines Gesellschafters einer OHG oder KG nicht zur Auflösung der Gesellschaft, sondern lediglich zum Ausscheiden des Gesellschafters. Beim Tod eines Kommanditisten treten gemäß § 177 HGB dessen Erben in die Gesellschaft ein.

Die Gesellschafter können im Gesellschaftsvertrag von dieser gesetzlichen Regelung abweichende Vereinbarungen treffen. Dafür bestehen drei grundsätzlich unterschiedliche Möglichkeiten:

- Um eine Auflösung und Liquidation der GbR bei Tod eines ihrer Mitglieder zu verhindern, können die Gesellschafter vereinbaren, dass die Gesellschaft in diesem Fall fortgesetzt werden soll. Bei der **reinen Fortsetzungsklausel** wird die Gesellschaft lediglich unter den verbliebenen Gesellschaftern fortgesetzt.

- Die **Nachfolgeklausel** sieht das automatische Eintreten eines Dritten in die Gesellschafterstellung vor (wie dies in § 177 HGB für den Kommanditisten vorgesehen ist).

- Durch die **Eintrittsklausel** erhält ein Dritter das Recht, durch Erklärung in die Gesellschafterstellung des Verstorbenen einzurücken. Der Dritte wird erst dann Gesellschafter, wenn er von diesem Recht Gebrauch macht.

## I. Die reine Fortsetzungsklausel

289 Diese Vereinbarung beinhaltet, dass die Gesellschaft bei Tod eines Gesellschafters unter den verbliebenen Gesellschaftern fortgesetzt werden soll, ohne dass andere Personen in die Gesellschafterstellung des Verstorbenen eintreten.

Bei der OHG und KG ergibt sich diese Rechtsfolge schon aus dem Gesetz. Gemäß § 131 Abs. 3 S. 1 Nr. 1 HGB führt der Tod eines Gesellschafters lediglich zum Ausscheiden des Gesellschafters und nicht zur Auflösung der Gesellschaft. Eine reine Fortsetzungsklausel ist bei der OHG und KG entbehrlich bzw. überflüssig, soweit sie noch in Gesellschaftsverträgen enthalten ist.[437]

Nur bei der GbR, wo eine dem § 131 Abs. 3 S. 1 Nr. 1 HGB entsprechende Regelung fehlt, hat die reine Fortsetzungsklausel eine Bedeutung. Sie wird üblicherweise schon im Gesellschaftsvertrag vereinbart. Die verbliebenen Gesellschafter können aber auch nach dem Tod die Fortsetzung der Gesellschaft beschließen. Da die Mitgliedschaft des Verstorbenen in dessen Nachlass fällt, müssen hierbei seine Erben mitwirken.

---

437  K. Schmidt NJW 1998, 2162, 2166; ders. DB 1998, 61, 64; Sethe ZIP 1998, 989, 992 f.

Da die Gesellschaft mit dem Tod eines ihrer Mitglieder automatisch aufgelöst wird, handelt es sich letzterenfalls genau genommen um einen Beschluss, der auf Rückumwandlung in eine werbende Gesellschaft gerichtet ist.

Wird die Gesellschaft mit den verbliebenen Gesellschaftern fortgesetzt, wächst diesen der Anteil des Verstorbenen am Gesellschaftsvermögen zu (§ 738 BGB). Dem Erben steht als Ausgleich für den Verlust des Anteils ein schuldrechtlicher Abfindungsanspruch zu, der sich nach dem wirklichen Wert des Gesellschaftsvermögens am Tag des Todes richtet.

Bewertet wird das lebende Unternehmen. Auf die Liquidationswerte des Gesellschaftsvermögens kommt es – entgegen dem Wortlaut des § 738 Abs. 1 S. 2 BGB – nicht an.[438]

## II. Die Nachfolgeklausel

Die Gesellschafter können im Gesellschaftsvertrag vereinbaren, dass bei Tod eines Gesellschafters dessen Erbe oder eine andere Person automatisch Gesellschafter werden soll. **290**

- Ist bestimmt, dass an die Stelle des Verstorbenen dessen Erbe(n) treten soll(en), handelt es sich um eine **erbrechtliche Nachfolgeklausel**.

- Ist im Gesellschaftsvertrag bereits eine bestimmte Person – unabhängig von ihrer Erbenstellung – als Nachfolger vorgesehen, handelt es sich um eine **rechtsgeschäftliche Nachfolgeklausel**.

## 1. Die erbrechtliche Nachfolgeklausel

Im Fall einer erbrechtlichen Nachfolgeklausel wird derjenige Gesellschafter, der Erbe des verstorbenen Gesellschafters ist. Da aufgrund der Testierfreiheit der – später versterbende – Gesellschafter bis zu seinem Tod seine(n) Erben frei bestimmen kann, tritt für ihn zu seinen Lebzeiten damit noch keine Bindung ein. Im Gesellschaftsvertrag wird sein Anteil lediglich vererblich gestellt, d.h. die übrigen Gesellschafter erklären sich damit einverstanden, dass bei Tod des Gesellschafters dessen Anteil auf seine(n) Erben übergeht. Der Erwerb des Anteils, d.h. sein Übergang auf den (die) Erben vollzieht sich nach Erbrecht. Der Gesellschafter kann also frei darüber entscheiden, wer sein Nachfolger in der Gesellschaft werden soll.[439] Stirbt der Gesellschafter, so tritt sein Erbe automatisch, d.h. ohne weitere Erklärungen, in die Gesellschafterstellung des Verstorbenen ein. Der automatische Eintritt in die Gesellschaft entspricht der einhelligen Meinung.[440] **291**

Auch minderjährige Erben können daher ohne familien- bzw. vormundschaftsgerichtliche Genehmigung Nachfolger werden; bei Eintritt der Volljährigkeit steht ihnen allerdings das Austrittsrecht nach § 723 Abs.1 S. 3 Nr. 2 BGB zu.[441]

---

438  MünchKomm-BGB/Schäfer § 738 Rn. 32.

439  Baumbach/Hopt § 139 Rn. 10.

440  BGHZ 22, 186, 191; 68, 225, 229 f.; BGH NJW 1983, 2376, 2377; MünchKomm-HGB/K. Schmidt § 139 Rn. 18; Baumbach/Hopt § 139 Rn. 10; Palandt/Edenhofer § 1922 Rn. 18.

441  Schäfer BB-Special 5/2004, 16.

**292**   **a)** Bei der **einfachen** erbrechtlichen Nachfolgeklausel wird jeder Erbe automatisch Gesellschafter. Dies ist unproblematisch, wenn nur eine Person Erbe des Gesellschafters ist. Sind aber mehrere Erben vorhanden, so müsste nach dem Erbrecht die Erbengemeinschaft die Gesellschafterstellung des Verstorbenen erlangen. Dies ist jedoch mit gesellschaftsrechtlichen Grundsätzen unvereinbar.

---

**Fall 22: Gesellschafter-Erbengemeinschaft**

A, B und C sind OHG-Gesellschafter. Der Gesellschaftsvertrag enthält die Regelung, dass jeder Gesellschafter berechtigt ist, durch Erbeinsetzung seinen Nachfolger zu bestimmen. Bei Tod eines Gesellschafters sollen dessen Erben in die Gesellschaft eintreten. A stirbt; Erben sind zu gleichen Teilen seine Frau F, die Söhne S 1 und S 2. Wie ist die Rechtslage?

---

**293**   A.  Der Tod des A führt gemäß § 131 Abs. 3 S. 1 Nr. 1 HGB nicht zur Auflösung der Gesellschaft, sondern nur zum Ausscheiden des A.

B.  Die Frage, wer für den Verstorbenen Gesellschafter der OHG geworden ist, bestimmt sich einmal danach, ob eine Nachfolge- oder Eintrittsklausel vorliegt und, falls eine Nachfolgeklausel vereinbart wurde, wer an die Stelle des verstorbenen A getreten ist.

   I.  Der Wortlaut des Gesellschaftsvertrages ist nicht eindeutig: Einerseits ist bestimmt, dass die Erben in die Gesellschaft „eintreten" sollen; andererseits war jeder Gesellschafter befugt, seinen „Nachfolger" durch Erbeinsetzung zu bestimmen. Eine Auslegung der Klauseln ergibt unter Berücksichtigung des Parteiwillens, der Einzelumstände und der Verkehrssitte, dass die Gesellschafter einen automatischen Übergang des Gesellschaftsanteils auf die jeweiligen Erben erstrebten. Die Erben sollten nicht erst nach dem Tode des Gesellschafters darüber entscheiden können, ob sie Gesellschafter werden wollen oder nicht, sondern sie sollten mit dem Erbfall ohne Weiteres Gesellschafter werden. Eine Bestimmung im Gesellschaftsvertrag, nach der ein Anteil vererblich sein soll, ist regelmäßig als erbrechtliche Nachfolgeklausel auszulegen.[442]

   Es ist damit eine erbrechtliche Nachfolgeklausel vereinbart worden.

   II.  Nach dem Gesellschaftsvertrag sollen bei Tod eines Gesellschafters dessen Erben Gesellschafter werden. Grundsätzlich bestimmt sich die Frage, wer Erbe ist, ausschließlich nach dem allgemeinen Zivilrecht. Sind mehrere Erben vorhanden, so wird das Vermögen des Erblassers im Wege der Universalsukzession gemäß §§ 1922, 2032 BGB gemeinschaftliches Vermögen der Erben als Erbengemeinschaft i.S.d. §§ 2032 ff. BGB. Danach wäre vorliegend auch der zur Erbmasse gehörende Gesellschaftsanteil des verstorbenen A in das Vermögen der aus F, S 1 und S 2 bestehenden Erbengemeinschaft gelangt. Nicht ihre Mitglieder F, S 1 und S 2, sondern die Erbengemeinschaft als solche wäre Gesellschafter der OHG geworden.

---

442  BGHZ 68, 225, 230 f.

1. Diese erbrechtliche Lösung ist mit dem Personengesellschaftsrecht jedoch nicht vereinbar. Eine Miterbengemeinschaft als solche kann nicht Mitglied einer werbenden Personengesellschaft sein.

   Die Mitglieder einer Miterbengemeinschaft haften vor der Auseinandersetzung gemäß § 2059 BGB nur beschränkt; diese beschränkte Haftung ist mit § 128 HGB bzw. § 421 BGB unvereinbar.

   Grundsätzlich ist die Personengesellschaft auf Dauer angelegt, die Miterbengemeinschaft demgegenüber auf Aufhebung; jeder Miterbe kann jederzeit ihre Auseinandersetzung verlangen.

   Nicht zu der Stellung als Gesellschafter passen auch das Einstimmigkeitsprinzip (§ 2038 Abs. 1 BGB), die notwendig gemeinschaftliche Verfügung über Nachlassgegenstände (§ 2040 BGB), die Veräußerlichkeit der Anteile (§ 2033 BGB) und das Auseinandersetzungsrecht (§§ 2042 ff. BGB).

   Eine Erbengemeinschaft besitzt auch – anders als eine GbR – keine eigene Rechtspersönlichkeit und ist auch sonst nicht rechtsfähig.[443] Die Miterbengemeinschaft als solche kann daher keine Rechte und Pflichten, die sich aus der Mitgliedschaft ergeben, übernehmen.

   Der Widerspruch zwischen Erbrecht (§§ 2034 ff. BGB) einerseits und Gesellschaftsrecht andererseits wird nach h.M. durch einen Vorrang des Gesellschaftsrechts vor dem Erbrecht gelöst: Der Nachlass des Verstorbenen einschließlich seines Gesellschaftsanteils fällt – entsprechend § 2032 BGB – in die Rechtszuständigkeit der gesamthänderisch verbundenen Erben. Nicht die Erbengemeinschaft als solche wird jedoch Gesellschafter, sondern die einzelnen Erben jeder für sich.[444] Im Wege der Sondernachfolge geht der Gesellschaftsanteil des Erblassers unmittelbar auf die Erben über, ohne dass es insoweit einer Auseinandersetzung bedarf. Es ist rechtlich so anzusehen, als hätten sich die Erben über den Gesellschaftsanteil ihres gemeinsamen Erblassers bereits auseinandergesetzt.[445]

2. Danach ergibt sich für den vorliegenden Fall: Mangels abweichender Vereinbarung im Gesellschaftsvertrag war A zu 1/3 an der OHG beteiligt. Dieser Anteil ist mit seinem Tode auf die Erben des A entsprechend ihrer Erbquote übergegangen. Da F, S 1 und S 2 zu gleichen Teilen geerbt haben, ist mit dem Tode des A jeder von ihnen mit einem Kapitalanteil von 1/9 Gesellschafter der OHG geworden.

---

443 BGH, Urt. v. 11.09.2002 – XII ZR 187/00, NJW 2002, 3389.
444 Schäfer BB-Special 5/2004, 14; MünchKomm-HGB/K. Schmidt § 139 Rn. 12.
445 BGHZ 22, 186, 192; BGH NJW 1983, 2376, 2377; MünchKomm-BGB/Schäfer § 727 Rn. 31; Baumbach/Hopt § 139 Rn. 14; K. Schmidt § 45 IV.

**294**  **b)** Bei der **qualifizierten** erbrechtlichen Nachfolgeklausel wird nur ein Teil der Erben automatisch Gesellschafter. Dabei kann vorgesehen sein, dass nur ein Erbe oder dass mehrere der Erben in die Gesellschafterstellung des Verstorbenen einrücken. Auf diese Weise ist es den verbleibenden Gesellschaftern möglich, die Dispositionsbefugnis des Gesellschafters einzuschränken und damit trotz der Nachfolgeklausel einen gewissen Einfluss auf den Mitgliederbestand der Gesellschaft zu behalten.

---

**Fall 23: Ein Erbe als Nachfolger**

Im Gesellschaftsvertrag der zwischen den Gesellschaftern A, B und C bestehenden OHG ist bestimmt, dass nur einer von mehreren Erben die Gesellschafterstellung des Verstorbenen erwerben soll. A verstirbt. In seinem Testament hat er F sowie seine Söhne S 1 und S 2 zu Erben eingesetzt und angeordnet, dass der Miterbe S 1 Gesellschafter werden soll.

---

**295**  A.  Die Miterbengemeinschaft kann nicht Gesellschafterin einer Personengesellschaft sein. Bei einer Nachfolgeklausel werden daher die Erben im Wege der Singularsukzession Gesellschafter. Hier besteht jedoch die Besonderheit, dass nach dem Gesellschaftsvertrag nur ein Erbe des A Gesellschafter werden soll (qualifizierte erbrechtliche Nachfolgeklausel). Damit steht zunächst einmal fest, dass F sowie S 2 keine Gesellschafter geworden sind, denn A hat sie insoweit testamentarisch nicht bedacht: Wer in die Gesellschaft eintritt, bestimmt sich allein nach Gesellschaftsrecht. Dies gilt auch dann, wenn der Gesellschaftsvertrag den Erblasser ermächtigt, Zahl und Person seiner Nachfolger unter seinen Erben zu bestimmen; in diesem Fall wird nur der als Nachfolger vorgesehene Erbe Gesellschafter.[446]

B.  Fraglich ist allerdings, ob S 1 einen seiner Erbquote (1/3) entsprechenden Anteil an dem Gesellschaftsanteil des verstorbenen A (i.H.v. 1/3), also einen Gesellschaftsanteil von 1/9, gemäß § 1922 BGB automatisch erworben hat oder ob der gesamte Gesellschaftsanteil des A (i.H.v. 1/3) auf ihn übergegangen ist. Nach der h.M. vollzieht sich in derartigen Fällen die Nachfolge in die Gesellschafterstellung des Verstorbenen im Wege des **Vollrechtserwerbs**: Derjenige Miterbe, der hinsichtlich des Gesellschaftsanteils im Gesellschaftsvertrag bzw. vom Erblasser als Nachfolger benannt ist, erwirbt automatisch dessen Anteil unmittelbar in vollem Umfang.[447]

Für den vorliegenden Fall bedeutet dies: S 1 hat mit dem Tode des A unmittelbar dessen gesamten Gesellschaftsanteil (i.H.v. 1/3) erworben. Dies ist bei der internen Auseinandersetzung zwischen den Miterben F, S 1 und S 2 ggf. zu berücksichtigen.

---

446  Staub/Schäfer § 139 Rn. 45.

447  BGHZ 68, 225, 238; Baumbach/Hopt § 139 Rn. 17; K. Schmidt § 45 V 4 b; Windbichler § 16 Rn. 4; Erman/Schlüter vor § 2032 Rn. 5.

## 2. Die rechtsgeschäftliche Nachfolgeklausel

Im Fall der rechtsgeschäftlichen Nachfolgeklausel soll bei Tod eines Gesellschafters des- **296** sen Mitgliedschaft kraft der Vereinbarung im Gesellschaftsvertrag automatisch auf die benannte Person übergehen, ohne dass diese Erbe des Verstorbenen zu sein braucht. Da der Eintritt des Benannten allein auf der vertraglichen Vereinbarung basiert und von seiner Stellung als Erbe unabhängig ist, tritt für den – später versterbenden – Gesellschafter bereits zu seinen Lebzeiten eine rechtliche Bindung ein; er kann den Eintritt der benannten Person einseitig nicht mehr verhindern. Eine rechtsgeschäftliche Nachfolgeklausel ist nur zugunsten einer beim Abschluss des Gesellschaftsvertrages beteiligten Person (d.h. i.d.R. eines Gesellschafters) wirksam. Es handelt sich dann um eine aufschiebend auf den Tod bedingte Anteilsübertragung unter Lebenden.

Ohne Mitwirkung des Begünstigten ist die rechtsgeschäftliche Nachfolgeklausel unwirksam. Da die Gesellschafterstellung nicht nur Rechte, sondern auch Pflichten beinhaltet, würde eine solche Regelung sich als unzulässiger Vertrag zulasten Dritter darstellen. Außerdem ist eine Verfügung zugunsten eines Dritten nicht mit dem Wortlaut des § 328 BGB zu vereinbaren.[448]

## III. Die Eintrittsklausel

Die Gesellschafter können eine Vereinbarung treffen, wonach an die Stelle eines ver- **297** storbenen Gesellschafters nicht automatisch eine andere Person tritt, sondern diese das Recht erhält, in die Gesellschaft einzutreten. Es hängt in diesen Fällen also vom Willen des Begünstigten ab, ob er Gesellschafter wird oder nicht. Der Eintrittsberechtigte erlangt einen Anspruch auf Aufnahme in die Gesellschaft, den er durch Erklärung gegenüber den verbliebenen Gesellschaftern geltend macht. Es handelt sich bei einer gesellschaftsrechtlichen Eintrittsklausel also um einen Vertrag zugunsten Dritter (§ 328 BGB). Die Erfüllung des Aufnahmeanspruchs geschieht in der Weise, dass die verbliebenen Gesellschafter mit dem Eintrittsberechtigten einen entsprechenden Vertrag abschließen. Weigern sie sich, kann der Berechtigte auf Abschluss klagen.

Möglich ist eine Eintrittsklausel auch in der Form, dass der Erbe des verstorbenen Gesellschafters verpflichtet wird, auf Verlangen der übrigen Gesellschafter in die Gesellschaft einzutreten, ohne dass er selbst hierauf ein Recht hat. Da der Gesellschaftsvertrag sogar den automatischen Eintritt des Erben in die Gesellschaft vorsehen kann, bestehen gegen eine derartige Regelung keine Bedenken. In einem solchen Fall kann der Erbe eines persönlich haftenden Gesellschafters einer Personenhandelsgesellschaft allerdings die Rechte aus § 139 HGB geltend machen.

## IV. Abgrenzung durch Auslegung

Ob die Gesellschafter eine erbrechtliche oder vertragliche Nachfolgeklausel oder eine **298** Eintrittsklausel gewollt haben, ist im Wege der Auslegung zu ermitteln.

---

448  BGHZ 68, 225, 231 ff.; BGH WM 1971, 1339; NJW 1978, 264; Baumbach/Hopt § 139 Rn. 58.

**Fall 24: Veränderte Verhältnisse**

A, B, C und D sind OHG-Gesellschafter zu gleichen Teilen und haben im Gesellschafts-vertrag bestimmt: Im Fall des Todes des A treten Frau A und Sohn S als Erben in die Gesellschaft ein; stirbt B, so fällt dessen Anteil ohne Weiteres dem Gesellschafter C zu. A und B verunglücken auf einer Geschäftsreise tödlich. Wer ist Gesellschafter, wenn

1. A seine Frau wegen Streitigkeiten von der Erbfolge ausgeschlossen und seinen Sohn S zum Alleinerben eingesetzt hat;

2. B, der von X und Y beerbt wird, im Testament bestimmt hat, auch sein Anteil an der Gesellschaft solle auf seine Erben übergehen?

**299**    A. Die Nachfolge in die Gesellschafterstellung des A

I.  Nach dem Inhalt der Klausel sollte die Gesellschafterstellung des A sowohl auf Frau A als auch auf den S übergehen. Es ist aber nicht eindeutig, ob diese Nachfol-ge erbrechtlich oder aufgrund des Gesellschaftsvertrages automatisch erfolgen sollte oder A und S nur ein Eintrittsrecht erhalten sollten.

Handelt es sich um eine erbrechtliche Nachfolgeklausel, ist allein S Gesellschafter geworden. Denn da eine erbrechtliche Nachfolgeklausel allein die Funktion hat, den Gesellschaftsanteil vererblich zu stellen, der Erwerb des Anteils sich aber nach Erbrecht vollzieht, wäre Frau A, weil von ihrem verstorbenen Ehemann enterbt, von jeglichem Erwerb ausgeschlossen. Wenn es sich um eine rechtsgeschäftliche Nachfolgeklausel handelt, könnte auch Frau A Gesellschafterin geworden sein. Ist eine Eintrittsklausel anzunehmen, so ist keine automatische Gesellschafternach-folge eingetreten, Frau A und S hätten dann ein Eintrittsrecht.

II. Die Klausel ist nach ihrem Sinn und Zweck auszulegen:

1. Bei einer **rechtsgeschäftlichen Nachfolgeklausel** tritt die Rechtsnachfolge automatisch aufgrund des Gesellschaftsvertrages ein. Da eine Gesellschafter-stellung neben Rechten auch Pflichten mit sich bringt, sind rechtsgeschäftli-che Nachfolgeklauseln „zugunsten" Dritter als unzulässige Verträge zulasten Dritter unwirksam. Diese Klauseln sind nur wirksam, wenn der oder die Rechts-nachfolger bei ihrer Vereinbarung mitwirken. Da weder Frau A noch S am Ab-schluss des Gesellschaftsvertrages beteiligt waren, wäre die Klausel als rechts-geschäftliche Nachfolgeklausel unwirksam. Es kann nicht angenommen wer-den, dass die Gesellschafter eine unwirksame Klausel vereinbaren wollten. Eine rechtsgeschäftliche Nachfolgeklausel scheidet damit aus.

   Für eine rechtsgeschäftliche Nachfolgeklausel spricht es dagegen, wenn sich der Erblasser bereits im Gesellschaftsvertrag endgültig gebunden hat und der Berechtigte ein Mitgesell-schafter ist.[449]

2. Da Frau A und S namentlich bezeichnet worden sind, könnte es sich um eine **Eintrittsklausel** handeln. Aus einer namentlichen Bezeichnung der Nachfol-ger kann wegen der die Gesellschafter treffenden Folgen jedoch nicht ohne

---

449   BayObLG ZIP 2000, 1614, 1616.

weitere Anhaltspunkte auf den Willen zu einer Eintrittsklausel geschlossen werden; dies insbesondere dann nicht, wenn – wie hier – der namentlich Bezeichnete nicht am Gesellschaftsvertrag beteiligt ist.

BGHZ 68, 225, 233: „Bestimmungen dieser Art sind für die übrigen Gesellschafter nicht unproblematisch. Der Eintrittsberechtigte ist zum Eintritt nicht verpflichtet; der Gesellschaft droht daher die Gefahr, Abfindungen zahlen und dazu das Gesellschaftskapital in unerwünschtem Umfang schmälern zu müssen. Die Gesellschafter werden sich daher hierzu nicht leicht entschließen; sie werden das ohne besondere Gründe jedenfalls dann nicht tun, wenn der (nicht am Gesellschaftsvertrag beteiligte) Nachfolger zum Kreis der voraussichtlichen Erben des betreffenden Gesellschafters gehört und dieser die automatische Nachfolge durch eine entsprechende letztwillige Verfügung leicht herbeiführen kann. Im Zweifel ist daher auch in einem solchen Falle eine erbrechtliche Klausel anzunehmen."

Eine Eintrittsklausel zugunsten eines im Vertrag als „Erbe" Bezeichneten ist nur dann anzunehmen, wenn eindeutig zum Ausdruck gebracht ist, dass der Benannte den Erwerb des Gesellschaftsanteils von einer nach dem Tod des Gesellschafters getroffenen Entscheidung soll abhängig machen dürfen.[450] Ein derartiger Wille der Gesellschafter kommt in der Zusatzvereinbarung jedoch nicht eindeutig zum Ausdruck. Die Klausel im Gesellschaftsvertrag kann somit nicht als Eintrittsklausel zugunsten von Frau A und S ausgelegt werden.

3. Wenn gewollt ist, dass der Benannte als Erbe Gesellschafter wird, dann ist im Regelfall eine erbrechtliche Nachfolgeklausel vereinbart: Nur derjenige soll Gesellschafter werden, der Erbe des Verstorbenen ist; der Übergang des Gesellschaftsanteils soll sich dabei automatisch ohne weitere Erklärung, also kraft Erbrechts vollziehen. Im vorliegenden Fall ist damit von einer erbrechtlichen Nachfolgeklausel auszugehen. Diese überließ es dem A, durch Testament seine Nachfolger in die Gesellschaft zu bestimmen. Da A seine Frau enterbt und seinen Sohn S als Alleinerben eingesetzt hat, ist nur Letzterer in die Gesellschafterstellung eingerückt. Frau A ist nicht Gesellschafterin geworden.

B. Die Rechtsnachfolge in die Gesellschafterstellung des B    **300**

Da B testamentarisch bestimmt hat, dass X und Y in die Gesellschaft eintreten sollen, könnten diese mit dem Tod des B neben C, D und S Gesellschafter der OHG geworden sein.

I. Grundsätzlich steht es jedem Gesellschafter frei, durch Regelung der Erbfolge seinen Nachfolger in der Gesellschaft frei zu bestimmen, sofern die Gesellschafter eine erbrechtliche Nachfolgeklausel vereinbart haben.

II. Im Gesellschaftsvertrag ist jedoch bestimmt, dass Mitgesellschafter C bei Tod des B dessen Gesellschaftsanteil erwerben soll. Diese Vereinbarung ist nicht als erbrechtliche, sondern als vertragliche Nachfolgeklausel zugunsten des C anzusehen, denn B sollte die Nachfolge des C einseitig nicht mehr verhindern können. Bedenken gegen die Zulässigkeit dieser Vereinbarung bestehen nicht: Zwar werden rechtsgeschäftliche Nachfolgeklauseln anerkannt, die einen Vertrag (auch) zulasten des Begünstigten darstellen, doch hat hier C an dieser Vereinbarung

---

450  BGHZ 68, 225, 230/23.

selbst mitgewirkt. Von einem Vertrag zulasten des Dritten C kann daher nicht die Rede sein. Es handelt sich vielmehr um eine – zulässige – aufschiebend auf den Tod bedingte Anteilsübertragung unter Lebenden.[451] Damit ist C bei Tod des B automatisch an dessen Stelle getreten. Gesellschafter der OHG sind C, D und S. C ist mit einem Anteil von 1/2, D und S sind jeweils zu 1/4 beteiligt.

## V. Die Rechtsstellung der Gesellschafter-Erben

### 1. Rechte des Erben eines persönlich haftenden Gesellschafters einer OHG/KG

**301**  Nach dem Erbrecht hat der als Erbe in die Position eines persönlich haftenden Gesellschafters einer OHG/KG Eingetretene nur die Möglichkeit, entweder die Erbschaft insgesamt anzunehmen und damit auch für alle bisherigen Gesellschaftsschulden nach § 130 HGB zu haften oder aber – um dieser Haftung zu entgehen – die Erbschaft insgesamt auszuschlagen; eine auf bestimmte Erbschaftsgegenstände beschränkte Ausschlagung gibt es nicht (§ 1950 BGB). Zum Schutz des Erben ist diesem in § 139 HGB daher das Recht gegeben, bei Annahme der Erbschaft im Übrigen die Einräumung der Stellung eines Kommanditisten zu verlangen (Abs. 1) oder aus der Gesellschaft auszuscheiden (Abs. 2).

Für den Erben eines Kommanditisten erübrigt sich eine § 139 HGB entsprechende Vorschrift, da der Kommanditist persönlich nur bis zur Höhe seiner Hafteinlage haftet. Hat der Verstorbene diese zu Lebzeiten bereits erbracht, haftet sein Erbe persönlich überhaupt nicht mehr. Muss die Einlage – ganz oder teilweise – noch eingezahlt werden, so geht diese – beschränkte – Verpflichtung allerdings auf den Kommanditisten-Erben über, es sei denn, dieser schlägt die gesamte Erbschaft aus.

Der Erbe eines Gesellschafters einer GbR haftet nach der heute herrschenden Akzessorietätstheorie analog § 130 HGB. Ihm kann aber nicht analog § 139 Abs. 1 HGB das Recht eingeräumt werden, seinen Verbleib in der Gesellschaft von der Einräumung einer Kommanditistenstellung abhängig zu machen, weil es eine vergleichbare Stellung in der GbR nicht gibt.[452] Dem Erben kann allenfalls ein Austrittsrecht analog § 139 Abs. 2 HGB zustehen. Daneben besteht die Möglichkeit, die Haftung für die ererbten Verbindlichkeiten nach den §§ 1975 ff. BGB zu beschränken.[453]

**302**  **a)** Der Komplementär-Erbe kann die Erbschaft frist- und formgerecht (§§ 1944, 1945 BGB) ausschlagen. Damit entfällt rückwirkend (§ 1953 Abs. 1 BGB) seine Erben- und Gesellschafterstellung; er haftet überhaupt nicht.

**303**  **b)** Die Rechte aus § 139 HGB und ihre Haftungsfolgen

**304**  **aa)** Gemäß § 139 Abs. 1 HGB kann der Erbe sein Verbleiben in der Gesellschaft davon abhängig machen, dass ihm die Stellung eines Kommanditisten eingeräumt wird. Diese

---

451  BGHZ 68, 225, 233; MünchKomm-BGB/Schäfer § 727 Rn. 53.

452  A.A. MünchKomm-BGB/Schäfer § 727 Rn. 47, der eine analoge Anwendung des § 139 HGB favorisiert.

453  Schäfer NJW 2005, 3665 ff.

Befugnis ist innerhalb von drei Monaten nach Kenntnis vom Anfall der Erbschaft auszuüben (vgl. im Einzelnen § 139 Abs. 3 HGB).

Nehmen die übrigen Gesellschafter den Antrag des Erben nicht an, so ist dieser befugt, ohne Einhaltung einer Kündigungsfrist sein Ausscheiden aus der Gesellschaft zu erklären (§ 139 Abs. 2 HGB). Die Gesellschaft wird unter den übrigen Gesellschaftern fortgeführt; bestand sie nur aus zwei Gesellschaftern, so geht das Gesellschaftsvermögen auf den überlebenden Gesellschafter über.

**bb)** Unter den Voraussetzungen des § 139 Abs. 4 HGB haftet der Erbe für bestehende Gesellschaftsschulden beschränkt auf den Nachlass (§§ 1975 ff. BGB).[454]   **305**

- Wird der Erbe Kommanditist, so tritt für die bis zu diesem Zeitpunkt entstandenen Gesellschaftsschulden neben die erbrechtliche Haftung des Nachlasses allerdings die persönliche Haftung des Erben als Kommanditist, sofern die Einlage noch nicht oder nicht ganz eingezahlt bzw. wieder zurückbezahlt worden ist.

- Scheidet der Erbe aus der Gesellschaft aus, haftet er für die bis dahin entstandenen Gesellschaftsschulden beschränkt auf den Nachlass (§§ 1975 ff. BGB), unabhängig davon, ob die Schulden aus der Zeit vor oder während seiner vorübergehenden Stellung als voll haftender Gesellschafter herrühren.

- Wird die Gesellschaft – aufgrund einer Vereinbarung der übrigen Gesellschafter – innerhalb der Dreimonatsfrist des § 139 Abs. 3 HGB aufgelöst, so entfällt konsequenterweise das Wahlrecht des Erben aus § 139 HGB. Gleichwohl beschränkt sich nach § 139 Abs. 4 HGB auch in diesem Fall seine Haftung auf den Nachlass, wobei dies nicht nur Gesellschaftsschulden aus der Zeit vor der Auflösung, sondern auch solche aus dem Liquidationsstadium betrifft.

**cc)** Die in § 139 Abs. 1–4 HGB zum Schutz des Gesellschafter-Erben enthaltenen Regelungen können im Gesellschaftsvertrag nicht ausgeschlossen werden; eine Ausnahme besteht für die Bestimmung des Gewinnanteils, falls dem Erben die Stellung eines Kommanditisten eingeräumt wird (§ 139 Abs. 5 HGB).   **306**

## 2. Erbe als Nachfolger des einzigen Komplementärs

Ist der Erbe Nachfolger des einzigen Komplementärs einer KG und weder er noch einer der Kommanditisten bereit, in der KG die Stellung eines Komplementärs zu übernehmen, so hat dies die Auflösung der Gesellschaft zur Folge.   **307**

## 3. Kommanditist als Erbe des Komplementärs

Wird der persönlich haftende Gesellschafter von einem Kommanditisten beerbt, so vereinigen sich die Einlagen des Erblassers und des Erben zu einer einheitlichen Beteiligung, bei der die Komplementärstellung die Gesamtbeteiligung prägt. Der Kommandi-   **308**

---

454  Wolf DB 2003, 1423.

tist wird also wegen der Einheitlichkeit der Beteiligung an der KG, unbeschadet seines Wahlrechts aus § 139 Abs. 1 HGB, zunächst Komplementär, indem er in die ihm zugedachte Gesellschafterstellung einrückt.[455]

Ist der Beteiligte zunächst persönlich haftender Gesellschafter geworden, hat er das Recht, sein Verbleiben in der Gesellschaft davon abhängig zu machen, dass ihm unter Belassung des bisherigen Gewinnanteils die Stellung eines Kommanditisten eingeräumt und der auf ihn fallende Teil der Einlage des Erblassers als seine Kommanditeinlage anerkannt wird. Dieses Recht steht ihm auch dann zu, wenn er zuvor Kommanditist der Gesellschaft war. Das Wahlrecht nach § 139 HGB ist durch einen entsprechenden Antrag an die übrigen Gesellschafter auszuüben. Erst wenn diese die Annahme des Antrags erklären, folgt die Änderung des Gesellschaftsvertrages und damit die Erlangung einer Kommanditistenstellung.

## 4. Erblasser Kommanditist

**309**   Wird die Stellung eines Kommanditisten vererbt, so tritt der Erbe gemäß § 173 HGB in die Stellung des Kommanditisten ein. Die Ansprüche aufgrund einer noch nicht vorgenommenen Einzahlung der Einlage oder einer Rückzahlung (an den Erblasser) sind erbrechtlich nicht beschränkbar. Das bedeutet z.B., dass die Einrede der beschränkten Erbenhaftung gegenüber einem aus §§ 173, 171, 172 HGB begründeten Zahlungsanspruch nicht erhoben werden kann.[456]

---

455  BayObLG, Urt. v. 29.01.2003 – 3Z BR 5/03, ZIP 2003, 1443.

456  BGH NJW 1995, 3314; OLG Hamburg BB 1994, 238; Baumbach/Hopt § 173 Rn. 15; MünchKomm-HGB/K. Schmidt § 173 Rn. 44.

## Nachfolge bei Tod eines Gesellschafters

### Klauseln im Gesellschaftsvertrag

- Bei der GbR hat der Tod eines Gesellschafters grundsätzlich die Auflösung der Gesellschaft zur Folge. Bei einer reinen **Fortsetzungsklausel** wird die Gesellschaft unter den verbliebenen Gesellschaftern fortgesetzt.

- Die **Nachfolgeklausel** beinhaltet, dass bei Tod eines Gesellschafters dessen Erbe oder eine andere Person automatisch Gesellschafter wird.

  - Bei der **erbrechtlichen** Nachfolgeklausel treten anstelle des Verstorbenen dessen Erben.
  Sind mehrere Erben vorhanden und sollen auch mehrere Erben Nachfolger werden (**einfache** erbrechtliche Nachfolgeklausel), kommt es zu einer Kollision zwischen Erbrecht und Gesellschaftsrecht, da eine Miterbengemeinschaft nicht Mitglied einer Gesellschaft sein kann. Nach h.M. ist das Gesellschaftsrecht vorrangig: Der Gesellschaftsanteil geht im Wege der Sondernachfolge unmittelbar auf die Erben über.
  Soll von mehreren Erben nur ein als Nachfolger vorgesehener Erbe Gesellschafter werden (**qualifizierte** erbrechtliche Nachfolgeklausel), so geht nach h.M. der Gesellschaftsanteil unmittelbar in vollem Umfang auf den Nachfolger über.

  - Bei einer **rechtsgeschäftlichen** Nachfolgeklausel soll bei Tod eines Gesellschafters dessen Mitgliedschaft kraft der Vereinbarung im Gesellschaftsvertrag auf die benannte Person übergehen, ohne dass diese Erbe zu sein braucht. Eine rechtsgeschäftliche Nachfolgeklausel ist nur zugunsten eines Gesellschafters wirksam. Ansonsten handelt es sich um einen unzulässigen Vertrag zulasten Dritter.

- Ist eine **Eintrittsklausel** vereinbart, so tritt der Nachfolger nicht automatisch an die Stelle des verstorbenen Gesellschafters. Er hat vielmehr lediglich das Recht, in die Gesellschaft einzutreten; der Eintritt hängt vom Willen des Begünstigten ab.

### Rechte des Erben eines persönlich haftenden Gesellschafters aus § 139 HGB

Nach § 139 Abs. 1 HGB kann der Erbe eines persönlich haftenden Gesellschafters einer Personenhandelsgesellschaft sein Verbleiben in der Gesellschaft davon abhängig machen, dass ihm die Stellung eines Kommanditisten eingeräumt wird.

Der Kommanditist bedarf dieses Schutzes nicht, da er sowieso nur beschränkt haftet.

## 5. Abschnitt: Die Beendigung der Gesellschaft

### A. Gründe für die Beendigung

**310**  Eine Personengesellschaft wird aufgelöst, wenn ein Auflösungsgrund eintritt.

Gesetzliche Auflösungsgründe

| OHG, KG | GbR |
|---|---|
| ■ § 131 Abs. 1 Nr. 1 HGB: Zeitablauf | ■ § 728 BGB: Eröffnung des Insolvenzverfahrens über das Vermögen der Gesellschaft (Abs. 1) oder eines Gesellschafters (Abs. 2) |
| ■ § 131 Abs. 1 Nr. 2 HGB: Gesellschafterbeschluss | ■ § 723 BGB: Kündigung des Gesellschafters |
| ■ § 131 Abs. 1 Nr. 3 HGB: Eröffnung des Insolvenzverfahrens über das Vermögen der Gesellschaft | ■ § 725 BGB: Kündigung durch Pfändungspfandgläubiger |
| ■ §§ 131 Abs. 1 Nr. 4; 133 HGB: gerichtliche Entscheidung (Auflösungsklage) | ■ § 726 BGB: Zweckerreichung bzw. Unmöglichkeit der Zweckerreichung |
| | ■ § 727 BGB: Tod eines Gesellschafters |

Daneben gelten grundsätzlich die allgemeinen Gründe für die Auflösung von Schuldverhältnissen: Zeitablauf, Eintritt einer auflösenden Bedingung, Aufhebungsvertrag oder ein entsprechender Gesellschafterbeschluss, der grundsätzlich einstimmig gefasst werden muss.[457]

**311**  Für die Personenhandelsgesellschaften gelten als gesetzliche Auflösungsgründe nur die in § 131 Abs. 1 HGB genannten, die §§ 723 ff. BGB sind nicht anwendbar. Dies ergibt sich auch aus § 131 Abs. 3 HGB, nach dem die dort genannten Gründe mangels abweichender vertraglicher Bestimmung nur zum Ausscheiden des Gesellschafters und nicht zur Auflösung der Gesellschaft führen.

Eine Kündigung der Gesellschaft durch einen Gesellschafter gemäß § 723 Abs. 1 BGB ist demzufolge allein bei der GbR möglich. Auch eine zweigliedrige GbR kann aus wichtigem Grund gekündigt werden, wenn dem kündigenden Gesellschafter nach der Gesamtwürdigung sämtlicher Umstände eine Fortsetzung des Gesellschaftsverhältnisses nicht zumutbar ist. Dabei kann die Frage der Zumutbarkeit nicht ohne Berücksichtigung der beiderseitigen Verhaltensweisen der Gesellschafter beantwortet werden. Die unwirksame fristlose Kündigung eines Gesellschafters kann nicht als wichtiger Grund für die Kündigung des anderen Gesellschafters bewertet werden, ohne dessen vorangegangenes Fehlverhalten in die Gesamtwürdigung einzubeziehen. Hierbei kann ein Fehlverhalten in diesem Sinne sogar dann angenommen werden, wenn ein Gesellschafter die Bauaufsichtsbehörde veranlasst, gegen seinen Mitgesellschafter rechtmäßigerweise vorzugehen, weil dessen Baugenehmigung infolge Zeitablaufs erloschen war. Auch bei Rechtmäßigkeit des initiierten Verwaltungshandelns kann ein Fehlverhalten vorliegen, welches in die Gesamtwürdigung einzubeziehen ist.[458]

Gemäß § 723 Abs. 1 S. 3 Nr. 2 BGB liegt ein wichtiger Grund zur Kündigung auch dann vor, wenn der Gesellschafter das 18. Lebensjahr vollendet hat. Die Kündigung des volljährig Gewordenen führt bei der GbR grundsätzlich zur Auflösung der Gesellschaft. Nur wenn der Gesellschaftsvertrag eine Fortsetzungsklausel enthält, scheidet der Kündigende gemäß § 736 BGB aus und die Gesellschaft bleibt bestehen.

---

457  Palandt/Sprau Vorb vor §§ 723–735 Rn. 1.
458  BGH, Urt. v. 21.11.2005 – II ZR 367/03, Rn. 15, BB 2006, 176.

Die Auflösung der OHG als Folge des Eintritts der Volljährigkeit eines Gesellschafters widerspricht dem Konzept des § 131 Abs. 3 HGB, nach dem personenbezogene Gründe nur zum Ausscheiden eines Gesellschafters führen. Der Eintritt der Volljährigkeit gibt dem volljährig Gewordenen daher nur ein Kündigungsrecht, dessen Ausübung nach § 131 Abs. 3 S. 1 Nr. 3 HGB zu seinem Ausscheiden führt.[459]

Die gesetzlichen Auflösungsgründe sind nicht abschließend, der Gesellschaftsvertrag kann weitere Auflösungsgründe vorsehen.

## B. Auseinandersetzung bzw. Liquidation

Mit dem Eintritt eines Auflösungsgrundes ist die Gesellschaft noch nicht voll beendet. **312** Hierzu ist vielmehr noch die Auseinandersetzung bzw. Liquidation erforderlich. Für die GbR gelten insoweit die §§ 730–735 BGB (Auseinandersetzung), für die Personenhandelsgesellschaften die §§ 145 ff. HGB (Liquidation). Im Verfahren der Auseinandersetzung bzw. Liquidation sind die laufenden Geschäfte der Gesellschaft abzuwickeln sowie ihre Verbindlichkeiten zu tilgen; ggf. sind neue, für die Beendigung der Gesellschaft erforderliche Geschäfte einzugehen (§ 149 HGB; §§ 730, 733 BGB). Anschließend ist das noch verbliebene Gesellschaftsvermögen unter den Gesellschaftern zu verteilen (§ 155 HGB; §§ 733, 734 BGB). Reicht das Gesellschaftsvermögen zur Begleichung der Schulden nicht aus, besteht eine Nachschusspflicht der Gesellschafter (§ 735 BGB [i.V.m. § 105 Abs. 3 HGB]). Die persönliche Haftung der Gesellschafter für Verbindlichkeiten der Gesellschaft bleibt von der Auseinandersetzung unberührt. Auch nach der Verteilung des Gesellschaftsvermögens haften die Gesellschafter demzufolge für noch nicht getilgte Gesellschaftsschulden mit ihrem Privatvermögen; bei den Personenhandelsgesellschaften gilt die fünfjährige Verjährungsfrist des § 159 HGB.

Auch bei einer zweigliedrigen GbR können die Gesellschafter Ausgleichsansprüche gegeneinander geltend machen. Das Vorhandensein oder die Möglichkeit offener Gesellschaftsverbindlichkeiten – beispielsweise eine offene Steuerforderung gegen die Gesellschaft – schließen den internen Ausgleich zwischen den Gesellschaftern nicht aus, wenn kein Gesellschaftsvermögen mehr vorhanden ist.[460]

Beendet ist die Gesellschaft erst nach dem Abschluss des Auseinandersetzungs- bzw. Liquidationsverfahrens.[461]

---

459 Grunewald ZIP 1999, 597, 599.
460 BGH, Urt. v. 21.11.2005 – II ZR 17/04, BB 2006, 461; MünchKomm-BGB/Schäfer § 730 Rn. 62; Staudinger/Habermeier § 730 Rn. 26.
461 Butzer Jura 1994, 628, 635.

# 3. Teil: Körperschaften

## 1. Abschnitt: Die GmbH

### A. Grundlagen, Haftungsverfassung

**313**  Die GmbH ist eine **selbstständige juristische Person** des Privatrechts in Form einer Kapitalgesellschaft. Sie kann „als solche" Träger von Rechte und Pflichten sein (vgl. § 13 Abs. 1 GmbHG), ist also rechtsfähig und damit auch parteifähig (§ 50 Abs. 1 ZPO), prozessfähig (§ 52 ZPO) und insolvenzfähig (§ 11 Abs. 1 S. 1 InsO). Der Umfang der Rechtsfähigkeit der GmbH ist umfassend. Die GmbH kann Träger aller Rechte und Pflichten sein, die sich nicht notwendigerweise auf natürliche Personen beziehen.[462]

Die GmbH kann gemäß § 1 GmbHG zu jedem gesetzlich zulässigen Zweck[463] durch eine oder mehrere Personen errichtet werden. Anders als Personengesellschaften, die mindestens zwei Gesellschafter voraussetzen, kann die GmbH auch nur eine (natürliche oder juristische) Person als Gesellschafter haben. Von einer **Einpersonen-GmbH** spricht man, wenn alle Geschäftsanteile in der Hand eines Gesellschafters oder daneben in der Hand der Gesellschaft liegen.[464]

Die **Unternehmergesellschaft (haftungsbeschränkt)** – im Folgenden: UG – ist die Antwort des deutschen Gesetzgebers auf die zu Beginn des Jahrhunderts eingetretene zunehmende Verbreitung der englischen Privat Company Limited by Shares – kurz: Limited – in Deutschland.[465] Die UG ist keine eigenständige Gesellschaftsform, sondern eine Variante der GmbH, für die das Erfordernis eines Mindeststammkapitals von 25.000 € nicht gilt (§ 5a Abs. 1 GmbHG). Der Rechtsform nach ist die UG gleichwohl eine GmbH. Für sie gelten vorrangig die Sonderregelungen in § 5a GmbHG, im Übrigen aber auch das GmbHG und das sonstige Gesellschaftsrecht (beispielsweise das Umwandlungsrecht). Bei der nachfolgenden Darstellung des GmbH-Rechts wird auf das Recht der UG nur insoweit eingegangen, als dies vom Recht der „normalen" GmbH abweicht.

Die GmbH gilt gemäß § 13 Abs. 3 HGB als Handelsgesellschaft im Sinne des HGB. Damit wird auf § 6 Abs. 1 HGB verwiesen, wonach die für Kaufleute geltenden Vorschriften auch auf Handelsgesellschaften Anwendung finden. Der Status der GmbH als Handelsgesellschaft wird damit unabhängig von dem eigentlichen Gegenstand des Unternehmens unwiderleglich vermutet. Auch eine GmbH mit ausschließlich ideeller oder sozialer Zwecksetzung ist somit Handelsgesellschaft und Kaufmann. Die GmbH ist deshalb ein sog. **Formkaufmann**.[466]

§ 13 Abs. 3 GmbHG bezieht sich nur auf die GmbH als solche. Gesellschafter und Geschäftsführer der GmbH werden dadurch nicht zu Kaufleuten. Dies gilt selbst für den Alleingesellschafter einer Einpersonen-GmbH, der zugleich alleiniger Geschäftsführer ist.[467]

---

462  Scholz/Emmerich § 13 Rn. 10 ff.; MünchKomm-GmbHG/Merkt § 13 Rn. 4.

463  Hierzu und zur Abgrenzung des Gesellschaftszwecks (§§ 1, 61 Abs. 1 GmbHG) vom Gegenstand des Unternehmens (§§ 3 Abs. 1 Nr. 2, 4 Abs. 1, 10 Abs. 1, 75 Abs. 1, 76 GmbHG) siehe Scholz/Emmerich § 1 Rn. 2 ff.

464  MünchKomm-GmbHG/Fleischer § 1 Rn. 61.

465  Hierzu und zum Folgenden: MünchKomm-GmbHG/Rieder § 5a Rn. 1.

466  MünchKomm-GmbHG/Merkt § 13 Rn. 80.

467  BGH, Urt. v. 08.05.2005 – XI ZR 34/05, BGHZ 165, 43, 47 ff.; BGHZ 121, 224, 228; BGH NJW-RR 1987, 42, 43; MünchKomm-GmbHG/Merkt § 13 Rn. 82.

Für die Verbindlichkeiten der Gesellschaft haftet den Gläubigern derselben nur das Ge- **314** sellschaftsvermögen (§ 13 Abs. 2 GmbHG). Damit ist eine persönliche Haftung der Gesellschafter für Verbindlichkeiten der Gesellschaft grundsätzlich ausgeschlossen (sog. **Trennungsprinzip**).[468]

Die Beschränkung der Haftung auf das Vermögen der Gesellschaft ist keine notwendige Folge der Rechtspersönlichkeit der GmbH, wie das Beispiel der KGaA zeigt, sondern beruht allen auf der gesetzlichen Anordnung in § 13 Abs. 2 GmbHG.

Den durch das Trennungsprinzip erforderlichen **Schutz der Gläubiger** der Gesellschaft versucht das Gesetz dadurch zu gewährleisten, dass es eine ausreichende Haftungssubstanz bei der unbeschränkt und mit ihrem gesamten Vermögen haftenden GmbH sichert. Hierzu dienen insbesondere Maßnahmen zur Kapitalaufbringung und -erhaltung (§§ 7–9c, 19–28, 30–32 GmbHG sowie § 39 InsO) und die Insolvenzantragspflicht der Geschäftsführer bei Zahlungsunfähigkeit und/oder Überschuldung der Gesellschaft (§ 15a InsO).

Die Gesellschafter einer GmbH haften für Gesellschaftsverbindlichkeiten im Außenverhältnis gegenüber den Gesellschaftsgläubigern – anders als im Aktienrecht (§§ 57, 58, 60, 62 AktG) – auch dann nicht, wenn sie der Gesellschaft Vermögen entnehmen. Dies gilt selbst dann, wenn das (entnommene) Vermögen gemäß § 30 Abs. 1 GmbHG zur Erhaltung des Stammkapitals erforderlich ist. In diesem Fall **haften die Gesellschafter** ebenso wie für rückständige Stammeinlagen oder Nachschüsse **nur der Gesellschaft gegenüber** nach den §§ 19, 24, 26, 31 GmbHG. Gläubiger der GmbH haben nur mittelbar durch Pfändung in das Gesellschaftsvermögen gemäß §§ 829, 835 ff. ZPO Zugriff auf diese Ansprüche der Gesellschaft gegen ihre Gesellschafter.

Eine unmittelbare **Haftung der Gesellschafter aus selbstständigem Verpflichtungsgrund** wird durch § 13 Abs. 2 GmbHG aber nicht ausgeschlossen. Jeder Gesellschafter kann beispielsweise die Mithaftung für Verbindlichkeiten der Gesellschaft durch Bürgschaft, Garantieversprechen, Schuldbeitritt und dergleichen übernehmen. Teilweise wird in diesem Zusammenhang von einem „unechten Haftungsdurchgriff" gesprochen.[469] Auch aus allgemeinen Rechtsscheinsgrundsätzen kann sich die unmittelbare Haftung eines Gesellschafters ergeben (Beispiel: Handeln unter der Firma der Gesellschaft ohne Verwendung des gesetzlich vorgeschriebenen GmbH-Zusatzes).

Das Trennungsprinzip zwischen GmbH als selbstständiger juristischer Person und den Gesellschaftern gilt jedoch nicht ausnahmslos. Einschränkungen und Ausnahmen werden unter dem Schlagwort **Durchgriff** diskutiert. Dabei werden die Durchgriffskonstellationen grob in zwei Kategorien geteilt, nämlich den (echten) Haftungsdurchgriff (auch Durchgriffshaftung genannt) und den Zurechnungsdurchgriff.[470]

Unter dem Stichwort des (echten) **Haftungsdurchgriffs** werden Fälle diskutiert, in denen Gesellschafter auch ohne besonderen Verpflichtungsgrund wegen Missbrauchs der Rechtsform der GmbH für Verbindlichkeiten der Gesellschaft neben dieser haften. Nach diesem höchst umstrittenen Haftungsansatz wird in Einzelfällen das in § 13 Abs. 2 GmbHG angeordnete Prinzip der haftungsrechtlichen Trennung zwischen Gesellschaft (GmbH) und Gesellschafter durchbrochen, dem Gesellschafter also das Privileg der Haf-

---

468 Hierzu und zum Folgenden: MünchKomm-GmbHG/Merkt § 13 Rn. 332 ff.
469 Scholz/Bitter § 13 Rn. 73, 90.
470 Hierzu und zum Folgenden: Scholz/Bitter § 13 Rn. 55 ff.; MünchKomm-GmbHG/Merkt § 13 Rn. 343 ff.

tungsbeschränkung abgesprochen. Hierdurch kommt es zu einem „Durchgriff" auf die „hinter" der GmbH stehenden Gesellschafter, die persönlich für die Gesellschaftsverbindlichkeiten einzustehen haben (hierzu unten Rn. 421 ff.)

Beim **Zurechnungsdurchgriff** geht es um die Frage, ob und unter welchen Voraussetzungen bestimmte Eigenschaften, Kenntnisse oder sonst rechtserhebliche Umstände aufseiten des Gesellschafters der Gesellschaft zugerechnet werden können oder müssen bzw. inwieweit sich der Gesellschafter umgekehrt das Vorliegen solcher Umstände aufseiten der Gesellschaft zurechnen lassen kann oder muss. Der Sache nach geht es hierbei um die Auslegung von Zurechnungsnormen.

**Beispiel 1:** Ein die GmbH beherrschender Gesellschafter, der Vertragspartner der Gesellschaft täuscht, steht „im Lager" der Gesellschaft und ist mit nicht Dritter i.S.v. § 123 Abs. 2 BGB.[471]

**Beispiel 2:** Auch über einen gutgläubigen Fremdgeschäftsführer kann ein Gesellschafter seiner GmbH einen ihm tatsächlich nicht gehörenden Gegenstand nicht wirksam im Wege des gutgläubigen Eigentumserwerbs (§§ 892, 932 ff. BGB, 366 HGB) übereignen, weil es an einem Verkehrsgeschäft fehlt.[472]

## B. Der Gründungsvorgang

### I. Gründungsverfahren

**315** Die Gründung einer GmbH beginnt mit dem Abschluss des Gesellschaftsvertrages und endet mit der Eintragung der GmbH in das Handelsregister. Sie umfasst fünf Schritte:

- Abschluss des Gesellschaftsvertrages

- Bestellung der Organe

- Aufbringung des Stammkapitals

- Anmeldung der Gesellschaft zum Handelsregister

- Eintragung der Gesellschaft in das Handelsregister

### 1. Abschluss des Gesellschaftsvertrages

**316** Der Gesellschaftsvertrag bedarf der notariellen Beurkundung, § 2 Abs. 1 S. 1 GmbHG. Stellvertretung ist zulässig, jedoch ist dazu eine mindestens notariell beglaubigte Vollmacht erforderlich, § 2 Abs. 2 GmbHG. Auch eine einzelne Person kann einen „Gesellschaftsvertrag" abschließen, § 1 GmbHG. Auch eine Gesellschaft bürgerlichen Rechts oder eine Erbengemeinschaft kann bereits im Gründungsstadium Gesellschafter einer GmbH sein.[473]

Der Gesellschaftsvertrag muss die in § 3 GmbHG vorgeschriebenen notwendigen Regelungen enthalten. Regelmäßig werden zusätzlich noch weitere Bestimmungen, die das Verhältnis der Gesellschafter untereinander regeln, in den Gesellschaftsvertrag aufgenommen. Das GmbHG enthält insoweit weitgehend nachgiebiges Recht (§ 45 GmbHG).

---

471 Scholz/Bitter § 13 Rn. 77; MünchKomm-GmbHG/Merkt § 13 Rn. 347.

472 MünchKomm-GmbHG/Merkt § 13 Rn. 351.

473 BGHZ 78, 311; BGH NJW 1992, 499, 500; Baumbach/Hueck/Fastrich § 1 Rn. 33; Ulmer/Habersack/Winter § 2 Rn. 77 ff.; Scholz/Emmerich § 2 Rn. 51 ff.; Lutter/Hommelhoff/Bayer § 2 Rn. 7 f.

Nach § 2 Abs. 1a S. 1 GmbHG kann die Gesellschaft in einem **vereinfachten Verfahren** 317
gegründet werden, wenn sie höchstens drei Gesellschafter und einen Geschäftsführer
hat. Dabei ist das in der Anlage zum GmbHG befindliche Musterprotokoll zu verwenden.
Das Musterprotokoll ersetzt den Gesellschaftsvertrag und bedarf wie dieser der notariellen Beurkundung. Es dürfen keine vom Gesetz abweichenden Bestimmungen getroffen werden (§ 2 Abs. 1a S. 3 GmbHG). Abweichungen und Änderungen des Musterpro-
tokolls gelten als „vom Gesetz abweichende Bestimmungen".

Wird beispielsweise der im Musterprotokoll in Ziffer 5 vorgesehene Nennbetrag für die Übernahme der
mit der Gründung verbundenen Kosten von 300 € auf 1.500 € heraufgesetzt, greifen die Erleichterungen des vereinfachten Verfahrens nicht mehr ein.[474]

### a) Die notwendigen Bestandteile des Gesellschaftsvertrages

Die Gesellschaft wird vom Registergericht gemäß § 9c GmbHG nicht zur Eintragung zu- 318
gelassen, wenn der Gesellschaftsvertrag nicht gemäß § 3 Abs. 1 GmbHG mindestens folgende Punkte enthält:

### aa) Firma und Sitz der Gesellschaft

Die Firma muss den handelsrechtlichen Grundsätzen der Firmenbildung genügen 319
(§§ 18, 30 HGB). Nach § 4 GmbHG muss die Firma den Rechtsformzusatz „Gesellschaft
mit beschränkter Haftung" oder eine allgemein verständliche Abkürzung dieser Bezeichnung enthalten. Abweichend von § 4 GmbHG muss die Unternehmergesellschaft
die Bezeichnung „Unternehmergesellschaft (haftungsbeschränkt)" oder „UG (haftungsbeschränkt)" führen (§ 5a Abs. 1 GmbHG).

Gemäß § 4a GmbHG hat die Gesellschaft ihren Sitz an dem Ort, den der Gesellschaftsvertrag bestimmt.

### bb) Gegenstand des Unternehmens

Jeder gesetzlich zulässige Zweck kann Gegenstand einer GmbH sein, § 1 GmbHG. Im 320
Gesellschaftsvertrag ist der Tätigkeitsbereich der GmbH möglichst exakt und individuell
wiederzugeben, allgemeine Umschreibungen wie „Betreiben von Warengeschäften aller Art" genügen nach h.M. nicht. Gewinnerzielungsabsicht ist nicht erforderlich.

Für bestimmte Tätigkeiten ist die Gesellschaftsform der GmbH aufgrund gesetzlicher
Verbote ausgeschlossen (Bausparkassen, Apotheken, Hypothekenbanken, Versicherun-
gen). Freie Berufe können sich grundsätzlich der Rechtsform der GmbH bedienen (vgl.
§§ 49 ff. StGB, §§ 27 ff. WPO). Für Rechtsanwälte ist die GmbH nach §§ 59c ff. BRAO zulässig. Zur Sicherung des Berufsrechts unterliegen Rechtsanwaltsgesellschaften mbH
Beschränkungen gegenüber der allgemeinen GmbH, z.B. hinsichtlich der Gesellschafter,
der Geschäftsführung und der Haftpflichtversicherung (§§ 59e, 59f, 59j BRAO).

---

474  OLG München, Beschl. v. 12.05.2010 – 31 Wx 19/10, NZG 2010, 795.

### cc) Betrag des Stammkapitals

**321** Das Stammkapital muss grundsätzlich gemäß § 5 Abs. 1 GmbHG mindestens 25.000 € betragen. Gesellschaften mit einem geringeren Stammkapital sind als Unternehmergesellschaften (§ 5 a GmbHG) zulässig. Wenn das Stammkapital nicht in Geld, sondern durch Sachwerte aufgebracht werden soll, ist das nur zulässig, wenn es im Gesellschaftsvertrag ausdrücklich vorgesehen ist, § 5 Abs. 4 S. 1 GmbHG.

**322** Eine **Unternehmergesellschaft** kann gemäß § 5a Abs. 1 GmbHG mit einem Stammkapital von weniger als 25.000 € gegründet werden. Theoretisch ist jeder auf volle Euro lautende Betrag zwischen 1 € und 24.999 € möglich. Eine mit einem Euro gegründete Gesellschaft wäre aber von Anfang an überschuldet und damit nach h.M. nicht eintragungsfähig.[475] Es müssen zumindest die Gründungskosten von ca. 300 € gedeckt sein. Eine Ein-Euro-Gründung erscheint nur möglich, wenn die Gründungskosten nicht von der Gesellschaft, sondern von einem oder mehreren Gesellschaftern getragen werden.

### dd) Übernahme der Geschäftsanteile

**323** Jeder Gesellschafter muss bei der Gründung mindestens einen Geschäftsanteil gegen Leistung einer Einlage (§ 14 GmbHG) übernehmen. Der Nennbetrag jedes Geschäftsanteils muss auf volle Euro lauten (§ 5 Abs. 2 S. 1 GmbHG), mindestens also einen Euro betragen. Die Summe der Nennbeträge der Geschäftsanteile muss mit dem Stammkapital übereinstimmen (§ 5 Abs. 3 S. 2 GmbHG).

Der Geschäftsanteil ist Inbegriff der Rechte und Pflichten der Gesellschafter. Nach Gründung können von einem Gesellschafter andere Geschäftsanteile hinzuerworben werden, die aber auch dann selbstständig bleiben (§ 15 Abs. 2 GmbHG). Der Geschäftsanteil stellt die Beteiligung des einzelnen Gesellschafters am Unternehmen dar.

### ee) Sonderleistungen der Gesellschafter, § 3 Abs. 2 GmbHG

**324** Sonderleistungen sind solche Leistungen der Gesellschafter, die über die Kapitaleinlage hinausgehen. Es kann sich dabei um eine Mehrleistung auf die Stammeinlage (Agio), die Verpflichtung zur Gewährung von Darlehen, aber auch um Wettbewerbsverbote oder Tätigkeitsverpflichtungen handeln.

### ff) Zeitliche Beschränkung der Gesellschaft, § 3 Abs. 2 GmbHG

**325** Soll das Unternehmen auf eine bestimmte Zeit beschränkt sein, muss dies im Gesellschaftsvertrag zum Ausdruck kommen. Anderenfalls ist die Gesellschaft auf unbestimmte Zeit abgeschlossen.

### b) Die fakultativen Bestandteile des Gesellschaftsvertrages

**326** Das GmbHG enthält eine Reihe von **zwingenden Bestimmungen**, die von den Gesellschaftern nicht geändert werden können (z.B.: §§ 15 Abs. 1, 30 Abs. 1, 37 Abs. 2 GmbHG). Im Übrigen können alle **dispositiven Regelungen** des GmbHG geändert werden, § 45

---

475 Körber/Kliebisch JuS 2008, 1041, 1043.

Abs. 1 GmbHG. Welche Regelungen dispositiv sind, ist durch Auslegung unter Berücksichtigung von Sinn und Zweck der Vorschrift zu ermitteln.

## 2. Die Bestellung der Organe der Gesellschaft

Die Gesellschafter können den oder die Geschäftsführer bereits im Gesellschaftsvertrag benennen, § 6 Abs. 3 S. 2 GmbHG. Ansonsten werden sie in der ersten Gesellschafterversammlung bestellt, die normalerweise im Anschluss an die Beurkundung des Gesellschaftsvertrages stattfindet. Diese Gesellschafterversammlung bestimmt die Geschäftsführer mit einfacher Mehrheit, wenn der Gesellschaftsvertrag nicht etwas anderes vorsieht, und kann sie auch später mit derselben Mehrheit wieder abberufen, § 46 Nr. 5 GmbHG. **327**

Zu Geschäftsführern können nur natürliche, unbeschränkt geschäftsfähige Personen (auch Gesellschafter, § 6 Abs. 3 S. 1 GmbHG) berufen werden, § 6 Abs. 2 S. 1 GmbHG.

Einschränkungen des Personenkreises enthält § 6 Abs. 2 S. 2 GmbHG (nicht betreut, einem Berufsverbot unterliegend oder einschlägig vorbestraft).

Die Gesellschafterversammlung legt im Gesellschaftsvertrag oder durch Beschluss auch fest, ob ein Geschäftsführer alleinvertretungsberechtigt ist oder nur mit einem oder mehreren anderen Geschäftsführern (oder Prokuristen) die Gesellschaft vertreten kann und ob ihm Befreiung von den Beschränkungen des § 181 BGB erteilt wird.

## 3. Aufbringung des Stammkapitals

Da die Gesellschafter einer GmbH nicht persönlich haften, sondern den Gläubigern nur das Gesellschaftsvermögen zur Verfügung steht, § 13 Abs. 2 GmbHG, muss im Interesse eines lauteren Geschäftsverkehrs Wert darauf gelegt werden, dass die Gesellschafter auch tatsächlich das versprochene Haftkapital zur Verfügung stellen. **328**

Die Stammeinlage ist grundsätzlich bar einzuzahlen. Wenn Sacheinlagen geleistet werden sollen, muss dies im Gesellschaftsvertrag festgesetzt werden (§ 5 Abs. 4 S. 1 GmbHG). Bei Unternehmergesellschaften sind Sacheinlagen ausgeschlossen (§ 5 a Abs. 2 S. 2 GmbHG).

### a) Bareinlagen

Es muss auf jeden Geschäftsanteil mindestens ein Viertel eingezahlt werden, § 7 Abs. 2 S. 1 GmbHG. Insgesamt muss die Einzahlung mindestens die Hälfte des gesetzlichen Mindeststammkapitals nach § 5 Abs. 1 GmbHG (12.500 €) ausmachen, § 7 Abs. 2 S. 2 GmbHG. **329**

**Beispiele:**

**I.** Bei einer GmbH mit 80.000 € Stammkapital und vier gleichberechtigten Gesellschaftern müsste also ein Mindestgesamtbetrag von 12.500 € eingezahlt werden. Allerdings muss jeder Gesellschafter 5.000 € (1/4 x 20.000 € als Stammkapitalanteil) einzahlen, wodurch der Mindestgesamtbetrag sogar überschritten wird.

**II.** Bei einer GmbH mit 40.000 € Stammkapital und vier gleichberechtigten Gesellschaftern muss jeder Gesellschafter nach § 7 Abs. 2 S. 1 GmbHG 2.500 € einzahlen. Dabei wird aber nur ein Betrag von 10.000 € aufgebracht und der Mindestbetrag von 12.500 € gemäß § 7 Abs. 2 S. 2 GmbHG nicht erreicht.

Die fehlenden 2.500 € sind also noch einzuzahlen. Das Gesetz sagt dabei nicht, wer von den Gesellschaftern die zusätzliche Bareinlagepflicht zu erbringen hat. Dies kann inter partes im Gesellschaftsvertrag festgelegt werden. Geschieht dies nicht, sind alle Gesellschafter zur anteiligen Mehrleistung verpflichtet, sodass jeder Gesellschafter mindestens 3.125 € einzahlen muss.

Bei Unternehmergesellschaften muss das Stammkapital in voller Höhe eingezahlt werden (§ 5a Abs. 2 S. 1 GmbHG).

**330** Die Bareinlagen müssen den Geschäftsführern endgültig **zur freien Verfügung** stehen, § 8 Abs. 2 S. 1 GmbHG. Es dürfen keine Beschränkungen oder Vorbehalte der Einleger bestehen. Die Einlagen müssen tatsächlich und rechtlich endgültig in das Gesellschaftsvermögen übergegangen und dort zumindest in ihrem Wert noch uneingeschränkt vorhanden sein.[476]

Nach der Rechtsprechung des BGH zum früheren Recht entfiel bei dem **Hin- und Herzahlen** die Erfüllungswirkung.[477] Das Hin- und Herzahlen ist nunmehr in § 19 Abs. 5 S. 1 GmbHG geregelt. Danach steht eine Rückzahlung der Erfüllungswirkung nicht entgegen, wenn der Gesellschaft ein vollwertiger Rückzahlungsanspruch zusteht, der jederzeit fällig ist oder durch fristlose Kündigung durch die Gesellschaft fällig werden kann. Außerdem muss die Rückzahlung oder deren Vereinbarung in der Anmeldung zum Handelsregister angegeben werden (vgl. Rn. 432 ff.).

Jeder Gesellschafter haftet der Gesellschaft für die Einzahlung aller Stammeinlagen, wenn sie von den anderen Gesellschaftern nicht erlangt werden können, § 24 GmbHG.

### b) Sacheinlagen

**331** Das Gesellschaftskapital muss nicht unbedingt in Geld bestehen. Wenn es im Gesellschaftsvertrag vorgesehen ist (§ 5 Abs. 4 S. 1 GmbHG), kann es ganz oder teilweise durch Sacheinlagen aufgebracht werden. Eine Sacheinlage ist jede Einlage, die nicht in Geld zu leisten ist. Das GmbHG enthält keine Regelung darüber, welche Gegenstände **sacheinlagefähig** sind. § 27 Abs. 2 AktG enthält dazu Grundsätze, die auch für die GmbH gelten. Danach können Sacheinlagen nur Vermögensgegenstände sein, deren wirtschaftlicher Wert feststellbar ist. Dienstleistungen sind nicht sacheinlagefähig (§ 27 Abs. 2 Hs. 2 AktG).[478] Werklohnansprüche können als Sacheinlage eingebracht werden.[479]

Bei Unternehmergesellschaften sind Sacheinlagen ausgeschlossen (§ 5a Abs. 2 S. 2 GmbHG). Das Sacheinlageverbot gilt nur für die Gründung von Unternehmergesellschaften und nicht für eine den Betrag des Mindestkapitals nach § 5 Abs. 1 GmbHG erreichende oder übersteigende Erhöhung des Stammkapitals.[480]

Werden Sacheinlagen erbracht, muss sichergestellt sein, dass die Sachwerte auch wirklich den Wert darstellen, mit dem sie den Gesellschaftern auf die Einlageverpflichtung angerechnet werden sollen. Denn grundsätzlich wird Barleistung geschuldet.[481]

---

476  Wicke § 8 Rn. 10.
477  BGH Urt. v. 18.03.2002 – II ZR 363/00, BGHZ 150, 197; BGH, Urt. v. 02.12.2002 – II ZR 101/02, NJW 2003, 825.
478  BGH, Urt. v. 16.02.2009 – II ZR 120/07, Rn. 24, BGHZ 180, 38.
479  BGH, Urt. v. 11.05.2009 – II ZR 137/08, Rn. 11, NJW 2009, 2886; Müller NJW 2009, 2862.
480  BGH, Beschl. v. 19.11.2011 – II ZB 25/10, BGHZ 189, 254.
481  BGH, Urt. v. 18.09.2000 – II ZR 365/98, BGHZ 145, 150; Rowedder/Schmidt-Leithoff § 5 Rn. 17.

**Fall 25: Die missglückte Sacheinlage**

A und B gründen die K-GmbH mit einem Stammkapital von 100.000 €. Im notariellen Gesellschaftsvertrag übernimmt A einen Geschäftsanteil von 60.000 €, B einen solchen von 40.000 €. Während A 50% seiner Einlage sofort in Geld erbringen soll und auch erbringt, ist für B vereinbart, dass er einen Pkw Mercedes E 320 zu einem Wert von 22.000 € einbringen und den Rest von 18.000 € in bar entrichten soll. B übergibt den Wagen an A, der zum Geschäftsführer bestellt worden ist, mit allen Papieren und der Erklärung, dass das Eigentum nunmehr der GmbH zustehen solle. Bald darauf stellt sich jedoch heraus, dass der Pkw einen Mangel aufweist. Die Wertminderung des Pkw betrug im Zeitpunkt der Anmeldung der Gesellschaft zur Eintragung im Handelsregister 5.000 €. Für die geschäftliche Tätigkeit muss ein Leihwagen angemietet werden, dessen Kosten 2.800 € ausmachen. A verlangt nach einem entsprechenden Mehrheitsbeschluss in der Gesellschafterversammlung als Geschäftsführer von B 18.000 € Bareinlage, 5.000 € Minderwert sowie 2.800 € Schadensersatz für die Mietwagenkosten. B weigert sich mit dem Hinweis darauf, dass A seine eigene restliche Einlage auch noch nicht erbracht habe und ein Schadensersatzanspruch mangels Verschuldens nicht gegeben sei.

I.  Anspruch der K-GmbH gegen B auf Zahlung von 18.000 €          332

B hat sich im Gesellschaftsvertrag verpflichtet, eine Bareinlage von 18.000 € zu leisten. Die Bareinlagepflicht ist also entstanden.

Die Bareinlagepflicht ist bislang auch nicht durch Erfüllung gemäß § 362 BGB untergegangen.

Die Bareinlagepflicht könnte aber nicht durchsetzbar sein. Mit dem Einwand, dass A seine restliche Stammeinlage auch noch nicht bezahlt habe, beruft sich B auf § 19 Abs. 1 GmbHG. Danach gilt der **Grundsatz der Gleichbehandlung** der Gesellschafter bei der Einzahlung der in Geld geschuldeten Stammeinlage. Alle Gesellschafter müssen daher auch hinsichtlich des Zeitpunktes der Einzahlung gleich behandelt werden. Da § 19 Abs. 1 GmbHG nur auf Geldeinlagen abstellt (Sacheinlagen müssen sofort erbracht werden, § 7 Abs. 3 GmbHG), ist die Tatsache, dass B neben der Geldeinlage auch noch eine Sacheinlage schuldet, außer Betracht zu lassen. A hat 50% seiner Bareinlage erbracht, sodass auch B nur 50% von 18.000 € der geschuldeten Bareinlage zu zahlen hat, also 9.000 €.

**Anm.:** Der GmbH steht es selbstverständlich frei, von A und B auch den Rest zu verlangen. Dies bedarf, falls nichts anderes im Gesellschaftsvertrag vereinbart ist, eines Beschlusses der Gesellschafterversammlung, § 46 Nr. 2 GmbHG.

II.  Anspruch der K-GmbH gegen B auf Zahlung von 5.000 €          333

Dieser Anspruch könnte sich aus § 9 Abs. 1 S. 1 GmbHG ergeben. Danach muss B eine Geldeinlage leisten, wenn der Wert seiner Sacheinlage im Zeitpunkt der Anmeldung der Gesellschaft zur Eintragung in das Handelsregister nicht dem versprochenen Wert entspricht **(Differenzhaftung)**. Dieser Anspruch ist nach allgemeiner Meinung verschuldensunabhängig. Es genügt daher die Feststellung, dass der Pkw zum Zeitpunkt der Anmeldung beim Handelsregister nicht 22.000 €, sondern nur 17.000 €

wert war. B muss daher der Gesellschaft 5.000 € in Geld zur Verfügung stellen. Er darf nicht etwa eine andere Sacheinlage erbringen, weil nur solche Sacheinlagen auf die Einzahlungsverpflichtung angerechnet werden, die im Gesellschaftsvertrag ausdrücklich genannt sind, § 5 Abs. 4 S. 1 GmbHG. Außerdem kann er von der Verpflichtung zur Leistung der Einlage nicht befreit werden, § 19 Abs. 2 S. 1 GmbHG.

III. Anspruch der K-GmbH gegen B auf Schadensersatz i.H.v. 2.800 €

1. Aus § 9 Abs. 1 S. 1 GmbHG kann ein solcher Anspruch nicht hergeleitet werden, weil diese Vorschrift lediglich eine Haftungsgrundlage für die Differenz zwischen dem tatsächlichen und dem versprochenen Wert der Sacheinlage darstellt.

2. Die Gesellschaft könnte aber einen Anspruch aus § 9a Abs. 2 GmbHG haben.

   a) Die Gesellschaft müsste dann durch die Einlage geschädigt worden sein. Dieses muss, anders als im Fall des § 9a Abs. 1 GmbHG, auf anderen Ursachen als falschen Angaben beruhen. Im vorliegenden Fall ist ein Schaden dadurch entstanden, dass die Sacheinlage des B wegen des Mangels an dem Auto der Gesellschaft für eine Zeit entzogen worden ist und dass deshalb ein Leihwagen angemietet werden musste. Diese Wertminderung beruht nicht auf einer falschen Angabe i.S.d. Abs. 1 (insoweit wäre Abs. 2 subsidiär), da bei der Bewertung des Pkw keine wertmindernde Eigenschaft übergangen worden ist.[482]

   b) Die Schädigung müsste durch ein vorsätzliches oder grob fahrlässiges Verhalten wenigstens eines Gesellschafters herbeigeführt worden sein. Dabei ist nach § 9a Abs. 2 GmbHG nicht notwendig, dass diese Voraussetzung beim Einlageschuldner vorliegt, sondern es genügt, wenn sie für einen anderen Gesellschafter zutrifft. Die Beweislast für die Verschuldensvoraussetzungen liegt bei der Gesellschaft.

   Lässt sich bei einem der Gesellschafter in diesem Sinne Vorsatz oder grobe Fahrlässigkeit feststellen, so besteht die Besonderheit des § 9a Abs. 2 GmbHG darin, dass nunmehr alle Gesellschafter als Gesamtschuldner gegenüber der Gesellschaft haften. Ein Gesellschafter ist nur dann nach § 9a Abs. 3 GmbHG von der Haftung befreit, wenn er selbst nachweisen kann, dass ihm nicht einmal leichte Fahrlässigkeit zur Last fällt.

   Nach § 9a GmbHG wäre dann der gesamte Schaden zu ersetzen, welcher der Gesellschaft durch die schädigende Handlung entstanden ist, und zwar durch alle Gesellschafter als Gesamtschuldner.

   Diese Regelung des § 9a GmbHG ist Ausdruck der gemeinsamen Haftung der einzelnen Gesellschafter gegenüber der Gesellschaft. Die Gesellschafter sollen dem Grundsatz nach verpflichtet sein, gemeinsam das Gesellschaftskapital zur Verfügung zu stellen.[483]

B hatte von dem Mangel des Pkw keine Kenntnis. Er hat daher weder vorsätzlich noch grob fahrlässig gehandelt. Eine Schadensersatzpflicht des B (und damit auch der anderen Gesellschafter) scheidet daher aus.

---

482 Scholz/Winter § 9 a Rn. 36.

483 Scholz/Winter § 9 a Rn. 41 ff.

**Ergebnis:** B ist zur Zahlung einer Bareinlage i.H.v. 9.000 € sofort verpflichtet, zur Zahlung der weiteren 9.000 € nur nach entsprechendem Gesellschafterbeschluss und Zahlung der 30.000 € durch A. Zur Zahlung der Wertdifferenz des Pkw von 5.000 € ist B unbedingt und zum Schadensersatz wegen des Mietwagens ist er nicht verpflichtet.

---

### c) Die Erfüllung der Einlagepflicht

Alle Gesellschafter haften für die ordnungsgemäße Erfüllung der (Rest-)Einlageverpflichtung so, wie sie nach dem Gesetz oder dem Gesellschaftsvertrag geschuldet wird nach § 19 GmbHG i.V.m. dem Gesellschaftsvertrag.  **334**

- Nach § 19 Abs. 2 S. 1 GmbHG können die Gesellschafter von der Verpflichtung zur Leistung der Einlage **nicht befreit** werden. Unzulässig ist der Erlass (§ 397 Abs. 1 BGB), ein negatives Schuldanerkenntnis (§ 397 Abs. 2 BGB) oder die Ersetzung der Einlageforderung durch Austausch gegen eine andere Forderung.

- Eine **Aufrechnung** ist gemäß § 19 Abs. 2 S. 2 GmbHG nur unter bestimmten Voraussetzungen zulässig.

- **Verdeckte Sacheinlagen** befreien den Gesellschafter nach § 19 Abs. 4 S. 1 GmbHG nicht von seiner Einlagepflicht.

- Bei einem **Hin- und Herzahlen** tritt gemäß § 19 Abs. 5 GmbHG nur unter den dort genannten Voraussetzungen Erfüllung ein.

### aa) Aufrechnung gegen Einlageforderungen (§ 19 Abs. 2 S. 2 GmbHG)

Gesellschafter können **gegen den Anspruch der Gesellschaft** auf Einzahlung der Einlagen grundsätzlich nicht aufrechnen. Die Aufrechnung des Gesellschafters ist ausnahmsweise gemäß § 19 Abs. 2 S. 2 GmbHG zulässig, wenn der Anspruch des Gesellschafters aus der Überlassung von Vermögensgegenständen herrührt und eine Anrechnungsvereinbarung nach § 5 Abs. 4 S. 1 GmbHG besteht.  **335**

*Bei der Gründung einer GmbH hat die Aufrechnung keine praktische Bedeutung, da in der Gründungsphase regelmäßig keine Ansprüche des Gesellschafters gegen die (Vor-)GmbH bestehen. Gemäß § 56 Abs. 2 GmbH findet § 19 Abs. 2 S. 2 GmbHG bei Kapitalerhöhungen entsprechende Anwendung. Zur Aufrechnung bei Kapitalerhöhungen vgl. unten Rn. 430.*

### bb) Verdeckte Sacheinlagen (§ 19 Abs. 4 GmbHG)

Die Regelung in § 19 Abs. 4 GmbHG soll die Umgehung der Vorschriften über die Sachgründung verhindern. Es soll das vorgeschriebene Verfahren mit einer Festsetzung der Sacheinlage im Gesellschaftsvertrag und einem Sachgründungsbericht (§ 5 Abs. 4 GmbHG) eingehalten werden.  **336**

Gemäß § 56 Abs. 2 GmbHG findet § 19 Abs. 4 GmbHG auch bei der Kapitalerhöhung Anwendung. Nach § 56 Abs. 1 S. 1 GmbHG müssen Sacheinlagen im Kapitalerhöhungsbeschluss festgesetzt werden.

Eine verdeckte Sacheinlage liegt gemäß § 19 Abs. 4 S. 1 GmbHG vor, wenn eine Geldeinlage bei wirtschaftlicher Betrachtung und aufgrund einer im Zusammenhang mit der Übernahme der Geldeinlage getroffenen Abrede vollständig oder teilweise als Sacheinlage zu bewerten ist.

---

**§ 19 Abs. 4 GmbH (verdeckte Sacheinlage): Voraussetzungen und Rechtsfolgen**

I. Voraussetzungen

1. Bei **wirtschaftlicher Betrachtungsweise** muss eine Sacheinlage vorliegen.

   Die Gesellschaft muss im Ergebnis so stehen, als wenn eine Sacheinlage erbracht worden wäre. Regelfall ist der Sachkauf von einem Gesellschafter.

2. Der wirtschaftliche Erfolg einer Sacheinlage muss auf einer vor Übernahme der Geldeinlage getroffenen **Abrede** beruhen.

   Besteht zwischen Bareinlage und Gegengeschäft ein enger zeitlicher Zusammenhang (bis zu einem halben Jahr), wird eine entsprechende Abrede vermutet.

   Bei einer Einpersonen-GmbH reicht ein entsprechendes „Vorhaben" des Gründungsgesellschafters.

II. Rechtsfolgen

1. Die **Erfüllungswirkung entfällt** gemäß § 19 Abs. 4 S. 1 GmbHG.

2. Der **Wert der Sache wird** gemäß § 19 Abs. 4 S. 3 GmbHG **angerechnet**. Der Gesellschafter trägt die Beweislast für die Werthaltigkeit. Die Anrechnung erfolgt nicht vor Eintragung der Gesellschaft.

---

**Fall 26: Verdeckte Sacheinlage**

A und B gründen mit Gesellschaftsvertrag vom 10. Februar als gleichberechtigte Gesellschafter eine GmbH mit einem Stammkapital von 25.000 €. A und B überweisen jeweils 12.500 € auf das Konto der Gesellschaft. A verkauft dann im Mai der GmbH seinen Pkw, der für verschiedene Tätigkeiten in der Gesellschaft benötigt wird, zu einem Kaufpreis von 11.000 €, der noch im Mai gezahlt wird. Im Dezember wird über das Vermögen der GmbH das Insolvenzverfahren eröffnet. Der Insolvenzverwalter verlangt von A Zahlung von 11.000 €, da er der Ansicht ist, A habe seine Stammeinlage nicht voll erbracht. A weist nach, dass der Pkw im Mai einen Wert von 10.000 € hatte.

**337**  Der Insolvenzverwalter kann gemäß § 80 InsO die Ansprüche der Gesellschaft geltend machen. Dieser könnte ein Anspruch auf Zahlung der Stammeinlage gegen den Gesellschafter A aus dem Gesellschaftsvertrag i.V.m. § 19 Abs. 1 GmbHG zustehen.

I. Der Anspruch der Gesellschaft auf Leistung einer Bareinlage in Höhe von 12.500 € ist mit Abschluss des Gesellschaftsvertrages am 10.02. entstanden.

II. Der Anspruch könnte durch **Erfüllung** nach § 362 BGB erloschen sein. Dann müsste die „geschuldete Leistung" bewirkt sein. Geschuldet war eine Bareinlage, da sich aus dem Gesellschaftsvertrag nichts anderes ergibt. A hat 12.500 € überwiesen. Damit ist (zunächst) Erfüllung eingetreten.

Die **Erfüllungswirkung** könnte jedoch **gemäß § 19 Abs. 4 S. 1 GmbHG entfallen** sein. Dann müsste eine verdeckte Sacheinlage vorliegen.

1. Bei **wirtschaftlicher Betrachtungsweise** müsste eine **Sacheinlage** vorliegen. Im Mai zahlte die GmbH für den Kauf seines Pkw 11.000 € an den A. Die Gesellschaft hatte statt des vorgesehenen (anteiligen) Barkapitals von 12.500 € nur ein Barkapital von 1.500 € und den erworbenen Pkw, d.h. sie stand kurz nach der Gründung so, als wenn A den Pkw als Sacheinlage eingebracht hätte.

   Nach teilweise vertretener Ansicht sollen „gewöhnliche Umsatzgeschäfte" nicht als verdeckte Sacheinlagen anzusehen sein.[484] Der Sinn und Zweck der Regelung über die Kapitalaufbringung gebiete keine Einbeziehung dieser Geschäfte, da der Wert solcher Gegenstände leicht und zuverlässig zu ermitteln sei. Der BGH hat es abgelehnt, gewöhnliche Umsatzgeschäfte aus dem Anwendungsbereich der Regeln über verdeckte Sacheinlagen auszuklammern.[485] Für den Anwendungsbereich sei nicht die Werthaltigkeit des Gegenstandes, sondern die Umgehung der Sacheinlagevorschriften entscheidend. Für die Ansicht des BGH spricht auch, dass sich „gewöhnliche Umsatzgeschäfte" schwer definieren und von anderen Geschäften abgrenzen lassen. Im vorliegenden Fall liegt bei wirtschaftlicher Betrachtungsweise eine Sacheinlage vor.

2. Die Vergleichbarkeit mit einer Sacheinlage müsste sich aufgrund einer im Zusammenhang mit der Geldeinlage getroffenen **Abrede** ergeben. Nach dem vorliegenden Sachverhalt ist im Zusammenhang mit der Leistung der Einlage keine Abrede darüber getroffen worden, dass A später der Gesellschaft seinen Pkw verkaufen sollte. Bei einem engen zeitlichen Zusammenhang zwischen Bareinlage und Gegengeschäft besteht eine tatsächliche Vermutung für das Vorliegen einer entsprechenden Abrede.[486] Ein enger zeitlicher Zusammenhang wird innerhalb einer Frist von bis zu sechs Monaten bejaht.[487]

   **338**

   A hat den Pkw drei Monate nach Erbringung der Bareinlage verkauft. Wegen des engen zeitlichen Zusammenhangs wird vermutet, dass die spätere Erbringung der Sachleistung bereits bei Einzahlung der Bareinlage verabredet war. Es liegt eine verdeckte Sacheinlage vor.

3. Nach § 19 Abs. 4 S. 1 GmbHG ist die Erfüllungswirkung der Bareinlage in Höhe der verdeckten Sacheinlage entfallen. Da 11.000 € an A zurückgeflossen sind, ist er weiterhin in dieser Höhe zur Einlageleistung verpflichtet.

   Auf die fortbestehende Einlagepflicht des Gesellschafters wird der Wert des Vermögensgegenstandes gemäß § 19 Abs. 4 S. 3 GmbHG angerechnet. Die Beweislast für den Wert trägt gemäß § 19 Abs. 4 S. 5 GmbHG der Gesellschafter. A hat nachgewiesen, dass der Pkw im Zeitpunkt der Überlassung an die Gesellschaft im Mai einen Wert von 10.000 € besaß. Auf die fortbestehende Einlageverpflichtung von 11.000 € sind damit 10.000 € anzurechnen.

   Der Insolvenzverwalter kann von A Zahlung von 1.000 € verlangen.

---

484 OLG Hamm, Urt. v. 17.08.2004 – 27 U 189/03, NZG 2005, 184; Henze ZHR 154 (1990) 104, 112.
485 BGH, Urt. v. 20.11.2006 – II ZR 176/05, Rn. 22, BGHZ 170, 47; BGH, Urt. v. 11.02.2008 – II ZR 171/06, Rn. 13, WM 2008, 638.
486 Wicke § 19 Rn. 20.
487 Wicke § 19 Rn. 20; BGH NJW 1996, 1286, 1288.

**339** Auch wenn gemäß § 19 Abs. 4 S. 3 GmbHG eine Anrechnung des Sachwertes stattfindet, bleibt die verdeckte Sacheinlage im Vergleich mit der aufgedeckten, im Gesellschaftsvertrag festgesetzten Sacheinlage keineswegs folgenlos. So muss der Einleger gemäß § 19 Abs. 4 S. 5 GmbHG die Werthaltigkeit beweisen. Daneben kommt eine Haftung wegen fehlerhafter Angaben gemäß § 9a GmbHG in Betracht. Weiterhin darf der Geschäftsführer bei der Anmeldung nicht gemäß §§ 7 Abs. 2, 8 Abs. 2 GmbHG die Versicherung abgeben, dass der Einlagebetrag endgültig zur freien Verfügung der Gesellschaft geleistet wurde. Denn die Anrechung des Wertes des Sachgegenstandes erfolgt gemäß § 19 Abs. 4 S. 4 GmbHG nicht vor Eintragung in das Handelsregister. Die fehlerhafte Geschäftsführerversicherung ist gemäß § 82 Abs. 1 Nr. 1 GmbHG strafbar.

### cc) „Hin- und Herzahlen" gemäß § 19 Abs. 5 GmbHG

**340** In § 19 Abs. 5 GmbHG ist die von der Rechtsprechung entwickelte Fallgruppe des „Hin- und Herzahlens" nunmehr gesetzlich geregelt. Aufgrund einer vor Erbringung der Einlage getroffenen Vereinbarung wird dem Gesellschafter eine erbrachte Einlage wirtschaftlich wieder zurückgewährt.

§ 56a GmbHG verweist bei Kapitalerhöhung auf § 19 Abs. 5 GmbHG. Das „Hin- und Herzahlen" hat in der Praxis fast nur bei der Kapitalerhöhung Bedeutung. Aber auch bei Gründungen kann diese Fallgruppe relevant werden, vor allem bei der Gründung einer GmbH & Co. KG, wenn das Stammkapital der GmbH unmittelbar nach der Gründung der KG als Darlehen zur Verfügung gestellt wird.[488]

Zum Hin- und Herzahlen im Einzelnen unten bei der Kapitalerhöhung (Rn. 432 ff.).

## 4. Anmeldung der Gesellschaft zum Handelsregister

**341** Die Geschäftsführer – und zwar alle gemeinsam ohne Rücksicht auf die Regelung der Vertretungsbefugnis (§ 35 GmbHG) – haben für die Anmeldung der Gesellschaft bei dem Amtsgericht am Sitz eines Landgerichts zu sorgen, in dessen Bezirk die Gesellschaft ihren Sitz hat (§ 7 Abs. 1 GmbHG, § 376 Abs. 1 FamFG).

Die Anmeldung muss gemäß § 12 Abs. 1 S. 1 HGB elektronisch in notariell beglaubigter Form eingereicht werden.

## 5. Eintragung der Gesellschaft in das Handelsregister

**342** Der Eintragungsantrag wird von einem Richter überprüft. Er prüft die Formalien der Errichtung, die Bestellung der Geschäftsführer und die Aufbringung des Mindestkapitals. Liegen alle Voraussetzungen für die Eintragung vor, erfolgt diese in Abteilung B des Handelsregisters. Kommt der Richter dagegen zu dem Ergebnis, dass die GmbH nicht ordnungsgemäß errichtet ist, erlässt er bei behebbaren Mängeln eine Zwischenverfügung, bei nicht behebbaren Mängeln weist er den Antrag zurück, vgl. § 9c GmbHG. Mit der Eintragung der Gesellschaft in das Handelsregister ist der Gründungsvorgang abgeschlossen.

---

488  BGH, Urt. v. 10.12.2007 – II ZR 180/06, BGHZ 174, 370.

## 6. Mängel im Gründungsakt der GmbH

Die Erklärungen der Gründungsgesellschafter sind darauf gerichtet, eine juristische Person zu gründen und die Rechtsbeziehungen der Gesellschafter untereinander, zu den Organen und gegenüber Dritten zu regeln. Diese „Beteiligungserklärung" ist eine Willenserklärung und unterliegt im Grundsatz den allgemeinen Regeln.

**343**

### a) Mängel zwischen Vertragsschluss und Invollzugsetzung

Nach **Vertragsschluss**, aber noch bevor die Gesellschaft in Vollzug gesetzt oder ins Handelsregister eingetragen ist, bestehen keine Einschränkungen für die Geltendmachung von Mängeln des Gesellschaftsvertrages nach den §§ 104 ff. BGB. Dabei ist zu beachten, dass die Nichtigkeit einer Beitrittserklärung den Gesellschaftsvertrag grundsätzlich gemäß § 139 BGB insgesamt nichtig macht. Eine Rückabwicklung ist hier regelmäßig unproblematisch, sodass die Grundsätze über die fehlerhafte Gesellschaft nicht eingreifen.

**344**

### b) Mängel zwischen Invollzugsetzung und Eintragung

Nach **Invollzugsetzung**, aber noch vor Eintragung der Gesellschaft in das Handelsregister ist trotz eines Mangels die Rückabwicklung nach allgemeinen Regeln aus Gründen der Rechtssicherheit und des Verkehrsschutzes im Interesse der Gesellschafter und der Gläubiger generell ausgeschlossen. Es finden die für die Personengesellschaft entwickelten Grundsätze der fehlerhaften Gesellschaft Anwendung.[489]

**345**

### c) Mängel ab Eintragung

Mit der **Eintragung** wird der Formmangel des Gesellschaftsvertrages oder einer Vollmacht geheilt. Sonstige Mängel werden zwar nicht geheilt, jedoch wird ihre Geltendmachung weitgehend ausgeschlossen. Zu berücksichtigen ist, dass sich die Erklärungen der Gesellschafter nunmehr auch an die Öffentlichkeit richten. Im allgemeinen Verkehrsinteresse erhält deshalb der Bestandsschutz der entstandenen juristischen Person Vorrang.

**346**

Eine etwaige **Nichtigkeit** kann nach § 75 GmbHG nur bei einigen wenigen Mängeln (keine Bestimmung über Höhe des Stammkapitals oder über den Gegenstand des Unternehmens, Nichtigkeit der Bestimmungen über den Unternehmenszweck) und auch dann nur im Wege einer gegen die Gesellschaft gerichteten Nichtigkeitsklage geltend gemacht werden. Das der Klage stattgebende Urteil bewirkt jedoch keine rückwirkende Nichtigkeit, sondern führt nach § 77 Abs. 1 GmbHG nur zur Abwicklung der Gesellschaft entsprechend den Auflösungsvorschriften der §§ 66 ff. GmbHG. Insbesondere bleiben alle mit Dritten vorgenommenen Rechtsgeschäfte wirksam (§ 77 Abs. 2 GmbHG). Dasselbe gilt auch für das Innenverhältnis.

**Andere Mängel** (z.B. Willensmängel in der Person eines Gesellschafters) lassen den Bestand der GmbH als solchen grundsätzlich unberührt. Es steht den betroffenen Gesellschaftern aber die Möglichkeit offen, gemäß § 61 GmbHG die Auflösung der Gesellschaft zu verlangen. Der dazu erforderliche Auflösungsgrund wird jedoch nur dann vor-

---

489 Vgl. dazu oben Rn. 25 ff.

liegen, wenn der Mangel für den Gesellschafter von so entscheidender Bedeutung ist, dass ihm die Fortsetzung der Gesellschaft nicht zugemutet werden kann.

#### d) Unwirksamkeit des Beitritts

**347** Von dem oben genannten Grundsatz gibt es aber zwei wesentliche **Ausnahmen**, bei denen die völlige Unwirksamkeit des Beitritts besteht, und die auch nach Invollzugsetzung der Gesellschaft und sogar nach Eintragung derselben jede Bindung des betroffenen Gesellschafters hindert.

- Die Beteiligung eines **Nichtgeschäftsfähigen oder Betreuten**, die nicht genehmigt wird, bleibt für diesen folgenlos. Hier setzt sich der Schutz des nicht voll Geschäftsfähigen gegenüber dem Vertrauen der Öffentlichkeit durch.

  Teilweise wird angenommen, der Minderjährige werde nicht Gesellschafter.[490] Nach der Gegenansicht ist der Minderjährige an der Gesellschaft beteiligt, lediglich die nachteiligen Folgen der Gesellschafterstellung sollen ihn nicht treffen.[491]

- Die **fehlende Mitwirkung** eines angeblich beteiligten Gesellschafters bei Vertretung ohne Vertretungsmacht, Unterschriftsfälschung sowie die Erzwingung der Unterschrift durch Gewalt oder Drohung führen ebenfalls zur Unwirksamkeit der Beitrittserklärung.[492]

## II. Die Gründungsphasen

**348** Eine GmbH entsteht als solche erst mit der Eintragung der Gesellschaft im Handelsregister (vgl. § 11 Abs. 1 GmbHG). Das bedeutet aber nicht, dass es bis zur Eintragung keine Gesellschaft gibt. § 11 Abs. 1 GmbHG sagt nur, dass die GmbH vor der Eintragung „als solche" nicht besteht. Es sind unterschiedliche Phasen der GmbH-Gründung zu unterscheiden:

- Sobald sich mehrere Gesellschafter mit dem Ziel, eine GmbH zu gründen, zusammenschließen, entsteht eine sog. **Vorgründungsgesellschaft**.[493] Nach h.M. handelt es sich um eine GbR (§§ 705 ff. BGB)[494] oder, sofern die Gesellschaft bereits vor der Beurkundung des GmbH-Gesellschaftsvertrages als Handelsgewerbe (§ 1 Abs. 2 HGB) einzuordnen ist, um eine OHG (§§ 105 ff. HGB).

  Wenn die GmbH mit nur einem Gesellschafter gegründet werden soll, entsteht keine Vorgründungsgesellschaft, da es weder eine GbR noch eine OHG mit nur einem Gesellschafter gibt.[495] Die Vorgründungsgesellschaft ist also **keine notwendige Vorstufe** zur GmbH.

- Mit der Beurkundung des GmbH-Gesellschaftsvertrages, der sog. Errichtung des Gesellschaft, entsteht eine **Vor-GmbH** („GmbH i.G.").

  Jede GmbH, die nicht durch Umwandlung nach dem UmwG entsteht, durchläuft das Stadium der Vor-GmbH als **notwendige Vorstufe** zur juristischen Person.[496]

---

490 Baumbach/Hueck/Fastrich § 2 Rn. 45.
491 K. Schmidt § 6 III 3 c cc.
492 Baumbach/Hueck/Fastrich § 2 Rn. 44.
493 MünchKomm-GmbHG/Merkt § 11 Rn. 103, 130; G/E/S-Link § 11 Rn. 40.
494 BGHZ 91, 148, 151; G/E/S-Link § 11 Rn. 41; MünchKomm-GmbHG/Merkt § 11 Rn. 100.
495 BGHZ 65, 79, 82; G/E/S-Link § 11 Rn. 42; MünchKomm-GmbHG/Merkt § 11 Rn. 104.
496 G/E/S-Link § 11 Rn. 3.

- Mit der Eintragung der Gesellschaft in das Handelsregister entsteht die **GmbH** „als solche" (§ 11 Abs. 1 GmbHG).

## 1. Vorgründungsgesellschaft

Die Vorgründungsgesellschaft ist als GbR oder OHG **teilrechtsfähig** und kann daher Träger von Rechten und Pflichten sein.[497]

**349**

Wird im Vorgründungsstadium ein Rechtsgeschäft im Namen einer „GmbH, einer „GmbH i.G." oder einer „Vor-GmbH" getätigt, wird nach den **Grundsätzen des unternehmensbezogenen Geschäfts** grundsätzlich die Vorgründungsgesellschaft und nicht etwa die zukünftige Vor-GmbH oder GmbH berechtigt und verpflichtet.[498]

Nach den Grundsätzen des unternehmensbezogenen Vertreterhandelns wird das Handeln eines Vertreters grundsätzlich dem Inhaber des Unternehmens zugerechnet, auch wenn das Unternehmen nicht richtig bezeichnet wurde.[499]

Die **Gesellschafter** der Vorgründungsgesellschaft **haften** für deren Verbindlichkeiten **gemäß § 128 HGB** – im Falle der GbR analog – persönlich, unbeschränkt und gesamtschuldnerisch. Diese Haftung besteht auch dann fort, wenn später eine Vor-GmbH bzw. GmbH entsteht.[500] Eine Handelndenhaftung gemäß § 11 Abs. 2 GmbHG gibt es im Stadium der Vorgründungsgesellschaft nicht.[501]

Für die **Beendigung der Vorgründungsgesellschaft** gilt das Personengesellschaftsrecht. Wird der GmbH-Gesellschaftsvertrag beurkundet, hat die Vorgründungsgesellschaft i.d.R. ihren Zweck erreicht und wird gemäß § 726 BGB aufgelöst. Hatte die Gesellschaft gegenüber Dritten Rechte und Pflichten begründet, muss sie gemäß §§ 730 ff. BGB liquidiert werden. Diese Rechte und Pflichten gehen nämlich nicht automatisch auf die Vor-GmbH bzw. auf die spätere GmbH über. Vermögensgegenstände der Vorgründungsgesellschaft müssen aus diesem Grund auch – sofern gewünscht – rechtsgeschäftlich auf die (Vor-)GmbH übertragen werden.

## 2. Vor-GmbH

Die Vor-GmbH kann **Träger von Rechten und Pflichten** sein.[502] Sie hat im Rechtsverkehr einen auf das Gründungsstadium hindeutenden Zusatz zu führen („in Gründung", „i.G."). Die Grundsätze des unternehmensbezogenen Vertreterhandelns gelten auch in diesem Stadium der GmbH-Gründung, d.h. die Erklärung gilt im Zweifel für die Vor-GmbH, auch wenn diese fälschlicherweise bereits als „GmbH" bezeichnet wurde.

**350**

Durch den notariell beurkundeten Abschluss des GmbH-Gesellschaftsvertrages werden die Gründer **Gesellschafter** der Vor-GmbH. Die vor Eintragung der Gesellschaft in das Handelsregister bestellten **Geschäftsführer** der GmbH sind automatisch auch organschaftliche Vertreter der Vor-GmbH. Die Geschäftsführungs- und nach h.M. auch die

497 Hierzu und zum Folgenden: G/E/S-Link § 11 Rn. 43 ff.
498 BGHZ 91, 148, 152; MünchKomm-GmbHG/Merkt § 11 Rn. 106.
499 G/E/S-Link § 11 Rn. 14.
500 MünchKomm-GmbHG/Merkt § 11 Rn. 108.
501 BGHZ 91, 148, 150 f.
502 Hierzu und zum Folgenden: G/E/S-Link § 11 Rn. 6 ff.

Vertretungsbefugnis der Geschäftsführer sind dabei grundsätzlich durch den Zweck der Vor-GmbH, die Eintragung der Gesellschaft in das Handelsregister herbeizuführen, beschränkt. Die Geschäftsführer dürfen und können daher grundsätzlich nur Rechtsgeschäfte, die für die Vollendung der Gründung erforderlich sind, vornehmen (Einzelheiten gleich im Fall 27). Den Gesellschaftern bleibt es jedoch unbenommen, durch einstimmigen Beschluss die Geschäftsführungs- und Vertretungsbefugnis zu erweitern.

Besonderes Augenmerk verdient die **Haftungsverfassung der Vor-GmbH**. Diese umfasst neben der in § 11 Abs. 2 GmbHG geregelten Handelndenhaftung die von der Rechtsprechung im Wege der Rechtsfortbildung geschaffene Haftung der Gesellschafter („Gründerhaftung").

### a) Handelndenhaftung (§ 11 Abs. 2 GmbHG)

351 Die in § 11 Abs. 2 GmbHG vorgesehene Handelndenhaftung soll den Gläubigern Schutz vor dem Umstand liefern, dass die Aufbringung des Stammkapitals im Gründungsstadium noch nicht durch das Registergericht überprüft werden konnte und die Vorschriften über die Kapitalerhaltung noch nicht gelten.[503] Den Gläubigern wird mit dem Handelnden ein weiterer, häufig leichter in Anspruch zu nehmender Schuldner zur Verfügung gestellt.[504]

Der Anwendungsbereich des § 11 Abs. 2 GmbHG ist nur eröffnet, wenn zwischen Beurkundung des GmbH-Gesellschaftsvertrages und der Eintragung der Gesellschaft in das Handelsregister für die Vor-GmbH gehandelt wurde. Für Handlungen vor und nach diesem Zeitraum gilt § 11 Abs. 2 GmbHG nicht.[505]

Als **„Handelnde"** kommen lediglich die Geschäftsführer in Betracht,[506] allerdings einschließlich sog. faktischer Geschäftsführer, die nicht wirksam bestellt sind, aber als Geschäftsführer auftreten.[507]

Im Übrigen zählen zu den Handelnden weder die Gesellschafter – auch wenn sie dem vom Geschäftsführer getätigten Geschäft ausdrücklich zugestimmt haben – noch etwaige rechtsgeschäftliche Bevollmächtigte;[508] es haften die Geschäftsführer, soweit sich ein rechtsgeschäftlich Bevollmächtigter nach deren Weisungen richtet.[509]

Eine nach § 11 Abs. 2 GmbHG haftungsbegründende **„Handlung"** liegt nur vor, wenn eine rechtsgeschäftliche Erklärung von dem (faktischen) Geschäftsführer selbst abgegeben worden oder diesem zumindest zurechenbar ist. In diesem Fall besteht eine Haftung für Primär- und Sekundäransprüche.[510] Dass ein Geschäftsführer das Handeln eines anderen Geschäftsführers lediglich geduldet hat, genügt für eine Haftung nicht.[511]

---

503 BGHZ 80, 129, 133; 91, 148, 152; G/E/S-Link § 11 Rn. 48.
504 MünchKomm-GmbHG/Merkt § 11 Rn. 121; G/E/S-Link § 11 Rn. 48.
505 G/E/S-Link § 11 Rn. 49.
506 BGHZ 47, 25, 28; 65, 378, 381; G/E/S-Link § 11 Rn. 51.
507 BGHZ 65, 378, 380; 66, 359, 360; MünchKomm-GmbHG/Merkt § 11 Rn. 129.
508 MünchKomm-GmbHG/Merkt § 11 Rn. 128, 130; G/E/S-Link § 11 Rn. 51.
509 BGHZ 53, 206, 208.
510 MünchKomm-GmbHG/Merkt § 11 Rn. 131; Scholz/K. Schmidt, § 11 Rn. 111.
511 G/E/S-Link § 11 Rn. 53; MünchKomm-GmbHG/Merkt § 11 Rn. 132.

Gesetzliche Verbindlichkeiten (z.B. Steuern) und auch deliktische Ansprüche fallen nicht unter § 11 Abs. 2 GmbHG.[512]

Eine Haftung nach § 11 Abs. 2 GmbHG setzt schließlich ein Handeln **„im Namen der Gesellschaft"** voraus. Ob damit nur ein Handeln im Namen der Vor-GmbH gemeint ist, oder auch ein (ausdrückliches) Handeln im Namen der künftigen GmbH eine Handelndenhaftung entstehen lässt, wird unterschiedlich beurteilt (hierzu gleich im Fall 27).

Liegen die Voraussetzungen des § 11 Abs. 2 GmbHG vor, haften die Handelnden (unbeschränkt[513]) **„persönlich und solidarisch"**. Die Handelndenhaftung entspricht nach Inhalt und Umfang der Verbindlichkeit der Gesellschaft.[514] Sie ist akzessorisch zu der Haftung der Gesellschaft; die Handelnden können dementsprechend die der Gesellschaft zustehenden Einwendungen und Einreden geltend machen. Mehrere Handelnde haften gesamtschuldnerisch.[515]

Da die Handelndenhaftung nach § 11 Abs. 2 GmbHG akzessorisch ist, können **Regressansprüche des Handelnden** gegen die Gesellschaft bestehen.[516] Der in Anspruch genommene Handelnde besitzt einen Freistellungsanspruch gegen die Gesellschaft, wenn seine im Außenverhältnis haftungsbegründende Erklärung im Innenverhältnis zur Gesellschaft nicht pflichtgemäß ist (§§ 675, 670 BGB). Ob ein direkter Regressanspruch dann auch direkt gegenüber den Gründern besteht, ist noch nicht abschließend geklärt. Bestand keine Befugnis des (faktischen) Geschäftsführers zur Abgabe der haftungsbegründenden Erklärungen, können Regressansprüche nach den Grundsätzen der Geschäftsführung ohne Auftrag (§§ 677 ff. BGB) bestehen.

Mit der Eintragung der Gesellschaft in das Handelsregister **erlischt die Haftung aus § 11 Abs. 2 GmbHG** jedenfalls dann automatisch, wenn die Gesellschaft durch die Erklärungen des Handelnden wirksam verpflichtet worden ist.[517] Ab diesem Zeitpunkt ist der Haftungszweck entfallen, weil dann mit der GmbH ein Haftungssubjekt besteht, dessen Kapitalausstattung durch das Registergericht überprüft worden ist.[518]

### b) Haftung der Gesellschafter („Gründerhaftung")

Neben der Haftung der (faktischen) Geschäftsführer stellt sich die Frage nach einer persönlichen Haftung der Gesellschafter für die Verbindlichkeiten der Vor-GmbH. Diese Frage ist umstritten. Die Rechtsprechung hat sich in den letzten Jahrzehnten mehrfach grundlegend geändert. Auch das Schrifttum zu dieser Frage ist gespalten. Nach aktueller Rechtsprechung des BGH und der heute h.Lit. gilt Folgendes:[519]

**352**

Scheitert die Eintragung der GmbH in das Handelsregister,[520] haften die Gesellschafter mit ihrem Privatvermögen für Verluste der Vor-GmbH (sog. **Verlustdeckungshaftung**).

---

512  G/E/S-Link § 11 Rn. 52; MünchKomm-GmbHG/Merkt § 11 Rn. 131.

513  Die Haftung ist insbesondere nicht auf das Stammkapital beschränkt (G/E/S-Link § 11 Rn. 56).

514  BGHZ 68, 95, 104; G/E/S-Link § 11 Rn. 56; MünchKomm-GmbHG/Merkt § 11 Rn. 137 f.

515  G/E/S-Link § 11 Rn. 56.

516  Zum Folgenden: G/E/S-Link § 11 Rn. 58 m.w.N.

517  Besteht keine wirksame Verpflichtung der Gesellschaft, ist hingegen streitig, ob die Handelndenhaftung mit Eintragung erlischt (hierzu: U/H/L-Ulmer, § 11 Rn. 147).

518  G/E/S-Link § 11 Rn. 59.

519  Zum Folgenden: G/E/S-Link § 11 Rn. 24 ff.

520  Das Scheitern der Eintragung ist nach h.M. Voraussetzung der Verlustdeckungshaftung (BGH, Urt. v. 27.01.1997 – II ZR 123/94, NJW 1997, 1507, 1509; Gummert, DStR 1997, 1007, 1009 f.; G/E/S-Link § 11 Rn. 52; MünchKomm-GmbHG/Merkt § 11 Rn. 89; a.A. Ulmer ZIP 1996, 733, 738 (Haftung entsteht im Zeitpunkt des Verlustes und besteht anschließend als Innenhaftung fort); vermittelnd Baumbach/Hueck/Fastrich § 11 Rn. 26 (Entstehung mit Verlusteintritt, Fälligkeit erst mit Scheitern der Eintragung).

Das gilt unabhängig davon, ob die Verluste auf rechtsgeschäftlichen oder gesetzlichen Verbindlichkeiten beruhen.[521] Die Verlustdeckungshaftung ist grundlegend anders konzipiert als die Handelndenhaftung gemäß § 11 Abs. 2 GmbHG:[522] Es besteht keine unmittelbare Außenhaftung gegenüber den Gläubigern der Gesellschaft, sondern grundsätzlich[523] (nur) eine Innenhaftung der Gesellschafter gegenüber der Gesellschaft (wobei die Gesellschaftsgläubiger Ansprüche der Gesellschaft gegen die Gesellschafter pfänden und sich überweisen lassen können). Die Gesellschafter haften dabei nicht gesamtschuldnerisch, sondern nur anteilig entsprechend dem Verhältnis ihrer Geschäftsanteile („pro-rata-Haftung"); allerdings besteht eine Ausfallhaftung gemäß § 24 GmbHG.

Soll die Gesellschaft in das Handelsregister eingetragen werden und weiß das Registergericht, dass das Stammkapital nicht durch Aktiva gedeckt ist, darf das Registergericht die Eintragung nicht vornehmen.[524] Kommt es gleichwohl zur Eintragung, tritt an die Stelle der Verlustdeckungshaftung die sog. **Unterbilanzhaftung** (auch Vorbelastungshaftung genannt). Sie ähnelt weitgehend der Verlustdeckungshaftung.[525] Die Gesellschafter haften – ebenso wie bei der Verlustdeckungshaftung – nur im Innenverhältnis gegenüber der Gesellschaft und dies nicht gesamtschuldnerisch, sondern nur anteilig entsprechend dem Verhältnis ihrer Geschäftsanteile (allerdings mit Ausfallhaftung gemäß § 24 GmbHG).

Eine Unterbilanzhaftung entsteht nur, soweit eine wirksame Verbindlichkeit der Gesellschaft entstanden ist.[526] Bei rechtsgeschäftlichen Verbindlichkeiten ist dies nur dann der Fall, wenn die Gesellschafter der Aufnahme der Geschäftstätigkeit vor der Eintragung der Gesellschaft zugestimmt haben.

Die Haftung besteht in der Höhe, in der das Gesellschaftsvermögen (Aktiva abzüglich Passiva) im Zeitpunkt der Eintragung das Stammkapital unterschreitet (sog. Unterbilanz). Auf die Ursache der Unterbilanz kommt es nicht an. Eine Haftungsbegrenzung auf die Höhe des Stammkapitals[527] oder auf die Einlageverpflichtung der Gesellschafter besteht nicht.

Es könnte daher auch bei einer UG mit geringem Stammkapital eine persönliche Haftung eines Gesellschafters in Millionenhöhe entstehen.

Die einmal entstandene Haftung des Gesellschafters wegen einer Unterbilanz der Vor-GmbH geht durch anschließende Gewinne der Gesellschaft nicht wieder unter. Nur die Erfüllung durch den Gesellschafter lässt die Unterbilanzhaftung erlöschen.[528]

Als Zusammenfassung der Gründerhaftung dient folgende Passage aus einem neueren Urteil des II. Zivilsenats des BGH:[529]

---

521 MünchKomm-GmbHG/Merkt § 11 Rn. 91.
522 Zum Folgenden: G/E/S-Link § 11 Rn. 24.
523 Zu den Ausnahmen siehe G/E/S-Link § 11 Rn. 25.
524 MünchKomm-GmbHG/Merkt § 11 Rn. 171 f.; str.
525 G/E/S-Link § 11 Rn. 34.
526 Zum Folgenden: G/E/S-Link § 11 Rn. 35.
527 BGH, Urt. v. 06.03.2012 – II ZR 56/10, NZG 2012, 539, Rn. 28.
528 BGH, Urt. v. 16.01.2006 – II ZR 65/04, BGHZ 165, 391, 396.
529 BGH, Urt. v. 06.03.2012 – II ZR 56/10, NZG 2012, 539, Rn. 15.

*„Bei der rechtlichen Gründung einer GmbH haften die Gesellschafter der vor der Eintragung bestehenden Vor-GmbH für die Verbindlichkeiten dieser Gesellschaft der Höhe nach unbeschränkt. Nach dem vom erkennenden Senat entwickelten Haftungsmodell besteht eine einheitliche Gründerhaftung in Form einer bis zur Eintragung der GmbH andauernden Verlustdeckungshaftung und einer an die Eintragung geknüpften Vorbelastungs-(Unterbilanz-)haftung (BGH, Urteil vom 27. Januar 1997 II ZR 123/94, BGHZ 134, 333, 337 f.). Kommt es zur Eintragung, haften die Gesellschafter für die Verbindlichkeiten aus der mit ihrer Zustimmung vor der Eintragung aufgenommenen Geschäftstätigkeit für die Differenz zwischen dem (statutarischen) Stammkapital abzüglich des satzungsmäßig festgelegten Gründungsaufwands und dem Wert des Gesellschaftsvermögens im Zeitpunkt der Eintragung (BGH, Urteil vom 9. März 1981 II ZR 54/80, BGHZ 80, 129, 141; Urteil vom 24. Oktober 1988 II ZR 176/88, BGHZ 105, 300, 303; Urteil vom 29. September 1997 II ZR 245/96, ZIP 1997, 2008) entsprechend ihrer Beteiligungsquote (BGH, Urteil vom 17. Februar 2003 II ZR 281/00, ZIP 2003, 625, 627; Urteil vom 16. Januar 2006 II ZR 65/04, BGHZ 165, 391, 395). Unterbleibt die Eintragung der GmbH, haften die Gesellschafter (der Vor-GmbH) ebenfalls unbeschränkt für die durch das Gesellschaftsvermögen nicht gedeckten Verluste. Im Gegensatz zur Unterbilanzhaftung bedarf es keiner Auffüllung des Stammkapitals (BGH, Urteil vom 27. Januar 1997 II ZR 123/94, BGHZ 134, 333, 334 ff.). Beide Haftungsinstrumente sind als Innenhaftung ausgestaltet. Bei der Verlustdeckungshaftung ist eine Durchbrechung des Innenhaftungsprinzips im Einzelfall anerkannt (vgl. BGH, Urteil vom 27. Januar 1997 II ZR 123/94, BGHZ 134, 333, 341; Urteil vom 24. Oktober 2005 II ZR 129/04, ZIP 2005, 2257)."*

Die **Darlegungs- und Beweislast** für das Bestehen von Unterbilanzhaftungsansprüchen trifft grundsätzlich die Gesellschaft und damit im Fall der Eröffnung des Insolvenzverfahrens über ihr Vermögen den Insolvenzverwalter, wobei insbesondere Letzterer im Einzelfall wegen einer den Gesellschafter treffenden sekundären Darlegungslast Erleichterungen für sich in Anspruch nehmen kann.[530]

### Fall 27: Der frühe Geschäftsbeginn

A und B schließen am 15.01. einen notariellen Vertrag über die Gründung der „A-GmbH" und ernennen X zum Geschäftsführer. Vom Stammkapital i.H.v. 25.000 € zahlen sie je 6.250 € ein. Am 30.01. bestellt X im Namen der Gesellschaft mit Zustimmung von A und B bei G einen Kleinbagger zum Preis von 18.000 €, der am 15.02. geliefert wird. Die Eintragung der Gesellschaft verzögert sich, wird aber von A und B noch gewünscht und von X betrieben. G will gegen die A-GmbH i.G. sowie gegen X, A und B vorgehen.

A. Ein Zahlungsanspruch des G aus dem Kaufvertrag gemäß § 433 Abs. 2 BGB gegen die A-GmbH scheidet aus, da diese mangels Eintragung „als solche" nicht besteht, § 11 Abs. 1 GmbHG.

B. Anspruch des G gegen die Vor-GmbH gemäß § 433 Abs. 2 BGB

Die Vor-GmbH kann als solche Träger von Rechten und Pflichten sein. Die Gesellschaft müsste von X wirksam **vertreten** worden sein.

---

530  BGH, Urt. v. 06.03.2012 – II ZR 56/10, NZG 2012, 539, Rn. 41; BGH, Urt. v. 17.02.2003 – II ZR 281/00, ZIP 2003, 625, 627; BGH ZIP 1997, 2008, 2009.

I. Eine Einigung zwischen G und X über den zu übereignenden Kleinbagger gegen Zahlung von 18.000 € ist erzielt worden.

II. Diese Einigung wirkt für und gegen die Vor-GmbH, wenn X **im Namen** der Vorgesellschaft gehandelt hat.

X hat im Namen der Gesellschaft gehandelt. Ob er dabei ausdrücklich auf die Vor-GmbH hingewiesen oder im Namen der – noch nicht entstandenen – GmbH gehandelt hat, ist gleichgültig. Bei unternehmensbezogenen Geschäften ist es typischer Sinn der unter der Angabe der Firma abgegebenen Erklärung, dass der jeweilige Inhaber des Geschäfts verpflichtet werden soll. Es ist daher zumindest konkludent auch im Namen der Vor-GmbH gehandelt worden.

Will der Geschäftsführer nur die künftige GmbH nach ihrer Eintragung verpflichten, muss er dies deutlich zum Ausdruck bringen. In diesem Fall ist das Geschäft aufschiebend bedingt durch die Eintragung der GmbH.[531]

**353** III. X müsste auch **Vertretungsmacht** gehabt haben. Auch die Vor-GmbH wird durch ihren Geschäftsführer vertreten. Umstritten ist der Umfang der Vertretungsmacht des Geschäftsführers der Vor-GmbH.

1. Teilweise wird angenommen, dem Geschäftsführer der Vor-GmbH stehe die uneingeschränkte Vertretungsmacht aus §§ 35, 37 GmbHG zu. Eine Beschränkung der Vertretungsmacht durch die Zwecke der Vor-GmbH sei nicht anzuerkennen. Überdies sei der Zweck der Vorgesellschaft nicht auf die Herbeiführung der Eintragung beschränkt, sondern mit dem Gesellschaftszweck der späteren GmbH identisch. Die Gesellschafter könnten die Geschäftsführungsbefugnis beschränken. Das Risiko der Überschreitung der Geschäftsführungsbefugnis hätten die Gesellschafter (außer im Falle des Missbrauchs der Vertretungsmacht) zu tragen.[532]

Nach dieser Ansicht handelte X mit Vertretungsmacht.[533]

2. Nach heute h.M. ist die Vertretungsmacht des Geschäftsführers der Vor-GmbH grundsätzlich auf die notwendigen Gründungsgeschäfte beschränkt. Der Zweck der Vorgesellschaft beschränke sich darauf, die Eintragung herbeizuführen. Dies sei auch für den Rechtsverkehr regelmäßig erkennbar. Eine unbeschränkte Vertretungsmacht des Geschäftsführers sei auch im Hinblick auf die unbeschränkte Haftung der Gesellschafter der Vor-GmbH insbesondere bei einer Fremdorganschaft nicht gerechtfertigt.

Die Vertretungsmacht sei allerdings **mit Zustimmung aller Gesellschafter** erweiterbar.[534]

Auch nach dieser Ansicht handelte X mit Vertretungsmacht, denn die Gesellschafter der A-GmbH waren mit der Bestellung des Kleinbaggers einverstanden.

---

531 BGHZ 62, 216, 221; 92, 259, 268; Scholz/K. Schmidt § 11 Rn. 61.

532 Scholz/K. Schmidt § 11 Rn. 64; Beuthien NJW 1997, 565.

533 BGHZ 80, 129.

534 Baumbach/Hueck/Fastrich § 11 Rn. 20; Lutter/Hommelhoff/Bayer § 11 Rn. 11; Lutter JuS 1998, 1076; Lachmann NJW 1998, 2264; Wiegand BB 1998, 1071.

Die Vor-GmbH ist bei dem Kauf des Baggers wirksam vertreten worden. Sie ist zur Zahlung des Kaufpreises verpflichtet.

C. Anspruch des G gegen X aus § 11 Abs. 2 GmbHG                                    **354**

   I.  Der Anspruch richtet sich gegen den Handelnden. Handelnder i.S.d. § 11 Abs. 2 GmbHG ist, wer rechtsgeschäftlich als (faktischer) Geschäftsführer aufgetreten ist. X hat als Geschäftsführer einen Vertrag geschlossen.

   II.  Der Handelnde muss „im Namen der Gesellschaft" aufgetreten sein.

      1.  Jedenfalls nach der früheren Rechtsprechung liegt ein Handeln im Namen der Gesellschaft nur vor, wenn **im Namen der künftigen GmbH** gehandelt wird. Der Grund der Haftung aus § 11 Abs. 2 GmbHG liege darin, dass die GmbH vor ihrer Eintragung noch nicht existiere und deshalb für den Fall, dass sie nicht entstehe, dem Geschäftsgegner ein Schuldner gegeben werden müsse.[535]

          § 11 Abs. 2 GmbHG liegt danach nur vor, wenn die vertretene Gesellschaft (noch) nicht existiert. In aller Regel wird jedoch nach den Grundsätzen über unternehmensbezogene Geschäfte die Vor-GmbH und damit ein existierender Rechtsträger verpflichtet. Die Haftung der Vor-GmbH und die Haftung des Handelnden aus § 11 Abs. 2 GmbHG schlössen sich gegenseitig aus.[536]

      2.  In der Literatur wird diese Rechtsprechung überwiegend abgelehnt. Ein Handeln „im Namen der Gesellschaft" liegt danach auch vor, wenn im Namen der Vor-GmbH gehandelt wird. Der Wortlaut des § 11 Abs. 2 GmbHG sehe eine Einengung auf ein Handeln im Namen der künftigen GmbH nicht vor. Überdies seien die Vor-GmbH und die spätere GmbH identisch. Es sei auch gerechtfertigt, dem Gläubiger neben der Vor-GmbH einen zusätzlichen Schuldner zu geben, da die Gesellschaft noch nicht endgültig auf die Einhaltung der Eintragungsvoraussetzungen hin geprüft sei.[537]

      3.  Mit der Rechtsprechung ist davon auszugehen, dass § 11 Abs. 2 GmbHG ein Handeln im Namen der künftigen GmbH erfordert. Der Gesetzgeber verfolgte mit der Schaffung des § 11 Abs. 2 GmbHG ursprünglich den Zweck, jegliche Geschäftstätigkeit im Gründungsstadium zu unterbinden, um Vorbelastungen der GmbH zu vermeiden. Mit der Aufgabe des Vorbelastungsverbots ist dieser Zweck überholt. Die auf einer überholten gesetzlichen Grundlage beruhende Vorschrift des § 11 Abs. 2 GmbHG sollte man einschränkend auslegen. Es ist nicht erforderlich, den Gläubigern neben der Vor-GmbH mit dem Handelnden einen weiteren Schuldner zu geben.

   X haftet dem G nicht aus § 11 Abs. 2 GmbHG.

D. Ein Anspruch des G gegen die Gesellschafter A und B aus § 11 Abs. 2 GmbHG scheidet    **355** aus, da „Handelnder" i.S.d. Norm nur derjenige ist, der als Organ rechtsgeschäftlich für die Gesellschaft auftritt, also entweder zum Geschäftsführer bestellt ist oder An-

535  BGHZ 65, 378, 381; 76, 320, 323; OLG Hamm WM 1985, 658; Roth/Altmeppen § 11 Rn. 24.

536  LAG Köln NZA-RR 2001, 129.

537  Scholz/K. Schmidt § 11 Rn. 107; Baumbach/Hueck/Fastrich § 11 Rn. 48; Lutter/Hommelhoff/Bayer § 11 Rn. 24; Drygala Jura 2003, 433, 434.

gelegenheiten der Gesellschaft faktisch wie ein Gesellschafter wahrnimmt. Allein die Zustimmung zu einem Geschäft der Vor-GmbH reicht nicht aus.

**356** E. Andere Ansprüche des G gegen die Gesellschafter A und B

I. Nach der früheren Rechtsprechung hafteten die Gesellschafter der Vor-GmbH rechtsgeschäftlich **aufgrund einer Vertretung** durch den Geschäftsführer. Die Haftung war jedoch auf die Höhe der jeweiligen Stammeinlage beschränkt. Dadurch, dass der Geschäftsführer im Namen der GmbH gehandelt habe, sei der Wille der Gründer deutlich zum Ausdruck gekommen, nur bis zur Höhe ihrer Einlage zu haften und die Vertretungsmacht des Geschäftsführers entsprechend zu begrenzen.[538]

**357** II. Nach heute h.M. haften die Gesellschafter der Vor-GmbH **im Außenverhältnis grundsätzlich nicht**. Regelmäßig bestehe nur eine unbeschränkte Innenhaftung der Gesellschafter gegenüber der Vor-GmbH.[539]

**Unbeschränkt** sei diese Haftung, weil nach allgemeinen Grundsätzen des bürgerlichen Rechts und des Handelsrechts derjenige, der als Einzelperson oder in Gemeinschaft mit anderen Geschäfte betreibt, für die daraus entstehenden Verpflichtungen unbeschränkt hafte. Dieser Grundsatz gelte solange, wie er nicht durch Gesetz oder Vereinbarung abgeändert werde.

Es handele sich dabei **grundsätzlich** nur um eine **Innenhaftung** der Gesellschaft gegenüber, da eine Außenhaftung den Gläubigern gegenüber zu deren Schutz nicht erforderlich sei, weil mit der Eintragung alle Pflichten der Vor-GmbH automatisch auf die GmbH übergingen. Es sei von einer einheitlichen Gründerhaftung auszugehen, die sich aus einer Verlustdeckungs- und einer Vorbelastungshaftung zusammensetze.

Die Vorbelastungshaftung (Unterbilanzhaftung) besteht, wenn bei Eintragung der Gesellschaft das Nettovermögen der Gesellschaft weniger als die Kapitalziffer beträgt. Die Gesellschafter sind dann entsprechend § 9 GmbHG der Gesellschaft gegenüber anteilig verpflichtet, den Differenzbetrag einzuzahlen.[540] Die Vorbelastungshaftung ist unstreitig eine Innenhaftung, die mit der Eintragung der Gesellschaft entsteht.

Eine **Außenhaftung** der Gesellschafter besteht danach nur **ausnahmsweise**. Dies soll insbesondere dann der Fall sein, wenn die Vor-GmbH **vermögenslos** ist, wenn weitere Gläubiger nicht vorhanden sind, wenn es sich um eine **Einmann-Vor-GmbH** oder wenn es sich um eine **unechte Vor-GmbH** handelt.[541]

Eine unechte Vor-GmbH liegt vor, wenn die Gesellschafter einer Vor-GmbH nach Aufgabe der Eintragungsabsicht den Geschäftsbetrieb fortführen.[542]

Für das Vorliegen einer der genannten Ausnahmefälle bestehen hier keine Anhaltspunkte. Nach der Rechtsprechung des BGH hat G keine Ansprüche gegen A und B.

---

538 BGHZ 72, 45, 49; 86, 122, 125.

539 BGHZ 134, 333; BAG ZIP 1997, 1544; 2199; BFH ZIP 1998, 1149; Baumbach/Hueck/Fastrich § 11 Rn. 25; Lutter JuS 1998, 1077; Ulmer ZIP 1996, 733; Wiegand BB 1998, 1065.

540 Lutter/Hommelhoff/Bayer § 11 Rn. 30; Scholz/K. Schmidt § 11 Rn. 124.

541 BGHZ 134, 333, 341; BGH, Urt. v. 04.11.2002 – II ZR 204/00, NJW 2003, 429; BGH, Urt. v. 19.03.2001 – II ZR 249/99, NJW 2001, 2092; BAG NJW 1997, 3331; ZIP 2000, 1546; BSG ZIP 2000, 494; Ulmer ZIP 1996, 733.

542 BGH, Urt. v. 04.11.2002 – II ZR 204/00, NJW 2003, 429.

III. In der Literatur und teilweise auch in der Rechtsprechung einiger Instanzgerichte **358** wird eine **unbeschränkte Außenhaftung** der Gesellschafter der Vor-GmbH befürwortet.[543]

Zutreffend sei der Ausgangspunkt des BGH, wonach nach dem gesetzlichen Regelfall die Haftung unbeschränkt sei. Nach der gesetzlichen Konzeption sei aber auch regelmäßig eine Außenhaftung gegeben. Eine bloße Innenhaftung der Gesellschafter stelle eine Beschränkung der grundsätzlich gegebenen unbegrenzten persönlichen Haftung dar, für die eine gesetzliche Grundlage nicht gegeben sei. Nach dem Binnenhaftungskonzept müssten Gläubiger der Gesellschaft erst einen Titel gegen die Gesellschaft erwirken und dann in deren Forderungen gegen die Gründer vollstrecken. Einstweiliger Rechtsschutz direkt gegen die Gesellschafter sei nicht zu erlangen.

IV. Stellungnahme: Mit der Rechtsprechung des BGH ist von einer unbeschränkten Innenhaftung auszugehen. Eine unbeschränkte Außenhaftung ist kapitalgesellschaftsfremd. Wesentliches Merkmal der Kapitalgesellschaft ist, dass die Gesellschafter nur intern und anteilig und für die Aufbringung und Erhaltung des Stammkapitals haften. Da sich nur hierauf das Vertrauen der Gläubiger richtet, ist eine Außenhaftung auch bei einer noch nicht eingetragenen GmbH nicht erforderlich.

Somit haften die Gesellschafter A und B dem G gegenüber nicht.

---

**Abwandlung 1:**

Am 20.03. wird die A-GmbH in das Handelsregister eingetragen. Sie beantragt bald darauf die Eröffnung des Insolvenzverfahrens. Der Antrag wird mangels Masse abgelehnt, weil keine Geldbeträge oder sonst verwertbaren Gegenstände vorhanden sind.

---

A. Anspruch des G gegen die GmbH

I. Aus dem Kaufvertrag war zunächst die Vor-GmbH verpflichtet (vgl. Ausgangsfall).

II. Durch die Eintragung der Gesellschaft in das Handelsregister ist jedoch zwischen- **359** zeitlich die GmbH als solche entstanden (§ 11 Abs. 1 GmbHG); die Vorgesellschaft und die spätere GmbH sind identisch. Mit der Eintragung in das Handelsregister wird aus der Vorgesellschaft eine GmbH, ohne dass es irgendwelcher Übertragungsakte oder einer Liquidation der Vorgesellschaft bedarf. Um dieser Identität gerecht zu werden, müssen danach auch sämtliche Aktiva und Passiva der Vorgesellschaft nahtlos auf die GmbH übergehen. Die Haftung für die Verbindlichkeiten der Vorgesellschaft trifft daher nach der Eintragung ohne Weiteres die GmbH.[544]

G kann also seinen Anspruch gegen die GmbH geltend machen. Er wird jedoch hiermit keinen Erfolg haben, weil die GmbH zahlungsunfähig bzw. überschuldet ist.

---

543 Thüringer OLG GmbHR 1999, 772; LAG Köln ZIP 1999, 1921; LSG Stuttgart ZIP 1997, 1651; Scholz/K. Schmidt § 11 Rn. 82; Altmeppen NJW 1997, 3272; ders. ZIP 1997, 273; Raab WM 1999, 1596.
544 BGHZ 80, 129, 144; BGH WM 1982, 40; BGH NJW 1985, 736, 737; Scholz/K. Schmidt § 11 Rn. 133.

B. Auch eine Haftung des Handelnden gemäß § 11 Abs. 2 GmbHG erlischt mit der Eintragung der Gesellschaft.[545]

Nach der Ansicht, die im Ausgangsfall eine Haftung des X aus § 11 Abs. 2 GmbHG bejaht hat, ist dieser Anspruch mit Eintragung der GmbH erloschen.

C. Haftung der Gesellschafter

I. Durch die Eintragung der GmbH in das Handelsregister ist die Haftungsbeschränkung nach § 13 Abs. 2 GmbHG wirksam geworden.

1. Das bedeutet zunächst nur, dass eine persönliche Haftung der Gesellschafter gegenüber den Gläubigern für solche Verbindlichkeiten ausgeschlossen ist, die nach Eintragung der GmbH begründet worden sind. Für Schulden, die schon in der Vorgesellschaft entstanden sind, vertritt die h.M. in der Literatur die Ansicht, dass diese Haftung durch die Eintragung der Gesellschaft auflösend bedingt ist.[546]

**360**

2. Nach der oben genannten neueren Rspr. bleibt die Pflicht gegenüber der Gesellschaft, die bei Eintragung der Gesellschaft in das Handelsregister bereits eingetretenen Verluste auszugleichen (Verlustdeckungshaftung), bestehen. Die Gesellschafter müssen dafür sorgen, dass das gesamte Stammkapital vorhanden ist. Sie haften also auch für Verluste, die über die Stammkapitalziffer hinausgehen. Aus der Verlustdeckungshaftung wird nach der Eintragung der Gesellschaft eine **Vorbelastungs- bzw. Unterbilanzhaftung**. Allerdings ist zu beachten, dass die bei der Verlustdeckungshaftung vom BGH anerkannte ausnahmsweise Durchbrechung des Innenhaftungsprinzips nicht auf die **Unterbilanzhaftung** übertragen werden kann. Nach Eintragung der GmbH bleibt es also **ausnahmslos** bei der **Innenhaftung**, unabhängig davon, ob die GmbH vermögenslos ist oder diese nur einen Gesellschafter hat.[547] Denn mit der Eintragung der GmbH entsteht ein vom Gesellschafter zu trennender Vermögensträger. Das gerade in der Insolvenz der Gesellschaft wirksam werdende Trennungsprinzip (§ 13 Abs. 2 GmbHG) darf aber nicht dadurch durchbrochen werden, dass dem Gesellschaftsgläubiger der unmittelbare Zugriff auf den Gesellschafter gestattet wird. Ebenso wenig rechtfertigt die Tatsache, dass die GmbH nur einen Gesellschafter besitzt, dessen unmittelbare Inanspruchnahme. Denn für die eingetragene GmbH gilt nach § 1 GmbHG das sonst für die GmbH geltende Haftungsregime auch dann, wenn nur ein Gesellschafter vorhanden ist.[548]

Der Gläubiger der Gesellschaft, der unmittelbar gegen einen Gesellschafter vorgehen möchte, ist demnach darauf angewiesen, im Wege der Forderungspfändung den Anspruch der GmbH gegen den Gesellschafter aus der Unterbilanzhaftung geltend zu machen.

**Beachte:** *Der Anspruch aus Unterbilanzhaftung ist grundsätzlich wie ein Anspruch der Gesellschaft auf Leistung fehlender Bareinlagen zu behandeln und un-*

---

545 Scholz/K. Schmidt § 11 Rn. 118.
546 Scholz/K. Schmidt § 11 Rn. 88.
547 BGH, Urt. v. 24.10.2005 – II ZR 129/04, Rn. 6, BB 2005, 2773.
548 BGH, Urt. v. 24.10.2005 – II ZR 129/04, Rn. 6, BB 2005, 2773.

*terliegt daher denselben strengen Regeln der Kapitalaufbringung wie die ursprüngliche Einlageschuld. Beispielsweise kann der aus der Unterbilanz haftende Gesellschafter nach dem entsprechend geltenden § 19 GmbHG nicht einseitig mit Forderungen, die er gegen die GmbH besitzt, aufrechnen.[549]*

Weil es sich bei der Unterbilanzhaftung nur um eine Innenhaftung handelt, kann G nicht unmittelbar gegen A und B vorgehen.

II. Da dem G jedoch ein Anspruch aus § 433 Abs. 2 BGB gegen die GmbH selbst zusteht, kann er nach einem obsiegenden Urteil Ansprüche der GmbH gegen ihre Gesellschafter pfänden und an sich überweisen lassen (§§ 829, 835 ZPO).    **361**

1. A und B schulden der Gesellschaft aus ihrer Einlageverpflichtung noch je 6.250 €, weil sie bisher nur die Hälfte ihrer Stammeinlage eingezahlt haben. Sollte sich einer der beiden als zahlungsunfähig erweisen, so kann der Anspruch gegen den anderen geltend gemacht werden, § 24 GmbHG.

2. Ein weitergehender Anspruch der Gesellschaft, den G pfänden kann, könnte sich daraus ergeben, dass die Vorgesellschaft bereits vor ihrer Eintragung Verpflichtungen eingegangen ist, für die nunmehr die GmbH haftet. Für den Fall, dass im Zeitpunkt der Eintragung der Gesellschaft das eingezahlte Kapital schon ganz oder teilweise verbraucht ist, findet der Gedanke des § 9 GmbHG entsprechende Anwendung, nämlich das Prinzip der **Differenzhaftung**. Die Gesellschafter einer GmbH schulden in solchen Fällen gegenüber der Gesellschaft den Betrag, der notwendig ist, um der GmbH den vollen Haftungsfonds für den Zeitpunkt der Eintragung zur Verfügung zu stellen. Soweit daher der Betrag von 6.250 €, den A und B jeweils eingezahlt hatten, bei der Eintragung in das Handelsregister schon nicht mehr zu Verfügung stand und auch nicht durch andere Vermögenswerte ersetzt worden ist, sind A und B verpflichtet, den Differenzbetrag an die Gesellschaft zu zahlen. Notfalls kommt auch hier die Ausfallhaftung des § 24 GmbHG zum Zuge, sodass bei Zahlungsunfähigkeit eines Gesellschafters der andere die ganze Differenz tragen muss.

Die GmbH ist mangels Masse illiquide. A und B schulden ihr je 6.250 € Einlagen. Diesen Anspruch auf insgesamt 12.500 € kann G an sich ziehen. Da die gezahlten Einlagen in Höhe von je 6.250 € bei Eintragung verbraucht waren, müssen A und B auch für die Differenz von 5.500 € (bis zur Höhe der Forderung des G) einstehen, und zwar wegen § 19 Abs. 1 GmbHG jeder in Höhe von 2.750 €.

---

**Abwandlung 2:**

Nach Abschluss des Gesellschaftsvertrages am 15.01. und nachdem die Leistung des G in Anspruch genommen worden ist, entschließen sich A und B, die Eintragung der GmbH nicht weiterzubetreiben. Trotzdem schließen sie weitere Geschäfte im Namen der GmbH ab. Welche Ansprüche hat G nunmehr gegen die Gesellschafter A und B?

---

549  BGH, Urt. v. 16.01.2006 – II ZR 65/04, Rn. 24, BGHZ 165, 391; BGHZ 124, 282, 286.

**362** A. Ansprüche gegen die Gesellschaft

Indem A und B die Eintragungsabsicht aufgegeben haben, ist ein Fall der sogenannten **unechten Vor-GmbH** gegeben. Eine unechte Vor-GmbH liegt vor, soweit die Gesellschafter nach Aufgabe der Eintragungsabsicht, also nach dem Scheitern der Gründung, den Geschäftsbetrieb fortführen.[550]

Nach ganz h.M. entsteht eine **Personengesellschaft**, wenn die Eintragungsabsicht schon ursprünglich fehlt oder nachträglich weggefallen ist.[551] Daher haftet die Gesellschaft im vorliegenden Fall als OHG selbst. Falls der Gewerbebetrieb keinen in kaufmännischer Weise eingerichteten Geschäftsbetrieb erfordert, liegt eine GbR vor, die dem G haftet.

**363** B. Ansprüche gegen die Gesellschafter A und B

Mit der Aufgabe der Eintragungsabsicht hat sich die Vor-GmbH in eine Personengesellschaft umgewandelt. Für die Schulden der Gesellschaft haften die Gesellschafter gemäß § 128 HGB.[552] Somit haften A und B gegenüber G persönlich, unbeschränkt und als Gesamtschuldner nach § 128 HGB (ggf. analog).

---

## III. Vorratsgründung, Mantelverwendung

**364** Von dem **Mantel einer GmbH** spricht man, wenn diese über ihre bloße Existenz hinaus keinen weitergehenden Zweck verfolgt und sich ihre Tätigkeit allein auf die Verwaltung des eigenen Vermögens beschränkt. Zu einer solchen Konstellation kann es zum einen dadurch kommen, dass die GmbH von vornherein auf Vorrat gegründet wurde, um erst zu einem späteren Zeitpunkt ein (ggf. noch ungewisses) Unternehmen aufzunehmen („Vorratsgesellschaft"), zum anderen dadurch, dass die Gesellschaft ihren bisherigen Geschäftsbetrieb einstellt und die dann zumeist vermögenslose Gesellschaft als „leere Hülse" bestehen bleibt.[553]

Kommt es zur Verwendung der „leeren Hülse", spricht man von einer **„Mantelverwendung"**. Die Verwendung des Mantels kann zum einen dadurch geschehen, dass die Gesellschafter die inaktive GmbH durch Aufbau eines neuen oder durch die Einbringung eines vorhandenen Unternehmens nutzbar machen, zum anderen dadurch, dass die Gesellschafter ihre Geschäftsanteile an Erwerber veräußern (sog. „Mantelkauf").

**365** Unter einer **Vorratsgründung** versteht man die Gründung einer Gesellschaft ohne konkrete Absicht der Gründer, in absehbarer Zeit mit der GmbH am Geschäftsverkehr teilzunehmen.[554] Die Tätigkeit einer solchen Vorratsgesellschaft beschränkt sich so lange

---

550  BGH, Urt. v. 04.11.2002 – II ZR 204/00, NJW 2003, 429.

551  BGH, Urt. v. 04.11.2002 – II ZR 204/00, NJW 2003, 429; BGH, Urt. v. 31.03.2008 – II ZR 308/06, Rn. 6, BB 2008, 1249; BFH ZIP 1998, 1149; Baumbach/Hueck/Fastrich § 11 Rn. 32; Ulmer/Habersack/Winter § 11 Rn. 26.

552  BGH, Urt. v. 04.11.2002 – II ZR 204/00, NJW 2003, 429; so schon BGHZ 80, 129, 142; zustimmend Lutter/Hommelhoff/ Bayer § 11 Rn. 15; Baumbach/Hueck/Fastrich § 11 Rn. 33; Krebs/Klerz JuS 1998, 991, 996; Drygala Jura 2003, 433, 438.

553  MünchKomm-GmbHG/Wicke § 3 Rn. 24.

554  Hierzu und zum Folgenden: Scholz/Emmerich § 3 Rn. 21.

auf die Verwaltung ihres eigenen Vermögens, bis sich für sie ein „echter" Verwendungszweck findet. Die Gründung dient dem Zweck, eine juristische Person auf Vorrat zu schaffen, die erst später bei Bedarf im Wege der Mantelverwendung – vielfach, aber nicht notwendigerweise nach Erwerb durch andere Gesellschafter und unter Auswechselung ihrer Organmitglieder sowie unter Änderung des in der Satzung angegebenen Unternehmensgegenstandes und ihres Sitzes – unternehmerischer Verwendung zugeführt werden soll. Dahinter steht regelmäßig die Absicht der Gründer, einem späteren Nutzer bei Bedarf sofort für den angegebenen oder jeden beliebigen anderen Zweck eine Kapitalgesellschaft zur Verfügung stellen zu können, um ihm die mit der (Neu-) Gründung einer Kapitalgesellschaft verbundenen, oftmals zeitraubenden Gründungsformalitäten einschließlich dabei auftretender Haftungsgefahren zu ersparen.[555]

Nach ganz h.M. ist eine **offene Vorratsgründung** zulässig. Sie liegt vor, wenn der Charakter der Gesellschaft, als Mantel für die spätere Aufnahme eines Geschäftsbetriebs zu dienen, bei der Bezeichnung des Unternehmensgegenstandes deutlich zum Ausdruck gebracht wird (z.B. „Verwaltung eigenen Vermögens").[556] Im Hinblick auf § 18 Abs. 2 HGB darf die Firma zudem nicht irreführend auf eine aktive Geschäftstätigkeit hindeuten.[557]

Die Bedenken gegen die Zulassung von Vorratsgründungen beruhen in erster Linie auf der Befürchtung, dass bei einer späteren Verwendung des Mantels die Gründungsvorschriften umgangen werden könnten. Diese Besorgnis rechtfertigt nach Auffassung des BGH[558] jedoch kein generelles, präventiv wirkendes Verbot der Gründung von Vorratsgesellschaften. Zweck der Gründungsvorschriften sei es in erster Linie, die reale Aufbringung der gesetzlich vorgeschriebenen Mindestkapitalausstattung der Gesellschaft im Zeitpunkt ihres Entstehens als Ausgleich für die Beschränkung ihrer Haftung auf das Gesellschaftsvermögen sicherzustellen. Diesem Anliegen werde aber auch bei einer Vorratsgründung in dem vom Gesetz geforderten Umfang Rechnung getragen. Die Gesellschaft erhalte wie jede andere den ihr nach Gesetz und Satzung zustehenden Haftungsfonds und müsse sich wie jede andere Kapitalgesellschaft gleichen Typs darauf sowie auf die Einhaltung der gesetzlichen Gründungsvorschriften im Übrigen vom Registergericht kontrollieren lassen. Gegen die Annahme einer allgemeinen Unzulässigkeit von Vorratsgründungen spreche ferner der Umstand, dass das Anliegen, das mit der Gründung derartiger Gesellschaften verfolgt wird, nicht von vornherein als unberechtigt und missbräuchlich gelten könne. Angesichts des vor allem bei der AG, aber auch bei der GmbH komplizierten Gründungsverfahrens und der Dauer des Eintragungsvorgangs sei das Bedürfnis, den damit verbundenen Zeitverlust zu vermeiden oder doch mindestens abzukürzen und erforderlichenfalls über eine Kapitalgesellschaft verfügen zu können, die ihren Geschäftsbetrieb umgehend aufnehmen kann, wirtschaftlich anzuerkennen. Auch der Wunsch, die mit einer Aufnahme des Geschäftsbetriebs vor Eintragung der Gesellschaft verbundenen Gefahren persönlicher Haftung nach Möglichkeit zu vermeiden,

---

555 BGH NJW 1992, 1824, 1825.

556 Statt vieler: MünchKomm-GmbHG/Wicke § 3 Rn. 28.

557 U/H/L-Ulmer/Löbbe § 3 Rn. 153.

558 Hierzu und zum Folgenden: BGH NJW 1992, 1824, 1825 f. (zur Gründung einer Vorrats-AG).

sei jedenfalls nicht von vornherein unberechtigt, da es sich um ein Haftungsrisiko handele, das zu wesentlichen Teilen erst durch die Dauer der Bearbeitung der Anmeldung beim Handelsregister geschaffen werde.

Unzulässig ist hingegen die **verdeckte Vorratsgründung** unter Angabe eines fiktiven Unternehmensgegenstandes, der in absehbarer Zeit gar nicht verwirklicht werden soll.[559] Die Zulassung der Gründung von Vorratsgesellschaften hat zur unabdingbaren Voraussetzung, dass auch bei ihnen die gesetzlichen Gründungsvorschriften ohne Abstriche beachtet werden. Zu den bei der Gründung einzuhaltenden Anforderungen gehört insbesondere auch die Angabe des Unternehmensgegenstandes (§ 3 Abs. 1 Nr. 2 GmbHG; vgl. auch § 23 Abs. 3 Nr. 2 AktG). Ist der in der Satzung bezeichnete Unternehmensgegenstand fiktiv, weil die Gesellschaft in Wahrheit zur Verwendung für einen späteren, zur Zeit ihrer Anmeldung noch nicht feststehenden Zweck vorrätig gehalten werden soll und es deshalb an der ernsthaften Absicht fehlt, den angegebenen Unternehmensgegenstand tatsächlich zu verwirklichen, d.h. mit der Gesellschaft eine ihrer Satzung entsprechende Geschäftätigkeit aufzunehmen, so ist dieser Teil der Satzung und infolgedessen die gesamte Satzung sowie die Gründung der Gesellschaft nichtig.[560] Die Gesellschaft darf dann nicht eingetragen werden.

Erfolgt dennoch eine Eintragung im Handelsregister, weil das Registergericht die (verdeckte) Vorratsgründung nicht erkannt hat, wird der Gründungsmangel nicht geheilt.[561] Die Gesellschaft ist auf Klage hin aufzulösen, besteht bis dahin aber fort (§ 75 GmbHG, § 275 AktG, § 397 S. 2 FamFG).[562]

**366**  Wird eine noch oder wieder unternehmenslose GmbH aktiviert, spricht man von einer **Mantelverwendung**. Praktische Bedeutung hat insbesondere der Fall des **Mantelkaufs**. Die grundsätzliche Zulässigkeit einer Mantelverwendung ist heute unbestritten.[563] Es stellt sich aber die Frage, ob bei „wirtschaftlicher Neugründung" der Gesellschaft die Gründungsvorschriften des GmbHG einschließlich der registergerichtlichen Kontrolle entsprechend anzuwenden sind.

In einem ersten Schritt stellt sich zunächst die Frage, ob überhaupt eine **„wirtschaftliche Neugründung"** vorliegt. Nach Auffassung des BGH ist dies dann der Fall, wenn eine durch Eintragung in das Handelsregister als juristische Person (§§ 11 Abs. 1, 13 Abs. 1 GmbHG) bereits entstandene GmbH als unternehmensloser Rechtsträger besteht und sodann mit einem Unternehmen ausgestattet wird. Hierbei macht es keinen Unterschied, ob eine bewusst für eine spätere Verwendung „auf Vorrat" gegründete Gesellschaft mit einem Unternehmen ausgestattet wird und erstmals ihren Geschäftsbetrieb aufnimmt, oder ob der „alte Mantel" einer im Rahmen ihres früheren Unternehmensgegenstandes tätig gewesenen, dann aber unternehmenslos gewordenen GmbH wiederverwendet wird.[564] Eine als wirtschaftliche Neugründung anzusehende Mantelverwen-

---

559  Hierzu und zum Folgenden: MünchKomm-GmbHG/Wicke § 3 Rn. 28.

560  Der BGH hat in seinem Beschluss vom 16.03.1992 offen gelassen, ob die Nichtigkeit aus § 117 BGB (so etwa Scholz/Emmerich § 3 Rn. 26), aus § 134 BGB oder unmittelbar aus den § 3 Abs. 1 Nr. 2 GmbHG, § 23 Abs. 3 Nr. 2 AktG folgt.

561  Hierzu und zum Folgenden: Scholz/Emmerich, § 3 Rn. 26.

562  K. Schmidt NJW 2004, 1345, 1352.

563  MünchKomm-GmbHG/Wicke § 3 Rn. 29.

564  BGH, Urt. v. 06.03.2012 – II ZR 56/10, NZG 2012, 539, Rn. 9.

dung liege immer dann vor, wenn eine GmbH eine „leere Hülse" geworden ist, also kein aktives Unternehmen mehr betreibt, an das die Fortführung des Geschäftsbetriebs – sei es auch unter wesentlicher Umgestaltung, Einschränkung oder Erweiterung seines Tätigkeitsgebiets in irgendeiner wirtschaftlich noch gewichtbaren Weise – anknüpfen kann.

Schwierigkeiten kann die **Abgrenzung der wirtschaftlichen Neugründung von einer (bloßen) Umorganisation oder Sanierung** bereiten.[565] Nach Auffassung des BGH ist entscheidend, ob die Gesellschaft noch ein aktives Unternehmen betreibt, an das die Fortführung des Geschäftsbetriebs in irgendeiner wirtschaftlich noch gewichtbaren Weise anknüpft, oder ob es sich tatsächlich um einen leer gewordenen Gesellschaftsmantel ohne Geschäftsbetrieb handelt, der seinen – neuen oder alten – Gesellschaftern nur dazu dient, unter Vermeidung der rechtlichen Neugründung einer die beschränkte Haftung gewährleistenden Kapitalgesellschaft eine gänzlich neue Geschäftstätigkeit – ggf. wieder – aufzunehmen.[566]

Die Grundsätze der wirtschaftlichen Neugründung finden auch in der **Liquidation der Gesellschaft** Anwendung.[567] Die dargestellten Abgrenzungsgrundsätze bedürfen allerdings für den Fall der wirtschaftlichen Neugründung in der Liquidation der Anpassung. Allein die mit der Fortführung beabsichtigte Zweckänderung von einer Abwicklungs- hin zu einer werbenden Gesellschaft ist als solche keine wirtschaftliche Neugründung, weil die aufgelöste Gesellschaft nicht per se ein unternehmensleerer Mantel ist. Dass während der Liquidation Geschäfte allenfalls noch im Rahmen des Abwicklungszwecks betrieben werden (vgl. § 70 S. 1 und 2 GmbHG) und nach Beendigung der laufenden Geschäfte mit der weiteren Abwicklung die nach außen gerichtete Geschäftstätigkeit zum Erliegen kommt, reicht zur Annahme einer leeren Hülse nicht aus.[568]

Steht nach den vorstehenden Kriterien fest, dass eine wirtschaftliche Neugründung vorliegt, führt dies zunächst **auf formeller Ebene** zur analogen **Anwendung der Gründungsvorschriften des GmbHG** einschließlich der registergerichtlichen Kontrolle.[569] Analog § 78 GmbHG[570] haben sämtliche Geschäftsführer der GmbH die Tatsache der wirtschaftlichen Neugründung gegenüber dem Registergericht offenzulegen und die am satzungsmäßigen Stammkapital auszurichtende Versicherung gemäß § 8 Abs. 2 GmbHG abzugeben.[571] Danach ist zu versichern, dass die in § 7 Abs. 2 und 3 GmbHG bezeichneten Leistungen auf die Geschäftsanteile bewirkt sind und dass der Gegenstand der Leistungen sich – weiterhin oder jedenfalls wieder – endgültig in der freien Verfügung der Geschäftsführer befindet.[572]

Das Registergericht hat dann entsprechend § 9c GmbHG i.V.m. § 26 FamFG in eine Gründungsprüfung einzutreten, die sich auf die Erbringung der Mindeststammeinlagen und

---

565 Hierzu Scholz/Emmerich, § 3 Rn. 39; MünchKomm-GmbHG/Wicke § 3 Rn. 41.

566 BGH, Versäumnisurt. v. 10.12.2013 – II ZR 53/12, NZG 2014, 264, Rn. 12.

567 BGH, Versäumnisurt. v. 10.12.2013 – II ZR 53/12, NZG 2014, 264, Ls.

568 BGH, Versäumnisurt. v. 10.12.2013 – II ZR 53/12, NZG 2014, 264, Rn. 13 ff.

569 BGH, Urt. v. 06.03.2012 – II ZR 56/10, NZG 2012, 539, Rn. 9.

570 Bärwaldt/Balda GmbHR 2004, 50, 52; Heidinger ZGR 2005, 101, 108; MünchKomm-GmbHG/Wicke § 3 Rn. 38.

571 BGH, Urt. v. 06.03.2012 – II ZR 56/10, NZG 2012, 539, Rn. 13.

572 BGH, Urt. v. 12.07.2011 – II ZR 71/11, ZIP 2011, 1761, Rn. 9.

im Falle von Sacheinlagen auf deren Werthaltigkeit zu beziehen hat.[573] Nicht abschließend geklärt ist, welche Handlungsmöglichkeiten aufseiten des Registergerichts außerhalb der §§ 394 ff. FamFG eröffnet sind, wenn eine Offenlegung der wirtschaftlichen Neugründung nicht erfolgt ist oder das Stammkapital nicht ordnungsgemäß aufgebracht wurde.[574]

Neben diesem registergerichtlichen Präventivschutz ist die reale Kapitalaufbringung nach Ansicht des BGH zudem **auf der materiell-rechtlichen Haftungsebene** durch eine entsprechende **Anwendung der Grundsätze der Unterbilanzhaftung** (Vorbelastungshaftung) sicherzustellen und, wenn die Geschäfte vorher ohne Zustimmung sämtlicher Gesellschafter aufgenommen werden, eine **Handelndenhaftung analog § 11 Abs. 2 GmbHG** in Betracht zu ziehen.[575] Dieses Haftungsmodell für die rechtliche Gründung einer GmbH (dazu oben Rn. 359 f.) lässt sich allerdings nicht uneingeschränkt auf die Situation der wirtschaftlichen Neugründung übertragen. Anders als bei der rechtlichen Gründung einer GmbH besteht im Zeitpunkt der wirtschaftlichen Neugründung bereits eine eingetragene GmbH als ein von seinen Gesellschaftern zu trennender Rechtsträger, für den grundsätzlich die Haftungsbeschränkung auf das Gesellschaftsvermögen nach § 13 Abs. 2 GmbHG gilt.[576] Deshalb findet insbesondere die Unterbilanzhaftung in Fällen der wirtschaftlichen Neugründung eine modifizierte Anwendung:

Maßgeblicher Stichtag für Unterbilanzhaftung der Gesellschafter ist nach Auffassung des BGH die Offenlegung der wirtschaftlichen Neugründung gegenüber dem Registergericht.[577] Diese Beschränkung der Unterbilanzhaftung wird in der Literatur überwiegend befürwortet,[578] teilweise aber auch abgelehnt.[579] Die Unterbilanzhaftung scheidet danach aus, wenn das satzungsmäßige Stammkapital der Gesellschaft bei Aufnahme der Geschäftstätigkeit noch unverbraucht vorhanden war.[580] Eine Gewährleistung der Unversehrtheit des Stammkapitals über diesen Zeitpunkt hinaus kommt nicht in Betracht.[581] Unterbleibt die Offenlegung gegenüber dem Registergericht, haften die Gesellschafter nach neuerer[582] Rechtsprechung des BGH nur, wenn und soweit in dem Zeitpunkt, zu dem die wirtschaftliche Neugründung durch Anmeldung der Satzungsänderungen oder durch Aufnahme der wirtschaftlichen Tätigkeit erstmals nach außen in Erscheinung tritt, eine Unterbilanz besteht.[583]

---

573  BGH, Urt. v. 06.03.2012 – II ZR 56/10, NZG 2012, 539, Rn. 17.

574  MünchKomm-GmbHG/Wicke § 3 Rn. 35.

575  BGH, Beschl. v. 07.07. 2003 – II ZB 4/02, NZG 2003, 972, 974 f.; BGH, Beschl. v. 09.12.2002 – II ZB 12/02, NZG 2003, 170; ebenso OLG Hamburg, Urt. v. 19.11.2004 – 11 U 45/04, ZIP 2004, 2431.

576  BGH, Urt. v. 06.03.2012 – II ZR 56/10, NZG 2012, 539, Rn. 16.

577  BGH, Urt. v. 06.03.2012 – II ZR 56/10, NZG 2012, 539, Rn. 19.

578  Habersack AG 2010, 845, 849 f.; Hermanns ZNotP 2010, 242, 244 f.; Herresthal/Servatius ZIP 2012, 197, 200 f.; Peetz GmbHR 2011, 178, 181; K. Schmidt ZIP 2010, 857, 861; Wahl/Schult NZG 2010, 611, 613; Werner GmbHR 2010, 804, 807.

579  Lutter/Hommelhoff/Bayer § 3 Rn. 21; Hüffer NJW 2011, 1772, 1773; Wachter BB 2010, 1242, 1243.

580  MünchKomm-GmbHG/Wicke § 3 Rn. 38.

581  BGH, Urt. v. 06.03.2012 – II ZR 56/10, NZG 2012, 539, Rn. 19.

582  Vor seiner Entscheidung vom 06.03.2012 ging der II. Zivilsenat des BGH von einer zeitlich und der Höhe nach unbegrenzten Unterbilanzhaftung der Gesellschafter aus. In dieser Weise haben zumindest die Oberlandesgericht die damalige BGH-Rechtsprechung überwiegend verstanden (OLG Jena, Beschl. v. 27.09.2006 – 6 W 287/06, ZIP 2007, 124 f.; OLG Köln, Urt. v. 20.12.2007 – 18 U 172/06, ZIP 2008, 973 f.; OLG Schleswig, Urt. v. 07.09.2006 – 5 U 25/06, NZG 2007, 75, 76; a.A. [Stichtag der Mantelverwendung] OLG München OLG München, Urt. v. 11.03.2010 – 23 U 2814/09, GmbHR 2010, 476, 477).

583  Grundlegend: BGH, Urt. v. 06.03.2012 – II ZR 56/10, NZG 2012, 539, Rn. 14 ff.; bestätigt durch BGH, Versäumnisurt. v. 10.12.2013 – II ZR 53/12, NZG 2014, 264, Rn. 8.

Bei der Offenlegung tragen die Gesellschafter die **Darlegungs- und Beweislast** dafür, dass zum Zeitpunkt der Aktivierung der GmbH keine Differenz zwischen dem (statutarischen) Stammkapital und dem Wert des Gesellschaftsvermögens bestanden hat.[584] Die Unterbilanzhaftung entfällt zudem nur dann, wenn die Gesellschafter ihrer Verpflichtung zur Erbringung der Einlagen nachträglich nachkommen und nicht etwa schon dann, wenn das satzungsmäßige Stammkapital bis zur Offenlegung durch erfolgreiche Geschäftstätigkeit wieder aufgefüllt wird.[585]

Die Darlegungs- und Beweislast für das Bestehen von Unterbilanzhaftungsansprüchen trifft grundsätzlich die Gesellschaft.[586] Diese Beweislastverteilung hält der BGH bei unterlassener Offenlegung einer wirtschaftlichen Neugründung für nicht sach- und interessengerecht:[587] Der Begrenztheit der Erkennbarkeit wirtschaftlicher Neugründungen trägt der BGH dadurch Rechnung, dass er deren Offenlegung gegenüber dem Registergericht verlangt. Unterbleibt die gebotene Offenlegung, wird es den Gesellschaftern ermöglicht, mit einer inaktiven haftungsbeschränkten Gesellschaft, deren Vermögen das statutarische Stammkapital nicht deckt, von einer registergerichtlichen Kontrolle unbehelligt (wieder) am Wirtschaftsleben teilzunehmen. Ungeachtet dessen, dass die Offenlegung in den Aufgabenbereich des Geschäftsführers fällt, haben die Gesellschafter, die der Geschäftsaufnahme zugestimmt haben, die haftungsrechtlichen Folgen fehlender Offenlegung zu verantworten. Die Umgehung des der Aufbringung des statutarischen Stammkapitals – an dem sich das Vertrauen des Rechtsverkehrs orientiert – dienenden registergerichtlichen Präventivschutzes rechtfertigt eine **Beweislastumkehr**. In den Fällen fehlender Offenlegung einer wirtschaftlichen Neugründung tragen die Gesellschafter daher die Darlegungs- und Beweislast dafür, dass zu dem Zeitpunkt, zu dem die wirtschaftliche Neugründung nach außen in Erscheinung getreten ist, keine Differenz zwischen dem (statutarischen) Stammkapital und dem Wert des Gesellschaftsvermögens besteht.

Der Unterbilanzhaftungsanspruch setzt tatbestandlich keine (schuldhafte) Mitwirkung des Gesellschafters am Unterlassen der Offenlegung gegenüber dem Registergericht voraus. Bei dem Unterbilanzhaftungsanspruch im Fall einer wirtschaftlichen Neugründung handelt es sich um eine auf den Geschäftsanteil rückständige Leistung. Für dessen Erfüllung haftet gemäß § 16 Abs. 2 GmbHG neben dem Veräußerer auch der **Erwerber eines Geschäftsanteils**.[588]

---

584 MünchKomm-GmbHG/Wicke § 3 Rn. 30, 38.

585 U/H/L-Ulmer/Löbbe § 3 Rn. 173; MünchKomm-GmbHG/Wicke § 3 Rn. 38.

586 BGH, Urt. v. 17.02.2003 – II ZR 281/00, ZIP 2003, 625, 627.

587 BGH, Urt. v. 06.03.2012 – II ZR 56/10, NZG 2012, 539, Rn. 42.

588 BGH, Urt. v. 06.03.2012 – II ZR 56/10, NZG 2012, 539, Rn. 7, 31 ff.

## Gründung der GmbH

### Gründungsvorgang

- Abschluss des notariellen Gesellschaftsvertrages; Mindestinhalt: §§ 2, 3 GmbHG

- Die Organe der Gesellschaft sind zu bestellen.

- Das Stammkapital muss zumindest zum Teil aufgebracht werden, § 7 GmbHG.

  - Bei der Bargründung gilt der Gleichbehandlungsgrundsatz, § 19 Abs. 1 GmbHG.

  - Sacheinlagen müssen im Gesellschaftsvertrag genannt (§ 5 Abs. 4 GmbHG) und sofort erbracht werden (§ 7 Abs. 3 GmbHG). Entspricht der Wert der Sacheinlage nicht dem im Gesellschaftsvertrag versprochenen Wert, haftet der Gesellschafter auf die Differenz (§ 9 Abs. 1 GmbHG).

- Die Gesellschaft wird zur Eintragung angemeldet und in das Handelsregister eingetragen.

- Bei Mängeln im Gründungsakt sind bis zur Eintragung in das Handelsregister die Grundsätze über die fehlerhafte Gesellschaft anwendbar. Nach Eintragung gelten die §§ 75 ff. GmbHG.

### Haftung im Gründungsstadium

- Die Vorgründungsgesellschaft ist grundsätzlich Innengesellschaft. Wird schon vor der Gründung ein Betrieb geführt, kann eine GbR, OHG bzw. ein Einzelkaufmann vorliegen, wobei dessen Verbindlichkeiten nicht auf die GmbH übergehen.

- Mit Abschluss des Gesellschaftsvertrages entsteht die Vor-GmbH.

  - Die Vor-GmbH ist rechtsfähig und wird durch ihren Geschäftsführer vertreten. Dessen Vertretungsmacht ist nach h.M. grundsätzlich auf die notwendigen Gründungsgeschäfte beschränkt, aber mit Zustimmung aller Gesellschafter erweiterbar (a.A. unbeschränkte Vertretungsmacht).

  - Nach der h.M. haften die Gesellschafter der Vor-GmbH unbeschränkt, aber grundsätzlich nur der Gesellschaft gegenüber (Verlustdeckungshaftung). Ausnahmen bestehen insbesondere bei vermögensloser Vor-GmbH, bei der Einmann-Gesellschaft und bei der unechten Vor-GmbH.

  - Der Handelnde haftet gemäß § 11 Abs. 2 GmbHG nach der Rechtsprechung nur, wenn er im Namen der künftigen GmbH (d.h. eines nicht existierenden Rechtsträgers) auftritt (Lit.: Handeln im Namen der Vor-GmbH reicht aus).

- Mit Eintragung entsteht die GmbH (§ 11 Abs. 1 GmbHG).

  - Die GmbH ist mit der Vor-GmbH identisch und haftet für deren Verbindlichkeiten.

  - Die Verlustdeckungshaftung der Gesellschafter setzt sich als eine Unterbilanzhaftung (auch: Vorbelastungshaftung) fort.

  - Die Handelndenhaftung erlischt mit Eintragung.

## C. Die Organe der GmbH

Als juristische Person kann die GmbH nur durch ihre Organe handeln. Nach außen wird **367** sie durch ihre Geschäftsführer vertreten; die innere Willensbildung obliegt der Gesellschafterversammlung. Diese kann einen Teil ihrer Aufgaben auf den Aufsichtsrat oder auf einen oder mehrere Gesellschafter oder Geschäftsführer übertragen.

## I. Die Geschäftsführer

Die GmbH muss einen oder mehrere Geschäftsführer haben (§ 6 Abs. 1 GmbHG), denn **368** diese sind das notwendige und zugleich einzige **Vertretungsorgan** der Gesellschaft, § 35 Abs. 1 S. 1 GmbHG. Durch sie ist die GmbH handlungsfähig und kann im Rechtsverkehr auftreten. Es gilt der **Grundsatz der Fremdorganschaft**: Gesellschafter und Geschäftsführer müssen nicht identisch sein, § 6 Abs. 3 GmbHG, obwohl in vielen Fällen die Gesellschafter oder einige von ihnen zu Geschäftsführern bestellt werden.

## 1. Die Bestellung und Abberufung von Geschäftsführern

Die **Bestellung** des Geschäftsführers geschieht durch einseitigen empfangsbedürfti- **369** gen Akt. Dabei handelt es sich um einen körperschaftlichen **Organisationsakt**, also nicht um ein Vertragsverhältnis, da der Geschäftsführer jederzeit abberufen werden kann, wenn kein Vertrauensverhältnis mehr zwischen der Gesellschafterversammlung und ihm besteht, § 38 Abs. 1 GmbHG. Der Mitwirkung des Geschäftsführers bedarf es nur insoweit, als dieser nicht gegen seinen Willen berufen werden kann. Der Geschäftsführer muss die Bestellung annehmen. Bei der Bestellung ist wie folgt zu unterscheiden:

- Über die **erste Bestellung** bereits im Gründungsstadium entscheiden die Gesellschafter grundsätzlich im Gesellschaftsvertrag oder durch Beschluss gemäß § 47 GmbHG.

- Die **spätere Bestellung** erfolgt i.d.R. durch Berufungsbeschluss des zuständigen Gremiums, meistens der Gesellschafterversammlung (§ 46 Nr. 5 GmbHG), soweit im Gesellschaftsvertrag nichts anderes bestimmt ist.

Für die jeweilige Bestellung gelten aber dieselben Regeln, also etwa über die Bezeich- **370** nung, Zahl, die Bestimmung über die persönlichen Voraussetzungen sowie die Regeln über das Verfahren und den Inhalt der Bestellung.

- Zum Geschäftsführer kann jede natürliche, unbeschränkt geschäftsfähige Person bestellt werden, § 6 Abs. 2 S. 1 GmbHG. Auch Ausländer, die ihren Wohnsitz nicht im Inland haben, können nach h.M. zu Geschäftsführern bestellt werden.[589]

- Der Geschäftsführer darf nicht **Betreuter** sein, der bei der Besorgung seiner Vermögensangelegenheiten ganz oder teilweise einem Einwilligungsvorbehalt (§ 1903 BGB) unterliegt, § 6 Abs. 2 S. 2 Nr. 1 GmbHG.

---

589  Rowedder/Schmidt-Leithoff § 6 Rn.10 ff.; Baumbach/Hueck/Fastrich § 6 Rn. 9; Lutter/Hommelhoff/Kleindiek § 6 Rn. 14.

■ Es darf ihm nicht durch gerichtliches Urteil oder vollziehbare Verwaltungsentscheidung die Befähigung zur Führung des Geschäftsführeramtes entzogen worden sein, **Berufs- und Gewerbeverbot**, § 6 Abs. 2 S. 2 Nr. 2 GmbHG.

■ Weiterhin darf er nicht wegen einer der in § 6 Abs. 2 S. 2 Nr. 3 GmbHG genannten Straftaten verurteilt worden sein.

**371** Bestellung und Abberufung von Geschäftsführern sind in das Handelsregister **einzutragen**, jedoch sind Berufung und Abberufung auch schon vor der Eintragung in das Handelsregister wirksam. Es kommt eine Rechtsscheinshaftung der Gesellschaft nach § 15 HGB in Betracht.[590]

Die Geschäftsführer werden **grundsätzlich unbefristet** bestellt.[591] Die Bestellung der Geschäftsführer ist allerdings zu jeder Zeit nach § 38 Abs. 1 GmbHG widerruflich.

**372** Ob die Bestellung eines Geschäftsführers mit einer **auflösenden Bedingung** verbunden werden kann, ist streitig. Ein Teil des Schrifttums lehnt dies als unzulässig ab, weil es für jedermann klar erkennbar sein müsse, welche Person die im öffentlichen Interesse liegenden Pflichten aus §§ 41, 43 Abs. 3 GmbHG zu erfüllen habe, die auflösende Bedingung aber nicht eintragungsfähig sei.[592] Die wohl h.M. hingegen lässt die Bestellung unter einer auflösenden Bedingung zu.[593] § 158 BGB sehe ausdrücklich die Möglichkeit vor, die Wirksamkeit eines Rechtsgeschäfts von einer auflösenden Bedingung abhängig zu machen. Den damit verbundenen Schwebezustand und die sich daraus ergebenden Unwägbarkeiten nehme der Gesetzgeber grundsätzlich in Kauf. Lediglich bestimmte Rechtsgeschäfte seien demnach einer Verknüpfung mit einer Bedingung entzogen (Bsp.: §§ 388 S. 2, 925 Abs. 2 BGB). Gläubigerschutzbelange könnten ebenfalls nicht gegen die auflösende Bedingung angeführt werden. Werde der Geschäftsführer nach Eintritt der Bedingung rechtsgeschäftlich tätig, könne der redliche Geschäftsverkehr auf die Eintragung in das Handelsregister (§ 15 HGB) und die danach fortbestehende Vertretungsmacht vertrauen.

**373** **Die Berufung zum Geschäftsführer als körperschaftlicher Akt muss streng unterschieden werden von dem Abschluss des damit meist verbundenen Anstellungsvertrages.** Mit der wirksamen Bestellung werden die spezifischen organschaftlichen Rechte und Pflichten sowie die Vertretungsmacht begründet. Dabei bleiben aber viele Punkte ungeregelt, wie z.B. der Umfang der Leistungspflicht des Geschäftsführers, dessen Gegenleistung (Gehalt, Tantieme etc.), Herausgabepflichten usw. Dies geschieht durch schuldrechtliche Abreden, regelmäßig in einem gesonderten (Anstellungs-)Vertrag, kann aber auch im Gesellschaftsvertrag geschehen. Der **Anstellungsvertrag** zur entgeltlichen Geschäftsführung ist ein auf bestimmte Dienstleistungen, nämlich auf die Führung des Geschäftsführeramtes gerichteter **Geschäftsbesorgungsvertrag**, auf den die Regeln des Dienstvertrages anzuwenden sind. Der Anstellungsvertrag und die Bestellung haben aber häufig ein völlig verschiedenes Schicksal. Während nämlich die Be-

590  BGHZ 78, 82; 115, 78 ff.; BGH NJW 1993, 1198.

591  Roth/Altmeppen § 6 Rn. 34.

592  Lutter/Hommelhoff/Kleindiek § 6 Rn. 41; Roth/Altmeppen § 6 Rn. 34.

593  BGH, Urt. v. 24.10.2005 – II ZR 55/04, Rn. 14, BB 2006, 14; OLG Stuttgart ZIP 2004, 951, 953; Rowedder/Schmidt-Leithoff/ Koppensteiner § 38 Rn. 39.

stellung zum Geschäftsführer jederzeit widerruflich ist, bleibt der Dienstvertrag grundsätzlich davon unberührt, § 38 Abs. 1 GmbHG. Insoweit gelten die Kündigungsregeln des BGB.[594]

Die ordentliche Kündigung richtet sich nach dem Vertrag, ansonsten nach § 621 BGB. Die außerordentliche Kündigung ist nach § 626 BGB bei Vorliegen eines besonderen Grundes möglich, und zwar in einer Frist von zwei Wochen, vgl. § 626 Abs. 2 BGB. Diese Kündigungsfrist beginnt allgemein mit Kenntnis des Kündigungsberechtigten von den maßgeblichen Tatsachen, die den Kündigungsgrund begründen. Bei juristischen Personen ist grundsätzlich die Kenntnis des zur Kündigung berechtigten Organs entscheidend. Dies ist bei der GmbH, soweit nichts anderes bestimmt ist, die Gesellschafterversammlung, § 46 Nr. 5 GmbHG. Da die Gesellschafterversammlung ein Kollegialorgan ist, ist somit die Kenntnis ihrer Mitglieder entscheidend. Während es nach bisheriger Rechtsprechung des BGH zum Beginn der Frist genügte, dass alle Gesellschafter – wie auch immer – Kenntnis von den Tatsachen erlangten, sofern innerhalb der Zweiwochenfrist eine Beschlussfassung in der Gesellschafterversammlung möglich war, verlangt der BGH nunmehr, dass die Gesellschafter in der Gesellschafterversammlung Tatsachenkenntnis erhalten. Der BGH begründet dies damit, dass die Gesellschafterversammlung als Kollegialorgan die Konsequenz aus den Tatsachen, also ob gekündigt wird oder nicht, ziehen können müsse, dies aber erst nach Zusammentritt möglich sei. Die Ausschlussfrist des § 626 Abs. 2 BGB bleibt so auch für die GmbH als Überlegungsfrist für die Gesellschafterversammlung vollständig erhalten. Dies gilt nur dann nicht, wenn die Einberufung durch die einberufungsberechtigten Mitglieder nach deren Kenntnisnahme verzögert wird. In diesem Fall wird die GmbH so behandelt, als wäre zum zumutbaren Zeitpunkt einberufen worden und so die Frist in Gang gesetzt worden.[595]

## 2. Die Vertretung der Gesellschaft durch die Geschäftsführer

Nach § 35 Abs. 1 S. 1 GmbHG wird die Gesellschaft durch die Geschäftsführer gerichtlich und außergerichtlich vertreten. Auf allen Geschäftsbriefen sind die Geschäftsführer anzugeben, § 35 a GmbHG.  **374**

### a) Gesamtvertretung/Vertretungsregeln

Im Grundsatz herrscht **Gesamtvertretung**, § 35 Abs. 2 S. 1 GmbHG. Sind also **mehrere Geschäftsführer** bestellt, so müssen sie im Regelfall gemeinsam vertreten. Ist Gesamtvertretung durch zwei Geschäftsführer vorgesehen und handelt tatsächlich nur einer der Geschäftsführer, dann ist die GmbH nur gebunden, wenn der andere Geschäftsführer den handelnden Geschäftsführer entweder vor der Vornahme des Geschäfts ermächtigt oder nachträglich dessen Erklärungen genehmigt hat. Geschieht dies nicht, wird die GmbH nicht verpflichtet. Der handelnde Geschäftsführer haftet gemäß § 179 BGB.  **375**

Im Gesellschaftsvertrag können auch abweichende Regelungen getroffen werden. Ein Geschäftsführer kann allerdings nicht völlig von der Vertretung der Gesellschaft ausgeschlossen werden. Möglich und zulässig sind daher folgende Regelungen:  **376**

■ **Einzelvertretungsmacht** für alle oder einzelne Geschäftsführer, aber nur allgemein und nicht beschränkt auf einzelne Geschäfte bzw. auf den Verhinderungsfall eines Geschäftsführers;

---

594 BGH, Urt. v. 28.10.2002 – II ZR 146/02, NJW 2003, 351; BGH, Urt. v. 28.10.2002 – II ZR 353/00, NJW 2003, 431; Lutter/Hommelhoff/Kleindiek Anh. § 6 Rn. 3 ff.; Scholz/Schneider § 35 Rn. 171; Bauer/Gragert ZIP 1997, 2177 ff.

595 BGH WM 1998, 1537, 1538; Lutter/Hommelhoff/Kleindiek Anh § 6 Rn. 44 ff.

■ **modifizierte Gesamtvertretung**; dabei müssen eine bestimmte Zahl von Geschäftsführern gemeinsam handeln, wobei die Anzahl nicht von variablen Umständen abhängig gemacht werden darf (z.B. Art/Umfang des Geschäfts etc.);

■ **unechte Gesamtvertretung**; dabei besteht die Vertretungsbefugnis eines oder mehrerer Geschäftsführer nur in Gemeinschaft mit einem sonstigen Vertreter wie z.B. Prokuristen oder Handlungsbevollmächtigten, § 78 Abs. 3 AktG analog bzw. § 125 Abs. 3 HGB analog.

**377** Es muss aber immer eine Vertretung der Gesellschaft durch die Geschäftsführer gewährleistet sein, da die **organschaftliche Vertretung** zwingendes Element des GmbH-Rechts ist. So kann die Vertretungsmacht des einzigen Geschäftsführers nicht im Wege einer Gesamtvertretungsregelung von der Mitwirkung eines Prokuristen abhängig gemacht werden, weil dann nicht mehr die Vertretung bei dem gesetzlich vorgesehenen Organ liegen würde. Sind dagegen mehrere Geschäftsführer vorhanden, können einzelne an die Mitwirkung dritter Personen gebunden werden, solange nur mindestens ein Geschäftsführer allein oder mehrere Geschäftsführer zusammen die GmbH vertreten können.[596]

**378** Die **Passivvertretung** der GmbH erfolgt unabänderlich durch jeden einzelnen Geschäftsführer allein (§ 35 Abs. 2 S. 2 GmbHG), sodass die Abgabe und der Zugang von Willenserklärungen sowie die Zustellung im gerichtlichen Verfahren an einen der Gesamtvertreter ausreicht (§ 170 Abs. 3 ZPO).

*Beachte: Eine Klage, die im Rubrum als Vertreter der beklagten GmbH nur den klagenden Gesellschafter-Geschäftsführer benennt, kann nicht wirksam zugestellt werden, weil es prozessrechtlich nicht möglich ist, einen Rechtsstreit mit sich selbst zu führen – auch nicht als Vertreter eines anderen.[597] Wenn außer dem klagenden Gesellschafter kein weiterer Geschäftsführer bestellt ist, an den die Klage zugestellt werden könnte, kommt neben dem Prokuristen oder Handlungsbevollmächtigten als Empfangsvertreter der Gesellschaft nur die Bestellung eines Notgeschäftsführers in Betracht.*

### b) Vertretungsmacht und Einschränkungsmöglichkeiten

**379** Die **Vertretungsmacht** der Geschäftsführer ist zum Schutz des Rechtsverkehrs, der klare Verhältnisse braucht, grundsätzlich inhaltlich unbeschränkt und kann mit Wirkung gegen Dritte auch **nicht beschränkt** werden, § 37 Abs. 2 GmbHG. Dieser Grundsatz greift selbstverständlich nicht ein, wenn der Geschäftsführer Innenbeschränkungen (ausdrücklich) als Vorbehalt in ein Außenverhältnis einbringt, wie beispielsweise den Zustimmungsvorbehalt der Gesellschafterversammlung.[598]

Ausgenommen von der Vertretungsmacht des Geschäftsführers sind hingegen die Bestellung und Abberufung der Geschäftsführer selbst sowie die Geltendmachung von Ersatzansprüchen gegen sie. Nach § 46 Nr. 5 und 8 GmbHG wird die Gesellschaft insoweit von den Gesellschaftern vertreten.

---

596  BGH NJW 1974, 1194; Lutter/Hommelhoff/Kleindiek § 35 Rn. 26 ff.; Baumbach/Hueck/Zöllner/Noack § 35 Rn. 75 ff.
597  OLG München, Urt. v. 29.01.2004 – 23 U 3875/03, NZG 2004, 422.
598  BGH ZIP 1997, 1419; Baumbach/Hueck/Zöllner/Noack § 37 Rn. 37.

Eine Beschränkung kann aber auf das Außenverhältnis durchschlagen, mit der Folge, **380** dass der Geschäftspartner der GmbH sich so behandeln lassen muss, als sei das Geschäft unter Überschreitung der Vertretungsmacht vorgenommen worden. Das ist dann der Fall, wenn der Grundsatz über den **Missbrauch der Vertretungsmacht** eingreift oder ein **kollusives Zusammenwirken** von Geschäftsführer und Geschäftspartner vorliegt. Dann ist der Vertretene nach § 242 BGB nicht an die Erklärungen des Vertreters gebunden oder die Vereinbarungen sind nach § 138 BGB (Kollusion) nichtig.[599]

Nach den Grundsätzen über den Missbrauch der Vertretungsmacht genügt es nicht, wenn allein interne Weisungen überschritten werden. Nach h.M. ist vielmehr daneben notwendig, dass die Beschränkung der Befugnis des Geschäftsführers für den Vertragspartner **„erkennbar"** sein muss, **ohne dass es darauf ankommt, ob der Geschäftsführer zum Nachteil der Gesellschaft handelt**.[600] Streitig ist allerdings, wann eine „Erkennbarkeit" in diesem Sinne vorliegt. Die h.M. lässt hier zum Schutz des Geschäftspartners eine leicht fahrlässige Unkenntnis nicht genügen, sondern verlangt eine massive Verdachtsmomente voraussetzende **Evidenz** des Verstoßes gegen interne Beschränkungen. Diese liegt insbesondere dann vor, wenn sich dem Geschäftspartner nach den Umständen die Notwendigkeit einer Rückfrage aufdrängt.[601]

Die Geschäftsführer unterliegen den Beschränkungen des § 181 BGB. Sie dürfen nicht **381** zugleich im eigenen Namen und im Namen der Gesellschaft handeln **(Selbstkontrahieren)**, und nicht zugleich die GmbH und einen Dritten bei einem Geschäft zwischen diesem und der GmbH vertreten **(Mehrvertretung)**.

Selbstkontrahieren und Mehrvertretung sind zulässig, wenn sie gestattet sind. Die Gestattung kann in allgemeiner Form im Gesellschaftsvertrag erfolgen. Für den Einzelfall ist auch eine Gestattung durch Beschluss der Gesellschafter möglich.

#### c) Sonstige Vertreter

Neben den vorgenannten „ordentlichen" Geschäftsführern kann eine GmbH auch **stell-** **382** **vertretende Geschäftsführer** haben, für die grundsätzlich dieselben Regeln gelten wie für die Erstgenannten. Stellvertretende Geschäftsführer zeichnen sich dabei dadurch aus, dass sie im Außenverhältnis über dieselbe Vertretungsmacht verfügen wie die ordentlichen Geschäftsführer, jedoch im Innenverhältnis nur subsidiär zur Geschäftsführung befugt sind. Daraus ergibt sich auch, dass sie grundsätzlich nur im Rahmen des § 43 Abs. 3 GmbHG und im Übrigen nur im Rahmen ihrer tatsächlichen Tätigkeit haften.[602]

---

599  BGH, Urt. v. 05.11.2003 – VIII ZR 218/01, NJW-RR 2004, 247; BGH WM 1988, 1381; K. Schmidt § 10 II 2 c; a.A.: keine Nichtigkeit, sondern schwebende Unwirksamkeit und damit Genehmigungsfähigkeit für die Gesellschaft, vgl. Lutter/Hommelhoff/Kleindiek § 35 Rn. 22, 24; Roth/Altmeppen § 37 Rn. 44.

600  BGH, Beschl. v. 19.06.2006 – II ZR 337/05, WM 2006, 1524.

601  Baumbach/Hueck/Zöllner/Noack § 37 Rn. 47; Roth/Altmeppen § 37 Rn. 42; Achilles/Ensthaler/Schmidt § 37 Rn. 21; Rowedder/Schmidt-Leithoff/Koppensteiner § 37 Rn. 54.

602  Baumbach/Hueck/Zöllner/Noack § 44 Rn. 12; Scholz/Schneider § 44 Rn. 8.

## 3. Die Rechte und Pflichten des Geschäftsführers

**383** Von der Vertretungsmacht unabhängig sind die Rechte und Pflichten, die dem Geschäftsführer im **Innenverhältnis** obliegen. Insoweit gilt der Grundsatz, dass das rechtliche Können nach außen nicht dem rechtlichen Dürfen im Innenverhältnis entsprechen muss und sich der Geschäftsführer bei Überschreiten seiner Befugnisse ggf. gegenüber der GmbH schadensersatzpflichtig macht.

### a) Rechtliche Stellung

Der Geschäftsführer einer GmbH ist nicht selbst Kaufmann i.S.d. § 1 HGB und auch nicht Unternehmer i.S.d. § 14 BGB.[603]

### b) Geschäftsführungsaufgaben

**384** Die Geschäftsführer haben als Grundaufgabe alle Geschäftsführungsaufgaben der Gesellschaft zu erledigen. Dazu zählen unter anderem die zur Verfolgung des Zwecks der Gesellschaft nötigen Entscheidungen, insbesondere

- die Bestimmung über den Einsatz und die **Koordination** von Unternehmensressourcen;

- die **Leitung** des Unternehmens innerhalb der Grenzen des Unternehmensgegenstandes.[604]

**385** Dabei haben sie diejenigen Beschränkungen einzuhalten, die ihnen der Gesellschaftsvertrag, die Gesellschafterversammlung oder der Aufsichtsrat auferlegt. Zum einen ist die Geschäftsführungsbefugnis generell durch den im Gesellschaftsvertrag festgelegten Gesellschaftszweck begrenzt; alles, was den Vertrag ändert oder tangiert, gehört nicht zur Geschäftsführung. Darüber hinaus ist jede Einschränkung der Geschäftsführungsbefugnis bis hin zur völligen Entziehung zulässig, wobei Letzteres allerdings umstritten ist, da dann der Geschäftsführer zur „Vertretungsmarionette ohne jede Autorität" würde. Nur die **zwingenden gesetzlichen Aufgaben** müssen auf jeden Fall von ihnen wahrgenommen werden:

- Erhaltung des Stammkapitals (§§ 30, 31 GmbH),

- Handelsregisteranmeldungen (§ 40 GmbHG),

- Buchführung (§ 41 GmbHG),

- Einberufung der Gesellschafterversammlung (§ 49 GmbHG),

- Insolvenzantrag (§ 15a Abs. 1 S. 1 InsO),

- Aufstellung des Jahresabschlusses (§ 264 HGB) und

- die Erfüllung steuerlicher Pflichten der Gesellschaft (§ 34 AO).[605]

---

603 BGH, Urt. v. 24.07.2007 – XI ZR 208/06.
604 Baumbach/Hueck/Zöllner/Noack § 35 Rn. 28 ff.; Henze BB 2000, 209.
605 Baumbach/Hueck/Zöllner/Noack § 37 Rn. 18; Scholz/Schneider § 37 Rn. 36 ff.; Peltzer JuS 2003, 348, 352.

Es sind **Einzelweisungen** der Gesellschafterversammlung möglich. Den Gesellschaftern als zentralem Willensbildungsorgan der GmbH steht ein im Grundsatz umfassendes Weisungsrecht gegenüber den Geschäftsführern zu. Mit Ausnahme der zwingenden gesetzlichen Vorschriften gibt es keinen weisungsfreien Mindestbereich der Geschäftsführer.[606]

**386**

Die Freiheit der Willensbildung der Gesellschafter und damit die Bindungswirkung der durch sie erteilten Weisungen findet erst dort ihre Grenze, wo zwingende rechtliche Hindernisse aufgestellt sind. Solche Hindernisse können in entgegenstehenden Vorgaben des Gesellschaftsvertrages, den gesellschaftsrechtlichen Treuepflichten der Gesellschafter zueinander und in zwingenden Normen des Gesellschaftsrechts sowie den zwingenden allgemeinen Gesetzen, namentlich in § 138 Abs. 1 BGB liegen. Insoweit ist zu berücksichtigen, dass das wirtschaftliche Wohl der GmbH als solches nicht von der Rechtsordnung geschützt wird, sodass ein Geschäftsführer auch eine für die GmbH wirtschaftlich nachteilige Weisung umsetzen muss. Erst dann, wenn die Grenze überschritten wird, dass aufgrund der Weisung greifbar naheliegend die Gefahr einer Insolvenz der GmbH droht, ist zum Schutz der Gläubiger der GmbH die Weisung aufgrund von § 138 Abs. 1 BGB als nicht bindend zu erachten. Geschäftsführer dürfen eine langjährige Geschäftspolitik nicht ändern, ohne die Gesellschafterversammlung oder den Aufsichtsrat zu befragen.[607]

Von den weiteren Pflichten des Geschäftsführers sind insbesondere zu nennen:

**387**

■ die Pflicht zur **Kooperation** mit anderen Geschäftsführern und deren **Überwachung**;

■ die **Treuepflicht**, wobei die wichtigsten Ausprägungen derselben die Verschwiegenheitspflicht, welche stets bei objektivem Geheimhaltungsinteresse gegeben ist, und das Wettbewerbsverbot sind;

■ die **Organisationspflicht** dahingehend, dass ausreichende Übersicht über die wirtschaftliche und finanzielle Situation der Gesellschaft besteht.

### c) Die Haftung der Geschäftsführer gegenüber der GmbH

Die Geschäftsführer haften der Gesellschaft für die Verletzung ihrer Pflichten aus § 43 Abs. 2 GmbHG. Sie haben gemäß § 43 Abs. 1 GmbHG die Sorgfalt eines ordentlichen Kaufmanns anzuwenden.

**388**

Diese spezielle gesetzliche Regelung schließt eine Haftung aus § 280 Abs. 1 BGB wegen der Verletzung von Pflichten aus dem zugrunde liegenden schuldrechtlichen Vertrag nach h.M. aus.[608]

**aa)** Als haftungsbegründende **Pflichtverletzung** kommen in Betracht:

■ die unterlassene Einberufung der Gesellschafterversammlung bei einem Verlust von 50% des Stammkapitals, § 49 Abs. 3 i.V.m. § 43 Abs. 2 GmbHG,

■ die Verletzung der Insolvenzantragspflicht, § 15a Abs. 1 S. 1 InsO i.V.m. § 43 Abs. 2 GmbHG,

---

606 OLG Frankfurt NJW-RR 1997, 736; Scholz/Schneider § 37 Rn. 38.
607 BGH WM 1991, 635, 636; OLG Frankfurt ZIP 1997, 450.
608 BGH NJW 1997, 741; Baumbach/Hueck/Zöllner/Noack § 43 Rn. 4; a.A. K. Schmidt § 36 II 4 a.

■ der Abschluss eines Vertrages, der für die Gesellschaft keinerlei messbaren Nutzen, jedoch erhebliche Kosten gebracht hat.

**389** **bb)** Darüber hinaus ergibt sich die Haftung insbesondere in folgenden **Sonderfällen:**

■ Haftung für falsche Angaben bei der Gründung der GmbH, § 9a GmbHG,

■ Haftung für die ungesetzliche Rückzahlung von Stammeinlagen, § 43 Abs. 3 i.V.m. § 30 GmbHG,

■ Haftung für die Mitwirkung beim Erwerb eigener Anteile durch die Gesellschaft, § 43 Abs. 3 i.V.m. § 33 GmbHG,

■ Haftung für Zahlungen nach Eintritt der Zahlungsunfähigkeit oder Feststellung der Überschuldung der Gesellschaft, § 64 GmbHG.

**390** **cc)** Die Geschäftsführer sind auch **strafrechtlich** für Pflichtverletzungen verantwortlich. Im Wesentlichen handelt es sich um folgende Tatbestände:

■ Unterlassung der Information an die Gesellschafter, dass die Hälfte des Stammkapitals aufgezehrt ist, § 84 GmbHG,

■ Unterlassung des rechtzeitigen Antrags auf Eröffnung des Insolvenzverfahrens, § 15a Abs. 4 InsO,

■ Verletzung von Pflichten im Insolvenzfall, §§ 283–283d, 14 StGB,

■ Allgemeine Straftatbestände wie §§ 263, 266 StGB; § 370 AO.

**d) Außenhaftung der Geschäftsführer**

**391** Neben der Haftung gegenüber der Gesellschaft für Pflichtverletzungen im Innenverhältnis können sich die Geschäftsführer auch im Außenverhältnis gegenüber Dritten zahlungspflichtig machen.

■ **Rechtsscheinshaftung** analog § 179 BGB, wenn der Geschäftsführer nicht deutlich macht, dass er für eine GmbH handelt, insbesondere durch das Weglassen des gemäß § 4 GmbHG erforderlichen Rechtsformzusatzes.

Zwar liegt in diesen Fällen regelmäßig ein unternehmensbezogenes Geschäft vor, sodass die Gesellschaft aufgrund der bestehenden (nach außen unbeschränkten) Vollmacht aus diesem Geschäft berechtigt und verpflichtet wird. Daneben haftet aber der Geschäftsführer (gesamtschuldnerisch) neben der GmbH wegen des Verstoßes gegen § 4 GmbHG aus Rechtsscheinsgesichtspunkten persönlich, wenn der Geschäftspartner nicht wusste, dass sein Vertragspartner eine GmbH sein würde, und insoweit schutzwürdig ist.

■ Haftung als **Vertreter ohne Vertretungsmacht**, § 179 BGB, wenn er sich nicht an die in das Handelsregister eingetragenen Vertretungsbeschränkungen (z.B. gemeinschaftliche Vertretung) hält.

■ Eine Haftung aus § 280 Abs. 1 BGB gegenüber dem Vertragspartner der GmbH kommt nur in Ausnahmefällen in Betracht. Da der Geschäftsführer selbst nicht Vertragspartner ist, ist ein Schuldverhältnis gemäß § 311 Abs. 3 BGB erforderlich.

Eine Haftung des Stellvertreters aufgrund eines wirtschaftlichen Eigeninteresses ist ausgeschlossen, da diese Haftung für Schulden einer wirtschaftlich gesunden GmbH weder gerechtfertigt noch nötig ist und im Fall der Insolvenz der Gesellschaft die Haftung aus § 823 Abs. 2 BGB i.V.m. § 15a Abs. 1 InsO vorrangig ist.[609]

Eine Vertreterhaftung wegen Inanspruchnahme besonderen persönlichen Vertrauens scheidet regelmäßig aus, da der Geschäftsführer grundsätzlich nur das normale Verhandlungsvertrauen in Anspruch nimmt. Ausnahmsweise besteht eine Vertrauenshaftung bei „Erklärungen im Vorfeld einer Garantiezusage".[610]

- Haftung gegenüber Dritten aus **unerlaubter Handlung**

  - § 823 Abs. 1 BGB

    Die Rechtsprechung bejaht dabei weitgehende Verkehrssicherungs- und Organisationspflichten, die eine Garantenstellung des Geschäftsführers begründen. So hat der Geschäftsführer die Pflicht, organisatorische Maßnahmen zu treffen, damit Eigentumsvorbehalte von Lieferanten beachtet werden.[611]

  - § 823 Abs. 2 BGB i.V.m. Schutzgesetzen, z.B.

    § 263 StGB bei der Nichtaufklärung über die fehlende Kapitalausstattung der Gesellschaft oder dem Verschweigen der Insolvenzreife;

    § 266a StGB ist Schutzgesetz zugunsten der Sozialversicherungsträger;[612]

    § 15a Abs. 1 InsO verpflichtet die Geschäftsführer bei Zahlungsunfähigkeit oder Überschuldung, die Eröffnung des Insolvenzverfahrens zu beantragen. Bei einer Verletzung dieser Pflicht haften die Geschäftsführer aus § 823 Abs. 2 BGB i.V.m. § 15a Abs. 1 InsO. Dabei wird der Schaden ersetzt, der infolge der verspäteten Stellung des Insolvenzantrags entstanden ist. **Altgläubiger** (die ihre Forderungen bereits vor dem Zeitpunkt erworben haben, in dem der Insolvenzantrag zu stellen gewesen wäre) erhalten als Schadensersatz nur den Betrag, um den sich die Insolvenzquote, die sie bei rechtzeitiger Insolvenzantragstellung erhalten hätten, durch Verzögerung der Antragstellung verringert (Quotenschaden). **Neugläubiger** (die ihre Forderungen erst nach dem Zeitpunkt erworben haben, in dem der Insolvenzantrag zu stellen gewesen wäre) erhalten vollen Schadensersatz, weil sie bei einer rechtzeitigen Stellung des Insolvenzantrags nicht mehr in die Gläubigerstellung gekommen wären und daher auch keinen Schaden erlitten hätten.[613]

  - § 826 BGB

    Der Geschäftsführer kann gemäß § 826 BGB wegen sittenwidriger vorsätzlicher Schädigung des Vertragspartners schadensersatzpflichtig sein, wenn er weiß oder wissen muss, dass die GmbH zur Erfüllung der begründeten Verbindlichkeiten nicht in der Lage ist oder dass die Durchführbarkeit des Vertrages bei Vorleistungspflicht des Vertragspartners durch Überschuldung der Gesellschaft von vornherein schwerwiegend gefährdet ist.[614]

## II. Die Gesellschafterversammlung

## 1. Die Aufgaben der Gesellschafterversammlung

Die Gesellschafterversammlung ist das zweite notwendige Organ der GmbH und ihr **oberstes Willensbildungsorgan**. Sie besteht aus der Gesamtheit der Gesellschafter und kann nicht durch ein anderes, insbesondere kein externes Gremium ersetzt werden. § 46 GmbHG enthält einen umfassenden Katalog von Zuständigkeiten, damit unter an-

**392**

---

609  BGHZ 126, 181, 189; Scholz/Schneider § 43 Rn. 227.

610  BGHZ 126, 181, 189; Scholz/Schneider § 43 Rn. 225a.

611  BGHZ 109, 297; BGH ZIP 1996, 786; kritisch Baumbach/Hueck/Zöllner/Noack § 43 Rn. 76.

612  BGHZ 134, 304; 144, 311; BGH, Urt. v. 09.01.2001 – VI ZR 407/99, NJW 2001, 969.

613  BGH, Urt. v. 25.07.2005 – II ZR 390/03, NJW 2005, 3137; BGH, Urt. v. 05.02.2007 – II ZR 234/05, NJW 2009, 68.

614  OLG Naumburg, Urt. v. 28.09.2000 – 2 U 28/00, OLG-Report Naumburg 2001, 366.

derem die Kontrolle der Geschäftsführung, die Einforderung der Einlagen und die Ersatzansprüche der Gesellschaft gegen Geschäftsführer oder Gesellschafter durchgesetzt werden. Diese Regelung ist aber **dispositiv**, sodass eine Reihe von Aufgaben, die ausschließlich der Gesellschafterversammlung durch Gesetz übertragen worden sind, delegiert werden können. Allerdings sind einige Aufgaben den Gesellschaftern **zwingend** zugewiesen. Dazu gehören:

- die Änderung des Gesellschaftsvertrages, § 53 GmbHG,

- die Beschlussfassung über die Auflösung der Gesellschaft, § 60 Abs. 1 Nr. 2 GmbHG

- und die Einforderung von Nachschüssen, § 26 GmbHG.

Die Gesellschafterversammlung kann alle Zuständigkeiten an sich ziehen, soweit nicht Gesetz oder Gesellschaftsvertrag entgegenstehen. Sie kann insbesondere durch Weisungen unmittelbar in die Geschäftsführung des Unternehmens eingreifen oder auch eine Geschäftsordnung für die Geschäftsführung erlassen.

## 2. Die Willensbildung in der Gesellschafterversammlung

393 Nach § 48 Abs. 1 GmbHG werden Gesellschafterbeschlüsse in der Gesellschafterversammlung gefasst. Der Gesellschaftsvertrag kann bestimmen, dass auf eine Abhaltung einer Versammlung verzichtet und eine schriftliche Abstimmung, eine solche durch Telefax oder per Telefon sowie eine Abstimmung im Umlaufverfahren durchgeführt wird, wenn alle Gesellschafter sich damit einverstanden erklären, §§ 45 Abs. 1, 48 Abs. 2 GmbHG.

Einige Entscheidungen können allerdings nur in der Gesellschafterversammlung getroffen werden, und zwar die Verschmelzung (§ 13 Abs. 1 S. 2 UmwG), die Spaltung (§ 125 UmwG) und der Formwechsel (§ 193 Abs. 1 S. 2 UmwG).

### a) Die Einberufung der Gesellschafterversammlung

394 Die Gesellschafterversammlung ist nach § 49 Abs. 1 GmbHG durch die Geschäftsführer **einzuberufen**. Bei mehreren Geschäftsführern steht diese Kompetenz nach ganz h.M. jedem Geschäftsführer zu, und zwar unabhängig davon, wie Geschäftsführung und Vertretungsmacht geregelt sind.

Die Gesellschafterversammlung kann, soweit gesetzlich nichts anderes vorgeschrieben ist, jederzeit einberufen werden, wenn es im Interesse der Gesellschaft erforderlich erscheint, §§ 49 Abs. 2 und 3, 50 GmbHG. Es muss aber eine Gesellschafterversammlung stattfinden, wenn die Hälfte des Stammkapitals verloren gegangen ist oder wenn eine Minderheit, deren Geschäftsanteile zusammen mindestens 10% des Stammkapitals ausmachen, die Einberufung verlangt, §§ 49 Abs. 3, 50 Abs. 1 GmbHG. Mindestens einmal im Jahr ist eine Gesellschafterversammlung zur Verabschiedung des Jahresabschlusses und Ergebnisverwendung erforderlich, § 46 Nr. 1 GmbHG. Die Geschäftsführer haben die **Tagesordnung** mitzuteilen, § 51 Abs. 2 GmbHG, und mit einer angemessenen Frist von mindestens einer Woche durch eingeschriebenen Brief zur Gesellschafterversammlung einzuladen, § 51 Abs. 1 GmbHG. Fehlt es an den Erfordernissen für die Einladung, können dennoch Beschlüsse gefasst werden, wenn sämtliche Gesellschafter anwesend sind, § 51 Abs. 3 GmbHG, und sie mit der Abhaltung der Gesellschafterversammlung zum Zweck der Beschlussfassung einverstanden sind.[615]

### b) Die Durchführung der Gesellschafterversammlung

Die Gesellschafterversammlung wird regelmäßig von der im Gesellschaftsvertrag bestimmten Person geleitet, regelmäßig von einem Geschäftsführer, wenn dieser gleichzeitig auch Gesellschafter ist. Fehlt es an einer Vereinbarung, haben grundsätzlich sämtliche Gesellschafter das Recht, den Gang der Verhandlung zu leiten und in die Verhandlung mit eigenen Äußerungen und Anträgen einzugreifen. Ein Versammlungsleiter ist daher nicht zwingend erforderlich, aber in Versammlungen mit mehreren Gesellschaftern ist es zweckmäßig, wenn die Versammlung einen Vorsitzenden bestimmt.

**395**

Die Gesellschafterversammlung fasst ihre Beschlüsse mit der **Mehrheit** der abgegebenen Stimmen (§ 47 Abs. 1 GmbHG). Jeder Euro eines Geschäftsanteils gewährt eine Stimme (§ 47 Abs. 2 GmbHG). Grundsätzlich genügt die einfache Mehrheit. Qualifizierte Mehrheiten sind nur dort erforderlich, wo sich dies aus dem Gesellschaftsvertrag oder dem Gesetz ergibt. So ist z.B. für eine Satzungsänderung eine Mehrheit von 75% der abgegebenen Stimmen erforderlich, § 53 Abs. 2 S. 1 GmbHG.

Ein Beschluss über die Erhebung der Ausschließungsklage gegen einen Mitgesellschafter bedarf in Anlehnung an § 60 Abs. 1 Nr. 2 GmbHG einer qualifizierten Mehrheit von 3/4 der abgegebenen Stimmen.[616]

Das Gesetz regelt nicht, unter welchen Bedingungen eine Gesellschafterversammlung **beschlussfähig** ist. Sie ist daher immer als beschlussfähig anzusehen, wenn eine ordnungsgemäße Ladung der Gesellschafter erfolgt und mindestens ein Gesellschafter erschienen ist. Regelmäßig finden sich aber in den Gesellschaftsverträgen Regelungen über die Beschlussfähigkeit.

Eine besondere **Form** der Beschlussfassung ist im Gesetz generell nicht vorgesehen. Für den Fall, dass alle Geschäftsanteile sich in der Hand eines Gesellschafters befinden oder daneben nur noch in der Hand der Gesellschaft selbst, muss aber eine Niederschrift aufgenommen und unterschrieben werden, § 48 Abs. 3 GmbHG, anderenfalls kann sich die Gesellschaft nicht auf den Beschluss berufen. Bei Satzungsänderungen ist notarielle Beurkundung erforderlich.

### c) Das Stimmrecht der Gesellschafter

Das **Stimmrecht** ist eines der wesentlichen Mitgliedschaftsrechte des GmbH-Gesellschafters. Nach § 47 Abs. 2 GmbHG gewährt jeder Euro eines Geschäftsanteils eine Stimme. Der Gesellschaftsvertrag kann das Stimmrecht abweichend von § 47 GmbHG regeln. So sind Einschränkungen des Stimmrechts zulässig; es kann aber auch bestimmt werden, dass einem Geschäftsanteil kein Stimmrecht zukommen soll.

**396**

Ein Gesellschafter ist kraft Gesetzes vom Stimmrecht **ausgeschlossen**, wenn er entlastet, von einer Verbindlichkeit befreit, mit ihm ein Rechtsgeschäft abgeschlossen oder ein Rechtsstreit mit ihm erledigt werden soll, § 47 Abs. 4 GmbHG. Hinsichtlich der Entlastung und der Befreiung von Verbindlichkeiten ist dieses Stimmverbot zwingend.

---

615  BGH, Urt. v. 19.01.2009 – II ZR 98/08.
616  BGH, Urt. v. 13.01.2003 – II ZR 227/00, NJW 2003, 2314.

Ein Gesellschafter kann sich durch Vertrag mit der Gesellschaft oder einem Gesellschafter binden, von seinem Stimmrecht nur in bestimmter Weise Gebrauch zu machen. Grundsätzlich sind solche **Stimmrechtsbindungsverträge** wirksam, es sei denn, es liegen die Voraussetzungen der §§ 134, 138 BGB vor, was insbesondere der Fall ist, wenn sie den Gesellschafter zu gesellschaftsrechtlich unzulässigem Abstimmungsverhalten verpflichten.[617]

Die Stimmabgabe ist eine empfangsbedürftige Willenserklärung, deren Empfänger die Gesellschaft ist. Sie ist gerichtet auf die Herbeiführung des Beschlusses, der grundsätzlich ein **Rechtsgeschäft** ist, soweit er wenigstens innerverbandliche Rechtsfolgen herbeiführen soll. Daraus ergibt sich, dass die allgemeinen Normen des BGB über Rechtsgeschäfte auf die Beschlüsse anwendbar sind, jedoch führen viele Verstöße gegen §§ 134, 138 BGB in Anlehnung an das Aktienrecht grundsätzlich nicht zur Nichtigkeit, sondern zur Anfechtbarkeit.

Soweit es sich jedoch um die Regelung von internen Angelegenheiten der Gesellschaft handelt, sind es **körperschaftliche Sozialakte**. Bei diesen darf dem Gesellschafter die Mitwirkung nicht aus dem Grunde versagt werden, dass der Beschluss zugleich auf seine persönlichen Rechtskreise einwirkt, es sei denn, es liegen die ausdrücklichen Stimmverbote des § 47 Abs. 4 GmbHG vor. Die Einforderung der Stammeinlage ist ein Sozialakt und unterliegt der Mitbestimmung durch alle Gesellschafter.

### d) Fehlerhafte Beschlüsse

**397** Soweit Beschlüsse der Gesellschafterversammlung fehlerhaft sind, führt dies grundsätzlich nicht zu ihrer Nichtigkeit, sondern nur zu ihrer Anfechtbarkeit. Soweit keine Sonderregeln bestehen, tritt die Nichtigkeit nur unter besonderen Voraussetzungen ein, welche in vorsichtiger Anlehnung an § 241 AktG zu ermitteln sind. Verstöße gegen Gesetz und Gesellschaftsvertrag, welche nicht die besonderen Voraussetzungen der Nichtigkeit erfüllen, führen analog § 243 AktG lediglich zur Anfechtbarkeit. Bei den fehlerhaften Beschlüssen muss zwischen nichtigen und anfechtbaren Beschlüssen unterschieden werden.

| Fehlerhafte Beschlüsse | |
|---|---|
| **Nichtigkeitsgründe** | **Anfechtungsgründe** |
| ■ Verletzung zwingender Form (§ 53 GmbHG)<br>■ Wesentliche Verstöße bei Einberufung (§ 241 Nr. 1 AktG analog)<br>■ Unvereinbarkeit mit dem Wesen der GmbH (§ 241 Nr. 3 AktG analog)<br>■ Verletzung grundlegender Individualrechte<br>■ Verstöße gegen zwingenden Gläubigerschutz<br>■ Sittenverstoß (§ 138 Abs. 1 BGB)<br>■ Reederei (§§ 489 ff. HGB) | ■ Gesetzesverstoß<br>■ Durchsetzung ungerechtfertigter Sondervorteile<br>■ Verstoß gegen Gleichbehandlung<br>■ Verstoß gegen Gesellschaftszweck<br>■ Verstoß gegen Treuepflicht<br>■ Formelle Mängel |

---

617 BGH, Urt. v. 24.11.2008 – II ZR 116/08, Rn. 12, NJW 2009, 669.

**Nichtige Beschlüsse** sind unwirksam gegenüber jedermann. Die gerichtliche Geltend- **398**
machung der Nichtigkeit ist durch jedermann, der ein Rechtsschutzbedürfnis vorweisen
kann, mittels **Nichtigkeitsfeststellungsklage** möglich. Nichtige Beschlüsse dürfen
grundsätzlich nicht zur Ausführung gebracht, insbesondere auch nicht zum Handelsregister angemeldet werden.[618]

**Die Anfechtung** ist im Klagewege geltend zu machen **(Anfechtungsklage)**. Die **An-** **399**
**fechtungsfrist** beträgt dabei etwa einen Monat, wobei mangels Regelung im GmbHG
die Monatsfrist des § 246 Abs. 1 AktG als Leitbild entsprechend heranzuziehen ist. Dabei
handelt es sich jedoch nicht um eine starre Ausschlussfrist, sondern besondere Umstände, insbesondere Verhandlungen unter den Gesellschaftern zur gütlichen Beilegung
von Streitigkeiten, können die Frist verlängern. Eine Verkürzung der Frist ist jedoch ausgeschlossen. Die Versäumung dieser Frist führt ebenso wie die Versäumung einer im
Gesellschaftsvertrag ausdrücklich enthaltenen Anfechtungsfrist nicht zur Unzulässigkeit, sondern zur Unbegründetheit der Klage, da es sich insoweit um eine **materielle**
**Ausschlussfrist** handelt.[619]

Nach heute ganz überwiegender Ansicht verfolgen Nichtigkeitsfeststellungs- und An-
fechtungsklagen gegen Gesellschafterbeschlüsse mit der richterlichen Klärung der
Nichtigkeit von Gesellschafterbeschlüssen mit Wirkung für und gegen jedermann dasselbe materielle Ziel. Denn der **Streitgegenstand** der Anfechtungsklage ist ebenfalls
die Rechtsbehauptung, dass ein Gesellschafterbeschluss aufgrund der ihm anhaften-
den Mängel für nichtig zu erklären sei. Die Klage auf Feststellung der Nichtigkeit schließt
die Klage auf Erklärung der Nichtigkeit des Beschlusses mit ein. Dies hat zur Folge, dass
bei rechtskräftiger Abweisung einer der beiden Klagen als unbegründet die Erhebung
der anderen Klage wegen **entgegenstehender Rechtskraft** unzulässig ist.

## III. Der Aufsichtsrat, § 52 GmbHG

Der Aufsichtsrat ist kein notwendiges Organ einer GmbH. Die Gesellschafter können ihn **400**
im Gesellschaftsvertrag vorsehen, § 52 Abs. 1 GmbHG **(fakultativer Aufsichtsrat)**. Nur
in mitbestimmten Gesellschaften muss ein Aufsichtsrat bestellt werden, dem zu einem
Drittel oder zur Hälfte Arbeitnehmer angehören müssen **(obligatorischer Aufsichts-**
**rat)**. Die Einzelheiten ergeben sich aus den BetrVG und dem MitbestG 1976 einschließlich MitbestErgG.

Zusammensetzung und Funktion des Aufsichtsrats folgen bei den mitbestimmten Gesellschaften aus den Mitbestimmungsgesetzen, ansonsten aus dem Gesellschaftsvertrag. Sofern diese keine Einzelregelung trifft, gelten die Vorschriften des Aktienrechts
entsprechend, § 52 Abs. 1 GmbHG.

Der Aufsichtsrat hat die **Geschäftsführung zu überwachen**, § 111 Abs. 1 AktG, und
dazu ein umfassendes **Informationsrecht**, § 111 Abs. 2 AktG, besonders hinsichtlich
des Jahresabschlusses, § 171 AktG. Außerdem **vertritt** er die Gesellschaft gegenüber
den Geschäftsführern, § 112 AktG.

---

618  Baumbach/Hueck/Zöllner Anh § 47 Rn. 44 ff.; Lutter/Hommelhoff/Bayer Anh zu § 47 Rn. 29 ff.
619  BGHZ 111, 224, 226; BGH WM 1998, 1580, 1581.

Die Mitglieder des Aufsichtsrats haften der Gesellschaft für schuldhaft verursachte Schäden, §§ 116, 93 AktG.

## IV. Die Aufgabenteilung zwischen den einzelnen Organen

**401** Die Funktionen der Organe stoßen an einzelnen Schnittstellen zusammen. In diesen Fällen müssen die Rechte und Pflichten gegeneinander abgegrenzt werden, um ein reibungsloses Zusammenwirken zu ermöglichen.

---

**Fall 28: Die teuren Steine**

Die „D-Bau Einkaufsgesellschaft mbH" ist ein Zusammenschluss von Bauhandwerkern, die günstig Baumaterial einkaufen wollen. A ist an der GmbH beteiligt. Er hat einen größeren Posten Ziegelsteine von dritter Seite für ein größeres Bauvorhaben erworben, jedoch kommt der Bau nicht zur Ausführung. Er bietet diese Steine daher der GmbH zum Preis von 30.000 € an. Der Aufsichtsrat der Gesellschaft, über den der Gesellschaftsvertrag nur aussagt, dass er aus drei Personen besteht, und dem A nicht angehört, hatte die Geschäftsführer der Gesellschaft angewiesen, Geschäfte über mehr als 20.000 € im Einzelfall nur nach vorheriger Zustimmung des Aufsichtsrats zu tätigen. Gleichwohl kauft G, der alleinvertretungsberechtigt ist, die Steine für die GmbH, weil er sich davon ein gutes Geschäft erhofft. A liefert die Steine an und verlangt Bezahlung. Als sich herausstellt, dass die Steine allenfalls für 22.000 € weiterverkauft werden können, verweigern Aufsichtsrat und anschließend auch die Gesellschafterversammlung die Genehmigung des Geschäfts. Der Aufsichtsrat verlangt für den Fall, dass die GmbH zur Zahlung verpflichtet ist, von G Schadensersatz in Höhe von 8.000 €.

---

A. Anspruch des A gegen die „D-Bau Einkaufs-GmbH" auf Zahlung von 30.000 € aus § 433 Abs. 2 BGB

G hat im Namen der GmbH mit dem A einen Kaufvertrag abgeschlossen. Fraglich ist lediglich die Vertretungsmacht des G. G war grundsätzlich alleinvertretungsberechtigt. Für den hier vorliegenden Fall eines Geschäfts über 20.000 € lag allerdings eine Weisung des Aufsichtsrats vor, solche Geschäfte nur nach vorheriger Zustimmung abzuschließen. Gemäß § 37 Abs. 2 GmbHG hat eine Beschränkung der Vertretungsbefugnis gegen dritte Personen keine rechtliche Wirkung. A ist jedoch Gesellschafter der GmbH, sodass ihm gegenüber diese Regelung nicht eingreift. Fraglich ist allerdings, welche Konsequenzen daraus zu ziehen sind.

**402** I. Nach der h.M. sollen sich auch Einschränkungen für das rechtsgeschäftliche Handeln des Geschäftsführers gegenüber Gesellschaftern der GmbH als **Beschränkungen der Vertretungsmacht** auswirken. Solche Einschränkungen wirken sich zwar grundsätzlich nur als Beschränkungen der Geschäftsführungsbefugnis aus, weil § 37 Abs. 2 GmbHG eine Außenwirkung verbietet. Gegenüber Gesellschaftern wirken diese Einschränkungen jedoch als Beschränkung der Vertretungsmacht.[620] Umstritten ist allerdings, ob die Beschränkung der Vertretungsmacht davon abhängig ist, dass der Gesellschafter die Einschränkung kannte oder kennen musste.

1. Teilweise wird angenommen, die Beschränkung der Vertretungsmacht wirke unabhängig von Kenntnis oder Kennenmüssen des Gesellschafters. Dieser müsse sich entgegenhalten lassen, dass er den Gesellschaftsvertrag kennen und dass er sich auch um die Kenntnis von Weisungen bemühen müsse.[621]

2. Andere differenzieren: Ergebe sich die Einschränkung aus dem Gesellschaftsvertrag, wirke sie uneingeschränkt gegenüber dem Gesellschafter. Beruhe sie auf einem Beschluss, sei sie unbeachtlich, wenn der Gesellschafter die Beschränkung nicht kennen musste.[622]

II. Nach einer weiteren Meinung sind Beschränkungen für das rechtsgeschäftliche **403** Handeln des Geschäftsführers auch im Verhältnis zu Gesellschaftern lediglich als **Beschränkungen der Geschäftsführungsbefugnis** anzusehen. Diese wirken sich nur nach den Grundsätzen über den **Missbrauch der Vertretungsmacht** auf das Außenverhältnis zu dem Gesellschafter aus.[623] Dabei soll entscheidend darauf abgestellt werden, ob der Gesellschafter die Überschreitung der Geschäftsführungsbefugnis kannte oder kennen musste.

III. Unabhängig davon, ob sich eine Beschränkung des rechtsgeschäftlichen Handelns des Geschäftsführers im Verhältnis zu einem Gesellschafter als Beschränkung der Vertretungsmacht oder lediglich als Beschränkung der Geschäftsführungsbefugnis auswirkt, ist entscheidend auf die Kenntnis des Gesellschafters von der Einschränkung abzustellen. Dabei ist es gerechtfertigt, Beschränkungen, die sich aus dem Gesellschaftsvertrag ergeben, als bekannt vorauszusetzen. Ergibt sich die Beschränkung aber – wie hier – aus internen Weisungen, hat sie nur Außenwirkung, wenn der Gesellschafter sie kannte oder kennen musste. Dabei ist davon auszugehen, dass eine Erkundigungspflicht des Gesellschafters grundsätzlich nicht besteht. Zwar treffen auch den Gesellschafter einer GmbH Treuepflichten, diese sind aber weniger ausgebildet als bei Personengesellschaften, weil bei der GmbH die kapitalmäßige Beteiligung im Vordergrund steht.

A hat einen Anspruch auf Zahlung von 30.000 €.

B. Anspruch der Gesellschaft gegen G auf Zahlung von 8.000 € Schadensersatz **404**

I. Nach § 52 Abs. 1 GmbHG sind einzelne Vorschriften des Aktienrechts, darunter auch § 112 AktG, entsprechend anzuwenden. Demnach vertritt der Aufsichtsrat die Gesellschaft gerichtlich und außergerichtlich bei der Geltendmachung von Ansprüchen gegen die Geschäftsführer.

---

620 BGHZ 38, 26, 33; BAG ZIP 1994, 1290, 1294; BGH WM 1997, 1570; Scholz/Schneider § 35 Rn. 27; Baumbach/Hueck/Zöllner/Noack § 37 Rn. 41.

621 Scholz/Schneider § 35 Rn. 27.

622 Baumbach/Hueck/Zöllner/Noack § 37 Rn. 41.

623 Lutter/Hommelhoff/Kleindiek § 35 Rn. 25.

II. Die Geltendmachung von Ersatzansprüchen der Gesellschaft gegen den Geschäftsführer aus der Geschäftsführung unterliegen gemäß § 46 Nr. 8 GmbHG der Bestimmung der Gesellschafter. Zur Geltendmachung solcher Ansprüche ist ein entsprechender Gesellschafterbeschluss erforderlich, der eine materielle Voraussetzung für die Geltendmachung des Anspruchs darstellt.[624]

III. Es müsste ein Anspruch der Gesellschaft gegen den Geschäftsführer bestehen.

**405**

1. Anspruchsgrundlage für einen Schadensersatzanspruch könnte § 43 Abs. 2 GmbHG sein. Dann müsste G seine **Pflichten verletzt** haben.

a) Nach § 37 Abs. 1 GmbHG hat der Geschäftsführer Beschränkungen seiner Geschäftsführungsbefugnis einzuhalten. Allerdings handelt es sich hier um solche Beschränkungen, die sich entweder aus dem Gesellschaftsvertrag oder aus den Beschlüssen der Gesellschafter ergeben. Beides liegt nicht vor, da nur der Aufsichtsrat das Zustimmungserfordernis aufgestellt hat, ohne dass ihm ausdrücklich im Gesellschaftsvertrag eine solche Befugnis eingeräumt worden ist.

b) Das Recht des Aufsichtsrats zur Bestimmung eines Zustimmungserfordernisses ergibt sich jedoch aus § 52 Abs. 1 GmbHG i.V.m. § 111 Abs. 4 S. 2 AktG. Gegen das darauf beruhende Zustimmungserfordernis hat G verstoßen. Zwar kann er gegen die Entscheidung des Aufsichtsrats die Gesellschafterversammlung um Genehmigung angehen, § 111 Abs. 4 S. 3 AktG, doch hat auch die Gesellschafterversammlung ihre Zustimmung versagt.

G hat daher seine Pflichten verletzt. Dies ist auch **schuldhaft**, nämlich vorsätzlich geschehen, indem er sich über die klare Weisung des Aufsichtsrats hinweggesetzt hat. G haftet auf Schadensersatz. Der Schaden der Gesellschaft besteht darin, dass sie für Ware im Wert von 22.000 € einen Betrag von 30.000 € bezahlen muss. G muss daher an die Gesellschaft 8.000 € zahlen.

**406**

2. Der Anspruch könnte sich auch noch auf § 823 Abs. 2 BGB stützen lassen. Dann müsste aber zunächst ein **Schutzgesetz** verletzt sein.

a) § 43 GmbHG scheidet nach ganz h.M. als Schutzgesetz aus, da die Pflicht zur ordnungsgemäßen Geschäftsführung nur gegenüber der Gesellschaft, nicht aber gegenüber Dritten besteht.[625]

b) § 266 StGB ist ein Schutzgesetz i.S.d. § 823 Abs. 2 BGB. Fraglich ist aber, ob G gegen § 266 StGB verstoßen hat. G hat die Befugnis, die GmbH zu verpflichten, dadurch missbraucht, dass er sich über die Bindung seiner Geschäftsführungsbefugnis hinweggesetzt hat. Er hat der Gesellschaft hierdurch auch einen Schaden zugefügt. G müsste weiterhin bezüglich aller Tatbestandsmerkmale vorsätzlich gehandelt haben. Der Vorsatz umfasste aber den Schaden nicht, da G hoffte, mit den Steinen ein gutes Geschäft für die Gesellschaft machen zu können.

---

624  Baumbach/Hueck/Zöllner § 46 Rn. 57.
625  Scholz/Schneider § 43 Rn. 217 f.

c) Auch ein Anspruch aus § 826 BGB scheidet wegen des fehlenden Schädigungsvorsatzes aus.

G haftet daher auf Zahlung von 8.000 € gegenüber der Gesellschaft nur aus § 43 Abs. 2 GmbHG.

---

## D. Die Rechtsstellung des Gesellschafters einer GmbH

## I. Der Geschäftsanteil und Rechte des Gesellschafters

Jeder Gesellschafter hält einen oder mehrere Geschäftsanteile. Diese verkörpern die **Gesamtheit der Rechte und Pflichten aus dem Gesellschaftsverhältnis**.   **407**

### 1. Vermögens- und Verwaltungsrechte

Dem Gesellschafter stehen Vermögensrechte und Verwaltungsrechte oder auch Mitwirkungsrechte zu.   **408**

Das wichtigste **Vermögensrecht** ist der Anspruch auf den erzielten Reingewinn, der nach dem Verhältnis der Geschäftsanteile zu verteilen ist, § 29 GmbHG. Regelmäßig wird im Gesellschaftsvertrag jedoch eine abweichende Vereinbarung getroffen, weil die Bildung notwendiger Rücklagen einem gesunden kaufmännischen Bedürfnis entspricht, um das Unternehmen lebens- und widerstandsfähig zu halten.

Zu den **Verwaltungsrechten** der Gesellschafter gehören   **409**

- die Befugnis der Minderheit der Gesellschafter, von dem Geschäftsführer die Einberufung der Gesellschafterversammlung zu verlangen, § 50 Abs. 1 GmbHG;

- der Auskunftsanspruch und der Anspruch auf Einsicht in die Geschäftsbücher und Schriften gemäß § 51a GmbHG; nach allgemeiner Auffassung richtet sich dieser Anspruch entgegen der unklaren Fassung des Gesetzes gegen die Gesellschaft;[626]

- das Stimmrecht in der Gesellschafterversammlung, § 47 GmbHG;

- das Teilnahmerecht des Gesellschafters an der Gesellschafterversammlung, auch wenn sein Stimmrecht ausgeschlossen ist, § 48 GmbHG.

### 2. Verfügungsrecht des Gesellschafters

Über seinen Geschäftsanteil kann der Gesellschafter grundsätzlich frei verfügen, wenn nicht im Gesellschaftsvertrag etwas Abweichendes vereinbart ist. Das Verfügungsrecht des Gesellschafters umfasst die Übertragung, Belastung und Aufgabe. Außerdem ist der Geschäftsanteil vererblich, § 15 Abs. 1 GmbHG, wobei der Anteil in den Nachlass fällt und sich die Vererbung ausschließlich nach dem Erbrecht richtet.   **410**

---

626 BGH NJW 1997, 1986; BayObLG, Beschl. v. 08.04.2005 – 3Z BR 246/04, ZIP 2005, 1087; Baumbach/Hueck/Zöllner § 51a Rn. 9.

Die Übertragung eines Geschäftsanteils erfolgt gemäß §§ 413, 398 BGB durch Abtretung. Die Abtretung bedarf gemäß § 15 Abs. 3 GmbHG der notariellen Form; dasselbe gilt für den zugrunde liegenden Verpflichtungsvertrag, § 15 Abs. 4 GmbHG.

Nach § 15 Abs. 5 GmbHG kann die **Abtretbarkeit** (Vinkulierung) des Geschäftsanteils an weitere Voraussetzungen geknüpft, insbesondere von der Genehmigung der Gesellschafter abhängig gemacht werden, wobei nach heute h.M. sogar der vollständige Ausschluss der Abtretbarkeit möglich ist. Häufig wird in den Gesellschaftsverträgen der Gesellschaft oder den übrigen Gesellschaftern ein Vorkaufsrecht oder ein Übernahmerecht eingeräumt.

Rechte aus der Übertragung können im Verhältnis zur Gesellschaft gemäß § 16 Abs. 1 S. 1 GmbHG erst dann geltend gemacht werden, wenn die Rechtsänderung in der im Handelsregister gemäß § 40 GmbHG geführten Gesellschafterliste eingetragen ist.

**411** Gemäß § 16 Abs. 3 GmbHG ist erstmals ein **gutgläubiger Erwerb von Geschäftsanteilen** möglich.

| **Voraussetzungen des gutgläubigen Erwerbs gemäß § 16 Abs. 3 GmbHG** |
|---|
| 1. Die Gesellschafterliste muss **mindestens seit drei Jahren unrichtig** sein. |
| 2. Die Unrichtigkeit muss **dem wahren Berechtigten zurechenbar** sein. |
| 3. Der Erwerber darf die mangelnde Berechtigung weder **kennen noch infolge grober Fahrlässigkeit nicht kennen**. |
| 4. Der Liste darf im Handelsregister **kein Widerspruch** zugeordnet sein. |

**412** Die umstrittene Frage, ob ein aufschiebend bedingt abgetretener Geschäftsanteil vor Bedingungseintritt von einem Zweiterwerber gemäß § 161 Abs. 3 BGB i.V.m. § 16 Abs. 3 GmbHG gutgläubig erworben werden kann, hat der BGH verneint:[627] Die Reichweite des Gutglaubensschutzes der Gesellschafterliste erfasse nur den guten Glauben an die Rechtsinhaberschaft des eingetragenen Gesellschafters. Wer einen Geschäftsanteil erwirbt, solle darauf vertrauen dürfen, dass die in der Gesellschafterliste verzeichnete Person Gesellschafter ist. Die Gesellschafterliste begründe dagegen keinen Vertrauenstatbestand für die Freiheit des Geschäftsanteils von Belastungen oder dafür, dass der Gesellschafter in seiner Verfügungsmacht über den Geschäftsanteil nicht durch den Gesellschaftsvertrag beschränkt ist. Gleiches gelte für die Beschränkung der Verfügungsmacht nach § 161 Abs. 1 GmbHG.

**413** Ein Geschäftsanteil kann eingezogen werden **(Amortisation)**. Gemäß § 34 GmbHG ist dies nur zulässig, wenn eine entsprechende gesellschaftsvertragliche Regelung vorliegt. Regelmäßig wird die Einziehung im Gesellschaftsvertrag für den Fall der Insolvenz, des Vermögensverfalls oder schwerer Pflichtverletzungen eines Gesellschafters vorgesehen, wobei es sich im Gegensatz zur freiwilligen Einziehung mit Zustimmung um die Zwangseinziehung handelt.[628]

---

627  Zum Folgenden: BGH, Beschl. v. 20.09.2011 – II ZB 17/10, Rn. 14 ff., RÜ 2011, 762.

628  Baumbach/Hueck/Fastrich § 34 Rn. 3 ff.

Nach § 21 GmbHG kann ein Gesellschafter seines Anteils für verlustig erklärt werden, **414** wenn dieser die geschuldeten Stammeinlagen nicht bzw. nicht rechtzeitig erbringt (**Kaduzierung**). Bezahlt der Gesellschafter rechtmäßig beschlossene Nachschüsse nicht, findet bei beschränkter Nachschusspflicht ein entsprechendes Verfahren statt, § 28 GmbHG. Bei unbeschränkter Nachschusspflicht kann der Gesellschafter seinen Geschäftsanteil zur Verfügung stellen und sich damit der Nachschusspflicht entziehen, § 27 GmbHG. Das Kaduzierungsverfahren ist Teil des Prinzips der Sicherung der Kapitalaufbringung und damit zwingendes Recht, was jedoch durch den Gesellschaftsvertrag verschärft werden kann.

Der Gesellschaftsvertrag kann auch einen Ausschluss eines Gesellschafters vorsehen. **415** Eine Regelung, wonach ein Gesellschafter einen anderen ohne besonderen Grund ausschließen kann, ist jedoch nach ständiger Rechtsprechung als Verstoß gegen § 138 Abs. 1 BGB grundsätzlich nichtig.[629] Gleiches gilt für außerhalb des Gesellschaftsvertrages getroffene schuldrechtliche Vereinbarungen, die eine ähnliche Wirkung haben.[630] Der BGH begründet dies insbesondere damit, dass solche freien **Hinauskündigungsklauseln** in die wirtschaftliche und persönliche Freiheit der betroffenen Gesellschafter eingreifen. Es besteht die Gefahr, dass die von der jederzeitigen Ausschließungsmöglichkeit bedrohten Gesellschafter von ihren Rechten keinen Gebrauch machen und die ihnen obliegenden Pflichten nicht ordnungsgemäß erfüllen, sondern sich den Wünschen der durch das Ausschließungsrecht begünstigten Gesellschafter beugen (Damoklesschwert der Hinauskündigung).[631] Hinauskündigungsregeln sind **ausnahmsweise zulässig**, wenn besondere Umstände vorliegen, die für einen Ausschluss eine Rechtfertigung bilden.[632] An das Vorliegen einer solchen Rechtfertigung sind zwar hohe Anforderungen zu stellen, um das Regel-Ausnahme-Prinzip nicht leerlaufen zu lassen. Dennoch müssen die an einen „wichtigen Grund" geknüpften Voraussetzungen gerade nicht erfüllt werden, denn bei Vorliegen eines wichtigen Grundes kann der Ausschluss eines Gesellschafters nach h.M. auch ohne besondere Regelung im Gesellschaftsvertrag vorgenommen werden.[633]

Ein **wichtiger Grund**, welcher in der Peron des Gesellschafters liegen muss, ist insbesondere dann gegeben, wenn den übrigen Gesellschaftern die Fortsetzung der Gesellschaft mit dem betreffenden Mitglied infolge seines Verhaltens oder seiner Persönlichkeit nicht mehr zuzumuten ist, seine weitere Mitgliedschaft also den Fortbestand der Gesellschaft unmöglich macht oder doch ernstlich gefährdet.

Eine Systematik hinsichtlich des Gewichts einer sachlichen Rechtfertigung und eine exakte Abgrenzung zum wichtigen Grund hat der BGH bislang nicht entwickelt.[634] In folgenden Einzelfällen hat der BGH eine sachliche Rechtfertigung für ausreichend erachtet und dementsprechend die jeweilige Hinauskündigungsklausel für wirksam erklärt:

- Um das Eindringen eines Außenstehenden in eine Familien-GmbH zu verhindern, kann dem Erben eines Gesellschafters innerhalb einer festgelegten Frist die Gesellschafterstellung gekündigt werden.[635]

---

629 BGH NJW 1977, 1292, 1293.
630 BGH, Urt. v. 19.09.2005 – II ZR 173/04, BGHZ 164, 98.
631 BGH, Urt. v. 14.03.2005 – II ZR 153/03, BB 2005, 957.
632 BGH NJW 1977, 1292, 1293.
633 Gehrlein NJW 2005, 1969, 1970.
634 Bütter/Tonner BB 2005, 283, 284.
635 BGH NJW 1989, 2681.

■ Den Altgesellschaftern einer Freiberuflersozietät, die seit langer Zeit besteht, wird das Recht vorbehalten, einen neu aufgenommenen Partner während einer angemessenen Übergangs- und Erprobungsphase ohne weitere Voraussetzungen wieder aus der Gesellschaft auszuschließen.[636]

■ Manager oder Mitarbeiter erhalten unentgeltlich oder gegen einen günstigen Preis eine Beteiligung an der GmbH, wobei zugleich vereinbart wird, dass der Anteil zurückzuübertragen ist, wenn die Organ- oder Mitarbeiterstellung beendigt wird.[637]

Der Ausschluss erfolgt grundsätzlich durch Gestaltungsurteil aufgrund einer **Ausschlussklage** der Gesellschaft, wobei der Ausschluss aber unter der **aufschiebenden Bedingung** der rechtzeitigen Auszahlung der Abfindung steht. Die Abfindung und ihre Abwicklung müssen im Urteil festgesetzt werden.[638] Der Gesellschaftsvertrag kann ein anderes Verfahren – Ausschluss durch Beschluss oder Abkoppelung der Abfindung – vorsehen.[639]

**416** Der **Austritt** aus der Gesellschaft ist gesetzlich nicht geregelt, weil das Gesetz von der freien Veräußerlichkeit des Geschäftsanteils ausgeht. Grundsätzlich soll der Austritt aber nur als äußerstes Mittel in Anspruch genommen werden. Soweit also durch den Gesellschaftsvertrag die Veräußerung des Geschäftsanteils unmäßig erschwert oder beschränkt ist, kann ein Bedürfnis zum Austritt bestehen. Nach der Rechtsprechung ist ein Austritt aus der Gesellschaft jedenfalls dann zulässig, wenn ein wichtiger Grund vorliegt. Ein wichtiger Grund ist i.d.R. immer dann gegeben, wenn durch Maßnahmen der Gesellschaft in die tatsächlichen oder rechtlichen Verhältnisse eines Gesellschafters eingegriffen wird.

Der Austritt erfolgt durch einseitige Erklärung des austrittswilligen Gesellschafters gegenüber der Gesellschaft und begründet zugleich einen Anspruch gegen die Gesellschaft auf Abnahme des Gesellschaftsanteils gegen Abfindung. Dem austretenden Gesellschafter ist der Wert des Geschäftsanteils nach den gesellschaftsvertraglichen, hilfsweise nach den gesetzlichen Vorschriften zu ersetzen. Die Gesellschaft kann dann nach ihrer Wahl den Anteil einziehen oder Übertragung auf sich, einen Mitgesellschafter oder einen Dritten verlangen. Erfolgen Zahlung der Abfindung und Verwertung nicht in angemessener Zeit, kann der Gesellschafter **Auflösungsklage** erheben.

**417** Im Gesellschaftsvertrag kann jedem Gesellschafter ein **Kündigungsrecht** zuerkannt werden. Es handelt sich dabei um einen Auflösungsgrund i.S.d. § 60 Abs. 2 GmbHG, soweit nicht im Gesellschaftsvertrag etwas anderes bestimmt ist. Jedoch ist regelmäßig im Gesellschaftsvertrag vorgesehen, dass die Kündigung eines Gesellschafters nur dann zur Auflösung der GmbH führt, wenn sich die übrigen Gesellschafter entsprechend erklären. Andernfalls wird die GmbH fortgesetzt. In diesem Fall ist der kündigende Gesellschafter aber nicht mit der wirksamen Kündigung aus der Gesellschaft ausgeschieden. Anders als im Personengesellschaftsrecht endet die Mitgliedschaft in der fortbestehenden GmbH erst dann, wenn sein Anteil nach § 34 GmbHG eingezogen oder anderweitig erworben wird. Bis zu diesem Zeitpunkt hat der Gesellschafter daher trotz seiner Kündigung alle Gesellschafterrechte.

---

636 BGH, Urt. v. 08.03.2004 – II ZR 165/02, NJW 2004, 2013.

637 BGH, Urt. v. 19.09.2005 – II ZR 173/04, BGHZ 164, 98; BGH, Urt. v. 19.09.2005 – II ZR 342/03, BGHZ 164, 107.

638 Scholz/Winter/Seibt Anhang § 34 Rn. 43.

639 BGH BB 1990, 1578, 1579; OLG Hamm BB 1992, 2311 f.

Gesellschaftern können im Gesellschaftsvertrag **Sonderrechte** eingeräumt werden, etwa die Position des Geschäftsführers zu besetzen oder Personen für den Aufsichtsrat zu bestimmen. Zur Entziehung dieser Rechte ist eine Änderung des Gesellschaftsvertrages erforderlich, außerdem die Zustimmung des Betroffenen.

**418**

Alle Mitgliedschaftsrechte und Sonderrechte beruhen auf der Mitgliedschaft und sind grundsätzlich an sie gebunden. Sie werden daher auch mit ihr zusammen übertragen. Eine gesonderte Übertragung **(Aufspaltung)** einzelner (Verwaltungs-)Rechte ist nach ganz überwiegender Meinung nicht möglich.[640]

**419**

## II. Die Pflichten des Gesellschafters

Die Pflichten des Gesellschafters erschöpfen sich vorbehaltlich anderer Regeln im Gesellschaftsvertrag im Wesentlichen darin, die Stammeinlage zu erbringen und der Gesellschaft zu belassen. Es gilt der Grundsatz der Kapitalaufbringung und Kapitalerhaltung. Der Gesellschafter haftet grundsätzlich nicht für die Gesellschaftsverbindlichkeiten. Hierfür hat nach § 13 Abs. 2 GmbHG das Vermögen der Gesellschaft einzustehen.

**420**

In extremen Ausnahmefällen kommt eine **Durchgriffshaftung** der Gesellschafter in Betracht. Bei dieser wird das in § 13 Abs. 2 GmbHG enthaltene Trennungsprinzip aufgehoben. Der BGH hat die Durchgriffshaftung auf eine analoge Anwendung des § 128 HGB gestützt.[641]

**421**

■ Beim **Rechtsformmissbrauch/Institutsmissbrauch** wird die Rechtsform der juristischen Person missbraucht oder dem Zweck der Rechtsordnung zuwider eingesetzt.[642]

■ Eine **Vermögensvermischung** liegt vor, wenn die Abgrenzung zwischen Gesellschafts- und Privatvermögen durch eine undurchsichtige Buchführung oder in anderer Weise verschleiert worden ist. Dann können die Kapitalerhaltungsvorschriften, deren Einhaltung ein unverzichtbarer Ausgleich für die Beschränkung der Haftung auf das Gesellschaftsvermögen (§ 13 Abs. 2 GmbHG) ist, nicht funktionieren. Die persönliche Haftung kann unter dem genannten Gesichtspunkt nur diejenigen Gesellschafter treffen, die aufgrund des ihnen gegebenen Einflusses in der Gesellschaft als Allein- oder Mehrheitsgesellschafter für den Vermögensverschiebungstatbestand verantwortlich sind.[643] Indizien, die auf eine Vermögensvermischung hindeuten, sind z.B.: kein als Buchhalter qualifiziertes Personal; keine Inanspruchnahme externer Hilfe (Steuerberater); keine Erstellung von Bilanzen.[644] Das bloße Fehlen einer doppelten Buchführung gemäß §§ 41 GmbHG, 238 HGB reicht hingegen nicht aus.[645]

---

640  Baumbach/Hueck/Fastrich § 14 Rn. 20.

641  BGH, Urt. v. 14.11.2005 – II ZR 178/03, BGHZ 165, 85; BGH, Urt. v. 07.01.2008 – II ZR 314/05, Rn. 16, ZIP 2008, 308.

642  BGH, Urt. v. 10.12.2007 – II ZR 239/05, Rn. 15, BGHZ 175, 12; BGH, Urt. v. 28.04.2008 – II ZR 264/06, Rn. 21, BGHZ 176, 204.

643  BGH, Urt. v. 14.11.2005 – II ZR 178/03; BGHZ 125, 366.

644  OLG Celle, Urt. v. 29.08.2001 – 9 U 120/01, GmbHR 2001, 1042.

645  BGH, Urt. v. 14.11.2005 – II ZR 178/03, BGHZ 165, 85; BGH, Urt. v. 28.04.2008 – II ZR 246/06, Rn. 21, BGHZ 176, 204.

**422** ■ Der BGH hat eine Durchgriffshaftung wegen **materieller Unterkapitalisierung abgelehnt.**[646] Für eine solche im Wege richterlicher Rechtsfortbildung zu begründende Haftung sei mangels einer im gesetzlichen System des GmbHG bestehenden Gesetzeslücke keine Raum. Eine über die Aufbringung des gesetzlichen Stammkapitals und die anschließende Gewährleistung seiner Erhaltung hinausgehende Finanzausstattungspflicht des Gesellschafters sei systemwidrig und würde letztlich die Gesellschaftsform der GmbH selbst infrage stellen. Überdies habe der Gesetzgeber bei der Unternehmergesellschaft die Möglichkeit eines geringen Stammkapitals geschaffen und weiterhin bewusst auf eine gesetzlich normierte Unterkapitalisierungshaftung verzichtet.

**423** ■ In der früheren Rechtsprechung hat der BGH eine Durchgriffshaftung gemäß **§ 826 BGB wegen eines existenzvernichtenden Eingriffs** bejaht. Die Existenzvernichtungshaftung besteht für missbräuchliche, zur Insolvenz der GmbH führende oder diese vertiefende kompensationslose Eingriffe in das Gesellschaftsvermögen. Die neuere Rechtsprechung verneint eine Außenhaftung der Gesellschafter wegen existenzvernichtenden Eingriffs. Diese Fallgruppe des § 826 BGB führt danach **nur zu einer Innenhaftung** des Gesellschafters gegenüber der GmbH.

---

**Fall 29: Trihotel**

Die A-GmbH pachtete von dem B ein mit einem Hotel bebautes Grundstück und betrieb das Hotel. Gesellschafter der A-GmbH waren B zu 52% und dessen Ehefrau F zu 48%. B war zugleich der alleinige, von den Beschränkungen des § 181 BGB befreite Geschäftsführer. Im Jahr 2006 erwarb die M, die Mutter des B, sämtliche Geschäftsanteile an der J-GmbH und bestellte den B zum alleinigen, von den Beschränkungen des § 181 BGB befreiten Geschäftsführer. Auf die J-GmbH übertrug der B noch in dem gleichen Jahr seine Beteiligung an der A-GmbH. Später übertrug die M dem B sämtliche Anteile an der J-GmbH.

Am 20.03.2008 kündigte der B als Verpächter den Pachtvertrag mit der A-GmbH. Das Grundstück verpachtete er an die J-GmbH. Die J-GmbH und die A-GmbH, beide vertreten durch den B, schlossen einen Geschäftsbesorgungsvertrag dahingehend, dass die A-GmbH die Management- und Organisationsaufgaben des Hotelbetriebs zu erledigen hatte und hierfür als Pauschalhonorar eine Umsatzbeteiligung von 40% der Hotelumsätze erhalten sollte.

Im Laufe des Jahres 2008 verschlechterte sich die wirtschaftliche Situation der A-GmbH. Im Januar 2009 wurde das Insolvenzverfahren über ihr Vermögen eröffnet. Der Insolvenzverwalter verlangt von B Zahlung der zur Insolvenztabelle angemeldeten und anerkannten Forderungen in Höhe von 713.000 €. Er ist der Ansicht, mit der Kündigung der Pachtverträge und der Vereinbarung eines zu geringen Pauschalhonorars habe der B die Insolvenz der A-GmbH verursacht.

---

646  BGH, Urt. v. 28.04.2008 – II ZR 264/06, Rn. 17 ff., BGHZ 176, 204.

A. Der Insolvenzverwalter kann gemäß § 93 InsO die Ansprüche der Gläubiger aufgrund **424** der persönlichen Haftung der Gesellschafter einer Gesellschaft ohne Rechtspersönlichkeit (GbR, OHG, KG) oder einer KGaA geltend machen. **Analog § 93 InsO** ist der Insolvenzverwalter befugt, eine etwaige **Durchgriffshaftung** der Gesellschafter einer GmbH geltend zu machen.[647]

   I. Eine Durchgriffshaftung wegen Rechtsformmissbrauchs besteht nicht. Es ist nicht ersichtlich, dass B bei der Gründung oder der Geschäftsführung der GmbH deren Rechtsform missbraucht hat. Der ihm vorgeworfenen Eingriff in das Gesellschaftsvermögen ist kein Missbrauch der Rechtsform der GmbH.[648]

   II. Auch eine Vermögensvermischung ist nicht ersichtlich.

   III. In Betracht kommt eine Durchgriffshaftung gemäß § 826 BGB wegen eines existenzvernichtenden Eingriffs.

      1. Nach der früheren Rechtsprechung des BGH hatte ein existenzvernichtender Eingriff in das Gesellschaftsvermögen zur Folge, dass dem handelnden Gesellschafter der Einwand des § 13 Abs. 2 GmbHG versagt wurde und er den Gläubigern der Gesellschaft unmittelbar haftete.[649]

      2. In der neueren Rechtsprechung lehnt der BGH eine Durchgriffshaftung wegen **425** existenzvernichtenden Eingriffs ab. Diese Fallgruppe einer vorsätzlichen sittenwidrigen Schädigung führt nicht zu einer Außenhaftung der Gesellschafter den Gläubigern gegenüber, sondern zu einer Innenhaftung gegenüber der Gesellschaft. Die Existenzvernichtungshaftung schließt eine Lücke im Kapitalschutzrecht der GmbH in Bezug auf Eingriffe, die nicht durch die §§ 30, 31 GmbH ausgeglichen werden können, weil sie in der für § 30 GmbHG maßgeblichen Stichtagsbilanz nicht oder nur ungenügend abgebildet werden oder bei denen eine Rückgewähr gemäß § 31 GmbHG eine Insolvenz nicht mehr verhindern kann. Schutzobjekt der Existenzvernichtungshaftung ist das Gesellschaftsvermögen selbst und nicht „mittelbar" die durch den Haftungsfonds geschützten Forderungen der Gläubiger.

      Eine Durchgriffshaftung des B scheidet danach aus.

B. Gemäß **§ 80 Abs. 1 InsO** kann der Insolvenzverwalter **die Rechte der GmbH** geltend machen.

   I. Der GmbH könnte gegen B ein Anspruch aus § 826 BGB wegen **existenzver-** **426** **nichtenden Eingriffs** zustehen.

      1. Die Existenzvernichtungshaftung soll eine Lücke im Kapitalschutz für Eingriffe schließen, die nicht durch die §§ 30, 31 GmbHG ausgeglichen werden können. Die Haftung ist aber **nicht subsidiär** im Verhältnis zu den Ansprüchen aus §§ 30, 31 GmbHG. Die Haftung knüpft an einen einheitlichen, zur Insolvenz führenden Eingriff an. Deswegen kann sie nicht auf die Schließung von Haf-

---

647  BGH, Urt. v. 14.11.2005 – II ZR 178/03, BGHZ 165, 85.
648  BGH, Urt. v 16.07.2007 – II ZR 3/04, Rn. 28, BGHZ 173, 246.
649  BGH, Urt. v. 20.09.2004 – II ZR 320/02, ZIP 2004, 2138.

tungslücken beschränkt werden. Vielmehr umfasst der zu ersetzende Schaden auf der Rechtsfolgenseite einen nach §§ 30, 31 GmbHG bestehenden Erstattungsanspruch.[650]

2. **Adressaten** der Haftung sind zunächst die Gesellschafter der GmbH. Darüber hinaus trifft die Haftung auch denjenigen, der zwar nicht an der geschädigten GmbH, wohl aber an einer Gesellschaft beteiligt ist, die ihrerseits Gesellschafter der GmbH ist (Gesellschafter-Gesellschafter). Dies gilt jedenfalls dann, wenn er einen beherrschenden Einfluss auf die geschädigte Gesellschaft ausüben kann.[651]

B war bei Abschluss des Geschäftsbesorgungsvertrages zwischen der A-GmbH und der J-GmbH alleiniger Gesellschafter der J-GmbH. Da diese einen 52%-Anteil an der A-GmbH hielt, war er Adressat der Existenzvernichtungshaftung. Auf eine eventuelle Haftungszurechnung gemäß § 830 BGB wegen einer Beteiligung kommt es nicht an.

3. Haftungsbegründend ist der **missbräuchliche, zur Insolvenz der GmbH führende** oder diese vertiefende kompensationslose **Eingriff** in das Gesellschaftsvermögen. Ein existenzvernichtender Eingriff könnte in dem Abschluss des Geschäftsbesorgungsvertrages zwischen der J-GmbH und der A-GmbH liegen. Er wäre zu bejahen, wenn die im Vertrag vorgesehene Umsatzbeteiligung von 40% derart unvertretbar niedrig war, dass eine Insolvenz der A-GmbH als Folge einer solchen Unangemessenheit bereits bei Vertragsschluss praktisch unausweichlich war.[652] Das ist jedoch im vorliegenden Fall nicht festgestellt (der BGH hat zur weiteren Prüfung an das Berufungsgericht zurückverwiesen).

Es liegt kein existenzvernichtender Eingriff vor. Der GmbH steht kein Anspruch aus § 826 BGB zu.

II. Es könnte ein Anspruch der GmbH gegen B aus §§ 30, 31 GmbHG bestehen. Dann müsste aber eine Rückzahlung der Einlage an den B erfolgt sein. Dafür bestehen hier keine Anhaltspunkte.

III. Da B Geschäftsführer der A-GmbH war, kommt eine Haftung gemäß § 43 Abs. 2 GmbHG in Betracht. B müsste seine Pflichten als Geschäftsführer verletzt haben. Die Pflichtverletzung könnte in dem Abschluss des Geschäftsbesorgungsvertrages mit der J-GmbH liegen. Es steht aber nicht fest, dass die Umsatzbeteiligung von 40% unvertretbar niedrig war.

---

650 BGH, Urt. v 16.07.2007 – II ZR 3/04, Rn. 39, BGHZ 173, 246.
651 BGH, Urt. v 16.07.2007 – II ZR 3/04, Rn. 44, BGHZ 173, 246.
652 BGH, Urt. v 16.07.2007 – II ZR 3/04, Rn. 50, BGHZ 173, 246.

## Organe der GmbH

### Geschäftsführer

- Er handelt nach außen für die GmbH.

- Er wird i.d.R. durch die Gesellschafterversammlung bestellt. Es muss zwischen der (widerruflichen) Berufung zum Geschäftsführer (Organisationsakt) und dem der Tätigkeit zugrunde liegenden Schuldverhältnis (Dienstvertrag) unterschieden werden.

- Der Geschäftsführer vertritt die GmbH. Bei mehreren Geschäftsführern besteht grundsätzlich Gesamtvertretung. Die Vertretungsmacht ist inhaltlich unbeschränkt und im Außenverhältnis auch nicht inhaltlich beschränkbar (§ 37 Abs. 2 GmbHG).

- Der Geschäftsführer haftet:

  - der Gesellschaft gegenüber in den Fällen des § 9a, § 43 und § 64 GmbHG;

  - Dritten gegenüber kommt in Betracht: Haftung analog § 179 BGB bei Firmierung ohne GmbH-Zusatz; §§ 280 Abs. 1, 311 Abs. 3, 241 Abs. 2 BGB bei Inanspruchnahme besonderen persönlichen Vertrauens; die Haftung aus unerlaubter Handlung;

  - § 69 AO.

### Gesellschafterversammlung

- Das oberste Willensbildungsorgan der GmbH. Für die Einberufung und Durchführung gelten die §§ 48 ff. GmbHG.

### Aufsichtsrat

- Im Gesellschaftsvertrag kann ein **Aufsichtsrat** (Beirat) vorgesehen werden. Notwendig ist dies nur in mitbestimmten Betrieben.

- Mangels einer besonderen Regelung im Gesellschaftsvertrag ergeben sich die Zusammensetzung und Aufgaben des Aufsichtsrats aus einer entsprechenden Anwendung der in § 52 GmbHG genannten Vorschriften des AktG. Wesentliche Aufgabe des Aufsichtsrats ist die Überwachung der Geschäftsführung und die Vertretung der Gesellschaft gegenüber dem Geschäftsführer.

### Gesellschafter

- Ihm stehen Vermögens- und Mitwirkungsrechte zu.

- Er hat entsprechend seinem Geschäftsanteil einen Anteil am Jahresergebnis (§ 29 GmbHG).

- Der Geschäftsanteil des Gesellschafters ist grundsätzlich frei verfügbar und vererblich (§ 15 GmbHG).

- Der Gesellschafter haftet grundsätzlich nicht für die Gesellschaftsverbindlichkeiten (§ 13 Abs. 2 GmbHG). Eine **Durchgriffshaftung** kommt nur in Ausnahmefällen in Betracht:

  - bei Rechtsformmissbrauch, Institutsmissbrauch

  - bei Vermögensvermischung

## E. Kapitalerhöhung

**427** Das Stammkapital einer GmbH kann in zwei verschiedenen Formen erhöht werden.

- Bei der **effektiven Kapitalerhöhung** werden neue Geschäftsanteile übernommen und damit das Eigenkapital der Gesellschaft erhöht (§§ 55–57a GmbHG).

- Das Stammkapital kann auch durch Umwandlung von Rücklagen in Stammkapital erhöht werden (**nominelle Kapitalerhöhung** oder Kapitalerhöhung aus Gesellschaftsmitteln, §§ 57c–57o GmbHG). In diesem Fall fließt der GmbH nicht von außen neues Kapital zu. Es ist auch keine Übernahme von Geschäftsanteilen auf das erhöhte Kapital gemäß § 55 Abs. 1 GmbHG erforderlich.

Hier wird nur auf die effektive Kapitalerhöhung eingegangen. Bei dieser muss sichergestellt werden, dass das erhöhte Kapital der Gesellschaft auch tatsächlich zufließt.

## I. Verfahren

**428** Das grundsätzlich Verfahren der effektiven Kapitalerhöhung im Überblick:

- **Kapitalerhöhungsbeschluss** oder genehmigtes Kapital

  Die Kapitalerhöhung ist grundsätzlich eine Abänderung des Gesellschaftsvertrages, die gemäß § 53 Abs. 1 GmbHG durch Beschluss der Gesellschaft erfolgen muss. Der Beschluss ist gemäß § 53 Abs. 2 GmbHG notariell zu beurkunden.

  Gemäß § 55a GmbHG ist auch eine Kapitalerhöhung in der Form genehmigten Kapitals möglich. In diesem Fall werden die Geschäftsführer im Gesellschaftsvertrag (oder einem späteren Beschluss) ermächtigt, das Stammkapital bis zu einem bestimmten Nennbetrag zu erhöhen. Ein Kapitalerhöhungsbeschluss ist in diesem Verfahren nicht notwendig.

- **Ggf.: Zulassungsbeschluss**

  Gemäß § 55 Abs. 2 S. 1 GmbHG können von der Gesellschaft die bisherigen Gesellschafter oder andere Personen zum Bezug neuer Geschäftsanteile zugelassen werden. Nach früher h.M. war in jedem Fall ein Beschluss darüber erforderlich, wer zur Übernahme des erhöhten Stammkapitals zugelassen sein sollte. Im Vordringen ist die Ansicht, dass ein Zulassungsbeschluss nur dann erforderlich sei, wenn das Bezugsrecht der bisherigen Gesellschafter ganz oder teilweise ausgeschlossen werden soll.[653]

- **Übernahmevertrag**

  Die Übernahme der Geschäftsanteile erfolgt durch einen Übernahmevertrag zwischen dem Übernehmer und der GmbH. Die Übernahmeerklärung des Übernehmers muss in notariell beglaubigter Form erfolgen. Die Gesellschaft wird bei der Übernahme durch die Gesellschafter vertreten, die aber den Geschäftsführer bevollmächtigen können.

---

653 Scholz/Priester § 55 Rn. 40.

■ **Aufbringung des zusätzlichen Kapitals**

Das erhöhte Kapital muss gemäß §§ 56 und 56a GmbHG aufgebracht werden (vgl. dazu unten).

■ **Anmeldung zum Handelsregister**

Die Erhöhung des Stammkapitals ist gemäß § 57 GmbHG zur Eintragung in das Handelsregister anzumelden.

■ **Eintragung und Bekanntmachung**

Die neuen Geschäftanteile kommen erst mit der Eintragung im Handelsregister zur Entstehung.

## II. Aufbringung des zusätzlichen Kapitals

Nach § 56 Abs. 1 S. 1 GmbHG dürfen Sacheinlagen nur geleistet werden, wenn sie im Kapitalerhöhungsbeschluss vorgesehen sind. Um die ordnungsgemäße Aufbringung zu sichern, verweisen die §§ 56 und 56a GmbHG weitgehend auf die Vorschriften zur Kapitalaufbringung bei einer Gründung.  **429**

■ Eine **Aufrechnungsbeschränkung** enthält § 56 Abs. 2 i.V.m. § 19 Abs. 2 S. 2 GmbHG.

■ Gemäß § 56 Abs. 2 i.V.m. § 19 Abs. 4 GmbHG entfällt die Erfüllungswirkung **verdeckter Sacheinlagen**.

■ Beim **Hin- und Herzahlen** tritt die Erfüllungswirkung gemäß § 56a i.V.m. § 19 Abs. 5 GmbHG nur unter den dort genannten Voraussetzungen ein.

## 1. Aufrechnungsbeschränkungen

Gemäß § 56 Abs. 2 i.V.m. § 19 Abs. 2 S. 2 GmbHG ist die Aufrechnung **durch den Gesellschafter** mit einer eigenen Forderung gegen die Gesellschaft **gegen die Einlageforderung** der GmbH unzulässig, wenn nicht im Kapitalerhöhungsbeschluss eine Anrechnungsvereinbarung gemäß § 56 Abs. 1 GmbHG enthalten ist.  **430**

Eine **von der Gesellschaft erklärte** Aufrechnung **mit einem Anspruch** auf Leistung der Einlagen ist von der Regelung in § 19 Abs. 2 S. 2 GmbHG nicht erfasst. Die Aufrechnung der Gesellschaft ist daher grundsätzlich zulässig. Da die gesetzliche Regelung jedoch der Sicherung und Aufbringung des Stammkapitals und damit dem Schutz der Gesellschaftsgläubiger dient, bestehen auch bei der Aufrechnung durch die Gesellschaft einschränkende Voraussetzungen.  **431**

Aufrechnungen der Gesellschaft gegenüber **Altforderungen** des Gesellschafters, die zum Zeitpunkt der Begründung der Einlageschuld bereits bestanden, sind unzulässig, da die Altforderungen als Sacheinlage hätten eingebracht werden müssen.[654]

---

654 OLG Celle, Urt. v. 16.11.2005 – 9 U 69/05, GmbHR 2006, 433.

Auch gegenüber **Neuforderungen** des Gesellschafters wird der Gesellschaft die Aufrechnung einschränkend nur unter den Voraussetzungen erlaubt, dass der Gegenanspruch des Gesellschafters **vollwertig, liquide und fällig** ist.[655]

- „Vollwertig" ist die Gegenforderung nur, wenn das Vermögen der Gesellschaft im Zeitpunkt der Befriedigung der Forderung ausreicht, alle fälligen Forderungen zu erfüllen. Das ist dann nicht der Fall, wenn die Gesellschaft überschuldet oder nur noch beschränkt zahlungsfähig ist.

- „Liquide" ist eine Forderung, wenn keine rechtlichen oder tatsächlichen Unsicherheiten über ihre Existenz oder Höhe bestehen, also wenn sie zwischen den Parteien **unstreitig** ist.

- „Fälligkeit" bedeutet, dass der Gesellschafter die Leistung verlangen kann, § 271 BGB.

## 2. Verdeckte Sacheinlagen

Nach § 56 Abs. 2 i.V.m. § 19 Abs. 4 GmbHG entfällt bei Kapitalerhöhung die Erfüllungswirkung verdeckter Sacheinlagen (zu diesen vgl. oben Rn. 336 ff.).

Die Grundsätze über verdeckte Sacheinlagen hat der BGH auch auf das früher häufig praktizierte **„Schütt-aus-Hol-zurück-Verfahren"** angewandt.[656] Dieses bestand darin, dass die Gesellschafter Gewinnausschüttungen von der Gesellschaft erhalten und im Gegenzug (schon vorher oder nachher) Einzahlungen auf Einlagen vornahmen, die sie im Rahmen einer Kapitalerhöhung übernommen haben. Das Ausschüttungs-Rückholverfahren hatte früher in manchen Situationen steuerliche Vorteile bezüglich der Körperschaftssteuer. Da diese nicht mehr existieren, wird das Verfahren in der Praxis nicht mehr angewandt.

## 3. Der Tatbestand des „Hin- und Herzahlens"

**432** In § 19 Abs. 5 GmbHG – auf den § 56a GmbHG verweist – ist der von der Rechtsprechung entwickelte Tatbestand des Hin- und Herzahlens nunmehr gesetzlich geregelt. Dabei wird aufgrund einer vor Erbringung der Einlage getroffenen Vereinbarung dem Gesellschafter eine erbrachte Einlage wirtschaftlich wieder zurückgewährt.

---

655 BGH, Urt. v. 16.01.2006 – II ZR 65/04, BGHZ 165, 391; BGHZ 90, 370, 373; BGHZ 125, 141, 143; BGH, Urt. v. 16.09.2002 – II ZR 1/00, BGHZ 152, 37; Lutter/Hommelhoff/Bayer § 19 Rn. 22 ff.; Scholz/Schneider/Westermann § 19 Rn. 61 ff.; Roweder/Schmidt-Leithoff/Pentz § 19 Rn. 71 ff.

656 BGH, Urt. v. 18.02.1991 – II ZR 104/90, BHGZ 113, 335.

---

**§ 19 Abs. 5 GmbH (Hin- und Herzahlen): Voraussetzungen und Rechtsfolgen**

I. Voraussetzungen

1. Es muss eine Leistung an den Gesellschafter erfolgt sein, die **wirtschaftlich** einer **Rückzahlung der Einlage** entspricht.

2. Diese Leistung darf **nicht als verdeckte Sacheinlage** zu bewerten sein.

3. Sie muss aufgrund einer vor der Einlageleistung getroffenen **Abrede** erfolgt sein.

II. Rechtsfolgen

1. **Es entfällt die Erfüllungswirkung** der Einlageleistung, es sei denn, es besteht ein vollwertiger Rückgewähranspruch, der jederzeit fällig ist oder durch fristlose Kündigung durch die Gesellschaft fällig werden kann.

2. Die Leistung oder die Vereinbarung ist in der **Anmeldung nach § 8 GmbHG** anzugeben. Unterbleibt die Angabe oder besteht kein vollwertiger Rückgewähranspruch, kommt eine Strafbarkeit gemäß § 82 Abs. 1 Nr. 1 GmbHG in Betracht.

---

Leistungen auf die Stammeinlage bei einer GmbH werden nicht selten mit einem Darlehen verbunden, das die Gesellschaft dem Gesellschafter gewährt. Eine wirksame Leistung auf die Stammeinlage einer GmbH liegt jedoch nicht vor, wenn die GmbH kurz vor bzw. nach der Einzahlung den entsprechenden Betrag an den Gesellschafter darlehensweise übertragen hat.[657] Zahlt der Gesellschafter später allerdings auf seine vermeintliche Darlehensverbindlichkeit, stellt sich die Frage, ob damit auch die Einlageforderung getilgt ist oder ob sie nochmals eingefordert werden kann. **433**

---

**Fall 30: Einlage als Darlehen zurückgewährt**

Bei der PT-GmbH wird am 03.02. formwirksam eine Kapitalerhöhung durchgeführt, durch die Gesellschafter G Eigenkapital i.H.v. 50.000 € zuführen sollte. Am 05.02. zahlte G vereinbarungsgemäß diesen Betrag auf das Konto der Gesellschaft ein. Am 12.02. gewährte die PT-GmbH dem G ein Darlehen in Höhe von 50.000 €. Mit Überweisungen, die mit „Darlehensrückzahlung" überschrieben waren, zahlte G den Darlehensbetrag im Laufe des Jahres zurück. Anfang Dezember gerät die GmbH in finanzielle Schwierigkeiten. Der Insolvenzverwalter verlangt von G 50.000 € auf die Einlageschuld. Zu Recht?

---

Der Insolvenzverwalter kann die Ansprüche der Gesellschaft auf Zahlung von Einlageschulden gegen G gemäß § 80 InsO geltend machen. **434**

I. Die Einlageschuld des G ist mit der formwirksamen Kapitalerhöhung am 03.02. entstanden.

---

657  BGH, Urt. 12.06.2006 – II ZR 334/04, Rn. 11, BB 2006, 1878.

II. Die Stammeinlageforderung könnte jedoch durch die Zahlung vom 05.02. durch Erfüllung erloschen sein, § 362 BGB.

**435**

1. Die Erfüllung tritt gemäß § 56 Abs. 2 i.V.m. § 19 Abs. 4 GmbHG nicht ein, wenn eine **verdeckte Sacheinlage** vorliegt. Eine verdeckte Sacheinlage ist gemäß § 19 Abs. 4 S. 1 GmbHG gegeben, wenn eine Geldeinlage bei wirtschaftlicher Betrachtung und aufgrund einer im Zusammenhang mit der Übernahme der Geldeinlage getroffenen Abrede vollständig oder teilweise als Sacheinlage zu bewerten ist. Gegenstand einer Sacheinlage kann nur eine sacheinlagefähige Leistung sein.[658] Als Sacheinlage könnte der Anspruch der Gesellschaft auf Rückzahlung des Darlehens zu bewerten sein.

a) In der Literatur wird teilweise angenommen, dass auch Forderungen der Gesellschaft gegen die Gesellschafter sacheinlagefähig sind.[659] Die Regelung in § 19 Abs. 5 GmbHG gestatte de facto den Austausch einer Einlageforderung gegen eine Darlehensforderung. Dann sei es folgerichtig, die Sacheinlagefähigkeit von Forderungen der Gesellschaft gegen den Gesellschafter anzuerkennen. Wenn der Gesetzgeber den Austausch einer Einlageforderung gegen eine Darlehensforderung ermöglichen wolle, sei diese Intention am besten umgesetzt, wenn die Darlehensforderung als Sacheinlage anerkannt werde. Eine besondere Regelung des Hin- und Herzahlens sei überflüssig.

b) Die ganz h.M. nimmt jedoch zu Recht an, dass **Forderungen** der Gesellschaft gegen einen Gesellschafter **nicht Gegenstand einer Sacheinlage** sein können.[660] Es widerspräche dem Grundsatz der realen Kapitalaufbringung, wenn die Einlagepflicht durch bloßes Eingehen einer rein schuldrechtlichen und damit weniger abgesicherten Verpflichtung erfüllt werden könnte. Insbesondere Darlehensverpflichtungen seien nicht einlagefähig.[661]

c) Für die letztgenannte Ansicht spricht, dass der Gesetzgeber die Regelung in § 19 Abs. 5 GmbHG getroffen hat, weil Forderungen der Gesellschaft gegen den Gesellschafter nicht sacheinlagefähig sind. Dass § 19 Abs. 5 GmbHG de facto die Einbringung eines Rückgewähranspruchs gestattet, ist eine eng begrenzte Ausnahme vom Grundsatz der realen Kapitalaufbringung. Überdies kann eine Forderung allenfalls dann sacheinlagefähig sein, wenn sie gemäß § 19 Abs. 5 S. 2 GmbHG in der Handelsregisteranmeldung angegeben wird. Unterbleibt diese Angabe, ist die Vereinbarung eines Darlehens, mit dem eine Einlage zurückgewährt wird, gemäß § 134 BGB i.V.m. § 19 Abs. 2 S. 1 GmbHG unwirksam.[662] Einlagezahlungen, die dem Gesellschafter sofort wieder zurückgewährt werden, sind mit dem Grundsatz der realen Kapitalaufbringung unvereinbar, weil sie wirtschaftlich einer verbotenen Befreiung von der Einlageschuld gleichstehen. Es liegt keine verdeckte Sacheinlage vor.

---

658 BGH, Urt. v. 16.02.2009 – II ZR 120/07, Rn. 9.

659 Wicke § 19 Rn. 33; Gehrlein/Witt Kap. 6 Rn. 21.

660 BGH, Urt. v. 16.02.2009 – II ZR 120/07, Rn. 10 ff.

661 Baumbach/Hueck/Fastrich § 5 Rn. 24; Bormann/Urlichs GmbHR Sonderheft 10/2008, 37, 45.

662 BGH, Urt. v. 21.11.2005 – II ZR 140/04, Rn. 8, BGHZ 165, 113; BGH, Urt. v. 09.01.2006 – II ZR 72/05, Rn. 9, BGHZ 165, 352; BGH, Urt. v. 12.06.2006 – II ZR 334/04, Rn. 12, BB 2006, 1878.

2. Die Erfüllungswirkung tritt grundsätzlich gemäß § 56a i.V.m. § 19 Abs. 5 GmbHG **436** nicht ein, wenn der Tatbestand des **Hin- und Herzahlens** gegeben ist.

   a) Dieser setzt zunächst voraus, dass eine Leistung an den Gesellschafter erfolgt ist, die wirtschaftlich einer Rückzahlung der Einlage entspricht. Vorliegend ist die durch G am 05.02. eingezahlte Summe innerhalb einer Woche darlehensweise wieder an ihn zurückgezahlt worden. Bei wirtschaftlicher Betrachtung hat die GmbH die Einlage zurückgezahlt, auch wenn ihr ein Anspruch auf Rückzahlung des Darlehensbetrages zusteht.

   b) Die Leistung ist nicht als verdeckte Sacheinlage zu bewerten.

   c) Die Rückzahlung müsste aufgrund einer vor der Einlageleistung getroffenen Abrede erfolgt sein. Eine solche Vereinbarung wird vermutet, wenn die Rückzahlung in engem zeitlichen Zusammenhang mit der Einlageleistung erfolgt. Die PT-GmbH hat die Einlage eine Woche nach Erhalt als Darlehen zurückgewährt. Es ist daher zu vermuten, dass die Rückzahlung vor Erbringung der Einlage vereinbart wurde.

   d) Der Gesellschafter A ist gemäß § 19 Abs. 5 GmbHG von der Einlageverpflichtung nur dann befreit, wenn die Leistung durch einen vollwertigen Rückgewähranspruch gedeckt ist, der jederzeit fällig ist oder durch fristlose Kündigung fällig werden kann. Die Erfüllung der Einlageverpflichtung setzt weiterhin voraus, dass die Rückgewähr gemäß § 19 Abs. 5 S. 2 GmbHG in der Handelsregisteranmeldung angegeben worden ist.[663]

      aa) Vollwertigkeit ist gegeben, wenn das Vermögen des Gesellschafters zur Deckung sämtlicher Verbindlichkeiten ausreicht.

      bb) Der Rückgewähranspruch muss jederzeit fällig sein oder durch fristlose Kündigung fällig gestellt werden können.

      cc) Im vorliegenden Fall tritt die Erfüllungswirkung schon deswegen nicht ein, weil die Gewährung des Darlehens nicht in der Handelsregisteranmeldung angegeben wurde.

III. Eventuell ist die Einlageschuld jedoch durch die „Darlehens"rückzahlung im Laufe **437** des Jahres getilgt worden. Dagegen könnte sprechen, dass G keine Tilgungsbestimmung gemäß § 366 Abs. 1 BGB getroffen hat, die auf Erfüllung der Einlagepflicht gerichtet ist. Nach heute ganz h.M. wird gleichwohl die Einlageschuld durch die irrig als „Darlehensrückzahlung" bezeichneten Leistungen erfüllt. Dadurch werden der Gesellschaft die von ihr als Einlage zu beanspruchenden Barmittel endgültig zugeführt und der Zweck der Kapitalaufbringungsregeln erreicht. Es gilt nichts anderes als für einen Gesellschafter, der die von ihm eingezahlte Einlage ohne vereinbarten Rechtsgrund vorübergehend zurückerhält und sie hiernach ohne besondere Tilgungsbestimmung wieder einzahlt. Auch dieser erfüllt damit seine (bis dahin fortbestehende) Einlagepflicht und schuldet danach nicht nochmalige Zahlung. Bei unwirksamer Ver-

---

663  BGH, Urt. v. 16.02.2009 – II ZR 120/07, Rn. 16; Bormann/Urlichs GmbHR Sonderheft 10/2008, 37, 45.

einbarung eines Darlehens kann er aber nicht schlechter stehen.[664] Demnach ist die Einlageschuld durch die Zahlungen auf die vermeintliche Darlehensverbindlichkeit getilgt worden.

Der Insolvenzverwalter hat keinen Anspruch gegen G.

---

## F. Erhaltung des Stammkapitals

**438**  Von dem Kapitalaufbringungsschutz ist der Kapitalerhaltungsschutz streng zu unterscheiden. Erst wenn das Kapital ordnungsgemäß aufgebracht wurde, greifen die Regelungen zur Erhaltung des Stammkapitals ein.

### I. Rückzahlung der Stammeinlage

**439**  Nach § 30 Abs. 1 S. 1 GmbHG darf das zur Erhaltung des Stammkapitals erforderliche Vermögen der Gesellschaft an die Gesellschafter nicht ausgezahlt werden. Werden Zahlungen entgegen dieser Vorschrift geleistet, so müssen diese gemäß § 31 Abs. 1 GmbHG der Gesellschaft erstattet werden.

Das Auszahlungsverbot gilt nur für „das zur Erhaltung des Stammkapitals erforderliche Vermögen"; d.h. Zuwendungen der Gesellschaft an die Gesellschafter sind dann von § 30 Abs. 1 GmbHG erfasst, wenn dadurch eine Unterbilanz herbeigeführt bzw. verstärkt wird.[665] Eine Unterbilanz liegt vor, wenn das Vermögen der Gesellschaft (Aktiva) minus Verbindlichkeiten nicht mehr das Stammkapital deckt.[666] Ebenfalls vom Auszahlungsverbot erfasst sind Vorgänge, bei denen durch Vermögensverlagerungen eine Überschuldung herbeigeführt oder verstärkt wird.[667]

Auch Zuwendungen an Dritte können dem Auszahlungsverbot des § 30 Abs. 1 S. 1 GmbHG unterliegen, wenn sie z.B. für Rechnung des Gesellschafters an einen Dritten erfolgen[668] oder wenn an einen Treugeber gezahlt wird.[669] Insbesondere stille Gesellschafter sind im Hinblick auf die Kapitalerhaltungsregeln wie GmbH-Gesellschafter zu behandeln, wenn sie hinsichtlich der vermögensmäßigen Beteiligung und ihres Einflusses auf die Geschäfte der GmbH weitgehend einem GmbH-Gesellschafter gleichstehen. Ihre Einlagen sind dann als Teil der Eigenkapitalgrundlage zu behandeln und damit durch § 30 GmbHG gebunden.[670]

**440**  Rechtsfolge eines Verstoßes gegen § 30 Abs. 1 S. 1 GmbHG ist gemäß § 31 Abs. 1 GmbHG, dass die Zahlungen an die Gesellschaft zu erstatten sind. Der Anspruch zielt auf

---

664  BGH, Urt. 12.06.2006 – II ZR 334/04, Rn. 13, BB 1006, 1878; BGH, Urt. v. 09.01.2006 – II ZR 72/05, Rn. 10, BGHZ 165, 352; BGH, Urt. v. 21.11.2005 – II ZR 140/04, Rn. 9, BGHZ 165, 113; OLG Hamburg, Urt. v. 19.11.2004 – 11 U 45/04, ZIP 2004, 2431; Tettinger EWiR 2004, 757, 758; Bayer GmbHR 2004, 445, 452.

665  BGHZ 136, 125; BGH ZIP 1997, 1450.

666  Baumbach/Hueck/Fastrich § 30 Rn. 19.

667  BGH NJW 1990, 1730, 1732.

668  BGHZ 60, 324, 330.

669  BGHZ 107, 7, 12.

670  BGH, Urt. v. 13.02.2006 – II ZR 62/04, BB 2006, 792.

eine Wiederherstellung des Vermögenszustandes ab, sodass der Empfänger nach seiner Wahl eine Geldzahlung an die Gesellschaft zurückgewähren kann oder, wenn er eine andere Leistung als einen Geldbetrag empfangen hat, diese zurückgewähren kann.[671]

Die Rechtsfolgen des Verstoßes gegen das Kapitalerhaltungsgebot aus § 30 GmbHG bestimmen sich ausschließlich nach § 31 GmbHG. Dies gilt auch dann, wenn es den Beteiligten auf die Umgehung dieser Vorschriften ankommt; für die Anwendung eines Rückzahlungsanspruchs aus § 812 Abs. 1 S. 1 Alt. 1 BGB ist kein Raum, da insbesondere kein Verstoß gegen ein Verbotsgesetz i.S.d. § 134 BGB vorliegt.[672]

**441** Nach heute h.M. erlischt der Anspruch aus § 31 GmbHG nicht, wenn das Stammkapital nachträglich auf andere Weise als durch Rückzahlung durch den Gesellschafter wieder nachhaltig aufgefüllt ist.[673]

Ist die nach § 31 GmbHG geschuldete Erstattung von dem Gesellschafter nicht zu erlangen, so haften die übrigen Gesellschafter nach dem Verhältnis ihrer Geschäftsanteile, § 31 Abs. 3 S. 1 GmbHG.

**442** Auf den Anspruch der Gesellschaft nach § 31 Abs. 1 GmbHG findet § 19 Abs. 2 GmbHG analog Anwendung,[674] sodass eine Aufrechnung durch den Gesellschafter nicht möglich ist.[675] Nach § 31 Abs. 4 GmbHG ist für alle Verpflichtungen aus den Abs. 1 bis 3 der Erlass ausgeschlossen.

Das Auszahlungsverbot richtet sich gegen den Geschäftsführer der Gesellschaft.[676] Dieser kann nach § 43 Abs. 3 GmbHG i.V.m. § 30 GmbHG zum Ersatz verpflichtet sein, wenn er gegen das Auszahlungsverbot verstößt.

**443** Nach § 43a GmbHG dürfen Kredite aus dem zur Erhaltung des Stammkapitals erforderlichen Vermögen nicht den Geschäftsführern, Prokuristen oder anderen gesetzlichen Vertretern gewährt werden. Bei Verstößen entsteht eine sofortige Rückzahlungspflicht des Begünstigten aus § 43a S. 2 GmbHG. Ein Rückzahlungsanspruch aus § 812 BGB ist hingegen nicht gegeben, da die unzulässige Kreditgewährung trotzdem wirksam ist.[677] Für Gesellschaftergeschäftsführer gilt **auch** § 30 GmbHG; für Gesellschafter ohne Geschäftsführerstellung gilt **nur** § 30 GmbHG.[678]

**444** Nach der früheren Rechtsprechung des BGH waren auch Kreditgewährungen an Gesellschafter – trotz vollwertigem Rückzahlungsanspruch – generell als verbotene Auszahlung i.S.d. § 30 GmbHG zu bewerten, wenn sie zulasten des gebundenen Vermögens erfolgten.[679] § 30 Abs. 1 S. 2 Alt. 2 GmbHG bestimmt nunmehr, dass das Auszahlungsverbot nicht bei Rückzahlungen gilt, die durch einen vollwertigen Rückgewähranspruch gegen den Gesellschafter gedeckt sind.

---

671 K. Schmidt § 37 III 2 a.
672 BGHZ 136, 125, BGH ZIP 1997, 1450.
673 BGH, Urt. v. 29.05.2000 – II ZR 118/98, BGHZ 144, 336; Lutter/Hommelhoff/Hommelhoff § 31 Rn. 12.
674 H. P. Westermann EWiR 2001, 327, 328; K. Schmidt § 37 III 2 a.
675 BGH, Urt. v. 16.01.2006 – II ZR 65/04, BGHZ 165, 391; BGH, Urt. v. 27.11.2000 – II ZR 83/00, NJW 2001, 830.
676 BGH, Urt. v. 25.06.2001 – II ZR 38/99, BGHZ 148, 167.
677 Lutter/Hommelhoff § 43a Rn. 12.
678 Baumbach/Hueck/Zöllner/Noack § 43a Rn. 3.
679 BGH, Urt. v. 24.11.2003 – II ZR 171/01, BGHZ 157, 72.

## II. Insolvenzantragspflicht

**445** Ist die Gesellschaft überschuldet oder zahlungsunfähig, sind die Geschäftsführer verpflichtet, die Eröffnung des Insolvenzverfahrens zu beantragen (§ 15 a Abs. 1 S. 1 InsO). Bei Führungslosigkeit ist jeder Gesellschafter zur Stellung des Insolvenzantrags verpflichtet (§ 15 a Abs. 3 InsO).

## G. Die Auflösung der GmbH

**446** Bei Vorliegen einer der in den §§ 60 ff. GmbHG geregelten Tatbestände wird die GmbH aufgelöst, z.B. aufgrund eines Gesellschafterbeschlusses mit grundsätzlich 3/4-Mehrheit (§ 60 Nr. 2 GmbHG), durch richterliches Gestaltungsurteil im Falle des § 61 GmbHG (§ 60 Nr. 3 GmbHG) und durch Eröffnung des Insolvenzverfahrens (§ 60 Nr. 4 GmbHG). Darüber hinaus können im Gesellschaftsvertrag weitere Auflösungsgründe festgelegt werden, § 60 Abs. 2 GmbHG.

Der insoweit wichtigste Fall ist der des § 61 GmbHG aufgrund einer **Auflösungsklage**. Diese kann von einem oder mehreren Gesellschaftern erhoben werden, wenn ihre Geschäftsanteile mindestens 1/10 des Stammkapitals ausmachen. Anders als bei der in § 133 HGB geregelten Auflösungsklage bei der OHG genügt hier nicht jeder wichtige Grund, er muss vielmehr „in den Verhältnissen der Gesellschaft" begründet sein. Dies kann auch dann der Fall sein, wenn die Gründe in der Person eines Gesellschafters liegen, aber auf die Gesellschaft als solche durchschlagen. Umstände, die allein in der Person eines Gesellschafters liegen, reichen dagegen nicht aus. Im letzteren Fall ist jedoch bei Vorliegen eines wichtigen Grundes die Ausschließung des betreffenden Gesellschafters aus der GmbH analog § 140 HGB möglich.[680] Scheidet eine Auflösungsklage nach § 61 GmbHG deswegen aus, weil der wichtige Grund nicht bei der Gesellschaft, sondern nur bei einem der Gesellschafter eingetreten ist, so steht dem betroffenen Gesellschafter, gegen den sich das Verhalten richtet, nach h.M. ein Austrittsrecht zu.[681]

Durch die Auflösung ist die Gesellschaft nicht beendet. Sie muss vielmehr liquidiert werden (§§ 66 ff. GmbHG). Es müssen vor allem die Schulden der Gesellschaft berichtigt werden. Ein etwa verbleibendes Vermögen der Gesellschaft darf an die Gesellschafter erst nach Ablauf eines Sperrjahres verteilt werden, § 73 GmbHG.

## 2. Abschnitt: Die Aktiengesellschaft

**447** Die Rechtsform der Aktiengesellschaft wurde in Deutschland in der Vergangenheit fast ausschließlich von Großunternehmen gewählt. Ihre Eigner sind die Aktionäre. Vorstand, Aufsichtsrat und Hauptversammlung sind ihre Organe.

Nicht alle Aktiengesellschaften treten an der Börse in Erscheinung, die Mehrzahl (ca. 85%) besitzt keine Börsenzulassung. **Börsennotiert** sind nur die Aktiengesellschaften, deren Aktien zu einem Markt zugelassen sind, der von staatlich anerkannten Stellen geregelt und überwacht wird (§ 3 Abs. 2 AktG).

■ Die Aktiengesellschaft entsteht mit der Eintragung in das Handelsregister. Der Gründungsvorgang ist in den §§ 23 ff. AktG geregelt.

■ Die AG ist eine juristische Person und haftet den Gläubigern nur mit dem Gesellschaftsvermögen (§ 1 Abs. 1 AktG).

---

680  BGHZ 80, 346, 347.
681  Baumbach/Hueck/Haas § 61 Rn. 5.

■ Die AG hat ein in Aktien zerlegtes Grundkapital (§ 1 Abs. 2 AktG).

■ Die Aktiengesellschaft handelt durch ihre Organe.

## A. Die Gründung der AG

Im AktG ist nur das Entstehen der AG durch Neugründung geregelt. Weitaus häufiger ist **448** allerdings die Umwandlung bereits bestehender Unternehmen in eine Aktiengesellschaft nach dem UmwG.

## I. Der Gründungsvorgang bei einer Neugründung

Die Gründung der Aktiengesellschaft vollzieht sich in mehreren Abschnitten: **449**

■ Abschluss des Gesellschaftsvertrages (Feststellung der Satzung) zwischen den Gründern durch notarielle Beurkundung. Der Mindestinhalt ergibt sich aus § 23 AktG.

  Nach § 2 AktG ist auch eine Einmanngründung möglich („eine oder mehrere Personen"). Auch ein Vorgründungsvertrag für eine Aktiengesellschaft bedarf der notariellen Form des § 23 AktG.[682]

■ Übernahme der Aktien durch die Gründer (§ 29 AktG)

■ Bestellung des Aufsichtsrats, des Vorstands und des Abschlussprüfers (§ 30 AktG)

■ Die Gründer müssen einen Gründungsbericht erstellen. Vorstand und Aufsichtsrat haben die Gründung zu überprüfen.

■ Die Einlagen müssen erbracht werden (§§ 36, 36a AktG).

■ Sodann ist die Gesellschaft zur Eintragung in das Handelsregister anzumelden. Das Registergericht prüft die ordnungsgemäße Errichtung und Anmeldung. Mit der Eintragung entsteht die AG.

## II. Die Gründungsstadien

Mit der Übernahme der Aktien durch die Gründer „ist die Gesellschaft errichtet" (§ 29 **450** AktG), es entsteht eine Vor-AG. Wie die Vor-GmbH ist die Vor-AG mit der später im Handelsregister eingetragenen Gesellschaft identisch.[683] Alle Rechte und Pflichten der Vor-AG gehen automatisch auf die AG über, die erst mit der Eintragung im Handelsregister „als solche" entsteht (§ 41 Abs. 1 S. 1 AktG).

Die Gesellschafter einer Vor-AG haften wie die Gesellschafter einer Vor-GmbH für Anlaufverluste unbeschränkt, wobei die Verlustdeckungshaftung als Innenhaftung ausgestaltet ist.[684]

## B. Eigene Rechtspersönlichkeit

Die Aktiengesellschaft ist selbst Trägerin von Rechten und Pflichten und aufgrund ihrer **451** Rechtsform stets Handelsgesellschaft (§ 3 Abs. 1 AktG). Die Firma muss die Bezeichnung

---

682  KG Berlin, Urt. v. 22.01.2004 – 8 U 170/03, AG 2004, 321.
683  BGH, Urt. v. 23.10.2006 – II ZR 162/05, BGHZ 169, 270.
684  OLG Karlsruhe ZIP 1998, 1961; OLG Hamm, Urt. v. 29.05.2002 – 8 U 140/01, AG 2003, 278.

„Aktiengesellschaft" oder eine allgemein verständliche Abkürzung dieses Begriffs enthalten (§ 4 AktG). Für Verbindlichkeiten der Gesellschaft haftet den Gläubigern nur das Gesellschaftsvermögen (§ 1 Abs. 1 S. 2 AktG); eine Haftung der **Aktionäre** oder **einzelner Organe** mit ihrem Privatvermögen ist ausgeschlossen. **Ausnahmen** von diesem Grundsatz ergeben sich z.B. unter den Voraussetzungen der §§ 62 Abs. 2, 93 Abs. 5, 116 AktG; in diesen Fällen können Ersatzansprüche der Gesellschaft von den Gläubigern geltend gemacht werden.

## C. Das Grundkapital

### I. Die Aktie

**452** Der Begriff „Aktie" wird vom Gesetz in dreifacher Bedeutung gebraucht:

1. Aktie als ziffernmäßiger Teil des Grundkapitals,

2. Aktie als Mitgliedschaft,

3. Aktie als Wertpapier.

### 1. Aktie als Bruchteil des Grundkapitals

**453** Das Grundkapital der Aktiengesellschaft ist der in der Satzung festgesetzte Kapitalbetrag, den aufzubringen sich die Gründer durch die Übernahme von Aktien verpflichten. Es muss mindestens 50.000 € betragen (§§ 6, 7 AktG). Das Grundkapital ist nicht mit dem Gesellschaftsvermögen identisch; dieses kann höher, aber auch niedriger sein. Die Aktien bestehen in einem Anteil am Grundkapital (§ 1 Abs. 2 AktG). Sie können entweder als Nennbetragsaktien oder als Stückaktien begründet werden (§ 8 Abs. 1 AktG).

**Nennbetragsaktien** müssen nach § 6 AktG auf einen Nennbetrag in Euro lauten, wobei gemäß § 8 Abs. 2 AktG ein Mindestbetrag von einem Euro vorgeschrieben ist. Der Nennbetrag einer Aktie spiegelt die Beteiligungsverhältnisse innerhalb der Gesellschaft wider. Er darf nicht mit dem **Wert** der Beteiligung gleichgestellt werden. Dieser hängt nur vom Wert des Unternehmens ab, der sich insbesondere nach den künftigen Ertragsaussichten richtet (Ertragswertmethode).

**Stückaktien** repräsentieren einen anteiligen Betrag am Grundkapital. Dieser bestimmt sich nach der Zahl der Aktien (§ 8 Abs. 4 AktG) und ist bei allen Aktien gleich, es gibt keine Stückaktien von unterschiedlichem Wert (§ 8 Abs. 3 S. 2 AktG). Der auf eine Stückaktie entfallende Anteil am Grundkapital darf einen Euro nicht unterschreiten (§ 8 Abs. 3 S. 3 AktG).

**Beispiel:** Bei einem Grundkapital von 100.000 € dürfen nicht mehr als 100.000 Stückaktien ausgegeben werden.

Stückaktien sind keine Quotenaktien. Sie lauten nicht beispielsweise auf 1/10.000.000 des Grundkapitals. Mangels Nennwert- oder Quotenangabe weisen sie keine Größenangabe auf. Bei Kapitalerhöhungen durch Ausgabe neuer Aktien muss die Gesellschaft gemäß § 182 Abs. 1 S. 5 AktG die Zahl der Aktien in demselben Verhältnis erhöhen wie das Grundkapital.

## 2. Aktie als Mitgliedschaft

Die Mitgliedschaft in einer Aktiengesellschaft wird vom AktG als Aktie bezeichnet (vgl.   **454**
z.B. §§ 11, 12, 64 AktG) und umfasst die gesamten Rechte und Pflichten des Aktionärs
gegenüber der Gesellschaft. Aktien können gemäß § 11 AktG verschiedene Rechte gewähren. Vorzugsaktien sind Aktien, bei denen eine bestimmte Dividende auszuzahlen
ist, bevor eine Dividende an die Stammaktionäre gezahlt werden kann, und bei denen
das Stimmrecht ausgeschlossen werden kann (§§ 12 Abs. 1 S. 2, 139–141 AktG). Aktien,
die Mehrstimmrechte gewähren, sind unzulässig (§ 12 Abs. 2 AktG).

Die mitgliedschaftliche Beteiligung an einer AG kann nur durch Aktien, nicht durch andere Berechti-
gungen wie z.B. Genussscheine eingeräumt werden.[685] Das Genussrecht, das meist in Genussscheinen
verbrieft wird, ist ein Recht, das sich in einem bestimmten geldwerten Anspruch erschöpft. Genussrech-
te sind Obligationen (Schuldverschreibungen); sie können allerdings aktienähnlich ausgestaltet sein,
d.h. sie können vermögensrechtliche Rechte und Pflichten enthalten, die denen eines Aktionärs gleichen. Die mit einer Aktie verbundenen Mitverwaltungsrechte, insbesondere ein Stimmrecht in der
Hauptversammlung oder ein Anfechtungsrecht gegen Beschlüsse der Gesellschaft, können einem Ge-
nussscheininhaber nicht eingeräumt werden.[686]

## 3. Aktie als Wertpapier

Jede Aktie stellt ein Wertpapier dar. Gemäß § 10 Abs. 1 AktG können Aktien auf den In-   **455**
haber oder auf Namen lauten.

Früher wurden Aktien regelmäßig als **Inhaberaktien** ausgegeben. Diese werden als In-
haberpapiere nach den Vorschriften über die Übereignung beweglicher Sachen (§§ 929 ff.
BGB) übertragen. Nur der (jeweilige) Inhaber des Papiers ist als Aktionär der Gesellschaft
gegenüber legitimiert.

Mittlerweile haben viele Großunternehmen von Inhaber- auf **Namensaktien** umge-
stellt (z.B. Deutsche Bank, Deutsche Telekom, Siemens). Ein wesentlicher Vorteil der Namensaktie ist die Möglichkeit ihrer unmittelbaren Notierung an der US-amerikanischen
Börse. Die Daten der Inhaber von Namensaktien werden gemäß § 67 AktG in das Ak-
tienregister der Gesellschaft eingetragen. Namensaktien können gemäß § 68 Abs. 1 S. 1
AktG auch durch Indossament übertragen werden. Eine Übertragung durch Abtretung
gemäß §§ 413, 398 BGB ist aber nicht ausgeschlossen. Wird die Übertragung der Namensaktie an die Zustimmung der Gesellschaft gebunden (§ 68 Abs. 2 AktG), spricht
man von einer **vinkulierten Namensaktie**.

Gemäß § 10 Abs. 5 AktG kann in der Satzung der Anspruch des Aktionärs auf Verbrie-
fung seines Anteils ausgeschlossen werden. Das bedeutet, dass sämtliche Aktien in einer **Globalurkunde** verbrieft werden können.

Die Aktie bleibt auch in diesem Fall ein Wertpapier. Den Schritt zu einem unverbrieften Wertrecht hat
der Gesetzgeber nicht vollzogen.[687]

---

685  BGH NJW 1993, 57.
686  BGH NJW 1993, 57; Schön JZ 1993, 925.
687  Hüffer § 10 Rn. 11; Habersack/Mayer WM 2000, 1678.

## II. Kapitalaufbringung und -erhaltung

**456** Die Kapitalaufbringung sichern insbesondere die Vorschriften über das Verbot der Unterpariemission (§ 9 Abs. 1 AktG), Sacheinlagen und -übernahmen (§ 27 AktG) und die Gründungsprüfung (§§ 32 ff. AktG).

Die Haftungsbeschränkung auf das Gesellschaftsvermögen ist nur gerechtfertigt, wenn sichergestellt ist, dass zumindest das Grundkapital der Gesellschaft erhalten bleibt.[688] Dem Grundsatz der Kapitalerhaltung dienen vor allem das Verbot der Einlagenrückgewähr (§ 57 AktG) und das grundsätzliche Verbot des Erwerbs eigener Aktien (§§ 71–71e AktG).

**457** Beim **Erwerb eigener Aktien** ist die Zahlung des Erwerbspreises grundsätzlich eine verbotene Einlagenrückgewähr, da sie den Aktionären zufließt und nicht aus Bilanzgewinnen erfolgt. Nur unter den Voraussetzungen des § 71 AktG ist der Erwerb eigener Aktien ausnahmsweise zulässig. Der zulässige Eigenerwerb ist gemäß § 57 Abs. 1 S. 2 AktG vom Verbot der Einlagenrückgewähr ausgenommen.

Aus eigenen Aktien stehen der Gesellschaft gemäß § 71b AktG keine Rechte zu.

Anderenfalls müssten diese Rechte, insbesondere die Stimmrechte, vom Vorstand ausgeübt werden, was die Funktionsaufteilung zwischen Vorstand und Hauptversammlung beeinträchtigen würde.

## III. Kapitalerhöhung

### 1. Formen der Kapitalerhöhung

**458** Wichtigster Fall der Kapitalerhöhung ist die Kapitalerhöhung gegen Einlagen (§§ 182 bis 191 AktG). Sie beruht auf einem Kapitalerhöhungsbeschluss, der zur Eintragung in das Handelsregister anzumelden ist. Gemäß § 185 Abs. 1 S. 1 AktG werden die Aktien durch schriftliche Erklärung gezeichnet. Durch den Zeichnungsvertrag verpflichtet sich die AG, dem Zeichner in dem bestimmten Umfang Mitgliedschaftsrechte zuzuteilen. Der Zeichner wird verpflichtet, die Aktien anzunehmen und die vor Anmeldung der Kapitalerhöhung fälligen Bar- bzw. Sacheinlagen zu erbringen.

**459** Weitere Fälle der Kapitalerhöhung sind:

- die bedingte Kapitalerhöhung (§§ 192–201 AktG),

  Die bedingte Kapitalerhöhung wird nur insoweit durchgeführt, wie von einem Umtausch- oder Bezugsrecht Gebrauch gemacht wird. Sie darf nur zu den in § 192 Abs. 2 AktG genannten Zwecken durchgeführt werden. Die Aufzählung in § 192 Abs. 2 AktG wird trotz des Wortlauts („soll") als abschließend angesehen.[689] Neu im Gesetz ist die Möglichkeit der bedingten Kapitalerhöhung zur Gewährung von Bezugsrechten an Mitglieder der Geschäftsführung (§ 192 Abs. 2 Nr. 3 AktG). Schon vor der Gesetzesänderung wurden Aktienoptionen für Führungskräfte überwiegend als zulässig angesehen.[690]

- die Kapitalerhöhung aus genehmigtem Kapital (§§ 202–206 AktG)

  Gemäß § 202 Abs. 1 AktG kann die Satzung den Vorstand ermächtigen, das Grundkapital bis zu einem bestimmten Nennbetrag als genehmigtes Kapital zu erhöhen.

---

688  Hüffer § 1 Rn. 10.
689  Hüffer § 192 Rn. 8.
690  OLG Stuttgart WM 1998, 1936, 1938.

- und die Kapitalerhöhung aus Gesellschaftsmitteln (§§ 207–220 AktG).

> Bei dieser Form der Kapitalerhöhung werden vorhandene Rücklagen in Eigenkapital umgewandelt. Da der Gesellschaft effektiv keine neuen Mittel zugeführt werden, kann man die Kapitalerhöhung aus Gesellschaftsmitteln auch als nominelle Kapitalerhöhung bezeichnen.[691]

## 2. Bezugsrecht und Bezugsrechtsausschluss

Die Aktionäre haben bei einer Kapitalerhöhung gemäß § 186 AktG ein Bezugsrecht für **460** junge Aktien in dem Umfang, der ihrer bisherigen Beteiligung am Grundkapital entspricht. Durch dieses Bezugsrecht kann der einzelne Aktionär eine Veränderung der Mehrheitsverhältnisse zu seinen Ungunsten verhindern.

> **Beispiel:** In einer AG hat A eine Beteiligung von 40%. B, C und D haben je eine Beteiligung von 20%. Bei einer Kapitalerhöhung besteht die Gefahr, dass A die jungen Aktien allein oder überwiegend allein erwirbt und so eine Beteiligung von über 50% erhält. B, C und D haben ein Bezugsrecht, das bei Ausübung ihre Quote und damit auch die Quote des A konstant hält.

Nach § 186 Abs. 3–5 AktG ist ein Bezugsrechtsausschluss unter Einhaltung der dort ge- **461** nannten Formalien zulässig. Darüber hinaus bedarf ein Bezugsrechtsausschluss einer sachlichen Rechtfertigung. Im Gesetz ist in § 186 Abs. 3 S. 4 AktG nur geregelt, dass ein Bezugsrechtsausschluss „insbesondere dann" zulässig ist, wenn die Kapitalerhöhung gegen Bareinlagen 10% des Grundkapitals nicht übersteigt und der Ausgabebetrag den Börsenpreis nicht wesentlich unterschreitet. Für andere Fälle ist die sachliche Rechtfertigung durch eine Interessenabwägung und Verhältnismäßigkeitsprüfung zu ermitteln.[692]

> Für den Bezugsrechtsausschluss bei einer Kapitalerhöhung aus genehmigtem Kapital stellt der BGH geringere Anforderungen. In diesem Fall soll genügen, dass die Maßnahme, zu deren Durchführung der Vorstand ermächtigt werden soll, allgemein umschrieben und in dieser Form in der Hauptversammlung bekannt gegeben wird; sie muss ferner im Interesse der Gesellschaft liegen.[693]

## D. Die Organe

Wie andere juristische Personen handelt die Aktiengesellschaft durch ihre Organe. Für **462** die AG kennzeichnend ist die Aufteilung der Funktionen zwischen dem Vorstand und dem Aufsichtsrat.

## I. Der Vorstand (§§ 76–94 AktG)

Dem Vorstand obliegt die Geschäftsführung und die Vertretung der Gesellschaft (§§ 76 **463** Abs. 1, 78 Abs. 1 AktG). Der Vorstand handelt eigenverantwortlich und ist nicht weisungsgebunden. Dies unterscheidet ihn von den Geschäftsführern einer GmbH, die den Weisungen der Gesellschafterversammlung unterliegen. Bei der Aktiengesellschaft fällt die Geschäftsführung vollständig und ausschließlich in die Verantwortlichkeit des Vorstands. Die Eigenverantwortlichkeit des Vorstands wird dadurch betont, dass Geschäftsführungsaufgaben ausdrücklich aus den Zuständigkeitsbereichen des Aufsichtsrats

---

691 K. Schmidt § 29 III 3.
692 BGHZ 71, 40, 43; 83, 319, 321; 125, 239, 241; OLG Stuttgart WM 1998, 1936, 1940.
693 BGH NJW 1997, 2815 – Siemens/Nold.

und der Hauptversammlung ausgenommen werden (§ 111 Abs. 4 S. 1 und § 119 Abs. 2 AktG). Bei einem mehrgliedrigen Vorstand besteht Gesamtgeschäftsführung (§ 77 AktG) und Gesamtvertretung (§ 78 AktG), soweit in der Satzung nichts anderes bestimmt ist.

Vorstandsmitglieder werden auf höchstens fünf Jahre durch den Aufsichtsrat bestellt, der diese Bestellung wegen eines wichtigen Grundes widerrufen kann, § 84 Abs. 1, 3 AktG. Rechtlich ist strikt zu unterscheiden zwischen dem Anstellungsvertrag (regelmäßig Dienstvertrag) und der organschaftlichen Bestellung der Vorstandsmitglieder.

Ist zweifelhaft, ob ein Anstellungsvertrag zustande gekommen ist, kann nicht angenommen werden, dass in der organschaftlichen Bestellung der konkludente Abschluss eines Anstellungsvertrages liegt. Eine solche Fiktion des Anstellungsvertrages würde der rechtlichen Trennung zwischen der Berufung in die Organstellung und dem Abschluss des Dienstvertrages widersprechen.[694]

**464** Die Vorstandsmitglieder unterliegen der allgemeinen Sorgfaltspflicht und der Verschwiegenheitspflicht (§ 93 Abs. 1 AktG). Bei Pflichtverletzungen haften die Vorstandsmitglieder der Gesellschaft gemäß § 93 Abs. 2 AktG. Schwierig ist die Abgrenzung zwischen den Verletzungen der allgemeinen Sorgfaltspflicht und bloßen Fehlschlägen und Irrtümern, die keine Haftung begründen. Dem Vorstand wird dabei ein weiter Handlungsspielraum zugebilligt. Eine Pflichtverletzung liegt nicht vor, wenn das Vorstandsmitglied bei einer unternehmerischen Entscheidung vernünftigerweise davon ausgehen durfte, zum Wohle der Gesellschaft zu handeln, § 93 Abs. 1 S. 2 AktG **(business-judgement-rule)**. Eine Schadensersatzpflicht besteht nur dann, wenn die Grenzen verantwortungsbewussten Handelns deutlich überschritten sind oder unverantwortliche Risiken eingegangen werden.[695] Zu beachten ist hierbei, dass die Darlegungs- und Beweislast für das Fehlen einer Pflichtverletzung bei den Vorstandsmitgliedern liegt, § 93 Abs. 2 S. 2 AktG. Den Schadensersatzanspruch der Gesellschaft macht nach § 112 AktG grundsätzlich der Aufsichtsrat geltend.

Ersatzansprüche der Gesellschaft können im Wege der gesetzlichen Prozessstandschaft nach den §§ 147–149 AktG auch durch eine Aktionärsminderheit geltend gemacht werden. Erhebt die Gesellschaft selbst Klage, werden anhängige Zulassungsverfahren oder Klagen der Aktionäre unzulässig, § 148 Abs. 3 AktG.[696]

## II. Der Aufsichtsrat (§§ 95–116 AktG)

**465** Der Aufsichtsrat kontrolliert den Vorstand und wird grundsätzlich nach § 101 Abs. 1 S. 1 AktG von der Hauptversammlung gewählt. Er hat die Geschäftsführung zu überwachen (§ 111 AktG) und vertritt die Gesellschaft gegenüber den Vorstandsmitgliedern (§ 112 AktG), die er bestellt und abberuft (§ 84 AktG). Um eine effektive Überwachung des Vorstands durch den Aufsichtsrat zu gewährleisten, trifft das Gesetz einige Anordnungen. Beispielsweise wird nach § 105 Abs. 1 AktG eine Personenidentität zwischen Vorstands-

---

694 OLG Schleswig, Urt. v. 16.11.2000 – 5 U 66/99, ZIP 2001, 71, 74.
695 BGHZ 135, 244, 253 – ARAG/Garmenbeck; Horn ZIP 1997, 1129, 1134; Busse Jura 2000, 337; Henze BB 2000, 209, 211.
696 K. Schmidt NZG 2005, 800; Spindler NZG 2005, 865, 868.

und Aufsichtsratmitgliedern im Grundsatz ausgeschlossen; § 100 Abs. 2 AktG begrenzt die Höchstzahl von Aufsichtsratsmandaten, die eine Person innehaben kann; nach § 110 Abs. 3 S. 1 AktG muss der Aufsichtsrat mindestens zwei Sitzungen im Kalenderjahr abhalten.

In einem florierenden Unternehmen hat der Aufsichtsrat vorwiegend eine Überwachungs- und Beratungsaufgabe.

BGHZ 114, 127, 130: „Nach § 111 Abs. 1 AktG hat der Aufsichtsrat in erster Linie die Geschäftsführung zu überwachen. Diese Kontrolle bezieht sich nicht nur auf abgeschlossene Sachverhalte, sondern erstreckt sich auch auf grundsätzliche Fragen der künftigen Geschäftspolitik; sie ist nicht auf eine Rechtmäßigkeitsprüfung beschränkt, sondern muss die Zweckmäßigkeit und Wirtschaftlichkeit der Geschäftsführung einbeziehen. Eine so verstandene Kontrolle kann wirksam nur durch ständige Diskussion mit dem Vorstand und insofern durch dessen laufende Beratung ausgeübt werden; die Beratung ist deshalb das vorrangige Mittel der in die Zukunft gerichteten Kontrolle des Vorstands."

Zu der Überwachungspflicht gehört auch die Aufgabe, ggf. das Bestehen von Schadensersatzansprüchen der AG gegen Vorstandsmitglieder eigenverantwortlich zu prüfen.[697]

Der Aufsichtsrat kann auch verpflichtet sein, gesetzeswidrige Geschäftsführungsmaßnahmen durch die Anordnung eines Zustimmungsvorbehaltes zu verhindern. Das dem Aufsichtsrat gemäß § 111 Abs. 4 S. 2 AktG für diese Maßnahme eingeräumte Ermessen verdichtet sich bei gesetzeswidriger Geschäftsführung zu einer Verpflichtung.[698]

**466** Der Aufsichtsrat besteht aus mindestens drei oder einer größeren, durch drei teilbaren Zahl von Mitgliedern. Die persönlichen Voraussetzungen der Wählbarkeit sind in § 100 AktG aufgeführt. Nach den jeweils einschlägigen Mitbestimmungsgesetzen können Arbeitnehmervertreter in den Aufsichtsrat aufzunehmen sein (§ 96 AktG).

Den Aufsichtsratmitgliedern „kann für ihre Tätigkeit eine Vergütung gewährt werden" (§ 113 AktG), was auch üblich ist. Erforderlich ist allerdings die Festsetzung in der Satzung oder die Bewilligung in der Hauptversammlung (§ 113 Abs. 1 S. 2 AktG).

Darüber hinaus werden zwischen Aufsichtsratmitgliedern und der Gesellschaft häufig Beraterverträge geschlossen. Diese bedürfen gemäß § 114 AktG der Zustimmung des (gesamten) Aufsichtsrats, soweit sie zu einer – weitergehenden – Tätigkeit „außerhalb der Tätigkeit des Aufsichtsrats" verpflichten. Beraterverträge, die sich auf Tätigkeiten beziehen, die bereits von der Überwachungsaufgabe des Aufsichtsrats erfasst sind, sind wegen Umgehung des § 113 Abs. 1 S. 2 AktG nach § 134 BGB nichtig.[699] Ein Beratungsvertrag zwischen der Gesellschaft und einem Unternehmen, dessen alleiniger Gesellschafter und Geschäftsführer ein Mitglied des Aufsichtsrats ist, fällt ebenfalls in den Anwendungsbereich der §§ 113, 114 AktG.[700]

Aufsichtsratmitglieder haften bei Pflichtverletzungen gemäß §§ 116 S. 1, 93 AktG. Dabei unterliegen Aufsichtsratmitglieder, die über berufliche Spezialkenntnisse verfügen, einem erhöhten Sorgfaltmaßstab. Sie sind gegenüber der Gesellschaft verpflichtet, ihre besonderen Fachkenntnisse einzusetzen.[701]

---

697  BGHZ 135, 244 – ARAG/Garmenbeck; Kau/Kukat BB 2000, 1045.
698  BGHZ 124, 111, 127; Thümmel DB 1999, 885; Wiese DB 2000, 1901, 1902.
699  BGHZ 114, 127, 129; BGH NJW 1994, 2484, 2485; Jaeger ZIP 1994, 1759 ff.
700  BGH, Urt. v. 03.07.2006 – II ZR 151/04, BB 2006, 1813.
701  BGH, Urt. v. 20.09.2011 – II ZR 234/09, Rn. 28, NZG 2011, 1271.

## III. Die Hauptversammlung (§§ 118–149 AktG)

**467** Dies ist die Versammlung aller Aktionäre der Gesellschaft. Die Mitglieder des Vorstands und des Aufsichtsrats sollen an der Hauptversammlung teilnehmen (§ 118 Abs. 2 AktG).

**1. Einberufen** wird die Hauptversammlung durch den Vorstand (§ 121 Abs. 2 AktG), ausnahmsweise durch den Aufsichtsrat (§ 111 Abs. 3 AktG). Mindestens einmal im Jahr ist eine ordentliche Hauptversammlung einzuberufen, die über die Verwendung des Gewinns und die Entlastung von Vorstand und Aufsichtsrat zu entscheiden hat.

**2. Zuständig** ist die Hauptversammlung nach § 119 Abs. 1 AktG für alle im Gesetz oder in der Satzung ausdrücklich genannten Angelegenheiten.

- Dies sind zunächst die **in § 119 Abs. 1 AktG** aufgeführten Maßnahmen (Bestellung der Aufsichtsratsmitglieder, Gewinnverwendung usw.).

  Der Zuständigkeitskatalog des § 119 Abs. 1 AktG wird eingeteilt in regelmäßig wiederkehrende Maßnahmen (Nr. 1–4), Strukturmaßnahmen (Nr. 5, 6 und 8) sowie den Sonderfall der Nr. 7.[702]

- Weitere im **Gesetz** geregelte Maßnahmen sind z.B. der Verzicht auf und der Vergleich über Ersatzansprüche (§§ 50, 93 Abs. 4, 116 AktG), die Abberufung von Aufsichtsratsmitgliedern (§ 103 Abs. 1 AktG), die Zustimmung zum Abschluss und zur Änderung von Unternehmensverträgen (§§ 293, 295 AktG), Eingliederungsbeschlüsse (§§ 319 f. AktG) und Umwandlungsbeschlüsse (§§ 65, 73, 174 ff., 226 ff. UmwG).

- Zuständigkeitszuweisungen an die Hauptversammlung durch die **Satzung** sind wegen des aus § 23 Abs. 5 AktG folgenden Grundsatzes der Satzungsstrenge nur in sehr engem Rahmen möglich.

- Nach der Rechtsprechung besteht weiterhin eine **ungeschriebene Zuständigkeit** der Hauptversammlung für Strukturmaßnahmen von herausragender Bedeutung.

  So fällt zwar die Gründung einer Tochtergesellschaft und deren Ausstattung mit dem üblichen Kapital unter die Zuständigkeit des Vorstands. Wird aber ein Betrieb, der den wertvollsten Teil des Gesellschaftsvermögens bildet, auf eine Tochtergesellschaft übertragen, ist der Vorstand über den Wortlaut des § 119 Abs. 2 AktG hinaus nicht nur berechtigt, sondern auch verpflichtet, die Zustimmung der Hauptversammlung einzuholen.[703] Umstritten ist, ob ungeschriebene Zuständigkeiten der Hauptversammlung auch außerhalb von Konzernbildungssachverhalten angenommen werden können.[704]

**468** **3.** Die **Willensbildung** in der Hauptversammlung erfolgt durch Beschlüsse.

- Stimmberechtigt ist jeder Aktionär, soweit er nicht nur stimmrechtslose Vorzugsaktien besitzt. Das Stimmrecht bemisst sich grundsätzlich nach dem Nennbetrag der Aktien.

  Mehrstimmrechtsaktien sind unzulässig (§ 12 Abs. 2 AktG).

  § 135 AktG regelt Einzelheiten des Bankenstimmrechts. Dies ist das Stimmrecht, das Kreditinstitute aufgrund einer Vollmacht für die Aktionäre ausüben.

---

702 Hüffer § 119 Rn. 5.
703 BGHZ 83, 122 – Holzmüller; OLG Celle DB 2001, 804; Koch § 30 III 1; Timm JuS 1999, 966, 967; Henze BB 2001, 53, 60.
704 Bejahend: Lutter/Leinekugel ZIP 1998, 225, 229; Habersack WM 2001, 545; ablehnend: Koch § 30 III 1.

- Neben dem Stimmrecht ist das Auskunftsrecht (§§ 131, 132 AktG) das wichtigste Recht der Aktionäre in der Hauptversammlung. Der Auskunftsanspruch ist umfassend; er steht auch Aktionären ohne Stimmrecht zu (§ 140 Abs. 1 AktG). Um die Hauptversammlung effektiver zu gestalten, kann nach § 131 Abs. 2 AktG die Gesellschaft in ihrer Satzung oder in einer Geschäftsordnung die Versammlungsleiter ermächtigen, das Frage- und Rederecht des Aktionärs zeitlich angemessen zu beschränken und dort Näheres dazu bestimmen. Die Auskunft darf nur aus den in § 131 Abs. 3 AktG abschließend aufgeführten Gründen verweigert werden.

- Für einen Beschluss ist grundsätzlich die Mehrheit der abgegebenen Stimmen erforderlich (§ 133 AktG). Teilweise wird vom Gesetz die 3/4-Mehrheit des in der Hauptversammlung vertretenen Grundkapitals gefordert, z.B. für Satzungsänderungen (§ 179 Abs. 2 AktG) oder bei der Kapitalherabsetzung (§ 222 Abs. 1 AktG).

- Beschlussmängel können zur Nichtigkeit oder zur Anfechtbarkeit führen. Die Nichtigkeitsgründe sind in § 241 AktG abschließend aufgezählt. Alle anderen Verstöße gegen das Gesetz oder die Satzung machen einen Hauptversammlungsbeschluss lediglich anfechtbar (§ 243 Abs. 1 AktG). Die Anfechtung ist durch Klage gegen die Gesellschaft geltend zu machen. Anfechtungsbefugt sind die in § 245 AktG genannten Personen. Die Klage muss innerhalb eines Monats nach der Beschlussfassung erhoben werden (§ 246 Abs. 1 AktG).

  Die Nichtigkeit bzw. Anfechtbarkeit bestimmter wichtiger Hauptversammlungsbeschlüsse – z.B. Wahl von Aufsichtsratsmitgliedern oder Jahresabschlüsse – ist in den §§ 250 ff. AktG besonders geregelt.

## IV. Corporate Governance Kodex

Der Begriff „Corporate Governance" bezeichnet aus der Praxis heraus entwickelte **Führungsgrundsätze für alle Organe** einer Aktiengesellschaft. Wegen § 76 Abs.1 AktG ist hiervon hauptsächlich der Vorstand der Aktiengesellschaft betroffen. Auf der Grundlage einer durch die Regierung eingesetzten Kommission ist der „Deutsche Corporate Governance Kodex" entwickelt worden, der im Bundesanzeiger veröffentlicht ist und ständig nach den aktuellen Erfahrungen weitergebildet werden soll.[705] Der Kodex enthält zwingende Gesetzesvorschriften, Empfehlungen und Anregungen. Insbesondere hinsichtlich der Empfehlungen sind Vorstand und Aufsichtsrat einer börsennotierten Aktiengesellschaft verpflichtet, zu erklären, ob sie diesen Empfehlungen entsprochen haben oder welche Empfehlungen nicht angewendet wurden, **§ 161 AktG**. Damit kann der internationale Kapitalmarkt erkennen, ob die jeweilige Unternehmensführung bestimmte Leitsätze einhält oder nicht, und darauf aufbauend selber beurteilen, ob sie das von der Unternehmensführung geforderte Vertrauen entgegenbringen möchte oder nicht.

**469**

---

705  Der aktuelle Kodex findet sich unter http://www.corporate-governance-code.de.

# E. Rechte und Pflichten der Aktionäre

## I. Einzelne Rechte

**470** Bezüglich der einzelnen Rechte des Aktionärs wird zwischen den Hauptrechten und den Hilfsrechten unterschieden.

- Die Hauptrechte des Aktionärs richten sich nach dem Maß seiner Beteiligung am Grundkapital, d.h. nach der Zahl seiner Aktien. Hauptrechte sind

  - das Stimmrecht (§§ 12, 134 AktG),

  - der Anspruch auf Gewinnbeteiligung (Dividendenauszahlung) gemäß §§ 58 Abs. 4, 60 AktG,

  - das Bezugsrecht (§ 186 AktG)

  - und das Recht auf den Abwicklungsüberschuss (§ 271 AktG).

- Für die Hilfsrechte gilt eine Gleichbehandlung nach Köpfen. Hilfsrechte sind

  - das Recht auf Teilnahme an der Hauptversammlung,

  - das Rederecht,

  - das Auskunftsrecht[706] (§ 131 AktG)

  - und die Anfechtungsbefugnis (§ 245 AktG).

## II. Pflichten des Aktionärs

**471** Leistungspflichten haben Aktionäre grundsätzlich nicht. Lediglich bei der Gründung ist der Aktionär gemäß § 54 AktG zur Erbringung der Einlage verpflichtet. Der Aktionär hat allerdings **Treuepflichten**, und zwar nicht nur der AG, sondern auch den Mitaktionären gegenüber. Treuepflichten können bei der Ausübung des Stimmrechts in der Hauptversammlung ein bestimmtes Verhalten gebieten oder verbieten.

**Beispiel:** Girmes[707]

In der Hauptversammlung der G-AG musste über ein Sanierungskonzept abgestimmt werden. Aufgrund der verweigerten Zustimmung der Minderheitsgesellschafter musste die Gesellschaft kurz nach der Hauptversammlung abgewickelt werden. Die Mehrheitsgesellschafter verlangen Schadensersatz von den Minderheitsgesellschaftern, die die Sanierung blockiert haben.

Der Schadensersatzanspruch ergibt sich aus § 280 Abs. 1 BGB. Die Treuepflicht der Minderheitsaktionäre gegenüber ihren Mitgesellschaftern hätte eine Zustimmung zur Sanierung geboten. Entscheidungen über Kapitalerhöhung, Kapitalherabsetzung oder Sanierungskonzepte sind zwar grundsätzlich unternehmerische Entscheidungen, bei denen den Abstimmenden in der Hauptversammlung ein weites unternehmerisches Ermessen zusteht; in dem hier gegebenen (Ausnahme-)Fall stand aber fest, dass nur eine Zustimmung zu dem Sanierungskonzept das Überleben der Gesellschaft sichern konnte.[708]

Die Treuepflichten sind nicht auf das Verhalten in der Hauptversammlung beschränkt. So ist z.B. die Erhebung einer Anfechtungsklage durch Kleinaktionäre dann treuwidrig,

---

706 Henze BB 2002, 893.

707 BGHZ 129, 136.

708 Zum Girmes-Urteil vgl. Lutter JZ 1995, 1053; Henze BB 1996, 489; Steding JA 1999, 643.

wenn sie in der Absicht erfolgt, für die Rücknahme der Klage Zahlungen von der Gesellschaft zu erpressen.[709]

Die Klage ist in diesen Fällen als rechtsmissbräuchlich anzusehen.[710]

## III. Gleichbehandlungsgebot

Gemäß § 53a AktG sind Aktionäre unter gleichen Voraussetzungen gleich zu behandeln. Die Regelung verbietet eine Ungleichbehandlung ohne sachlichen Grund. Zweck des Gleichbehandlungsgebots ist der Schutz der Mitgliedschaft des Aktionärs vor einem Eingreifen der Gesellschaftsorgane, insbesondere durch Beschlüsse der Hauptversammlung.[711]  **472**

## 3. Abschnitt: Die Kommanditgesellschaft auf Aktien

Die Kommanditgesellschaft auf Aktien (KGaA) ist eine Mischform mit Elementen der Aktiengesellschaft und der Kommanditgesellschaft. Sie ist – wie die Aktiengesellschaft – juristische Person, unterscheidet sich von dieser jedoch dadurch, dass es neben den (Kommandit-)Aktionären mindestens einen persönlich haftenden Gesellschafter gibt, dessen Stellung der eines Komplementärs in einer KG ähnlich ist. Auf die KGaA finden die Vorschriften des ersten Buches des Aktiengesetzes Anwendung, soweit sich nicht aus den §§ 278 ff. AktG etwas anderes ergibt.  **473**

Die isolierte KGaA hat nur geringe praktische Bedeutung. Es ist aber zulässig, dass der persönlich haftende Gesellschafter einer KGaA eine juristische Person (beispielsweise eine GmbH) sein kann.[712] Die danach zulässige GmbH & Co. KGaA ist für viele Unternehmen eine interessante Alternative zur AG.[713]

## 4. Abschnitt: Der Verein

Der Verein ist der Grundtyp aller Körperschaften. Er unterscheidet sich von den Personengesellschaften dadurch, dass er eine körperschaftliche Struktur besitzt und – als rechtsfähiger Verein – juristische Person ist.[714]  **474**

Das Gesetz unterscheidet zwischen dem nicht wirtschaftlichen (§ 21 BGB) und dem wirtschaftlichen (§ 22 BGB) Verein.

- Beide Vereine sind zunächst nicht rechtsfähig. Auf den nicht rechtsfähigen Verein finden nach dem Wortlaut des § 54 S. 1 BGB die Vorschriften über die Gesellschaft (§§ 705 ff. BGB) Anwendung.

  - Für nicht wirtschaftliche Vereine wird die Verweisung des § 54 S. 1 BGB allgemein als rechtspolitisch verfehlt angesehen. Auf den nicht rechtsfähigen Idealverein ist Vereinsrecht anzuwenden mit Ausnahme der Vorschriften, die die Rechtsfähigkeit voraussetzen.

---

709  Grunewald § 10 Rn. 42; Henze BB 1996, 489, 494.

710  OLG Stuttgart, Urt. v. 10.01.2001 – 20 U 91/99, BB 2001, 326.

711  Hüffer § 53a Rn. 3.

712  BGH NJW 1997, 1923 mit Anm. Strieder/Habel BB 1997, 1375.

713  Dirksen/Möhrle ZIP 1998, 1377; Schilling BB 1998, 1905; Niedner/Kusterer DB 1998, 2405; Bayreuther JuS 1999, 651.

714  BGHZ 25, 313; BGH NJW 1979, 2305.

- Nur bei wirtschaftlichen Vereinen greift die Verweisung auf das Gesellschaftsrecht voll durch.

- Der nichtwirtschaftliche Verein erlangt seine Rechtsfähigkeit durch Eintragung in das Vereinsregister (§ 21 BGB);

- der wirtschaftliche Verein wird nur durch staatliche Verleihung rechtsfähig (§ 22 BGB).

## A. Der nicht wirtschaftliche eingetragene Verein (e.V.)

## I. Gründung

### 1. Erforderlich sind mindestens sieben Gründungsmitglieder (§ 56 BGB).

### 2. Die Gründungsmitglieder müssen eine Satzung errichten.

**475** Diese muss mindestens den Vereinszweck, den Namen und den Sitz des Vereins enthalten (§ 57 BGB). Der Zweck muss **nicht wirtschaftlich** sein. Ein wirtschaftlicher Verein liegt nach den §§ 21, 22 BGB vor, wenn der Verein „auf einen wirtschaftlichen Geschäftsbetrieb" gerichtet ist. Nach der Rechtsprechung ist ein wirtschaftlicher Verein gegeben, wenn auf einem äußeren Markt planmäßig und dauerhaft Leistungen gegen Entgelt angeboten werden. Auf eine Gewinnerzielungsabsicht des Vereins oder seiner Mitglieder kommt es dabei nicht an.[715]

In der Literatur wird ein wirtschaftlicher Verein dann angenommen, wenn unternehmerische Tätigkeiten verfolgt werden, die nach dem Sinn und Zweck des Gesetzes in den Rechtsformen der Handelsgesellschaften verfolgt werden müssen. Es sind Fallgruppen mit bestimmten Typen wirtschaftlicher Vereine zu bilden, wobei (nur) der „Haupttyp" des „unternehmerischen Vereins" durch eine planmäßige und dauerhafte entgeltliche Tätigkeit am äußeren Markt gekennzeichnet ist.[716]

Ein nicht wirtschaftlicher Verein liegt auch dann vor, wenn ein wirtschaftlicher Geschäftsbetrieb im Rahmen einer ideellen Zielsetzung lediglich Nebenzweck ist (Nebenzweckprivileg); z.B. der Betrieb eines Vereinslokals durch einen Sportverein.

Auch große Sportvereine der Fußballbundesliga werden teilweise als nicht wirtschaftliche Vereine geführt. Da man kaum sagen kann, dass der Berufsfußball nur Nebenzweck eines i.d.R. außerdem vorhandenen Amateurbereichs ist, wird dies überwiegend für bedenklich gehalten.[717]

**476** Von den Gründern ist ein Vereinsvorstand zu bestellen, der den Verein zur Eintragung anzumelden hat. Der Anmeldung müssen die von mindestens sieben Mitgliedern unterschriebene Satzung und eine Abschrift der Urkunde über die Bestellung des Vorstands beigefügt werden (§ 59 BGB).

---

715  BayOLG DNotZ 1990, 103; NJW-RR 1999, 765; Palandt/Ellenberger § 21 Rn. 4.

716  K. Schmidt AcP 182 (1982), 1 ff.; MünchKomm-BGB/Reuter § 21 Rn. 27 ff.; Erman/Westermann § 21 Rn. 3; Lettl DB 2000, 1449, 1450.

717  MünchKomm-BGB/Reuter §§ 21, 22 Rn. 43; Erman/Westermann § 21 Rn. 5; Balzer ZIP 2001, 175, 181.

## II. Die Organe des Vereins

Der Vorstand ist für die Geschäftsführung und Vertretung des Vereins zuständig. Seine **477** Vertretungsmacht kann durch Satzung auch Dritten gegenüber beschränkt werden (§ 26 BGB). Der Vorstand wird bestellt durch Beschluss der Mitgliederversammlung. Die Bestellung ist grundsätzlich jederzeit widerruflich; auf die Geschäftsführung des Vorstands finden die §§ 664–670 BGB entsprechende Anwendung (§ 27 BGB).

Der Verein besitzt als weiteres Organ eine Mitgliederversammlung, in der grundsätzlich **478** alle Angelegenheiten durch Beschlussfassung geordnet werden; es entscheidet die Mehrheit der erschienenen Mitglieder (§ 32 BGB).

Die Vereinsmitgliedschaft ist höchstpersönlich; ebenso die Ausübung der Mitgliedschaftsrechte (§ 38 BGB). Jedes Mitglied ist zum Austritt aus dem Verein berechtigt; die Einhaltung einer Kündigungsfrist kann satzungsgemäß vereinbart werden (§ 39 BGB).

## III. Die Haftung des eingetragenen Vereins

Als juristische Person haftet der Verein selbst. Er wird durch Vertretung des Vorstands **479** berechtigt und verpflichtet. Pflichtverletzungen seiner Organe werden dem Verein nach § 31 BGB zugerechnet. Der Verein haftet danach für Schäden, die die „verfassungsmäßig berufenen Vertreter in Ausführung der ihnen zustehenden Verrichtungen" durch eine zum Schadensersatz verpflichtende Handlung einem Dritten zufügen.

■ Der Verein haftet für die Handlungen seiner Organe gemäß § 31 BGB.

■ Verfassungsmäßig berufene Vertreter sind zunächst der Vorstand sowie weitere in der Satzung vorgesehene Vertreter (§ 30 BGB). Die h.M. hat den Begriff des verfassungsmäßig berufenen Vertreters aber auch auf Personen erstreckt, die weder in der Satzung als Vertreter vorgesehen sind noch überhaupt Vertretungsmacht besitzen. Es genügt, dass dem „Vertreter" durch die allgemeine Betriebsregelung und Handhabung bedeutsame, wesensmäßige Funktionen der juristischen Person zur selbstständigen, eigenverantwortlichen Erfüllung zugewiesen sind und er die juristische Person insoweit repräsentiert (Repräsentantenhaftung).[718]

Der Begriff des Repräsentanten entspricht im Wesentlichen dem Begriff des leitenden Angestellten i.S.d. Arbeitsrechts.

Hat eine Person gehandelt, die weder Organ noch Repräsentant ist, kommt eine Haftung der juristischen Person für einen Organisationsmangel in Betracht. Die juristische Person bzw. deren Organe müssen den Geschäftsbereich ihrer Tätigkeit so organisieren, dass für alle wichtigen Aufgaben ein verfassungsmäßig berufener Vertreter zuständig ist, der die wesentlichen Entscheidungen trifft; entspricht die Organisation diesen Anforderungen nicht, muss sich die juristische Person so behandeln lassen, als ob der tatsächlich eingesetzte Verrichtungsgehilfe ein verfassungsmäßiger Vertreter wäre.[719]

---

718 BGHZ 49, 19, 21; BGH NJW 1972, 334; Palandt/Ellenberger § 31 Rn. 6; MünchKomm-BGB/Reuter § 31 Rn. 19.

719 BGHZ 24, 200, 213; BGH NJW 1980, 2810; Palandt/Ellenberger § 31 Rn. 7; Hassold JuS 1982, 583.

- Die Vertreter müssen in Ausführung der ihnen zustehenden Verrichtungen, d.h. in „amtlicher Eigenschaft", gehandelt haben. Es muss ein sachlicher Zusammenhang zwischen dem dem Organ zugewiesenen Aufgabenkreis und der schädigenden Handlung bestehen; das Organ darf nicht nur „bei Gelegenheit" gehandelt haben.

  Nicht erforderlich ist, dass die Tätigkeit durch die Vertretungsmacht des Organs gedeckt ist. § 31 BGB erfasst gerade auch die Fälle, in denen die Vertretungsmacht überschritten wird.[720]

- Das Organ muss eine zum Schadensersatz verpflichtende Handlung begangen haben. Unstreitig fallen darunter alle Schädigungen im allgemeinen Rechtsverkehr: unerlaubte Handlungen nach den §§ 823 ff. BGB, Gefährdungshaftung (z.B. § 7 StVG). Umstritten ist die Haftung für Pflichtverletzungen im Rahmen schuldrechtlicher Sonderverbindungen.

  Teilweise wird in diesen Fällen § 278 BGB angewandt.[721] Die h.L. wendet § 31 BGB auch für Pflichtverletzungen aus Schuldverhältnissen an.[722] Reuter[723] differenziert: Für den verfassungsmäßig berufenen Vertreter i.e.S. soll § 31 BGB gelten, für den Repräsentanten § 278 BGB.

## IV. Die Beendigung des eingetragenen Vereins

**480**  Der Verein wird aufgelöst durch Beschluss der Mitgliederversammlung (§ 41 BGB), er verliert seine Rechtsfähigkeit durch die Eröffnung des Insolvenzverfahrens sowie unter den Voraussetzungen des § 43 BGB durch Entzug. Für die Liquidation des Vereinsvermögens gelten die §§ 47 ff. BGB.

## B. Der wirtschaftliche Verein

**481**  Ist der Zweck eines Vereins auf einen wirtschaftlichen Geschäftsbetrieb gerichtet, so handelt es sich gemäß § 22 BGB um einen wirtschaftlichen Verein. Dieser erlangt seine Rechtsfähigkeit allein durch staatliche Verleihung.

Die Rechtsform des wirtschaftlichen Vereins ist eine subsidiäre; d.h. die Verleihung der Rechtsfähigkeit darf nur dann erfolgen, wenn es für die Vereinigung wegen besonderer Umstände des Einzelfalles unzumutbar ist, sich in einer der für rechtsfähige wirtschaftliche Zusammenschlüsse bundesgesetzlich bereitgestellten Rechtsformen (AG, GmbH usw.) zu organisieren, oder wenn die Rechtsform des rechtsfähigen Vereins durch bundesgesetzliche Sonderregeln (z.B. § 3 Abs. 1 Nr. 4 MarktstrukturG) ausdrücklich zugelassen ist.[724] Aus diesem Grund haben wirtschaftliche Vereine so gut wie keine praktische Bedeutung.[725]

---

720  BGHZ 98, 148, 152; 99, 298, 300; Palandt/Ellenberger § 31 Rn. 10.

721  Staudinger/Weick § 31 Rn. 3; Flume § 16 IV; Petersen Jura 2002, 683, 685.

722  Soergel/Hadding § 31 Rn. 4 m.w.N.

723  MünchKomm-BGB/Reuter § 31 Rn. 31.

724  BVerwG NJW 1979, 2265; K. Schmidt AcP 182 (1982), 1, 32 ff.

725  Zur Abgrenzung des Idealvereins vom wirtschaftlichen Verein: OLG Hamm, Beschl. v. 20.01.2000 – 15 W 446/99, BB 2000, 1161; OLG Stuttgart NJW-RR 1998, 683; Schad NJW 1998, 2411.

## C. Der nicht rechtsfähige Verein

Ein Idealverein ohne Registereintragung oder ein wirtschaftlicher Verein ohne staatliche Zulassung ist nicht rechtsfähig. Auf diesen Verein finden nach dem Wortlaut des § 54 S. 1 BGB die Vorschriften über die Gesellschaft Anwendung. Die Verweisung auf das Gesellschaftsrecht hat historische Gründe und wird heute allgemein als verfehlt angesehen.

**482**

Durch die Regelung des § 54 S. 1 BGB sollten alle nicht rechtsfähigen Vereine mit politischen, sozialpolitischen oder religiösen Zwecken (insbesondere die Gewerkschaften) dazu angehalten werden, die Rechtsfähigkeit zu erwerben und sich so der Kontrolle der Verwaltungsbehörden (nach §§ 43 Abs. 3, 61 Abs. 2 BGB a.F.) zu unterwerfen. Nach der Streichung der §§ 43 Abs. 3, 61 Abs. 2 BGB a.F. ist dieser Zweck überholt.

Da die nicht rechtsfähigen Vereine in ihrer körperschaftlichen Struktur den rechtsfähigen Vereinen jedoch wesentlich näher stehen als der GbR, besteht heute Einigkeit darüber, dass entgegen § 54 S. 1 BGB auch auf den nicht rechtsfähigen Verein die Vorschriften der §§ 24 ff. BGB Anwendung finden, sofern sie nicht gerade die Rechtsfähigkeit des Vereins voraussetzen.[726]

**483**

Nach § 54 S. 2 BGB haftet beim rechtsgeschäftlichen Tätigwerden für den Verein der Handelnde persönlich.

Weitere Regelungen für den nicht rechtsfähigen Verein enthalten die §§ 50 Abs. 2 und 735 ZPO, § 11 Abs. 1 S. 2 InsO.

## 5. Abschnitt: Die Genossenschaft

Die eingetragene Genossenschaft ist eine rechtsfähige Körperschaft nach Art des Vereins, deren Zweck darauf gerichtet ist, den Erwerb oder die Wirtschaft ihrer Mitglieder oder deren soziale oder kulturelle Belange durch einen gemeinschaftlichen Geschäftsbetrieb zu fördern, und deren Mitgliederzahl nicht geschlossen ist (§ 1 GenG). Die Genossenschaft ist mithin eine körperschaftlich organisierte juristische Person (§ 17 Abs. 1 GenG), die ohne Rücksicht auf die Art ihres Betriebs Kaufmann kraft Rechtsform ist (§ 17 Abs. 2 GenG). Die Firma der Genossenschaft muss die Bezeichnung „eingetragene Genossenschaft", zumindest aber die Abkürzung „eG" enthalten (§ 3 GenG). Den Gläubigern der Genossenschaft haftet nur deren Vermögen (§ 2 GenG). Zum Entstehen der Genossenschaft ist ihre Eintragung im Genossenschaftsregister erforderlich (§ 10 GenG). Durch die Änderungen im Genossenschaftsgesetz wird die Kapitalbeschaffung und Kapitalerhaltung erleichtert, indem beispielsweise eine Sachgründung zugelassen wird (§ 7a Abs. 3 GenG) und ein Mindestkapital eingeführt werden kann (§ 8a Abs. 1 GenG). Auch der Gründungsvorgang wird erheblich vereinfacht. Beispielsweise wird die Mindestmitgliederzahl von sieben auf drei gesenkt (§ 4 GenG). Genossenschaften mit bis zu 20 Mitgliedern können auf den Aufsichtsrat verzichten (§ 9 Abs. 1 GenG). Von der AG sowie der GmbH unterscheidet sich die Genossenschaft u.a. dadurch, dass ihre Mitglieder intensiver persönlich an ihr beteiligt sind.[727]

**484**

726 BGHZ 50, 325, 328; MünchKomm-BGB/Reuter § 54 Rn. 10; Staudinger/Weick § 54 Rn. 2; Palandt/Ellenberger § 54 Rn. 1; Erman/Westermann § 54 Rn. 1; Petersen Jura 2002, 683, 686.
727 Zur Genossenschaft vgl. Stumpf JuS 1998, 701; Steding NZG 1999, 282.

## Aktiengesellschaft und Verein

### Aktiengesellschaft

- Die Aktiengesellschaft entsteht mit der Eintragung ins Handelsregister. Der Gründungsvorgang ist in den §§ 23 ff. AktG geregelt.

- Die AG ist juristische Person und handelt durch ihre Organe.

  - Dem Vorstand obliegt die Geschäftsführung und Vertretung der AG.

  - Der Aufsichtsrat kontrolliert den Vorstand, den er bestellt und abberuft.

  - Die Hauptversammlung ist die Versammlung aller Aktionäre der AG. Sie ist zuständig für alle im Gesetz und in der Satzung ausdrücklich bestimmten Fälle, insbesondere für die in § 119 AktG genannten Fragen.

- Für Verbindlichkeiten der Gesellschaft haftet grundsätzlich nur das Gesellschaftsvermögen.

- Der Begriff „Aktie" wird vom Gesetz in dreifacher Bedeutung gebraucht.

  - Die Aktie ist ein Anteil an dem in der Satzung bestimmten Grundkapital.

  - Die Mitgliedschaft in einer AG wird als Aktie bezeichnet. Sie umfasst die gesamten Rechte und Pflichten der Aktionäre.

  - Jede Aktie ist ein Wertpapier.

### Verein

- Der nicht wirtschaftliche eingetragene Verein

  - Der Zweck des Vereins muss nicht wirtschaftlich sein. Ein Verein verfolgt einen wirtschaftlichen Zweck, wenn er auf dem äußeren Markt planmäßig und dauerhaft Leistungen gegen Entgelt anbietet.

  - Gesetzlich vorgesehene Organe des Vereins sind der Vorstand und die Mitgliederversammlung.

  - Der Verein haftet für seine Organe gemäß § 31 BGB:

    - Verfassungsmäßig berufene Vertreter sind: der Vorstand, die in der Satzung vorgesehenen Vertreter (§ 30 BGB) sowie alle Personen, die den Verein repräsentieren (Repräsentantenhaftung).

    - Die Vertreter bzw. Repräsentanten müssen in Ausführung der ihnen zustehenden Verrichtungen gehandelt haben.

    - Der Verein haftet für alle zum Schadensersatz verpflichtenden Handlungen der Organe. Umstritten ist, ob dazu auch Vertragspflichtverletzungen gehören.

- Der wirtschaftliche Verein erlangt seine Rechtsfähigkeit allein durch staatliche Verleihung.

- Auf den nicht rechtsfähigen Verein finden entgegen dem Wortlaut des § 54 S. 1 BGB die Vorschriften der §§ 24 ff. BGB Anwendung, sofern sie nicht gerade die Rechtsfähigkeit voraussetzen.

# 4. Teil: Besondere Gesellschaftsformen

## 1. Abschnitt: Die GmbH & Co. KG

Die GmbH & Co. KG ist eine Kommanditgesellschaft, an der eine GmbH als – regelmäßig    **485**
einziger – persönlich haftender Gesellschafter beteiligt ist.

Für die Wahl dieser Rechtsform sind insbesondere steuer-, gesellschafts- und neuerdings bilanzrechtliche Überlegungen maßgebend:

■ Anders als die GmbH hat die GmbH & Co. KG bei der Gewerbesteuer einen Freibetrag von 24.500 €. Für die Gesellschafter besteht die Möglichkeit, die gezahlte Gewerbesteuer auf die Einkommensteuer anrechnen zu lassen. Weiterhin können die Verluste der GmbH & Co. KG auf der Gesellschafterebene mit Gewinnen anderer Einkünfte verrechnet werden.

■ Der Mitbestimmungseinfluss der Arbeitnehmer ist geringer als in der GmbH. Der Grundsatz der Selbstorganschaft bei den Personengesellschaften wird umgangen, sodass die GmbH & Co. KG außenstehende Fachleute (als Geschäftsführer der Komplementär-GmbH) mit der Geschäftsleitung betrauen kann. Ein Entnahmerecht besteht auch, wenn kein Gewinn erwirtschaftet wird. Den Gläubigern einer KG steht primär der Komplementär mit seinem persönlichen Vermögen zur Verfügung. Wenn bei einer GmbH & Co. KG der Komplementär eine GmbH ist, kann der Gläubiger aber lediglich auf das Gesellschaftsvermögen der GmbH zugreifen. Die eventuelle Haftung der Kommanditisten richtet sich nach den §§ 171 ff. HGB, sodass grundsätzlich deren Haftung erlischt, wenn die Einlage eingebracht ist.

■ Bilanzrechtlich fällt ins Gewicht, dass die GmbH & Co. KG nicht in die erweiterte Rechnungslegung der §§ 264 ff. HGB einbezogen wurde. Allerdings gelten die Bilanzierungsregeln der §§ 264 ff. HGB nach § 264 a HGB grundsätzlich (Ausnahme: § 264 b HGB) für Personengesellschaften, und damit auch für die KG, bei denen kein persönlich haftender Gesellschafter eine natürliche Person ist.

Da oben (im 1. Teil) die Fragen der Kommanditgesellschaft behandelt worden sind, beschränken sich die nachstehenden Ausführungen auf die wesentlichen Besonderheiten, die sich daraus ergeben, dass eine GmbH (zumeist einziger) Komplementär der KG ist.

## A. Entstehen und Wirksamwerden der GmbH & Co. KG

Die GmbH & Co. KG entsteht – im Innenverhältnis – mit Abschluss eines Gesellschafts-    **486**
vertrages der Gesellschafter (GmbH und Kommanditisten) mit dem in § 705 BGB, §§ 105, 161 HGB bestimmten Inhalt. Dabei sind unterschiedliche Gestaltungsformen möglich.

Eine personengleiche GmbH & Co. KG liegt vor, wenn GmbH-Gesellschafter und Kommanditisten der KG identisch sind. Sollen dabei nur einzelne Kommanditisten einen entscheidenden Einfluss auf die Geschäftsführung der GmbH & Co. KG ausüben, werden nur diese zu deren Geschäftsführern bestellt. Einen Sonderfall dieser Erscheinungsform stellt die Einmann-GmbH & Co. KG dar, bei der der Alleingesellschafter der GmbH zugleich der einzige Kommanditist der KG ist.

Sind die Gesellschafter der GmbH und die Kommanditisten der KG nicht identisch, so spricht man von einer nicht personengleichen GmbH & Co. KG. Besondere Ausgestaltungen dieser häufigsten Erscheinungsform sind z.B. die kapitalistische GmbH & Co. KG oder die Publikums-KG.

**487** Bei der wechselseitig beteiligten GmbH & Co. KG **(Einheitsgesellschaft)** besteht die nach dem Gesellschaftsvertrag zu erbringende Einlage der Kommanditisten in ihren Anteilen an der GmbH; es ist somit denkbar, dass die KG Alleingesellschafter der GmbH, also ihres eigenen Komplementärs wird (§ 172 Abs. 6 HGB). Es erfolgt im Regelfall zuerst die Gründung der GmbH. Im Zuge der Gründung der KG legen die Gesellschafter der Komplementär-GmbH dann ihre Anteile an der GmbH zu 100% in die KG ein, die dann zu 100% Gesellschafter ihrer Komplementärin ist. Hierdurch können gesellschafts- und steuerrechtliche Verzahnungsprobleme zwischen Personen- und Kapitalgesellschaft vereinfacht werden.[728]

Ist Komplementär der GmbH & Co. KG eine weitere GmbH & Co. KG, so spricht man schließlich von einer mehrstufigen oder doppelstöckigen GmbH & Co. KG.[729]

**488** **I.** Besteht noch keine Gesellschaft zwischen den Beteiligten, so ist zum Entstehen der GmbH & Co. KG der Abschluss

- eines GmbH-Vertrages nach den Regeln des GmbH-Gesetzes sowie

- eines KG-Vertrages zwischen der GmbH und den Kommanditisten gemäß §§ 161 ff. HGB erforderlich.

Wirksam wird die GmbH & Co. KG zum einen durch Eintragung beider Gesellschaften (GmbH und KG) in das Handelsregister (§ 11 Abs. 1 GmbHG; §§ 123 Abs. 1 i.V.m. 161 Abs. 2 HGB). Darüber hinaus tritt unter den Voraussetzungen von § 1 HGB die Wirksamkeit der GmbH & Co. KG bereits durch Aufnahme der Geschäfte ein (§ 123 Abs. 2 HGB), denn die noch nicht eingetragene Vor-GmbH kann bereits persönlich haftender Gesellschafter der KG sein (vgl. im Einzelnen den nächsten Fall).

Erfüllt der Geschäftsbetrieb der Gesellschaft die Voraussetzungen von § 1 HGB nicht, handelt es sich bis zur Eintragung um eine Gesellschaft bürgerlichen Rechts.[730]

**489** **II.** Besteht bereits eine – wirksame – Personenhandelsgesellschaft (OHG/KG), so kann die bestehende bzw. noch einzutragende GmbH durch Eintritt die Komplementärstellung in der Gesellschaft erwerben und diese so zur GmbH & Co. KG werden.

## B. Vertretung und Ansprüche Dritter

**490** **I.** Ist, wie im Regelfall, die GmbH einziger Komplementär der GmbH & Co. KG, so ist die **Vertretung** der KG notwendigerweise **zweistufig**:

- Die GmbH & Co. KG wird vertreten durch die Komplementär-GmbH. Der Umfang der Vertretungsmacht bestimmt sich insoweit nach §§ 125 ff. HGB.

- Vertreter der Komplementär-GmbH ist (sind) ihr(e) Geschäftsführer (§§ 35 ff. GmbHG). Bei der Komplementär-GmbH ist eine Beschränkung der Vertretungsmacht im Außenverhältnis ohne jede Bedeutung (§ 37 Abs. 2 GmbHG); unter den Voraussetzungen des § 35 Abs. 3 GmbHG gilt für den Alleingeschäftsführer allerdings das Selbstkontrahierungsverbot des § 181 BGB. Die Vertretung durch den Geschäftsführer der GmbH ist folglich keine unmittelbar organschaftliche Vertretung der KG. Vielmehr vertritt dieser die KG nur mittelbar über die Komplementär-GmbH, also zweistufig.

---

728 Eingehend zur Einheits-KG Jorde/Götz BB 2005, 2718 ff.

729 Baumbach/Hopt Anh. § 177 a Rn. 9; K. Schmidt § 56 II 3 f; Windbichler § 37 Rn. 11.

730 BGH NJW 1980, 1630; Baumbach/Hopt Anh. § 177 a Rn. 15.

**Beispiel:** A und B sind Gesellschafter der X-GmbH, deren Geschäftsführer der A ist. Die X-GmbH ist Komplementärin der X-GmbH & Co. KG, wobei A und B Kommanditisten sind. A schließt im Namen der KG einen Kaufvertrag mit V ab, der nunmehr von diesem nichts mehr wissen will und sich auf die fehlende Vertretungsmacht des A beruft. Zu Recht?

**I.** A hat eine eigene Willenserklärung abgegeben und sich im Namen der KG mit V geeinigt.

**II.** Fraglich ist, ob A mit Vertretungsmacht gehandelt hat. Eine KG wird gemäß §§ 161 Abs. 2, 125 ff. HGB durch ihren Komplementär vertreten. Vorliegend handelt es sich hierbei um eine GmbH, die selbst als solche nach außen nur durch ihr Vertretungsorgan, also durch ihren Geschäftsführer (§ 35 GmbHG) handeln kann. Demnach konnte A als Geschäftsführer der GmbH die KG wirksam vertreten. Problematisch ist hier allerdings, dass es sich bei A gleichzeitig um einen Kommanditisten der KG handelt, der nach § 170 HGB von der Vertretung der KG ausgeschlossen ist. **§ 170 HGB verbietet jedoch nur die unmittelbare organschaftliche Vertretung durch den Kommanditisten, nicht aber seine Vertretertätigkeit als Organ der Komplementär-GmbH.** Somit hat A die KG wirksam vertreten. Der Kaufvertrag zwischen der KG und V ist zustande gekommen.

## II. Die Ansprüche Dritter können gerichtet sein 491

- gegen die GmbH & Co. KG als Personenhandelsgesellschaft gemäß § 124 HGB

- und gegen die einzelnen Gesellschafter:

  - gegen die Komplementär-GmbH gemäß § 128 HGB,

  - gegen die Kommanditisten gemäß §§ 171 ff. HGB.

Vor Eintragung der KG haftet diese nur unter den Voraussetzungen des § 123 HGB. Die Kommanditisten können nach § 176 HGB haften. Vor Eintragung der GmbH gelten die Haftungsgrundsätze der Vor-GmbH.

---

### Fall 31: Verfrühter Tapetenkauf

B, der ein Malergeschäft betreibt, gründet zusammen mit W im Januar die X-GmbH sowie die X-GmbH & Co. KG mit der X-GmbH als persönlich haftender Gesellschafterin und den beiden Gründern als Kommanditisten. Geschäftsgegenstand des Unternehmens der KG ist der Großhandel mit Farben und Tapeten sowie die Durchführung von Malerarbeiten. In der Satzung der GmbH sind B und W als gesamtvertretungsberechtigte Geschäftsführer bestellt. Im März kaufte der Angestellte A der KG im Auftrag von B und W namens der „X-GmbH & Co. KG" bei V Tapeten zum Gesamtpreis von 35.000 €. Die im Januar errichtete GmbH wird im April, die KG im Mai in das Handelsregister eingetragen. An wen kann sich V im Juni wegen seiner Kaufpreisforderung halten?

---

A. Anspruch des V gegen die GmbH & Co. KG gemäß §§ 124 Abs. 1, 161 Abs. 2 HGB i.V.m. 492
   § 433 Abs. 2 BGB

   I. Der Anspruch setzt voraus, dass eine GmbH & Co. KG besteht und diese nach außen hin wirksam geworden ist.

      1. Das Bestehen einer KG ist ohne einen persönlich haftenden Gesellschafter nicht denkbar. Die GmbH war aber bei dem Vertragsschluss mit dem V (im März) noch nicht in das Handelsregister eingetragen. Allerdings war der Gesellschaftsvertrag über die GmbH bereits im Januar abgeschlossen worden.

Damit ist eine Vor-GmbH entstanden. Nach heute allgemein vertretener Auffassung kann die mit Abschluss des Gesellschaftsvertrages entstandene Vor-GmbH Komplementärin einer KG sein.[731]

2. Die KG ist gemäß § 123 Abs. 2 HGB bereits vor der Eintragung mit der Geschäftsaufnahme wirksam geworden. Der Betrieb der KG war darauf gerichtet, ein Handelsgewerbe gemäß § 1 Abs. 2 HGB durchzuführen, und die KG hat im Einverständnis mit allen Gesellschaftern den Geschäftsbetrieb aufgenommen.

Aus der Komplementärfähigkeit der Vor-GmbH folgt, dass auch ihre Eintragung als persönlich haftende Gesellschafterin zulässig sein muss.

II. Die GmbH & Co. KG muss wirksam vertreten worden sein. A handelte im Namen der KG. Die Vertretungsmacht hatten ihm B und W als vertretungsberechtigte Geschäftsführer (§ 35 GmbHG) der Vor-GmbH wirksam erteilt, und die Vor-GmbH war gemäß §§ 125, 161 Abs. 2 HGB Vertreterin der KG.

Damit ist der Kaufvertrag zwischen der KG mit der Vor-GmbH als Komplementärin und V zustande gekommen. V hat gegen die X-GmbH & Co. KG einen Anspruch aus §§ 124, 161 Abs. 2 HGB i.V.m. § 433 Abs. 2 BGB auf Zahlung des Kaufpreises.

**493**    B. Die Gesellschafter der GmbH & Co. KG sind gemäß §§ 128, 161 Abs. 2 bzw. §§ 171 ff. HGB verpflichtet.

I. Die (mittlerweile eingetragene) GmbH haftet als Komplementärin gemäß §§ 128 i.V.m. 161 Abs. 2 HGB unbeschränkt mit ihrem gesamten Vermögen. Der gegen die Vor-GmbH entstandene Anspruch ist auf die GmbH übergegangen.

II. B und W haften als Kommanditisten gemäß §§ 171 ff. HGB.

1. Ein Anspruch aus § 171 HGB besteht nur insoweit, wie B und W ihre jeweilige Einlage noch nicht erbracht haben.

2. Da die KG im Zeitpunkt des Vertragsschlusses mit dem V noch nicht eingetragen war, kommt ein Anspruch aus § 176 HGB in Betracht.

Die KG ist mit dem Geschäftsbeginn gemäß § 123 Abs. 2 HGB wirksam geworden, und B und W haben dem Geschäftsbeginn zugestimmt. Die Voraussetzungen des § 176 HGB sind insoweit zu bejahen. Der Anspruch besteht jedoch nicht, wenn dem V die Beteiligung von B und W als Kommanditisten **bekannt** war (§ 176 Abs. 1 S. 1 HGB).

**494**    a) Nach einer zumindest früher vertretenen Auffassung gibt es keine allgemeine Verkehrsauffassung, nach der in der GmbH & Co. KG nur die GmbH persönlich haftende Gesellschafterin ist, und natürliche Personen somit immer nur als Kommanditisten beteiligt sind. Auch bei einem Handeln für eine nicht eingetragene GmbH & Co. KG haftet danach ein Kommanditist gemäß § 176 HGB. Dies rechtfertige sich auch durch den Zweck der Vorschrift, die Höhe des Kommanditanteils durch Handelsregistereintragung offenzulegen und Klarheit im Rechtsverkehr zu schaffen.[732]

---

731   BGHZ 80, 129, 132; Baumbach/Hopt Anh. § 177 a Rn. 15; K. Schmidt § 56 III 2.
732   BGH NJW 1980, 45; Hoffmann GmbHR 1970, 186.

B und W haften danach mangels Kenntnis des V von ihrer Kommanditistenstellung unbeschränkt mit ihrem Privatvermögen.

b) Die heute ganz h.M. ist der Auffassung, dass bei dem Auftreten einer GmbH     **495**
& Co. KG dem Vertragspartner bekannt sei, dass als Komplementär nur eine
GmbH in Betracht kommt und natürliche Personen nur als Kommanditisten
haften. Der Fall, dass neben der GmbH noch eine natürliche Person als Komplementär beteiligt sei, sei zwar theoretisch möglich, aber doch sehr unge-
wöhnlich.[733]

Nach dieser Ansicht war dem V bekannt, dass B und W lediglich als Kommanditisten haften, da er den Vertrag mit einer „GmbH & Co. KG" geschlossen hat. Eine Haftung der Kommanditisten gemäß § 176 HGB scheidet danach aus.

C. Ansprüche gegen B und W als Gesellschafter der Vor-GmbH sowie aus § 11 Abs. 2
GmbHG bestehen nicht, weil die GmbH mittlerweile eingetragen worden ist.

## C. Das Innenverhältnis

**I.** Die Rechtsbeziehungen der KG zu den Gesellschaftern (Komplementär-GmbH, Kom-     **496**
manditisten)

Da sich die GmbH & Co. KG vom gesetzlichen Leitbild der KG gemäß §§ 161 ff. HGB allein
dadurch unterscheidet, dass es sich bei dem (zumeist) einzigen Komplementär um keine natürliche, sondern eine juristische Person (= GmbH) handelt, gelten auch für die
Rechtsbeziehungen innerhalb der Gesellschaft grundsätzlich die dortigen Regeln.

**1.** Da die Kommanditisten gemäß § 164 HGB von der **Geschäftsführung** ausgeschlos-     **497**
sen sind, werden die gewöhnlichen Geschäftsführungsaufgaben gemäß §§ 114 ff. HGB
von der Komplementär-GmbH, d.h. deren Geschäftsführer(n) erledigt. Ein Widerspruchsrecht steht den Kommanditisten insoweit nicht zu (§ 164 S. 1 Hs. 2 HGB). Außergewöhnliche Geschäftsführungsaufgaben müssen im Einvernehmen mit den Kommanditisten erledigt werden (§ 164 S. 1 Hs. 2 HGB a.E.). Möglich ist es aber auch, die Geschäftsführung allein den Kommanditisten zu übertragen.

Die Vertretungsmacht kann der (alleinigen) Komplementär-GmbH allerdings nicht entzogen werden,
weil die organschaftliche Vertretung der Gesellschaft jederzeit gewährleistet sein muss.[734]

Regelmäßig steht der Geschäftsführer der GmbH im Dienstverhältnis zu dieser; eine An-
stellung und Bezahlung von der GmbH & Co. KG ist selten.[735] Besteht die wesentliche
Aufgabe des GmbH-Geschäftsführers jedoch in der Geschäftsführung der GmbH & Co.

---

733  OLG Frankfurt, Urt. v. 09.05.2007 – 13 U 195/06, ZIP 2007, 1809; K. Schmidt § 55 V 1 b; Baumbach/Hopt § 177 a Rn. 19.

734  BGHZ 51, 200; Baumbach/Hopt Anh. § 177 a Rn. 26.

735  OLG Celle GmbHR 1980, 32.

KG, so haftet er auch dieser gegenüber gemäß § 43 Abs. 2 GmbHG aus dem Dienstvertrag mit der GmbH als Vertrag mit Schutzwirkung zugunsten der GmbH & Co. KG.[736]

**498** 2. Die **Willensbildung** innerhalb der GmbH & Co. KG erfolgt zumeist in einer Gesellschafterversammlung,[737] wobei die Stimmrechte der Komplementär-GmbH durch den (die) Geschäftsführer wahrgenommen werden. Bezüglich des Stimmrechts wird zumeist eine besondere Regelung getroffen. Es wird nicht, wie in § 119 Abs. 2 HGB bestimmt, nach Köpfen abgestimmt, sondern, wie bei der AG, nach Kapitalanteilen. Darüber hinaus wird in der Praxis der GmbH, sofern sie einzige Komplementärin ist, häufig kein Stimmrecht zuerkannt. Ist nämlich der GmbH-Geschäftsführer zugleich Kommanditist, so würde ihm ein Stimmrecht in beiden Eigenschaften zustehen. Interessenkonflikte können aber auch dadurch verursacht werden, dass der GmbH-Geschäftsführer weder GmbH- noch KG-Gesellschafter, sondern Dritter ist. Um eine Stimmrechtsausübung im Interesse eines Nichtgesellschafters zu vermeiden, wird auch in diesem Fall häufig das Stimmrecht der GmbH vertraglich ausgeschlossen.

Erforderlich für einen solchen Stimmrechtsausschluss ist also immer die Zustimmung der Komplementär-GmbH.[738]

Auch ohne vertragliche Vereinbarung besteht ein Stimmrechtsausschluss dann, wenn nach dem Inhalt des zu fassenden Beschlusses die Gefahr der Interessenkollision zwischen den Interessen eines Gesellschafters und denen der KG besteht. In den Fällen der §§ 134, 136 AktG, § 47 GmbHG, § 43 GenG, die auf die GmbH & Co. KG entsprechende Anwendung finden, ist ein solcher Interessenkonflikt immer gegeben.

**499** **3. Auskunfts- und Informationsrechte** der Gesellschafter

Die Gesellschafter der GmbH haben ein Auskunfts- und Einsichtsrecht aus § 51a GmbHG. Dieses Informationsrecht besteht unabhängig davon, ob ein GmbH-Gesellschafter zugleich auch Kommanditist ist. Es erstreckt sich auch auf die Angelegenheiten der KG, da diese zugleich Angelegenheiten der Komplementär-GmbH sind.[739]

Die Kommanditisten haben lediglich ein auf die Überprüfung des Jahresabschlusses beschränktes Kontrollrecht aus § 166 HGB – soweit sie nicht zugleich Gesellschafter der GmbH sind. Nach der h.M. ist für die „Nur"-Kommanditisten § 51a GmbHG auch nicht analog anwendbar.[740]

**500** **II.** Für das Verhältnis der Gesellschafter untereinander bzw. der Gesellschafter zur Gesellschaft gelten die allgemeinen Regeln. Hinsichtlich des Vermögens ist streng zu unterscheiden zwischen dem Vermögen der GmbH & Co. KG und dem der Komplementär-GmbH; so reicht z.B. bei der Kapitalerhöhung in der Komplementär-GmbH die Einzahlung auf das Konto der KG grundsätzlich nicht aus.[741] Außerdem können Treuepflichten gegenüber der KG zu beachten sein. Hängt beispielsweise die Höhe der einer Komplementär-GmbH durch die KG zu zahlenden Vergütung nach dem Gesellschaftsvertrag

---

736  BGHZ 75, 320, 325; 76, 326, 337; K. Schmidt § 56 IV 3 b.
737  K. Schmidt § 56 IV 2.
738  Zu den Bedenken gegen den Stimmrechtsausschluss eines persönlich haftenden Gesellschafters vgl. BGHZ 20, 363.
739  OLG Düsseldorf NJW-RR 1991, 620 m.w.N.; a.A. Binz/Freudenberg/Sorg BB 1991, 785, 788.
740  Binz/Freudenberg/Sorg BB 1991, 785, 788 m.w.N.
741  BGH NJW 1986, 989.

von der Höhe des Stammkapitals der GmbH ab, dürfen deren Gesellschafter das Stammkapital nicht ohne Wahrung der gesellschafterlichen Treuepflichten gegenüber der KG in erheblichem Umfang erhöhen.[742]

## D. Der Gesellschafterwechsel

Da es sich bei der GmbH & Co. KG sowie der Komplementär-GmbH rechtlich um zwei verschiedene Gesellschaften handelt, richtet sich auch der Wechsel in der Person eines (GmbH- bzw. KG-)Gesellschafters nach dem jeweiligen Recht (GmbHG bzw. §§ 161 ff. HGB).

**501**

### I. Der Gesellschafterwechsel bei der GmbH

Grundsätzlich gilt § 15 GmbHG, wonach die Gesellschaftsanteile der GmbH frei veräußerlich und vererblich sind. Doch kann die Abtretung der Gesellschaftsanteile gemäß § 15 Abs. 5 GmbHG vertraglich an besondere Voraussetzungen geknüpft werden. So wird häufig im Gesellschaftsvertrag die Anteilsabtretung generell ausgeschlossen, von einer Genehmigung durch die Gesellschaft oder die übrigen Gesellschafter (auch Kommanditisten der GmbH & Co. KG) abhängig gemacht oder jedenfalls erheblich erschwert, um den Eintritt missliebiger Personen zu verhindern.

**502**

**II.** Der **Wechsel in der Person eines Kommanditisten** unterliegt den Regeln des Personengesellschaftsrechts, ist also gemäß § 719 BGB i.V.m. §§ 105 Abs. 3, 161 Abs. 2 HGB nur im Einverständnis aller Gesellschafter möglich. Bei zweifelsfreier Bestimmung im Gesellschaftsvertrag genügt jedoch ein entsprechender Mehrheitsbeschluss.[743]

**503**

**III.** Sehen GmbH- sowie KG-Vertrag eine **Koppelung der Übertragung** von Kommanditisten- und GmbH-Anteil vor, so gilt § 158 BGB: Bei Unwirksamkeit der einen ist auch die ansonsten ordnungsgemäße andere Übertragung unwirksam.[744] Bei der Verpflichtung zur Übertragung der Gesamtbeteiligung wird auch die Verpflichtung zur Übertragung des KG-Anteils von der Formvorschrift des § 15 Abs. 4 GmbHG erfasst.[745]

**504**

**IV. Der Tod eines Kommanditisten** ist kein Auflösungsgrund für die GmbH & Co. KG, die Gesellschaft wird mit den Erben fortgesetzt (§ 177 HGB).

**505**

Bei „Tod" der Komplementär-GmbH, also bei ihrer Auflösung gemäß §§ 60 ff. GmbHG, wird die GmbH & Co. KG nicht notwendigerweise mit aufgelöst: Die GmbH als juristische Person besteht auch nach ihrer Auflösung fort. Erst die Beendigung der Liquidation gemäß §§ 60 ff. GmbHG bewirkt die Auflösung der GmbH & Co. KG.[746]

Anders ist die Rechtslage bei der Eröffnung des Insolvenzverfahrens über das Vermögen der (einzigen) Komplementär-GmbH (§ 60 Abs. 1 Nr. 4 GmbHG). Diese führt zum Ausscheiden der Komplementär-GmbH aus der KG (§§ 161 Abs. 2, 131 Abs. 3 Nr. 2 HGB) und zur liquidationslosen Vollbeendigung der KG unter einer Gesamtrechtsnachfolge des (einzigen) Kommanditisten, da es eine werbend tätige KG

---

742  BGH Urt. v. 05.12.2005 – II ZR 13/04, BB 2006, 511.
743  BGH WM 1961, 303.
744  Baumbach/Hopt Anh. § 177 a Rn. 47 f.
745  BGH NJW 1986, 2642; Tiedau DNotZ 1986, 689.
746  BGHZ 75, 178; Baumbach/Hopt Anh. § 177 a Rn. 45; K. Schmidt § 56 VI 1.

ohne Komplementär nicht gibt. Der Kommanditist haftet für die Gesellschaftsverbindlichkeiten nur mit dem übergegangenen Vermögen.[747] Umgekehrt wird die GmbH durch die Auflösung der GmbH & Co. KG im Zweifel nicht aufgelöst; sie nimmt vielmehr an der Auseinandersetzung teil.[748]

## 2. Abschnitt: Die Publikumspersonengesellschaft

**506**    Wenn für die Gründung eines Unternehmens Kapital in erheblichem Umfang benötigt wird und auf der anderen Seite Kapitalanleger in eine Gesellschaft investieren wollen, kann diesen wirtschaftlichen Interessen rechtlich durch die Gründung einer Aktiengesellschaft und den Erwerb der Aktien durch die Anleger entsprochen werden.

Eine Aktiengesellschaft hat ein bestimmtes in der Satzung festzusetzendes Grundkapital, das nur durch Satzungsänderung modifizierbar ist. Mit der Höhe des Grundkapitals steht auch die Zahl der Aktien fest und begrenzt die Zahl der Anleger. Steht bei einem neuen unternehmerischen Projekt der Investitionsbedarf noch nicht fest, eignet sich die Gründung einer Aktiengesellschaft dafür wenig.

Kapitalanlagegesellschaften können allerdings auch in der Form von Personengesellschaften gegründet werden. Da sie sich an ein breites Publikum von Anlegern wenden – die Gesellschaftsanteile werden i.d.R. öffentlich auf dem Kapitalmarkt angeboten –, hat sich die Bezeichnung „Publikumspersonengesellschaften" eingebürgert.

Publikumspersonengesellschaften sind Personengesellschaften, die sich durch eine Vielzahl rein kapitalistisch beteiligter Gesellschafter auszeichnen.

Häufig wird auch der Begriff „Publikumsgesellschaft" verwendet, obwohl dieser auch auf Kapitalgesellschaften zutrifft.

Das Kapital der Publikumspersonengesellschaft kann problemlos den Bedürfnissen der Gesellschaft angepasst werden. Kapitalerhöhungen bzw. -herabsetzungen bedürfen nicht des komplizierten Verfahrens nach den §§ 182 ff. AktG. Auch ist die Zahl der Anleger nicht begrenzt – wie sie es bei der AG durch die feste Zahl der Aktien faktisch ist. Die einfachste Art der Kapitalerhöhung ist die Aufnahme neuer Gesellschafter.

## A. Rechtsformen der Publikumspersonengesellschaft

**507**    In aller Regel werden Publikumspersonengesellschaften als GmbH & Co. KG errichtet. Dies hat den Vorteil, dass keine natürliche Person haftet und die Stellung eines Kommanditisten sich für eine kapitalistische Beteiligung besonders eignet.

Es kann sich auch um eine „normale" KG mit einer natürlichen Person als Komplementär handeln.[749] Publikumsgesellschaften werden teilweise auch als GbR gegründet, sie sind insbesondere bei Immobilienfonds anzutreffen.[750] Auch die Form der stillen Gesellschaft ist für Publikumsgesellschaften geeignet.[751] Häufig sind auch Mischformen zwischen (GmbH & Co.) KG und stiller Gesellschaft anzutreffen: Der Anleger leistet eine Ein-

---

747   BGH, Urt. v. 15.03.2004 – II ZR 247/01, BB 2004, 1244.

748   Baumbach/Hopt Anh. § 177 a Rn. 46; K. Schmidt § 56 VI 2.

749   BGH NJW 1982, 2253.

750   So z.B. im Fall des Urteils des BGH v. 19.07.2011 – II ZR 300/08, NZG 2011, 1023.

751   BGH NJW 1995, 1353; 1998, 845.

lage als Kommanditist und zusätzlich einen bestimmten Betrag als stille Einlage oder Darlehen (gesplittete Einlage).

Eine weitere Organisationsform ist die der **Treuhandgesellschaft**. Die Publikumsgesellschaft wird gegründet, die Anleger treten aber nicht selbst als Gesellschafter bei, sondern bilden mit einem Treuhänder eine Innengesellschaft. **Gesellschafter ist in diesem Fall nicht der Anleger, sondern allein der Treuhänder**, der seine Gesellschafterrechte im Interesse des Treugebers wahrzunehmen hat. Einen unmittelbaren Einfluss auf die Ausübung des Stimmrechts hat der Anleger bei der **echten** Treuhand nicht.[752] Da nur der Treuhänder Gesellschafter ist, haftet der Anleger (Treugeber) regelmäßig nicht im Außenverhältnis.[753] Im Innenverhältnis ist er allerdings verpflichtet, den Treuhänder von seiner Haftung freizustellen. Wird der Freistellungsanspruch abgetreten, haftet der Anleger (Treugeber) auch im Außenverhältnis gegenüber dem Abtretungsempfänger.[754]

Ausnahmsweise kann die Auslegung des Treuhandvertrags ergeben, dass der Anleger als Gesellschafter beteiligt ist und damit direkt auch im Außenverhältnis haftet.[755]

Bei der **unechten** Treuhand sind die Kapitalanleger selbst Gesellschafter und schalten für die Wahrnehmung ihrer eigenen Gesellschafterrechte einen Treuhänder ein, der selbst Gesellschafter sein kann, aber nicht sein muss.

## B. Abschluss des Gesellschaftsvertrages

Bei einer Publikumspersonengesellschaft wird zunächst der Gesellschaftsvertrag bzw. werden die Gesellschaftsverträge zwischen den Gründungsgesellschaftern geschlossen. Im Regelfall der Gründung einer GmbH & Co. KG wird eine GmbH errichtet, an der die Gründungsgesellschafter ebenso beteiligt sind wie an der KG. Da die Gesellschaft aber Kapital benötigt, müssen ihr eine Vielzahl von Anlegern – regelmäßig als Kommanditisten – beitreten. Normalerweise erfolgt der Eintritt eines Gesellschafters durch Vertragsschluss des Eintretenden mit allen Gesellschaftern. Dieses Verfahren ist wegen der Vielzahl der beteiligten Personen bei einer Publikumspersonengesellschaft tatsächlich nicht durchführbar. Es kann daher die Komplementär-GmbH bevollmächtigt werden, im Namen und mit Wirkung für die übrigen Gesellschafter Aufnahmeverträge abzuschließen. Darüber hinaus ist es auch möglich, dass die KG oder die Komplementär-GmbH ermächtigt wird, in eigenem Namen die Gesellschaftsverträge mit den neu Eintretenden zu schließen. Die Gesellschaft handelt im letzteren Fall nicht als Vertreter der anderen Gesellschafter, sondern in eigenem Namen mit Wirkung für alle Gesellschafter.[756]

**508**

Die Ermächtigung bezieht sich nicht nur auf den Abschluss des Gesellschaftsvertrages, sondern auch auf Vertragsänderungen wie z.B. die Erhöhung oder Herabsetzung der Beteiligungssumme.[757]

---

752  BGHZ 84, 141, 144.
753  BGH, Urt. v. 11.11.2008 – XI ZR 468/07, BGHZ 178, 271; BGH, Urt. v. 22.03.2011 – II ZR 100/09, RÜ 2011, 356.
754  BGH, Urt. v. 22.03.2011 – II ZR 100/09, RÜ 2011, 356; BGH, Urt. v. 11.10.2011 – II ZR 242/09, Rn. 35, NZG 2011, 1432.
755  BGH, Urt. v. 19.07.2011 – II ZR 300/08, Rn. 37, NZG 2011, 1023.
756  BGH NJW 1978, 1000; K. Schmidt § 57 II 1 a.
757  BGH NJW 1983, 1117.

## I. Besonderheiten bezüglich des Gesellschaftsvertrages

**509** Aus der besonderen Interessenlage ergeben sich für den Gesellschaftsvertrag einer Publikumspersonengesellschaft drei Besonderheiten:

- Gesellschaftsverträge von Publikumspersonengesellschaften sind objektiv auszulegen.

  Das bedeutet, dass die Vorstellungen und der Wille der Gründungsgesellschafter nur zu berücksichtigen sind, wenn sie sich aus der Vertragsurkunde ergeben. Mündliche Nebenabreden der Gründungsgesellschafter sind unbeachtlich, maßgeblich ist allein der schriftliche Gesellschaftsvertrag.[758]

- Es findet eine Inhaltskontrolle der Gesellschaftsverträge gemäß § 242 BGB statt.[759]

  Bei einer Treuhand-Publikumspersonengesellschaft unterliegt „das zusammengehörende Bündel von Gesellschaftsvertrag und Treuhandabrede" genauso der Inhaltskontrolle, als wenn eine unmittelbare Beteiligung der Anleger an der Publikumspersonengesellschaft ohne Zwischenschaltung des Treuhänders vorläge.[760]

  Eine gesellschaftsvertragliche Verpflichtung zur Bürgschaftsleistung für die Gesellschaft wird als überraschende Klausel gemäß § 305 c Abs. 1 BGB nicht Vertragsgegenstand, wenn sie nicht eindeutig erkennbar ist.[761]

- Ungewöhnliche Klauseln, die den Kapitalanleger besonders belasten, sind einschränkend auszulegen.

  So sind z.B. Nachschussklauseln in aller Regel in der Weise auszulegen, dass ein Nachschuss nur dann geschuldet wird, wenn er nicht der Drittgläubigerbefriedigung, sondern der Förderung des Gesellschaftszwecks dient.[762]

## II. Vorvertragliche Aufklärungspflichten

**510** Publikumsgesellschaften werben häufig für den Beitritt von Anlegern durch die Herausgabe von Prospekten. Eine Prospektpflicht besteht für das öffentliche Angebot von Wertpapieren (§ 3 Abs. 1 WpPG), die Börsenzulassung (§ 3 Abs. 4 WpPG) und das öffentliche Angebot von Vermögensanlagen (§ 61 VermAnlG).

Zum Schutz der Anleger werden hohe Anforderungen an die Vollständigkeit und Richtigkeit des Prospekts gestellt und es besteht eine Prospekthaftung, wenn diese Anforderungen nicht erfüllt werden.

### 1. Die gesetzliche Prospekthaftung

**511** In der Vergangenheit hat es in verschiedenen Gesetzen Regelungen zur Prospekthaftung gegeben. Heute ist die Prospekthaftung in §§ 21, 22 WpPG und §§ 20–22 VermAnlG geregelt.

---

758  BGH WM 1978, 87, 88; 1979, 672; 1982, 40, 41; 1989, 786, 788; 1990, 714; allgemein zur objektiven Auslegung von Satzungsbestimmungen mit körperschaftsrechtlichem Charakter: BGH WM 1993, 2123.

759  BGH, Urt. v. 27.11.2000 – II ZR 218/00, BB 2001, 278.

760  BGHZ 104, 50.

761  BGH NJW 1979, 2102.

762  BGH NJW 1979, 419.

## 2. Prospekthaftung aus §§ 280 Abs. 1, 311 Abs. 2, Abs. 3, 241 Abs. 2 BGB

Eine Prospekthaftung kann auch auf eine Haftung wegen einer vorvertraglichen Pflicht- **512**
verletzung gestützt werden (sogenannte **Prospekthaftung im weiteren Sinne**). Der
Personenkreis der Haftenden wird durch § 311 Abs. 2, Abs. 3 BGB bestimmt. Gehaftet
wird für die Verletzung von Aufklärungspflichten. Diese können durch die Vorlage eines
fehlerhaften oder unvollständigen Prospekts, unterlassene Aufklärung über nach der
Prospektveröffentlichung eingetretene Umstände oder falsche Informationen außerhalb des Prospekts verletzt werden.[763]

## 3. Haftung aus Auskunfts- oder Beratungsvertrag

Neben der Prospekthaftung und der Haftung wegen Verschuldens bei den Vertragsver- **513**
handlungen hat der BGH teilweise auch eine Haftung aus einem (stillschweigend geschlossenen) Auskunfts- oder Beratungsvertrag angenommen.[764]

## III. Fehlerhafter Beitritt

Auf den fehlerhaften Beitritt zu einer Publikumsgesellschaft finden die Grundsätze über **514**
die fehlerhafte Gesellschaft Anwendung.[765] Ist ein Gesellschafter im Rahmen der
Beitrittsverhandlungen arglistig getäuscht worden (§ 123 BGB), so wird ihm im Wege
der ergänzenden Vertragsauslegung ein außerordentliches Recht zur Kündigung seiner
Beteiligung auch dann zugestanden, wenn dieses im Gesellschaftsvertrag keine besondere Grundlage findet.[766]

## C. Innenverhältnis

Gegenüber einer „normalen" Personengesellschaft ergeben sich im Innenverhältnis bei **515**
der Publikumspersonengesellschaft einige Besonderheiten, die zum einen darin begründet sind, dass Massengesellschaften andere Gestaltungsformen erfordern, und
zum anderen darauf beruhen, dass eine Inhaltskontrolle der das Innenverhältnis gestal-
tenden Gesellschaftsverträge stattfindet.

**I.** Geschäftsführendes Organ ist – für den Regelfall der GmbH & Co. KG – die Komple- **516**
mentär-GmbH, die durch ihre Geschäftsführer handelt.

**II.** Oberstes Organ mit umfassenden Befugnissen ist die Gesellschafterversammlung. **517**
Die Struktur einer Massengesellschaft bringt es mit sich, dass praktisch ausschließlich
Mehrheitsentscheidungen getroffen werden. Bei einer Publikumsgesellschaft sind, an-
ders als bei „normalen" Personengesellschaften, vertragsändernde Mehrheitsbeschlüs-

---

763 Bohlken/Lange DB 2005, 1259, 1262; Reinelt NJW 2009, 1 ff.

764 BGHZ 74, 103, 106; BGH NJW 1982, 1095.

765 BGH, Urt. v. 02.07.2001 – II ZR 304/00, BGHZ 148, 201.

766 BGHZ 63, 338, 345; BGH NJW 1979, 765; WM 1981, 452; Baumbach/Hopt Anh. § 177a Rn. 58; K. Schmidt § 57 IV 2, II 1 b.

se auch ohne nähere Bezeichnung des Beschlussgegenstandes im Gesellschaftsvertrag möglich (Ausnahme vom Bestimmtheitsgrundsatz).[767]

**518**     **III.** Üblicherweise wird in Publikumspersonengesellschaften ein Aufsichtsorgan (Aufsichtsrat, Beirat, Kontrollausschuss) gebildet, das ähnliche Funktionen hat wie der Aufsichtsrat in einer Kapitalgesellschaft. Ist dies der Fall, so haften die Mitglieder entsprechend § 52 GmbHG, §§ 116, 93 AktG der Gesellschaft. Sie können sich nicht auf die Haftungsbeschränkung des § 708 BGB berufen.[768] Entsprechend § 93 Abs. 6 AktG verjähren die Ansprüche gegen die Mitglieder des Aufsichtsorgans in fünf Jahren. Die Vereinbarung kürzerer Verjährungsfristen im Gesellschaftsvertrag ist unwirksam.[769]

## D. Außenverhältnis

**519**     Bei dem Regelfall der Publikumspersonengesellschaft, der GmbH & Co. KG, ergeben sich grundsätzlich keine Besonderheiten für die Haftung der Gesellschafter im Außenverhältnis. Die GmbH haftet als persönlich haftender Gesellschafter uneingeschränkt, die Kommanditisten lediglich mit ihrer Einlage.

In einer Treuhand-KG haftet im Außenverhältnis nur der Treuhänder als Kommanditist. Im Innenverhältnis zu den Anlegern tragen diese allerdings das Risiko. Wird z.B. eine Einlage zurückgezahlt, so haftet im Außenverhältnis der Treuhänder, der bei dem Anleger gemäß §§ 675, 670 BGB Regress nehmen kann.[770]

## E. Gesellschafterwechsel

### I. Eintreten

**520**     Der Eintritt eines neuen Gesellschafters in eine Publikumspersonengesellschaft ist unter erleichterten Voraussetzungen möglich. Regelmäßig wird die Gesellschaft (oder die geschäftsführende GmbH) ermächtigt, die übrigen Gesellschafter bei Abschluss des Gesellschaftsvertrages zu vertreten oder den Aufnahmevertrag in eigenem Namen zu schließen.

### II. Ausscheiden

**521**     Bei einer Publikumspersonengesellschaft entspricht es der Interessenlage, dass Gründe, die nach dem Gesetz zur Erhebung der Auflösungsklage gemäß § 133 HGB berechtigen würden, dem Gesellschafter nur ein Austrittsrecht aus der Gesellschaft gewähren.[771]

---

767  BGHZ 71, 53 ff.; 85, 350; OLG Köln BB 1994, 455; K. Schmidt § 57 II 2 c; ders. DB 1993, 2167.

768  BGHZ 69, 207, 208 ff.; K. Schmidt § 57 II 2 b.

769  BGHZ 64, 238, 244; K. Schmidt § 57 II 2 b.

770  BGHZ 76, 127; K. Schmidt § 57 III 3.

771  BGHZ 63, 338; BGH NJW 1973, 1604; 1975, 1700; 1976, 894; WM 1981, 452.

## GmbH & Co. KG / Publikumspersonengesellschaft

### GmbH & Co. KG

Die GmbH & Co. KG ist eine KG, an der eine GmbH als persönlich haftender Gesellschafter beteiligt ist.

- Die Vertretung der KG ist zweistufig:

  - Die KG wird vertreten durch ihre Komplementärin, die GmbH;

  - die GmbH wird vertreten durch ihre Geschäftsführer.

- Nimmt die GmbH & Co. KG schon vor der Eintragung der Gesellschaften die Geschäfte auf, so haftet

  - die KG, wenn sie gemäß § 123 Abs. 2 HGB wirksam geworden ist und

  - die Vor-GmbH als Komplementärin (nach Eintragung: die GmbH).

  - Die Kommanditisten haften nach h.M. nicht nach § 176 HGB, wenn die Gesellschaft als „GmbH & Co. KG" auftritt, da dem Vertragspartner bekannt ist, dass natürliche Personen nur als Kommanditisten haften.

### Publikumspersonengesellschaft

Publikumspersonengesellschaften sind Personengesellschaften mit einer Vielzahl rein kapitalistisch beteiligter Gesellschafter.

Im Interesse der Kapitalanleger bestehen ausgeprägte vorvertragliche Aufklärungspflichten, insbesondere bezüglich der Veröffentlichung von Prospekten.

- Gesetzlich geregelte Prospekthaftung

  - §§ 44–47 BörsG: Haftung für fehlerhafte oder unvollständige Prospekte, die im Verfahren für die Zulassung zum amtlichen Markt veröffentlicht werden.

  - § 127 InvG: Haftung für unvollständige oder unrichtige Angaben in Prospekten für den Anteilserwerb in Kapitalanlagegesellschaften oder ausländische Investmentgesellschaften.

  - §§ 13, 13a VerkaufsprospektG: Prospekte für nicht in Wertpapieren verbriefte Anteile, Treuhandvermögen oder Anteile an sonstigen geschlossenen Fonds.

- Die frühere Prospekthaftung im engeren Sinne stützte sich auf eine Analogie zu den gesetzlichen Prospekthaftungstatbeständen. Nach Inkrafttreten der §§ 13, 13a VerkaufsprospektG am 01.07.2005 besteht keine Regelungslücke mehr.

- Nach den Grundsätzen der §§ 280 Abs. 1, 311 Abs. 2, Abs. 3, 241 Abs. 2 BGB haften Vertragspartner sowie Vertreter oder sonstige Personen, die in besonderem Maße persönliches Vertrauen in Anspruch genommen haben.

## 3. Abschnitt: Die Europäische wirtschaftliche Interessenvereinigung

**522** Die EWIV ist die erste eigenständige Gesellschaftsform europäischen Rechts. Diese Gesellschaftsform soll die grenzüberschreitende Zusammenarbeit erleichtern und damit den Binnenmarkt fördern.

### A. Rechtsgrundlagen

**523**
- Rechtsgrundlage ist in erster Linie die EWIV-VO.[772]

  - Gemäß Art. 2 Abs. 1 EWIV-VO gilt subsidiär innerstaatliches Recht. In Deutschland ist das EWIV-Ausführungsgesetz vom 14.04.1988[773] erlassen worden.

  - § 1 AusführungsG verweist – subsidiär – auf das Recht der OHG (§§ 105 ff. HGB).

  - Gemäß § 105 Abs. 3 HGB gelten subsidiär die §§ 705 ff. BGB.

### B. Gründung der EWIV

**524** Die EWIV entsteht mit dem Abschluss eines Gründungsvertrages zwischen den Mitgliedern und der Eintragung in das entsprechende Register des Landes, in dem die Gesellschaft ihren Sitz hat.

**I. Der Gründungsvertrag** (Gesellschaftsvertrag) wird dadurch geschlossen, dass sich mehrere Mitglieder über einen Zusammenschluss in der Form einer EWIV einigen.

**525** **1. Mitglieder der EWIV** können gemäß Art. 4 Abs. 1 EWIV-VO nur sein:

- Gesellschaften i.S.d. Art. 54 Abs. 2 AEUV, also „die Gesellschaften des bürgerlichen und des Handelsrechts einschließlich der Genossenschaften und die sonstigen Personen des öffentlichen und privaten Rechts mit Ausnahme derjenigen, die keinen Erwerbszweck verfolgen";

- „andere juristische Einheiten des öffentlichen oder des Privatrechts". Dies sind vor allem juristische Personen und Gesellschaften, die nicht, wie es Art. 54 Abs. 2 AEUV erfordert, einen Erwerbszweck verfolgen, aber auch andere rechtliche Gebilde, die keine juristischen Personen oder Gesellschaften sind, aber im Rechtsverkehr als selbstständige Einheiten auftreten (z.B. die Anstalten des öffentlichen Rechts oder der staatliche französische Regiebetrieb „Renault");

- natürliche Personen, die eine gewerbliche, kaufmännische, handwerkliche, landwirtschaftliche oder freiberufliche Tätigkeit ausüben oder andere Dienstleistungen erbringen.

Die EWIV muss sich aus mindestens zwei Mitgliedern zusammensetzen (Art. 4 Abs. 2 EWIV-VO) und mindestens zwei ihrer Mitglieder müssen ihre Hauptverwaltung bzw. ihren Hauptsitz in verschiedenen Mitgliedstaaten haben.

---

772 EWG-Verordnung Nr. 2137/85 [ABl. L 199]; Beck Wirtschaftsgesetze Nr. 42.

773 BGBl. I, S. 514; Beck Wirtschaftsgesetze Nr. 42 a.

### 2. Der Zweck der EWIV

**526**

Der Gründungsvertrag muss inhaltlich – wie bei jeder Personengesellschaft – darauf gerichtet sein, einen gemeinsamen Zweck zu fördern. Nach Art. 34 EWIV-VO ist der Zweck auf eine Hilfstätigkeit beschränkt. Die EWIV darf wirtschaftliche Zwecke nicht selbst verfolgen und Gewinne für sich selbst erzielen. Sie ist darauf beschränkt, die wirtschaftlichen Zwecke der Mitglieder zu fördern.

**Beispiel:** Mit einer EWIV kann keine EG-weite Anwaltssozietät gegründet werden, die selbst wirtschaftliche Interessen verfolgt. Zusammenschlüsse von Kanzleien in einer EWIV können lediglich dazu dienen, die wirtschaftlichen Interessen der einzelnen örtlichen Sozietäten zu fördern.

**3.** Der Gründungsvertrag ist formlos gültig. Da er aber beim Register zu hinterlegen ist (Art. 7 EWIV-VO) und gemäß Art. 5 EWIV-VO bestimmte Angaben enthalten muss (Name der Gesellschaft; Bezeichnung als EWIV; Sitz der Vereinigung usw.), ist faktisch die Schriftform erforderlich.

**527**

**II.** Zweite Gründungsvoraussetzung ist die **Registereintragung**. Mangels eines EG-Registers muss die Eintragung in das national zuständige Register erfolgen (Art. 6 EWIV-VO). Eine EWIV mit dem Sitz in Deutschland ist in das Handelsregister einzutragen (§ 2 EWIV-AusführungsG).

**528**

**III.** Die EWIV als Träger von **Rechten** und **Pflichten**

Mit der Eintragung entsteht die EWIV. Sie hat von nun an „die Fähigkeit, im eigenen Namen Träger von Rechten und Pflichten jeder Art zu sein, Verträge zu schließen oder andere Rechtshandlungen vorzunehmen und vor Gericht zu stehen" (Art. 1 Abs. 2 EWIV-VO). Den Mitgliedstaaten ist überlassen, ob sie der Gesellschaft darüber hinausgehend den Status einer juristischen Person verleihen (Art. 1 Abs. 3 EWIV-VO).

Für die EWIV mit Sitz in Deutschland gilt insoweit gemäß § 1 AusführungsG das Recht der OHG; d.h. die EWIV ist keine juristische Person, sondern Personengesellschaft.

## C. Das Außenverhältnis

**I.** Die EWIV wird **vertreten** durch den Geschäftsführer. Sind mehrere Geschäftsführer bestellt, so haben sie grundsätzlich Alleinvertretungsmacht. Ist im Gründungsvertrag Gesamtvertretung vereinbart, so wirkt dies Dritten gegenüber nur bei ordnungsgemäßer Bekanntmachung (Art. 20 Abs. 2 EWIV-VO). Darüber hinaus ist die Vertretungsmacht des Geschäftsführers Dritten gegenüber selbst durch eine Bekanntmachung nicht beschränkbar (Art. 20 Abs. 1 EWIV-VO). Anders als bei der OHG muss der Geschäftsführer nicht notwendig Mitglied der Gesellschaft sein, es ist also eine Fremdorganschaft zulässig.

**529**

**II.** Die Haftung in der EWIV

**530**

**1.** Die EWIV haftet für die Erfüllung vertraglicher Verpflichtungen, soweit sie wirksam vertreten wird. Für die Leistungsstörungen und die gesetzlichen Verpflichtungen enthält die EWIV-VO kein Regelung, es gilt daher gemäß Art. 2 Abs. 1 EWIV-VO, § 1 AusführungsG das Recht der OHG. Für Hilfspersonen haftet die EWIV gemäß § 278 und § 831 BGB. Wie bei der OHG wird man der EWIV das Verschulden ihrer Organe analog § 31 BGB zurechnen müssen.

**2.** Die Mitglieder der EWIV haften gemäß Art. 24 EWIV-VO unbeschränkt und gesamt-schuldnerisch für deren Verbindlichkeiten. Anders als bei der OHG ist die Haftung der Mitglieder allerdings subsidiär; die Gläubiger können erst dann die Mitglieder in Anspruch nehmen, wenn sie die Gesellschaft zur Zahlung aufgefordert haben und diese nicht innerhalb einer angemessenen Frist erfolgt ist (Art. 24 Abs. 2 EWIV-VO).

## D. Das Innenverhältnis

**531**   **I.** Die Organe der EWIV

Notwendige Organe der EWIV sind gemäß Art. 16 EWIV-VO die „gemeinschaftlich handelnden Mitglieder" und der Geschäftsführer. Der Gründungsvertrag kann weitere Organe vorsehen und deren Befugnisse bestimmen.

- Die gemeinschaftlich handelnden Mitglieder sind das oberste Organ der EWIV. Sie können jeden Beschluss zur Verwirklichung des Unternehmensgegenstandes fassen (Art. 16 Abs. 2 EWIV-VO).

  Aus der Tatsache, dass die EWIV-VO den Begriff „Mitgliederversammlung" nicht gebraucht hat, schließt man, dass für die Beschlussfassung eine Versammlung nicht erforderlich ist, sondern Beschlüsse auch im schriftlichen Verfahren oder durch Telefonkonferenzen gefasst werden können.[774]

- Dem Geschäftsführer obliegt die Geschäftsführung und Vertretung. Er ist durch den Gründungsvertrag oder die gemeinschaftlich handelnden Mitglieder zu bestellen, d.h. anders als bei der OHG sind nicht automatisch die Gesellschafter zur Geschäftsführung befugt. Die Pflichten des Geschäftsführers sind in § 5 AusführungsG inhaltlich identisch mit § 43 GmbHG geregelt.

**532**   **II.** Die **Rechte und Pflichten der Mitglieder** umfassen ein Stimmrecht bei der Beschlussfassung, ein Auskunfts- und Informationsrecht gemäß Art. 18 EWIV-VO und ein Recht auf Gewinnbeteiligung nach dem Gründungsvertrag bzw. nach Art. 21 Abs. 1 EWIV-VO. Eine Beitragspflicht enthält die EWIV-VO nicht, Beiträge können aber im Gründungsvertrag vorgesehen werden. An den Verlusten sind die Gesellschafter nach dem Gründungsvertrag bzw. nach Köpfen beteiligt (Art. 21 Abs. 2 EWIV-VO).

## E. Gesellschafterwechsel

**533**   **I.** Ausscheiden eines Mitglieds

Wie bei der OHG führt das Ausscheiden eines Mitglieds grundsätzlich nicht zur Auflösung der Gesellschaft; die EWIV wird zwischen den verbleibenden Mitgliedern fortgesetzt (Art. 30 EWIV-VO). Ausscheidensgründe sind die Kündigung (Art. 27 Abs. 1 EWIV-

---

774  Kollhosser/Raddatz JA 1989, 10, 13.

VO), der Ausschluss (Art. 27 Abs. 2 EWIV-VO), der Tod und die Insolvenz eines Mitglieds (Art. 28 EWIV-VO). Das ausscheidende Mitglied haftet gemäß Art. 34 EWIV-VO für Altschulden der Gesellschaft; die Haftung endet mit Ablauf von fünf Jahren seit dem Ausscheiden (Art. 37 EWIV-VO).

## II. Eintreten eines Mitglieds 534

Durch einstimmigen Beschluss der bisherigen Mitglieder können neue Mitglieder aufgenommen werden. Neu eintretende Mitglieder haften auch für die Altschulden der Gesellschaft, wenn nicht ein Haftungsausschluss in den entsprechenden Mitteilungsblättern bekannt gemacht wurde (Art. 26 Abs. 2 EWIV-VO).

## III. Rechtsnachfolge in die Mitgliedschaft 535

Die Mitglieder können ihre Beteiligung an der Vereinigung durch Abtretung übertragen (Art. 22 EWIV-VO). Die Übertragung bedarf der einstimmigen Zustimmung der übrigen Mitglieder.

Im Falle des Todes eines Mitglieds ist eine Rechtsnachfolge in die Gesellschafterstellung nur möglich, wenn dies im Gründungsvertrag vorgesehen ist oder einstimmig von den verbleibenden Gesellschaftern beschlossen wird (Art. 28 Abs. 2 EWIV-VO).

## F. Beendigung der Gesellschaft

Die EWIV kann jederzeit durch einstimmigen Beschluss ihrer Gesellschafter aufgelöst 536 werden (Art. 31 EWIV-VO). Bei Vorliegen bestimmter Gründe muss ein Auflösungsbeschluss erfolgen (Art. 31 Abs. 2 u. 3 EWIV-VO), z.B. wenn die im Gründungsvertrag bestimmte Dauer abgelaufen ist oder die EWIV ihren grenzüberschreitenden Charakter verliert. Unter den Voraussetzungen des Art. 32 EWIV-VO ist eine Auflösung durch gerichtliche Entscheidung möglich.

## 4. Abschnitt: Die Partnerschaft

Die Angehörigen freier Berufe üben kein Gewerbe i.S.d. HGB aus. Schon aus diesem 537 Grund können Ärzte oder Anwälte keine KG oder OHG zum Zweck der gemeinsamen Berufsausübung gründen. Auch aus berufsständischen Gründen scheidet häufig die Gründung einer Handelsgesellschaft aus.

Allerdings sind nach § 59c BRAO Rechtsanwaltsgesellschaften mit beschränkter Haftung zulässig.

Angehörige freier Berufe können sich zu einer Partnerschaft zusammenschließen (§ 1 Abs. 1 PartGG). Die Partnerschaft ist eine Personengesellschaft. Das PartGG verweist teilweise auf das OHG-Recht; soweit das PartGG keine Regelung enthält, sind die §§ 705 ff. BGB anwendbar (§ 1 Abs. 4 PartGG).

Die Partnerschaft ist bislang als Gesellschaftsform wenig genutzt worden, vor allem weil nach der bisherigen Rechtslage keine Haftungsbeschränkung auf das Gesellschaftsvermögen möglich war.

Am 19.07.2013 sind Änderungen der PartGG in Kraft getreten, die eine besondere Form der Partnerschaft, die Partnerschaft mit beschränkter Berufshaftung (PartG mbB) regeln.

Nach dem neu eingefügten § 8 Abs. 4 PartGG kann die Haftung für Schäden wegen fehlerhafter Berufsausübung auf das Gesellschaftsvermögen beschränkt werden, wenn die Gesellschaft einen zu diesem Zweck durch Gesetz vorgegebene Berufshaftpflichtversicherung unterhält.[775]

## A. Die Gründung

**538**  Die Partnerschaft entsteht mit dem Abschluss des Gesellschaftsvertrages. Die Gesellschaft ist bei dem zuständigen Amtsgericht zur Eintragung in das Partnerschaftsregister anzumelden.

### I. Gesellschaftsvertrag

**539**  Nach § 1 Abs. 1 PartGG ist die Partnerschaft eine Gesellschaft, in der sich Angehörige freier Berufe zur Ausübung ihrer Berufe zusammenschließen. Der Gesellschaftsvertrag bedarf der Schriftform (§ 3 Abs. 1 PartGG). § 3 Abs. 2 PartGG enthält zwingende Vertragsbestandteile.

**540**  **1. Gesellschafter** einer Partnerschaft können demnach nur Angehörige freier Berufe sein. In § 1 Abs. 2 PartGG ist definiert, welches die freien Berufe i.S.d. PartGG sind: Ärzte, Anwälte, Steuerberater, Journalisten usw. Gemäß § 1 Abs. 2 S. 3 PartGG können nur natürliche Personen Gesellschafter einer Partnerschaft sein.

**541**  **2. Zweck der Gesellschaft** ist die gemeinsame Ausübung des Berufs. Damit ist nicht nur die Zusammenarbeit zwischen Angehörigen des gleichen Berufs gemeint, sondern auch die Zusammenarbeit mit Angehörigen anderer, vor allem artverwandter freier Berufe. Gemäß § 1 Abs. 1 S. 2 PartGG übt die Gesellschaft kein Handelsgewerbe aus.

Die Berufsausübung in der Partnerschaft kann in berufsrechtlichen Vorschriften (z.B. der BRAO) ausgeschlossen oder von weiteren Voraussetzungen abhängig gemacht werden (§ 1 Abs. 3 PartGG).

So scheint es z.B. nach dem Wortlaut des PartGG möglich, dass sich Anwälte und Betriebswirte zu einer Partnerschaft zusammenschließen. Gemäß § 59a BRAO können sich Rechtsanwälte aber nur mit Mitgliedern einer Rechtsanwaltskammer, Patentanwälten, Steuerberatern, Steuerbevollmächtigten, Wirtschaftsprüfern und vereidigten Buchprüfern in einer Gesellschaft verbinden.

**542**  **3.** Die Partnerschaft ist namensfähig und verpflichtet, einen **Namen** zu führen. Dieser muss gemäß § 2 PartGG den Namen mindestens eines Partners, den Zusatz „und Partner" oder „Partnerschaft" sowie die Berufsbezeichnungen aller in der Partnerschaft vertretenen Berufe enthalten. Nach § 2 Abs. 2 PartGG finden die Vorschriften des HGB über die Firma teilweise entsprechende Anwendung.

Entsprechend gelten z.B. § 18 Abs. 2 HGB (und damit der Grundsatz der Firmenwahrheit), die §§ 21, 22 Abs. 1, 23, 24 HGB (Firmenbeständigkeit) und der Schutz des Namens gemäß § 37 HGB. Die Bezeichnung „und Partner" dürfen nach § 11 S. 1 PartGG nur Partnerschaften führen. Auch Kapitalgesellschaften, die einen anderen Rechtsformzusatz führen, dürfen den Zusatz „und Partner" nicht verwenden.[776]

---

775  Vgl. dazu unten Rn. 547.
776  BGH NJW 1997, 1854.

**II.** Nach § 4 PartGG ist die Partnerschaft zur Eintragung in das Partnerschaftsregister anzumelden. Die Anmeldung muss die zwingenden Vertragsbestandteile des § 3 Abs. 2 PartGG enthalten. **543**

## B. Das Außenverhältnis

**I.** Die Partnerschaft wird im Außenverhältnis erst mit der **Eintragung in das Partnerschaftsregister** wirksam (§ 7 Abs. 1 PartGG). Vor Eintragung ist die Partnerschaft eine GbR. **544**

**II.** Nach § 7 Abs. 2 PartGG ist **§ 124 HGB entsprechend** anzuwenden. Die Partnerschaft ist damit zwar keine juristische Person, sie kann aber unter ihrem Namen Rechte erwerben, Verbindlichkeiten eingehen und vor Gericht klagen und verklagt werden. **545**

**III.** Die **Vertretung** der Partnerschaft entspricht im Wesentlichen der der OHG; § 7 Abs. 3 PartGG verweist auf die §§ 125 Abs. 1, 2 und 4 sowie die §§ 126 und 127 HGB. Danach besteht grundsätzlich Einzelvertretungsmacht jedes Partners. **546**

**IV.** Die **Haftung** in der Partnerschaft **547**

Nach § 7 Abs. 2 PartGG i.V.m. § 124 HGB haftet die Gesellschaft selbst. Daneben haften grundsätzlich alle Partner für die Verbindlichkeiten der Partnerschaft persönlich und unbeschränkt als Gesamtschuldner (§ 8 Abs. 1 PartGG). Die §§ 129 und 130 HGB gelten entsprechend (§ 8 Abs. 1 S. 2 PartGG). Anders als in einer OHG besteht aber für die Gesellschafter die Möglichkeit einer Haftungsbeschränkung.

Gemäß § 8 Abs. 2 PartGG kann für Ansprüche wegen fehlerhafter Berufsausübung (auch durch AGB) die Haftung auf denjenigen Partner beschränkt werden, der innerhalb der Partnerschaft die berufliche Leistung zu erbringen oder verantwortlich zu leiten und zu überwachen hat. Das bedeutet, dass neben der Gesellschaft als solcher immer zumindest ein Gesellschafter haftet.

**Beispiel:** Die Ärzte A, B und C haben sich zu einer Partnerschaft zusammengeschlossen. Lässt sich der Patient P von C behandeln, kann die Haftung für A und B – auch durch AGB – ausgeschlossen werden.

Nach § 8 Abs. 3 PartGG besteht die Möglichkeit, die Haftung der Partner durch Gesetz auf einen Höchstbetrag zu beschränken, wenn zugleich eine Pflicht zum Abschluss einer Berufshaftpflichtversicherung der Partner oder der Partnerschaft begründet wird.

Der am 15.07.2013 in Kraft getretene § 8 Abs. 4 PartGG ermöglicht die Beschränkung der Haftung auf das Gesellschaftsvermögen. Dazu muss die Partnerschaft eine zu diesem Zweck durch Gesetz vorgegebene Berufshaftpflichtversicherung unterhalten. Die Neufassung des § 51a BRAO enthält die Anforderungen an eine Berufshaftpflichtversicherung einer Partnerschaft von Rechtanwälten.

Für Partnerschaften von Patentanwälten enthält § 45a PatAO eine vergleichbare Regelung. Für Partnerschaften von Steuerberatern gilt § 76 Abs. 2 StBerG, für Wirtschaftsprüfer § 54 Abs. 1 WPO.

Gemäß § 8 Abs. 4 S. 3 PartGG greift die Haftungsbeschränkung nur ein, wenn die Partnerschaft mit dem Zusatz „mit beschränkter Berufshaftung" oder „mbB" firmiert.

## C. Das Innenverhältnis

**548**   Die Partner erbringen ihre beruflichen Leistungen unter Beachtung des für sie geltenden Berufsrechts (§ 6 Abs. 1 PartGG). Die Geschäftsführungsbefugnis kann den Partnern für die beruflichen Leistungen nicht entzogen werden; sie können im Partnerschaftsvertrag nur von der Führung der sonstigen Geschäfte ausgeschlossen werden (§ 6 Abs. 2 PartGG). Damit ist gewährleistet, dass die Partner ihren Beruf eigenverantwortlich und unabhängig ausüben.

Im Übrigen gilt im Innenverhältnis der Partnerschaftsvertrag; soweit dieser keine Regelung enthält, sind die §§ 110–116 Abs. 2, 117–119 HGB anzuwenden (§ 6 Abs. 3 PartGG).

## D. Veränderungen im Personenbestand

**549**   Für den Fall des Ausscheidens eines Partners gilt grundsätzlich das OHG-Recht (§ 9 Abs. 1 PartGG i.V.m. §§ 131–144 HGB). Es bestehen nur wenige Abweichungen:

Der Partner scheidet gemäß § 9 Abs. 3 PartGG auch aus, wenn er die Berufszulassung verliert. Die Beteiligung an der Partnerschaft ist grundsätzlich nicht vererblich. Im Partnerschaftsvertrag kann sie jedoch an einen Dritten vererblich gestellt werden, wenn dieser einen freien Beruf i.S.d. PartGG ausübt.

Die Nachhaftung des Ausscheidenden richtet sich nach § 160 HGB (§ 10 Abs. 2 PartGG).

## E. Beendigung

**550**   Auflösung und Liquidation der Partnerschaft erfolgen nach OHG-Recht (§§ 9, 10 PartGG).

## 5. Abschnitt: Innengesellschaften

**551**   Um eine Innengesellschaft handelt es sich, wenn die Partner sich vertraglich zur Erreichung eines gemeinsamen Zwecks zusammengeschlossen haben, nach außen jedoch nur ein Partner allein und im eigenen Namen auftritt, wobei der Handelnde im Innenverhältnis für Rechnung und im Interesse der Innengesellschaft tätig wird. Entscheidendes Abgrenzungskriterium zur Außengesellschaft ist, dass die Gesellschaft nicht nach außen hin in Erscheinung tritt. Dabei muss sie nicht geheim gehalten werden, entscheidend ist die fehlende Vertretung der Gesellschaft.[777]

In aller Regel wird bei einer Innengesellschaft auch kein Gesellschaftsvermögen gebildet, auch wenn dies nach der h.M. rechtlich möglich ist.[778]

Ein Sonderfall der Innengesellschaft ist die stille Gesellschaft (§§ 230 ff. HGB), bei der sich eine Person als stiller Gesellschafter an einem Handelsgewerbe beteiligt.

---

777   BGHZ 12, 308, 314; BGH NJW 1960, 1851; 1982, 99, 100; OLG Karlsruhe NJW-RR 1988, 1266, 1267; MünchKomm-BGB/Ulmer/Schäfer § 705 Rn. 275 ff.

778   BGH WM 1973, 296, 297; NJW 1982, 99, 100; 1990, 573, 574; MünchKomm-BGB/Ulmer/Schäfer § 705 Rn. 275; a.A. K. Schmidt JuS 1988, 444, der die Möglichkeit von Innengesellschaften mit Gesellschaftsvermögen ablehnt.

## A. Die BGB-Innengesellschaft

Mit Ausnahme der stillen Gesellschaft sind die Innengesellschaften GbRs, für die – mit Einschränkungen – die §§ 705 ff. BGB anwendbar sind. **552**

## I. Entstehen

Wie bei jeder Gesellschaft ist auch bei der Innengesellschaft ein Gesellschaftsvertrag erforderlich, d.h. mehrere Personen müssen die Förderung eines gemeinsamen Zwecks vereinbaren. **553**

Ist kein ausdrücklicher Gesellschaftsvertrag geschlossen, so ist im Einzelnen zu prüfen, ob die Parteien eine Gesellschaft bilden oder eine andere bzw. gar keine rechtliche Bindung eingehen wollten.

BGB-Innengesellschaften sind neben der Ehegatteninnengesellschaft z.B.: stille GbR (Beteiligung an nicht kaufmännischem Unternehmen), Bauherrengemeinschaften,[779] Konsortien und Metaverbindungen, Poolverträge, Kartelle sowie verschiedene Gelegenheitsgesellschaften (Tippgemeinschaft,[780] gemeinsame Reise usw.).[781]

Bei Franchiseverträgen wird in dem „eher seltenen" Fall des Koalitionsfranchising, bei dem eine Weisungsbefugnis des Franchisegebers fehlt, eine Innengesellschaft zwischen dem Franchisegeber und dem Franchisenehmer bejaht.[782]

Nach der h.M. finden auch auf die Innengesellschaften die Regeln über die fehlerhafte Gesellschaft Anwendung. Da Innengesellschaften aber keine Tätigkeit nach außen hin aufnehmen, können sie nur in Vollzug gesetzt sein, wenn ein Gesellschaftsvermögen gebildet wird. Die Grundsätze über fehlerhafte Gesellschaften sind daher unanwendbar bei Innengesellschaften, die über kein Gesellschaftsvermögen verfügen.[783]

## II. Das „Außenverhältnis"

Da die Innengesellschaft nicht nach außen hin in Erscheinung tritt, gibt es kein Außenverhältnis der Gesellschaft. Die Gesellschaft wird nicht vertreten und sie haftet auch nicht. Dies schließt allerdings nicht aus, dass die Mitglieder der Innengesellschaft nach den §§ 164 ff. BGB (nicht § 714 BGB) vertreten werden und – als Gesamtschuldner oder Teilschuldner – haften.[784] **554**

## III. Das Innenverhältnis

Auch bei einer Innengesellschaft besteht regelmäßig eine Verpflichtung zur Mitarbeit sowie eine Beteiligung an Gewinn und Verlust; ebenso bestehen Kontroll- und Informationsrechte. **555**

## IV. Beendigung

Bei der Auflösung der Gesellschaft, die zugleich die Beendigung darstellt, erfolgt mangels Gesellschaftsvermögens keine Auseinandersetzung nach den §§ 730 ff. BGB. Es be- **556**

---

779 BGH NJW-RR 1996, 869.

780 OLG Karlsruhe NJW-RR 1988, 1266; OLG München NJW-RR 1988, 1268.

781 MünchKomm-BGB/Ulmer/Schäfer § 705 Rn. 283.

782 Martinek, Moderne Vertragstypen II, S. 80 ff.; OLG Hamm NZG 2000, 1169, 1170; Zwecker JA 1999, 159.

783 BGH BB 1990, 1997.

784 K. Schmidt § 60 I 2; ders. JuS 1988, 444 ff.

steht lediglich ein schuldrechtlicher Anspruch der Innenbeteiligten gegen den Vermögensinhaber auf Auszahlung ihres Abfindungsguthabens.[785]

## B. Die stille Gesellschaft (§§ 230 ff. HGB)

**557** Die stille Gesellschaft ist eine Personengesellschaft, bei der sich jemand am Handelsgewerbe eines anderen mit einer Vermögenseinlage, die an diesen übertragen wird, gegen einen Anteil am Gewinn beteiligt.[786]

### I. Entstehen

**558** **1.** Der Gesellschaftsvertrag wird zwischen dem Inhaber des Handelsgeschäfts und dem stillen Gesellschafter geschlossen. Die gesetzliche Regelung der §§ 230 ff. HGB geht von einer Zweipersonengesellschaft aus. Beteiligen sich mehrere Personen als stille Gesellschafter am Handelsgeschäft eines anderen, entstehen grundsätzlich mehrere stille Gesellschaften.

Auch mehrgliedrige stille Gesellschaften, insbesondere Publikumsgesellschaften, sind möglich.[787]

Da der Zweck der Gesellschaft in der Beteiligung an einem Handelsgewerbe liegt, muss der Geschäftsinhaber Kaufmann sein. Neben Einzelkaufleuten können dies Personen- oder Kapitalgesellschaften sein.

Ist der Geschäftsinhaber nicht Kaufmann, besteht eine Innengesellschaft in der Form einer stillen BGB-Gesellschaft.[788]

Stille Gesellschafter können natürliche oder juristische Personen, aber auch Personengesellschaften werden. Auch BGB-Gesellschaften können sich als stille Gesellschafter an einem Handelsgeschäft beteiligen.[789]

**559** **2.** Als Personengesellschaft erfordert die stille Gesellschaft eine Einigung über einen gemeinsamen Zweck.

Inhaltlich besteht der gemeinsame Zweck in der Beteiligung des stillen Gesellschafters am Handelsgewerbe des Geschäftsinhabers gegen einen Gewinnanteil.

Der stille Gesellschafter beteiligt sich mit einer Vermögenseinlage, die üblicherweise in einer Geldsumme besteht, aber auch durch die Leistung von Diensten erbracht werden kann. Die Einlage wird in das Vermögen des Inhabers des Handelsgewerbes erbracht, d.h. es wird kein Gesellschaftsvermögen gebildet. Der stille Gesellschafter muss an dem Gewinn beteiligt werden (§ 231 Abs. 2 HGB).

Das Merkmal der gemeinsamen Zweckverfolgung unterscheidet die stille Gesellschaft von den partiarischen Rechtsverhältnissen. Bei der Abgrenzung ist die Einigung unter Würdigung aller Umstände des Einzelfalles gemäß §§ 133, 157 BGB auszulegen. Hierbei sprechen als Indizien die Vereinbarung einer Verlustbeteiligung sowie die Einräumung von Kontroll- und Mitwirkungsrechten für eine (stille) Gesellschaft.

---

785  BGH NJW 1982, 99, 100; 1990, 573, 574; 1992, 830, 832.
786  BGH WM 1976, 1030, 1031; Baumbach/Hopt § 230 Rn. 1; Weigl DStR 1999, 1568.
787  BGH NJW 1972, 338.
788  MünchKomm-BGB/Ulmer/Schäfer § 705 Rn. 286.
789  BGH NJW-RR 1989, 993.

**3.** Nach ständiger Rechtsprechung des BGH finden bei Mängeln des Gesellschaftsvertra- **560**
ges die Grundsätze der fehlerhaften Gesellschaft auch auf die typische stille Gesellschaft
Anwendung.[790] Diese Grundsätze stehen einem Anspruch auf Rückgewähr der Einlage
aber nicht entgegen, wenn der Vertragspartner des stillen Gesellschafters verpflichtet
ist, diesen im Wege des Schadensersatzes so zu stellen, als hätte er den Gesellschaftsvertrag nicht geschlossen und seine Einlage nicht geleistet.[791]

---

**Fall 32: Fehlerhafte stille Gesellschaft**

Die H-AG beschäftigt sich mit dem Erwerb und der Verwaltung von Immobilien. Das
erforderliche Kapital bringt sie auf, indem sie mit zahlreichen Kleinanlegern stille Gesellschaften gründet. Im Jahre 2006 beteiligte sich G als stiller Gesellschafter an der
H-AG mit einer Einlage von 20.000 €. Der Anlagevermittler A, der im Auftrag der H-AG
tätig wurde, unterließ es jedoch aus leichter Fahrlässigkeit zuvor G darüber aufzuklä-
ren, dass er an etwaigen Verlusten beteiligt und verpflichtet sein werde, erforderlichenfalls auch Nachschüsse in erheblichem Umfang zu leisten. Das Risiko, dass je
nach Geschäftslage die H-AG das Recht hat, die versprochenen Gewinnausschüttungen einseitig einzustellen, wurde ebenfalls nicht erwähnt. Als G im Jahre 2008 von
diesen Gegebenheiten erfährt, verlangt er die Rückzahlung der Einlage. Zu Recht?

---

G könnte einen Anspruch auf Schadensersatz aufgrund der Verletzung einer vorvertrag- **561**
lichen Aufklärungspflicht gemäß §§ 280 Abs. 1, 311 Abs. 2 Nr. 1, 241 Abs. 2 BGB haben.

I. Durch die Aufnahme von Vertragsverhandlungen über die Beteiligung an der H-AG
   zwischen G und A als Vertreter der H-AG ist nach § 311 Abs. 2 Nr. 1 BGB ein vorver-
   tragliches Schuldverhältnis zustande gekommen.

II. Die H-AG müsste eine Pflicht aus diesem vorvertraglichen Schuldverhältnis verletzt
    haben. In Betracht kommt vorliegend die Verletzung einer Aufklärungspflicht. Zwar
    besteht grundsätzlich keine allgemeine Pflicht, den jeweiligen Vertragspartner auf-
    zuklären. Allerdings sind die dem Anleger zur Verfügung stehenden Informations-
    möglichkeiten nur begrenzt. Die Anlagegesellschaft selbst hingegen wird in der Re-
    gel die erforderlichen Informationen haben. Daher wird nach ständiger Rechtspre-
    chung des BGH gefordert, dass einem Anleger für seine Beitrittsentscheidung ein
    zutreffendes Bild über das Beteiligungsobjekt vermittelt werden muss. Er muss über
    alle Umstände, die für seine Anlageentscheidung von wesentlicher Bedeutung sind
    oder sein können, insbesondere über die mit der angebotenen Beteiligungsform
    verbundenen Nachteile und Risiken zutreffend, verständlich und vollständig aufge-
    klärt werden.[792] Vorliegend war G vor allem darüber aufzuklären, dass er an den Ver-
    lusten beteiligt werde und eventuell auch die Gefahr besteht, dass er in hohem Maße
    zu Nachschüssen verpflichtet sein werde. Auch die einseitige Möglichkeit der H-AG,
    die Ausschüttungen einzustellen, war für die Risikoabschätzung des G von wesentli-

790  BGH, Urt. v. 26.09.2005 – II ZR 314/03, BB 2005, 2595.
791  BGH, Urt. v. 26.09.2005 – II ZR 314/03, BB 2005, 2595; vgl. hierzu auch Gehrlein WM 2005, 1491 ff.
792  BGH, Urt. v. 21.03.2005 – II ZR 140/03, BB 2005, 1018; BGH, Urt. v. 21.03.2005 – II ZR 310/03, NJW 2005, 1784, 1787.

cher Bedeutung. Da der Anlagevermittler A diese Aspekte nicht erwähnt hat, liegt eine Pflichtverletzung vor.

III. Da die H-AG den Anlagevermittler als Erfüllungsgehilfen eingeschaltet hat, muss sie sich ein diesem vorwerfbares Verschulden nach § 278 BGB zurechnen lassen.

IV. G hat somit nach den §§ 249 ff. BGB einen Anspruch auf Ersatz der Schäden, die ihm aufgrund der Nichtaufklärung entstanden sind. Wäre er aufgeklärt worden, hätte er mit an Sicherheit grenzender Wahrscheinlichkeit seine Anlageentscheidung nicht oder nicht in dieser Form getroffen. Folglich ist er so zu stellen, wie er stehen würde, wenn er den stillen Gesellschaftsvertrag nicht geschlossen und somit seine Einlage nicht geleistet hätte. Der Anspruch auf Rückzahlung der Einlage ist damit gegeben.

**562** V. Fraglich ist allerdings, ob dieses Ergebnis mit den Grundsätzen zur fehlerhaften Gesellschaft in Einklang gebracht werden kann. Hiernach sind grundsätzlich Ansprüche, die auf Rückabwicklung gerichtet sind, ausgeschlossen. Stattdessen wird dem stillen Gesellschafter ein Kündigungsrecht zugestanden, mit der Folge, dass mit Kündigungserklärung eine ex-nunc-Auflösung und eine Auseinandersetzung der stillen Beteiligung nach § 235 HGB erfolgt.[793] Dann müssten allerdings die Grundsätze über die fehlerhafte Gesellschaft auch auf die hier vorliegende stille Gesellschaft anwendbar sein.

**563** 1. Einer Ansicht nach sind diese Grundsätze auf die stille Gesellschaft nicht anwendbar.[794] Zur Begründung wird darauf verwiesen, dass die stille Gesellschaft kein Gesellschaftsvermögen bildet, während ein solches zwingende Voraussetzung für die Anwendbarkeit der Regeln über die fehlerhafte Gesellschaft sei. Demnach kann vorliegend G die Rückzahlung der Einlage als Schadensersatzforderung geltend machen.

**564** 2. Die herrschende Literatur und ständige Rechtsprechung aber wenden die Regeln über die fehlerhafte Gesellschaft weiterhin auf stille Gesellschaften an.[795] Allerdings steht hiernach die Anwendbarkeit der Grundsätze über die fehlerhafte Gesellschaft einem Schadensersatzanspruch auf Rückzahlung der Einlage nicht entgegen, wenn der stille Gesellschafter getäuscht bzw. nicht aufgeklärt worden ist.[796] Der Anspruch des Gesellschafters auf Rückgewähr der Einlage bleibe unberührt. Dieser richte sich gegen die stille Gesellschaft in ihrer Doppeleigenschaft als Vertragspartner des Gesellschafters und als „Gesellschaft". Vorliegend richte sich der Auseinandersetzungs- und der Schadensersatzanspruch gegen dieselbe Person. Adressat des gesellschaftsrechtlichen Rückabwicklungsanspruchs sei ausschließlich der Inhaber des Handelsgewerbes i.S.d. § 230 HGB, mit dem allein der stille Gesellschaftsvertrag zustande gekommen und der zugleich im Wege des Schadensersatzes verpflichtet sei, etwaige Minderungen der gesellschaftsrechtlichen Einlage auszugleichen. Demjenigen, der sich aufgrund einer Verletzung ei-

---

793 Armbrüster/Joos ZIP 2004, 189, 199.

794 MünchKomm-BGB/Ulmer/Schäfer § 705 Rn. 359; Koller/Roth/Morck § 230 Rn. 15.

795 BGH, Urt. v. 26.09.2005 – II ZR 314/03, BB 2005, 2595; Baumbach/Hopt § 230 Rn. 11; Rohlfing NZG 2003, 854, 855 f.

796 BGH, Urt. v. 26.09.2005 – II ZR 314/03, BB 2005, 2595.

ner Aufklärungspflicht schadensersatzpflichtig gemacht habe, dürfe es nicht zugute kommen, dass er gleichzeitig auch an dem mit dem geschädigten Anleger geschlossenen Gesellschaftsvertrag beteiligt sei.[797]

Teilweise wird sogar unabhängig von der Frage der allgemeinen Anwendbarkeit der Grundsätze über die fehlerhafte Gesellschaft der Schadensersatzanspruch des stillen Gesellschafters gegen den Geschäftsinhaber bejaht.[798]

Auch dieser Ansicht nach ist der Anspruch auf Rückzahlung der Einlage nicht ausgeschlossen, sodass es einer Streitentscheidung nicht bedarf. Dem G steht gegen die H-AG ein Anspruch auf Rückzahlung der Einlage nach §§ 280 Abs. 1, 311 Abs. 2 Nr. 1, 241 Abs. 2 BGB zu.

---

## II. Kein Außenverhältnis

Aus den im Handelsgewerbe mit Dritten geschlossenen Geschäften wird nur der Geschäftsinhaber und nicht der stille Gesellschafter berechtigt und verpflichtet (§ 230 Abs. 2 HGB).    **565**

## III. Das Innenverhältnis

**1.** Dem stillen Gesellschafter stehen gemäß § 233 HGB lediglich eingeschränkte Kontrollrechte zu. Grundsätzlich kann er lediglich die abschriftliche Mitteilung des Jahresabschlusses verlangen und zur Überprüfung der Richtigkeit in Bücher und Papiere einsehen (§ 233 Abs. 1 HGB).    **566**

**2.** Der stille Gesellschafter ist am Gewinn und Verlust beteiligt. Im Gegensatz zur Gewinnbeteiligung, die zwingend ist, ist die Verlustbeteiligung abdingbar (§ 231 Abs. 2 HGB).    **567**

Besteht eine Verlustbeteiligung, müssen Verluste nicht durch Zahlungen ausgeglichen werden, da der stille Gesellschafter grundsätzlich nicht zu Nachschüssen verpflichtet ist (§ 232 Abs. 2 HGB), es sei denn, eine Nachschussklausel wird vereinbart.[799] Die Verluste werden lediglich von dem Kapitalkonto abgezogen, mit der Folge, dass sie zunächst aufzufüllen sind, bevor wieder Gewinnansprüche entstehen.

**3.** Nach Auflösung der Gesellschaft hat der stille Gesellschafter einen Anspruch auf Auszahlung seines Guthabens (§ 235 Abs. 1 HGB). Eine Beteiligung an einer Erhöhung des Firmenwertes besteht nicht. Ein Passivsaldo verpflichtet nicht zur Nachzahlung, sondern wird gegenstandslos.    **568**

---

797  BGH, Urt. v. 21.03.2005 – II ZR 140/03, BB 2005, 1018; Gehrlein WM 2005, 1493.

798  Geibel BB 2005, 1009, 1015.

799  Baumbach/Hopt § 232 Rn. 6.

**569** **4.** Wird von der gesetzlichen (typischen) Regelung abgewichen, so spricht man von einer atypischen stillen Gesellschaft. Dafür kommen insbesondere folgende Vereinbarungen in Betracht:

- Dem stillen Gesellschafter werden Kontrollrechte eingeräumt, die über die gesetzliche Regelung des § 233 HGB hinausgehen.

- Es wird vereinbart, dass im Verhältnis der Parteien untereinander das gesamte Geschäftsvermögen, also auch das vor der Einlage des stillen Gesellschafters vorhanden gewesene, obligatorisch – nicht dinglich! – als gemeinsames Vermögen behandelt wird. Der stille Gesellschafter ist dann bei der Auseinandersetzung so zu stellen, als wäre er am ganzen Geschäftsvermögen gesamthänderisch beteiligt gewesen.

- Der stille Gesellschafter wird an der Geschäftsführung beteiligt.

## Stichwortverzeichnis

Die Zahlen verweisen auf die Randnummern.

# Unser Skriptenangebot 09/2015

## B – Basiswissen | €

| | | |
|---|---|---|
| **BGB AT** | 2015 | **9,80** |
| **Schuldrecht AT** ca. Anfang Oktober | 2015 | **9,80** |
| Kaufrecht/Werkvertragsrecht | 2012 | 9,80 |
| Gesetzliche Schuldverhältnisse | 2014 | 9,80 |
| **Sachenrecht** | 2015 | **9,80** |
| **Strafrecht AT** | 2015 | **9,80** |
| **Strafrecht BT** | 2015 | **9,80** |
| **Grundrechte** | 2015 | **9,80** |
| **Staatsorganisationsrecht** | 2015 | **9,80** |
| **Verwaltungsrecht** | 2015 | **9,80** |

## F – Fälle | €

| | | |
|---|---|---|
| **BGB AT** | 2015 | **9,80** |
| **Schuldrecht AT** ca. Anfang September | 2015 | **9,80** |
| Schuldrecht BT 1 Kaufrecht | 2013 | 9,80 |
| **Schuldrecht BT 3** GoA, BereicherungsR | 2015 | **9,80** |
| Schuldrecht BT 4 Unerl. Hdl./Allg. SchadensR | 2014 | 9,80 |
| **Sachenrecht 1** ca. Anfang Oktober | 2015 | **9,80** |
| Sachenrecht 2 | 2013 | 9,80 |
| Familienrecht | 2013 | 9,80 |
| Erbrecht | 2012 | 9,80 |
| **Strafrecht AT** | 2015 | **9,80** |
| **Strafrecht BT** Vermögensdelikte | 2015 | **9,80** |
| **Grundrechte/Staatsorganisationsrecht** | 2015 | **9,80** |
| Europarecht | in Überarbeitung | |
| Verwaltungsrecht AT/ VwGO | 2013 | 9,80 |
| Handelsrecht | 2013 | 9,80 |
| **Gesellschaftsrecht** | 2015 | **9,80** |
| **Arbeitsrecht** | 2015 | **9,80** |

## S – Skripten | €

### Zivilrecht

| | | |
|---|---|---|
| **BGB AT 1** | 2015 | **16,90** |
| **BGB AT 2** | 2015 | **16,90** |
| Schuldrecht AT 1 | 2013 | 19,90 |
| Schuldrecht AT 2 | 2014 | 19,90 |
| **Schuldrecht BT 1** KaufR/WerkR | 2015 | **19,90** |
| Schuldrecht BT 2 Bes. Vertragsarten (MietR) | 2013 | 19,90 |
| **Schuldrecht BT 3** Auftrag, GoA, Bereicherungsrecht | 2015 | **16,90** |
| **Schuldrecht BT 4** Unerl. Hdlg./Allg. SchadenR | 2015 | **19,90** |
| Sachenrecht 1 Allg. Lehren/Bewegl. Sachen | 2014 | 19,90 |
| Sachenrecht 2 GrundstücksR | 2014 | 16,90 |
| **Familienrecht** | 2015 | **19,90** |
| **Erbrecht** | 2013 | **19,90** |

### Strafrecht

| | | |
|---|---|---|
| Strafrecht AT 1 | 2014 | 19,90 |
| Strafrecht AT 2 | 2014 | 19,90 |
| Strafrecht BT 1 Straftaten gegen Eigentum und Vermögen | 2014 | 19,90 |
| **Strafrecht BT 2** Nichtvermögensdelikte | 2015 | **19,90** |

### Öffentliches Recht

| | | |
|---|---|---|
| Staatsorganisationsrecht | 2014 | 19,90 |
| Grundrechte | in Überarbeitung | |
| Europarecht | in Überarbeitung | |
| Verwaltungsrecht AT 1 | 2014 | 19,90 |
| **Verwaltungsrecht AT 2** (mit StaatshaftungsR) | 2015 | **19,90** |

| | | |
|---|---|---|
| VwGO | 2013 | 19,90 |
| Besonderes Ordnungsrecht (VerwR BT 1) | 2012 | 19,90 |
| **Öffentliches Baurecht** (VerwR BT 2) | 2015 | **16,90** |
| Umweltrecht | in Überarbeitung | |
| Polizei- und Ordnungsrecht NRW | 2013 | 19,90 |
| Kommunalrecht NRW | 2014 | 19,90 |
| Bayerisches Kommunalrecht | 2011 | 19,90 |

## Besondere Rechtsgebiete

| | | |
|---|---|---|
| Handelsrecht | 2013 | 16,90 |
| **Gesellschaftsrecht** | 2015 | **19,90** |
| Arbeitsrecht | 2014 | 22,90 |
| **Kollektives Arbeitsrecht** | 2015 | **22,90** |
| Internationales Privatrecht | 2013 | 22,90 |
| **ZPO** | 2015 | **22,90** |
| **StPO** | 2015 | **19,90** |
| Insolvenzrecht | 2013 | 19,90 |
| Mediation und Recht | 2013 | 19,90 |
| **Rechtsgeschichte** | 2015 | **22,90** |
| Rechtsphilosophie und Rechtstheorie | 2014 | 19,90 |

## Fremdsprachenkompetenz

| | | |
|---|---|---|
| Introduction to English Civil Law 1 | 2012 | 21,90 |
| English Civil Law 2 | 2011 | 19,90 |
| Introduction au droit français t. 1 | 2013 | 16,90 |
| Introduction au droit français t. 2 | 2011 | 12,90 |

## Steuerrecht

| | | |
|---|---|---|
| **Allgemeines Steuerrecht** | 2015 | **24,90** |
| **Umsatzsteuerrecht** | 2015 | **24,90** |
| **Einkommensteuerrecht** | 2015 | **24,90** |
| **Bilanzsteuerrecht** | 2015 | **24,90** |

## S2 – Skripten 2. Staatsexamen | €

| | | |
|---|---|---|
| Materielles Zivilrecht in der Assessorklausur | 2013 | 19,90 |
| Materielles Strafrecht in der Assessorklausur | 2013 | 19,90 |
| Materielles Verwaltungsrecht in der Assessorklausur | 2014 | 19,90 |
| **Die zivilrechtliche Assessorklausur** | 2015 | **19,90** |
| **Vollstreckungsrecht in der Assessorklausur** | 2015 | **19,90** |
| Die staatsanwaltliche Assessorklausur | 2014 | 19,90 |
| **Strafurteil und Revisionsurteil in der Assessorklausur** | 2015 | **19,90** |
| Die verwaltungsgerichtliche Assklausur | 2013 | 19,90 |
| Die behördliche Assessorklausur | 2014 | 19,90 |

## D – Definitionen | €

| | | |
|---|---|---|
| Zivilrecht | 2014 | 10,90 |
| Strafrecht | 2014 | 9,90 |
| Öffentliches Recht | 2014 | 9,90 |

## A – Aufbauschemata | €

| | | |
|---|---|---|
| **Zivilrecht** | 2015 | **16,90** |
| Strafrecht | in Überarbeitung | |
| **Öffentliches Recht** | 2015 | **14,90** |

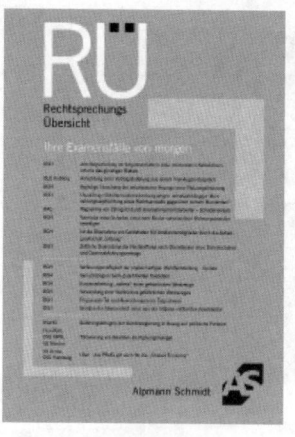